LES BIENVEILLANTES
DE JONATHAN LITTELL

Murielle Lucie Clément docteur ès Lettres a publié sa thèse: *Andreï Makine. Présence de l'absence: une poétique de l'art (photographie, cinéma, musique).* Quelques-unes de ses récentes publications: *Andreï Makine. Études réunies par Murielle Lucie Clément* (2009); *L'Art français contemporain aux Pays-Bas* (2009); *Les Écrivains franco-russes* (2008); *Autour des écrivains franco-russes* (2008); *Relations familiales dans les littératures française et francophone des XXe et XXIe siècles. 2 volumes: 1) La Figure du père, 2) La Figure de la mère* Murielle Lucie Clément e.a. eds. (2008), *Andreï Makine. Recueil 2007* (2007), *Michel Houellebecq revisité* (2007), *Michel Houellebecq sous la loupe* eds. (2007), *Baudelaire et la musique* (2005), *Houellebecq, Sperme et sang* (Prix asca de la recherche 2004). http://www.muriellelucieclement.com.

Les Bienveillantes
de Jonathan Littell

Études réunies par
Murielle Lucie Clément

Cambridge
OpenBook
Publishers
2010

Open Book Publishers CIC Ltd.
40 Devonshire Road, Cambridge, CB1 2BL, United Kingdom
http://www.openbookpublishers.com

© 2010 Murielle Lucie Clément
Droits réservés. Cet ouvrage est disponible en Creative Commons Attibution-Non-Commercial-no Derivative Works 2.0 UK: England & Wales Licence. Cette licence permet la copie de toute partie de cet ouvrage pour usage personnel non commercial, à la condition expresse que le nom de l'auteur soit mentionné. Les détails de cette licence et ses restrictions sont disponible à
http://www.openbookpublishers.com

ISBN couverture rigide: 978-1-906924-21-8
ISBN couverture souple: 978-1-906924-22-5
ISBN version numérique (PDF texte): 978-1-906924-23-2

Image de couverture: Paul Hermann "Die Fahne" *Die Kunst in deutschen Reich*, Ausgabe B, 6. Jahrgang, Folge 11, Novembre 1942, p. 267.

Le papier utilisé par Open Book Publishers est certifié répondre aux critères écologiques les plus stricts. (SFI-Sustainable Forestry Initiative et PEFC-Programme for the Endorsement of Forest Certification Schemes)

Imprimé au Royaume uni et aux États unis d'Amérique par
Lightning Source pour Open Book Publishers

Table des matières

Introduction
    Murielle Lucie Clément   1

1. La réception des *Bienveillantes* dans les milieux intellectuels français en 2006
    Thierry Laurent   11
2. «Frères humains…»: *Les Bienveillantes*, une histoire de familles
    Wladimir Troubetzkoy   19
3. *Les Bienveillantes*: une parole qui donne la voix au bourreau
    Julie Delorme   31
4. La dentellerie du réel
    Antoine Jurga   47
5. Les silences des *Bienveillantes*
    Bruno Viard   73
6. Max aux enfers. Esquisses «topographiques»…
    Denis Briand   87
7. La connaissance du narrateur
    Dominique Bocage-Lefebvre   103
8. Rêves et fantasmes dans *Les Bienveillantes*
    Edith Perry   125
9. Maximilien Aue: une homosexualité de rigueur?
    Éric Levéel   141
10. L'homosexualité dans *Les Bienveillantes*: crise de l'identité, crise de l'Histoire
    Stéphane Roussel   155
11. La Shoah en flânant?
    J. Marina Davies   171
12. À propos des *Bienveillantes*. Variations autour de la perversion
    Patrice Imbaud   185
13. Le «curieux exercice»: voyeurisme et conscience du meurtre dans *Les Bienveillantes*
    Pauline de Tholozany   197

14.	Lieux réels et lieux imaginaires dans *Les Bienveillantes*	
	Peter Tame	213
15.	Un langage impossible	
	Serge Zenkine	231
16.	Max Aue manufacture de la dentelle. La lecture dans *Les Bienveillantes*	
	Yolanda Viñas del Palacio	245
17.	*Les Bienveillantes*: Le National-socialisme comme mal métaphysique	
	Youssef Ferdjani	263
18.	*Les Bienveillantes*: une position ironique	
	Yves Boisseleau	277
19.	Max Aue, un nazi peu typique? L'abjection comme moteur de la Shoah: une lecture kristevienne des *Bienveillantes*	
	Helena Duffy	299
20.	À propos des corps liquides	
	Sabine van Wesemael	317
	Bibliographie	331
	Index	337

Introduction
Murielle Lucie Clément

«Frères humains, laissez-moi vous raconter comment ça s'est passé». Ainsi commence *Les Bienveillantes* de Jonathan Littell. Une interpellation ciblée à souhait ayant «fait mouche» semblerait-il. Ce roman a créé l'événement de la rentrée littéraire 2006 en France à sa publication. La logorrhée du narrateur, Max Aue, un officier nazi, s'étale sur neuf cent pages. Par ces deux lettres «ça» il désigne la Seconde Guerre mondiale, l'extermination des Juifs d'Europe, la Shoah, la Solution finale. «[...] il s'est passé beaucoup de choses» poursuit-il «Et puis ça vous concerne: vous verrez bien que ça vous concerne». La directrice de *Les Bienveillantes de Jonathan Littell* s'est sentie concernée par le devoir de savoir. Telle a été la motivation à la réalisation du présent ouvrage. Les auteurs ont choisi des analyses rigoureuses du texte lui-même. Leurs contributions sont le résultat d'un appel lancé sur Fabula.org auquel ils ont répondu, la publication du roman ayant suscité de vives réactions et soulevé plusieurs questions. Les réflexions et opinions exprimées engagent uniquement leurs auteurs. La directrice du recueil a voulu offrir un podium, le plus large possible, aux différentes interprétations sans prétendre produire de réponses définitives, la complexité du sujet l'interdisant.

Selon Jonathan Littell, la portée des *Bienveillantes* dépasse le seul génocide des Juifs pour revêtir une dimension plus universelle. Par ailleurs, le roman a été souvent comparé à de grandes œuvres russes, notamment à *Guerre et Paix* de Tolstoï – bien que chez Littell seule la guerre apparaisse dans toute sa grandeur et la paix de manière sporadique en tant que souvenir du narrateur – à *Vie et destin* de Vassili Grossman. Le titre, *Les Bienveillantes*, évoque l'*Orestie* d'Eschyle dans laquelle les Érinyes furieuses se transforment finalement en Euménides apaisées: la réécriture du mythe introduit la proximité incestueuse de la sœur, prénommée de façon révélatrice Una et qui représente l'image de la femme que Max ne pourra pas dépasser, son orientation sexuelle sera, en effet, une homosexualité dégradée. Outre Eschylle, Jonathan Littell reconnaît sa dette à d'autres tragiques grecs comme Sophocle et son *Électre*, mais aussi *Euripide*, dont l'Oreste est rendu fou par les Érinyes.

Pour certains, le roman permettra de mieux comprendre l'Histoire. C'est le cas de Jorge Semprun: «C'est une démarche assez courageuse et tellement réussie qu'on est admiratif et béat d'admiration devant ce livre. Pour les générations des deux siècles à venir, la référence pour l'extermination des Juifs en Europe ce sera le livre de Littell et ça ne sera pas les autres livres». Selon Julia Kristeva, «puisque *Les Bienveillantes* n'est pas un "roman historique" comme les autres, les critiques formulées par les historiens à son endroit ratent leur cible. Car le narrateur, lui, s'approprie ces discours (jusqu'aux archives soviétiques et aux témoignages des victimes) pour les insérer dans sa psychopathologie. *Les Bienveillantes* n'est pas un ouvrage d'historien, pas plus qu'une analyse de la Shoah: c'est une fiction qui restitue l'univers d'un criminel».

Pour d'autres, le roman met en scène un narrateur peu crédible par l'accumulation excessive de traits de caractère un peu trop particuliers (homosexualité, bilinguisme, inceste) et son parcours paraît peu probable «l'auteur n'hésite pas à entraîner son personnage sur tous les points chauds du Reich: le front russe, à Kiev, la bataille de Stalingrad, Paris occupé, l'évacuation d'Auschwitz, l'assaut sur Berlin…. Et le casting ne serait pas indigne d'une superproduction. Face à Max Aue, l'anonyme, apparaissent Eichmann, Himmler, Rebatet, Brasillach, Hitler: des pointures». Selon Philippe Sollers, «le secret du roman, dont personne ne semble vouloir parler, n'est pas là. Il s'agit en réalité d'un matricide commis en état d'hypnose, et d'une identification de plus en plus violente et incestueuse entre le narrateur homosexuel et sa sœur». Précisons, toutefois, que, dans le roman, la preuve du matricide n'apparaît nullement. Sollers interroge: «Comment être une femme lorsqu'on est un homme? La sodomie y suffit-elle? Le héros jouit rarement, mais parfois de façon très claire. Ainsi à Paris, en 1943, ce SS cultivé, qui lit Maurice Blanchot et fréquente Brasillach et Rebatet, raconte son expérience». Pour Littell, Max est en effet un personnage hors normes: «Max Aue est un rayon x qui balaye, un scanner. […] Il avoue ne pas rechercher la vraisemblance mais la vérité. Or "la vérité romanesque est d'un autre ordre que la réalité historique ou sociologique"».

Les angles d'approche de *Les Bienveillantes de Jonathan Littell* sont aussi nombreux que variés. Ce recueil n'est pas un jugement du roman de Littell, ni une interrogation sur sa recevabilité, pas plus qu'une assertion sur les limites de sa légitimité en tant que roman ou une justification, mais ce recueil est novateur puisque le premier à se concentrer sur le texte des *Bienveillantes* de Jonathan Littell. Jusqu'à présent la discussion concernant ce roman a largement été déterminée par les études monographiques d'un auteur dont l'examen littéraire s'est avéré monologique. Le présent recueil offre un éventail plus riche d'angles d'approche, sociologiques, culturelles, historiques, poético-rhétoriques, interdisciplinaires, intertextuelles, sans exclure l'approche freudienne. Ainsi les analyses ont-elles, par exemple, accentué les personnages dont le narrateur, les personnages historiques, les personnages fictifs avec la famille du narrateur – sœur jumelle et parents, beau-père – et tous les autres personnages dont fourmille le roman. Mais aussi, les aspects formels, comme le point de vue du narrateur, le style, l'architecture du roman, son esthétique et les influences littéraires voire la réécriture des mythes. Et encore, les thèmes tel le parricide, l'homosexualité – qui ne va pas sans poser de problèmes pour un nazi qui veut faire carrière – avec, bien entendu, l'antisémitisme et la Shoah représentés, la «solution finale» que le narrateur juge inutile: «C'est le gaspillage, la pure perte. C'est tout. Et donc ça ne peut avoir qu'un sens: celui d'un sacrifice définitif, qui nous lie définitivement, nous empêche une fois pour toutes de revenir en arrière. [...] Avec ça, on sort du monde du pari, plus de marche arrière possible. L'*Endsieg* ou la mort. Toi et moi, nous tous, nous sommes liés maintenant, liés à l'issue de cette guerre, par des actes commis en commun». Une opinion prononcée au cours d'une conversation avec son ami Thomas (p. 137) et aussi: «À la pensée de ce gâchis humain, j'étais envahi d'une rage immense, démesurée» (p. 126). L'idéologie impliquée se devait d'être interrogée également. En effet, Aue tente de relativiser la théorie selon laquelle l'extermination des Juifs serait au cœur de l'idéologie nazie en affirmant l'antisémitisme comme un phénomène ancien: «Les premiers écrits contre les Juifs, ceux des Grecs d'Alexandrie [...] ne les accusaient-ils pas d'être des asociaux, de violer les lois de l'hospitalité, fondement et principe majeur du monde antique, au nom de leurs interdits alimentaires, qui les empêchaient d'aller manger chez les autres ou de les recevoir» (p. 618). Un autre thème crucial du roman est la manière dont le massacre des Juifs est posé en tant que «problème à résoudre», problème de statistique et problème de comptabilité. Ce qui amène la question entre le Bien et le Mal et la banalisation de ce dernier, l'Allemagne nazie durant la Seconde Guerre mondiale. La réception de l'œuvre et les raisons de son succès qui lui valut plusieurs grands prix littéraires, traduction, parution en «Poche» a été abordée ainsi que les éléments du grotesque que certains n'ont pas manqué de remarquer «ainsi les commissaires Weser et Clemens, constamment à ses trousses, font preuve d'une quasi ubiquité, rencontrant et traquant Aue même dans les moments les plus absurdes. Autre détail burlesque: à la fin du roman, Aue pince le nez du *Führer* dans le bunker».

Comme indiqué plus haut, dans *Les Bienveillantes*, Jonathan Littell donne la parole à un bourreau nazi ce qui a ouvert les écluses à une profusion d'articles tant dithyrambiques voire thuriféraires que caustiques et détracteurs condamnant le romancier dans un réquisitoire d'une virulence inouïe. Tout et son contraire a été écrit sur ce roman, ravivant un débat jamais fini sur les responsabilités humaines en temps de guerre. Subséquemment, rédigée par Thierry Laurent, une rétrospective de la réception des *Bienveillantes*, à sa sortie, par l'intelligentsia parisienne commence cet ouvrage.

Wladimir Troubetzkoy lance deux interrogations primordiales. Pourquoi *a priori* appliquer la grille eschyléenne au roman de Littell sous prétexte qu'il s'intitule *Les Bienveillantes*, mais ne reflète qu'une infime partie de la tragédie grecque. La seconde, concerne la *somatisation insistante* du héros, Aue. Troubetzkoy trace un parallèle précis entre les tragédies grecques et le roman. Oreste, Œdipe d'un côté et Max Aue de l'autre démontrent les différences et les similitudes entre ces héros ayant moins en commun qu'une grande portion de la critique l'aurait laissé croire.

Les Bienveillantes, à l'encontre de plusieurs ouvrages sur l'expérience des camps de concentration donne la voix au bourreau. Cette position, jusqu'à présent tabouisée de l'univers concentrationnaire est commentée par Julie Delorme. Max Aue raconte ce qu'il a vu et entendu; il exprime ses opinions sur les événements entourant le génocide. Son discours fait appel au procédé rhétorique de la *captatio benevolentiae* car en principe le lecteur n'est pas d'emblée prêt à entendre la voix d'un bourreau, ce dernier étant affublé d'étiquettes négatives. Max Aue s'adresse à ses «Frères humains» implorant non seulement la pitié de ses lecteurs, mais autre chose encore de l'ordre d'une faveur, comme s'il voulait démontrer que les déportés dans les camps de concentration n'avaient pas été les seules victimes du régime hitlérien. Selon Delorme, la bienveillance – au-delà du titre renvoyant à la tragédie grecque – s'avère une stratégie discursive grâce à laquelle Aue parvient à franchir le seuil du stéréotype dont le bourreau est l'objet. Le bourreau est soumis à un processus d'anamorphose où la perte de sa capacité à ressentir ce qui touche autrui fait de lui, rien de moins, qu'un autre homme; qu'il le veuille ou non le bourreau est désensibilisé. On ne ressort pas indemne d'un camp de concentration quelle que fut la position occupée.

Antoine Jurga extrait le parallèle dentelle/souvenir du récit de Aue élaboré à partir de la concentration de nœuds et de déchirures au sens kunderien. Les vides et les pleins de la narration entraînent le lecteur derrière le rideau et le confrontent au Réel lacanien. Jurga constate le projet littellien par la lecture d'un extrait correspondant à un «nœud narratoire», une vision effroyable du sujet et la tentative littellienne de rendre les sensations extrêmes l'envahissant. Selon Jurga, *Les Bienveillantes* est un roman où la cosmogonie est symbolisée par la dentelle narratoire, substitut d'un tissu narratif toujours fragmentaire et incarnation métaphorique de l'abîme inexprimable où se joignent fiction et Histoire. Le lecteur, constamment mis en position de voyeur, observe par les béances de la dentelle l'inénarrable recréé par les fils.

Ce sont les silences des *Bienveillantes* qu'interroge Bruno Viard. Silence de l'auteur et silence de son narrateur Aue. Quelles sont les intentions de Littell mêlant Histoire et histoire? Quels sont les liens entre inceste et parricide ou entre inceste/parricide et extermination? Énigmes sur lesquelles bute le lecteur. Aue: *un homme comme les autres*? Est-ce aussi simple? Aue sodomise sa sœur, étrangle probablement sa mère et s'acharne sur son beau-père à coups de hache, étouffe un gigolo à l'aide d'un manche à balai et, finalement, fracasse son meilleur ami d'un violent coup de barre de fer sur la nuque. *Un homme comme les autres* à la main plutôt lourde, plus près d'un psychopathe aggravé semble-t-il. Viard s'ingénie à démêler le paradoxe littellien de l'*homme comme les autres* qui tue sans passion, sans jouissance, mais sans véritable répulsion non plus, ce qui lui rendrait la tâche impossible. Selon Viard, la réussite du livre tient à l'habileté de Littell à avoir reconstitué un verbe terriblement prolixe et complètement verrouillé.

Une analyse topographique du roman et des voyages de Aue est présentée par Denis Briand. Voyages étant envisagé dans la multiplicité de ses acceptations – excursion, périple ou traversée, errance, épreuve initiatique ou même voyage hallucinatoire. Lecture topographique attentive que celle de Briand qui relève minutieusement la cartographie littellienne, précision objective, du voyage de Maximilien Aue. Voyages au rôle de mémoire au double sens du terme, celui de factuel et de remémoration. Le destin littéraire de Max Aue est d'être toujours en route, sur les chemins, progression de son engagement irrémédiable dans le mal, qu'une redoutable maîtrise rhétorique et cultivée essaie de rendre théoriquement et intellectuellement recevable pour sa conscience.

Dominique Bocage-Lefebvre interroge le rôle de Aue dans l'appréciation de cette période difficile de l'histoire dans la mesure où intimité, vie personnelle et histoire collective s'y mêlent étroitement. Aue, homme de regard, observe sa vie à travers autrui selon Bocage-Lefebvre. Regard exempt de vulgarité car non celui d'un voyeur, ce qui lui confère valeur et crédibilité. Tout comme Rousseau dans *Les Confessions*, Max Aue s'attarde sur les personnes et les paysages qui traversent sa vie. Tous sont imprimés en sa mémoire. Tantôt par l'intérêt de leurs conversations, tantôt par la qualité humaine qu'il leur reconnaît, les échanges avec les personnes croisées permettent au narrateur d'affronter des questions de conscience douloureuses.

Édith Perry analyse l'univers onirique de Maximilien Aue où se rejoignent la vraisemblance et son contraire en des fragments aux thèmes récurrents. Se pencher sur les rêves de Aue ne peut le guérir de sa pathologie puisqu'il est un être de papier. Mais, les scénarios oniriques livrés si complaisamment par le narrateur confirment les séquences autobiographiques relatives à sa vie éveillée. À la recherche d'un paradis perdu, celui de l'enfance, Aue se souille au quotidien autant que dans ses rêves. L'excrémentiel envahit la nostalgie de retrouver ce pays de l'enfance. Selon Perry, les récits de rêves chez Littell établissent avec le texte une relation similaire à celle qu'un récit emboîté entretient avec le récit emboîtant. Fonction dramatique – prophétique aussi – le rêve met en abyme les scènes de la vie éveillée et permet parfois au lecteur d'en savoir plus que le personnage.

L'homosexualité de Aue serait-elle de rigueur s'interroge Eric Levéel. En effet, la figure du nazi homosexuel, sexuellement pervers, fait partie d'une certaine imagerie collective. Littell en créant son personnage sous les traits d'un esthète homosexuel s'est-il contenté de reproduire un schéma déjà développé par Luchino Visconti dans *Les Damnés* ou bien Pier Paolo Pasolini dans *Salo ou les 120 journées de Sodome*. Toutefois, l'homosexualité de Aue est marginale dans ce sens qu'elle est profondément ancrée dans le désir d'être autre et plus précisément dans la volonté d'identification avec l'être aimé, sa sœur et non pas dans un choix érotique de passivité ou d'une attraction réelle pour un autre homme. Mais son homosexualité est aussi sa part d'humanité, sa seule attache à la décence incarnée par sa sœur.

La flânerie littellienne est amplement analysée par J. Marina Davies dans la double nature du flâneur à la fois observateur et acteur. En effet, Aue se veut témoin alors qu'il possède le statut officiel et réel de bourreau, donc plus acteur qu'observateur. Paradoxalement, le mot «flâneur» évoque le double aspect «étrange» et «étranger» de ce personnage-narrateur. Peut-on être bourreau et témoin simultanément? Aue flâne-t-il pour éviter d'observer l'essentiel? La flânerie est une promenade sans autre but que la promenade elle-même, mais aussi pour ne pas faire partie du spectacle. Le flâneur est un spectateur très particulier. Il marche pour voir et non pour être vu. Aue, toutefois, raconte sans cesse, mais il cherche à se détacher de ce qu'il regarde et, par-là même, de sa propre position. Chez Aue, la flânerie déclenche une introspection fantasmagorique, devient de plus en plus fréquente à mesure que le récit avance. Évolution visible dans l'ultime flânerie à Stalingrad qui se termine en flânerie onirique.

Représentation pervertie d'Oreste selon Patrick Imbaud, Max Aue réalise une introspection intérieure au gré de ses missions à travers l'Europe en guerre. Cette quête ne conduira Aue qu'à l'échec permanent. Recherchant le paradis, il sombre en enfer. Imbaud établit le parallèle entre la perversion du régime totalitaire nazi et celle de la quête intérieure du narrateur. Chaos du microcosme versus raz-de-marée de violence immonde du génocide juif, macrocosme. Le temps initiatique s'oppose au temps linéaire historique, permettant ainsi une double lecture du roman à la fois exo et ésotérique, intra et extravertie. Max Aue, prisonnier du souvenir, incapable de faire la synthèse du temps de l'affect et des horloges dans lesquels il vit simultanément ne pourra jamais dépasser la mémoire.

Pauline de Tholozany se penche sur l'exercice de curiosité de Maximilien Aue cherchant à inventorier ses réactions aux atrocités dont il est le témoin et auxquelles il participe. L'ordinaire et l'exceptionnel y sont mêlés en égale mesure. Cette collision suscite l'incompréhension, puis la curiosité du narrateur. Questionnement resté sans réponse, mais qui éclaire la complexité des chemins du passage à l'acte dans le jeu des événements. Regard sur les horreurs dont le «je» est capable, Aue met en pratique de manière forcenée et pervertie le «connais-toi» delphique. Mais le regard de Aue, pour autant qu'il soit démultiplié, ne lui permettra jamais de circonvenir l'incompréhensible horreur, fasciné qu'il reste – et avec lui le lecteur – du fait même de son insolvabilité. «Regard pur» aussi de Aue dans ses rêves, lui laissant voir le rapport entre le camp de concentration avec son double, la vie sociale fantasmée par l'idéologie nazie. Reproduction versus destruction, les deux systèmes au cœur de l'inconscient collectif fasciste.

La complicité entre son personnage et le lecteur, réalisée par l'auteur est interrogée par Peter Tame. Ce sont les rapports d'Aue avec les autres personnages et ses rapports avec les lieux par lesquels il passe qui en sont les puissants moteurs selon Tame analysant les isotopies et les microtopies, autant de scènes théâtrales dans lesquelles Max Aue vit et tue. Dimensions s'interpénétrant, les onirotopies, psychotopies, thanatopies, dystopies etc. laissent souvent le lecteur incertain par le manque de distinction entre la représentation du réel et du virtuel. Une grande partie de la fascination exercée par le livre, selon Tame.

Selon Serge Zenkine, étudiant le langage et les lectures de Max Aue, les réminiscences de ce dernier débordent ses compétences propres et ne peuvent relever que de celles de Littell lui-même. Le narrateur, en effet, met systématiquement en contraste ses lectures raffinées et les horreurs qu'il côtoie. Ce sont particulièrement les réminiscences à Georges Bataille – jamais nommé dans le roman – que relève Zenkine, révélant ainsi la présence de l'*Histoire de l'œil*, *La Haine de la poésie* e.a. Selon Zenkine, le glissement entre réel et imaginaire passe, chez Littell, par la littérature. Cette ambiguïté ontologique produit et accrédite une parole ambiguë dont la responsabilité tend à s'estomper.

Stéphane Roussel aborde le thème de l'homosexualité dans le roman par rapport à la place qu'elle prend dans l'histoire du narrateur et à celui de son soulignement des affres de l'Histoire. Homosexualité dépeinte avec des mots crus, accentuant le sentiment de véracité d'un témoignage personnel, voire d'une confession, où se côtoient l'Histoire et le dévoilement de l'intime, esquissé tout aussi crûment à maintes occasions. Comment Aue peut-il concilier son homosexualité avec son engagement à l'idéologie nazie où celle-ci est considérée comme un crime entraînant la déportation vers la mort pour celui qui est découvert. Aue n'affirmera jamais ses préférences sexuelles en public, ce qui le vouerait à une mort certaine. Mais l'homosexualité de Aue est liée à l'inceste, au meurtre sous le sceau des circonstances sans qu'il ait vraiment eu la possibilité de choisir. Paradoxalement, le plaisir homosexuel est décrit avec les mots du champ lexical de la douleur, de la torture conduisant au tombeau. Selon Roussel, l'homosexualité dans *Les Bienveillantes* n'est ni prétexte, ni goût pour le sensationnel ou la provocation, mais répond à une exigence narrative. C'est un des fils conducteurs menant à la question centrale du roman: comment un homme ordinaire, sans prédisposition, peut-il être amené à perpétrer des crimes contre l'humanité? Intégrée à ce questionnement, l'homosexualité souligne et donne les clefs pour mieux tenter de comprendre l'incompréhensible.

Yolanda Viñas del Palacio étudie la lecture dans le roman. Y a-t-il une trouble alliance entretenue avec le meurtre et le crime par la lecture? Le pacte de lecture passe aussi par le témoignage, mais Aue se «lit» principalement soi-même. Regard non contemplatif, il perce les êtres et les choses pour nourrir une méditation récurrente et obsessive sur la place du moi dans l'horreur. Écrire et lire ne se séparent pas et l'écriture est un tombeau qui préserve Una de la décomposition.

Quant à Youssef Ferdjani, il analyse l'écriture de Littell et ses nombreuses références intertextuelles. Le Bien et le Mal, placés sous le signe de la relativité rend difficile, pour ne pas dire impossible, de savoir quelle chose est juste ou injuste. L'homme a une marge de manœuvre très limitée, mais aussi une marge d'appréciation restreinte. Selon Ferdjani, le livre démontre que les garde-fous érigés par les hommes pour neutraliser la violence intrinsèque à l'être humain, volent en éclats en temps de guerre. La justice et la morale sont alors pire qu'impuissantes: elles peuvent cautionner des actes criminels.

Le comique est sans doute l'aspect le plus inattendu et le moins remarqué des *Bienveillantes*. Toutefois, la position ironique du narrateur n'a pas échappé à Yves Boisseleau qui remarque les instants où Max Aue tourne en dérision ceux qu'il a choisi pour cibles. Selon Boisseleau, c'est toute l'attitude adoptée par Littell et par son narrateur dans le récit qui doit être qualifiée d'ironique au sens socratique du terme. Par là même, c'est l'inanité de l'idéologie nazie que dénonce le roman, selon Boisseleau, puisque la dérision ne s'adresse jamais aux victimes, mais uniquement aux bourreaux, à commencer par Aue lui-même, par l'auto dérision qu'il manipule constamment. Littell joue donc sur plusieurs registres traditionnels: celui du bouffon, du burlesque et du grotesque utilisés comme puissants leviers comiques au fonctionnement soit ironique soit humoristique.

Selon Sabine van Wesemael, Littell pour la caractérisation de Max Aue s'est principalement fondé sur les analyses de Klaus Theweleit telles qu'énoncées dans son ouvrage *Männerphantasien* où il s'efforce à définir la structure mentale d'une personnalité fasciste, ce qu'elle démontre avec force citations.

Établir un lien entre les troubles à la fois psychiques et somatiques qui affligent le narrateur et l'antisémitisme virulent des Allemands est le but de Helena Duffy qui pour ce faire remet en question l'écart entre les convictions politiques de Aue, son érudition, son esprit déjanté aux pulsions perverses le torturant ainsi que les crimes dont il se rend coupable; rechercher le rapprochement entre le matricide et la solution finale, deux crimes enracinés dans l'abjection. Une lecture kristevienne du roman de Littell permet de déceler le flirt dangereux de l'auteur avec l'abject.

1. La réception des *Bienveillantes* dans les milieux intellectuels français en 2006

Thierry Laurent

Dans les années 2000, aucune fiction littéraire française, même publiée sous la signature d'un Michel Houellebecq, n'aura suscité autant de controverses et de passions que *Les Bienveillantes*, livre en tête des ventes durant tout l'automne 2006: les enthousiastes et les dégoûtés, les étonnés et les sceptiques, tous se seront largement exprimés dans les médias traditionnels et sur Internet pendant plusieurs mois. Une rumeur a fait que d'abord l'on s'est demandé dans le tout Paris si ce soi-disant Franco-américain de Jonathan Littel existait bel et bien, si l'on n'avait pas affaire à un remarquable coup d'édition, tout comme, onze ans plus tôt, on s'était interrogé sur les mystères de la genèse du *Testament français* d'Andreï Makine. Plus sérieusement, derrière l'image d'un livre auréolé de gloire du fait des articles dithyrambiques de quelques critiques parisiens (ceux par exemple de *Télérama, Le Nouvel Observateur, Le Monde*) ainsi que de l'attribution de deux récompenses prestigieuses, le Goncourt et le Grand Prix du roman de l'Académie française, il y a cette réalité que l'œuvre est dérangeante et ne pourra jamais plaire facilement, tant mieux ; on le constate actuellement dans les pays où a paru sa traduction, les débats étant bien sûr plus vifs et plus douloureux en Allemagne comme en Israël. En 2006, le microcosme de l'intelligentsia française était donc en fort émoi[1].

1 Dans l'excellent dossier de trente-deux pages que consacre l'encyclopédie virtuelle *Wikipédia* aux *Bienveillantes* de Jonathan Littell, il y a une synthèse des critiques tant négatives que positives exprimées en France ou à l'étranger: http://fr.wikipedia.org/wiki/Les_Bienveillantes.

Certes, ce sont davantage des journalistes et quelques universitaires que l'ensemble de nos grands penseurs et philosophes qui se sont fait entendre: on aura ainsi remarqué le silence étonnant, inaccoutumé, d'un Bernard-Henri Lévy dans son *Bloc-notes*[2]; il n'empêche que le nombre de prises de position a été alors exceptionnellement important. En voici une synthèse non exhaustive. Nous n'évoquerons pas les ouvrages savants consacrés, directement ou indirectement, au livre et parus en France depuis 2007[3].

On a salué, avec une quasi-unanimité, les qualités littéraires de l'œuvre. L'académicien et professeur au Collège de France Marc Fumaroli, qui n'aime pourtant guère la production contemporaine, a reconnu que le jeune écrivain «connaît son métier de romancier[4]». Jérôme Garcin, critique et romancier, a été le plus enthousiaste, impressionné par cet ouvrage composite qui mélange les genres et qui tient, entre autres, de l'histoire, de la philosophie, de l'économie politique, de la sémiologie et du polar; il a en outre rendu hommage à la force du style: «jamais, dans l'histoire récente de la littérature française, un débutant n'avait fait preuve d'une telle ambition dans le propos, d'une telle maestria dans l'écriture, d'une telle méticulosité dans le détail historique et d'une telle sérénité dans l'effroi[5]». Il est question, ici ou là dans la presse, de «fresque de grande ampleur [...] donnant un sentiment de réel d'une prégnance incroyable[6]» ou bien de «souffle devenu trop rare dans le roman contemporain» qu'accompagne un «impressionnant talent pour faire rentrer l'histoire dans le roman ou plutôt le roman dans l'histoire[7]». L'importance du travail de documentation a impressionné les meilleurs historiens: ainsi Jean Solchany, de l'Institut d'études politiques de Lyon, admirateur d'un style qui «mélange crudité et classicisme» parle aussi d'une «reconstitution qui conduit à appréhender, avec une précision et une finesse qu'aucune fiction n'avait atteinte jusque-là, la détermination meurtrière du régime nazi, la mobilisation de l'appareil bureaucratique et les différentes formes de tuerie[8]». L'écrivain Jorge Semprun, ancien

---

2 Publié dans le magazine hebdomadaire *Le Point*.
3 À titre d'exemples: Paul-Éric Blanrue, *Les Malveillantes, enquête sur le cas Jonathan Littell*, Paris, Scali, 2006; Pierre-Emmanuel Dauzat, *Holocauste ordinaire. Histoires d'usurpation: extermination, littérature, théologie*, Paris, Bayard, 2007; Edouard Husson, Michel Terestchenko, *Les Complaisantes, Jonathan Littell et l'écriture du mal*, Paris, Éditions François-Xavier de Guibert, 2007; Marc Lemonier, *Les Bienveillantes décryptées. Carnet de notes*, Paris, Le Pré aux Clercs, 2007.
4 *Le Point*, 31 août 2006.
5 *Le Nouvel Observateur*, 26 août 2006.
6 Nathalie Crom, *Télérama*, 26 août 2006.
7 Samuel Blumenfeld, *Le Monde des livres*, 1er septembre 2006.
8 «Les Bienveillantes ou l'histoire à l'épreuve de la fiction», *Revue d'Histoire*

1. La réception des Bienveillantes 13

déporté, va beaucoup plus loin (et peut-être trop loin, diront certains) en affirmant: «Pour les générations des deux siècles à venir, la référence pour l'extermination des Juifs en Europe, ce sera le livre de Littell et ça ne sera pas les autres livres[9]»; dans la première de l'émission de Frédéric Taddeï *Ce soir ou jamais*[10], il proclame, convaincu, que c'est «l'événement du siècle»! Deux critiques de *Libération* reconnaissent que l'ouvrage est utile car il met à la disposition de chacun une documentation normalement circonscrite à de rares initiés[11]. L'universitaire et psychanalyste Julia Kristeva, quant à elle, s'est plutôt intéressée aux analyses psycho-pathologiques du criminel de guerre Maximilien Aue qu'elle a trouvées subtiles, plaçant presque au second plan le fond historique et jugeant inadaptées les controverses à ce sujet puisque ce n'est ni un livre d'historien ni un livre sur l'Holocauste[12]. De même, le romancier Philippe Sollers aura été avant tout captivé par cette histoire de «matricide commis en état d'hypnose» et d'«identification de plus en plus violente et incestueuse entre le narrateur homosexuel et sa sœur[13]». D'aucuns ont souligné l'aspect plutôt sain, moralement et idéologiquement, d'un roman qui a intelligemment évité la complaisance vis-à-vis des monstres et la fascination esthétique envers le mal, nous émouvant au contraire par la présentation de l'horreur et des souffrances, nous rappelant sans cesse tous les crimes perpétrés: Littell ferait preuve «d'un souci éthique omniprésent[14]» et, d'après Pierre Assouline dans son blog, il s'astreindrait à «bannir toute dimension poétique» dans son récit. Étienne de Montety, le critique du *Figaro*, ne va pas jusque-là mais juge le roman édifiant et, sinon vrai, du moins vraisemblable, en ce sens qu'il nous rappelle que dans l'humaine condition, le bien et le mal se juxtaposent et que le narrateur serait, avec ses ambiguïtés, un «monstre séduisant», une créature «repoussante et attirante», bref, conclut-il, «une figure faustienne du mal[15]». D'ailleurs, le spécialiste de la littérature russe Georges Nivat discerne dans ce livre dont l'écriture nous emporte

---

moderne et contemporaine, 2007-3, (n° 54-3). Cet article développe une argumentation présentée par son auteur dans *Le Monde* du 4 novembre 2006.
9   Citation prise dans le dossier *Wikipédia* déjà cité, p. 22.
10 Diffusée sur France 3 en septembre 2006.
11 Il s'agit d'Adrien Minard et Michael Prazan, *Libération*, 16 novembre 2006.
12 «A propos des *Bienveillantes*, de l'abjection à la banalité du mal», conférence organisée par le Centre Roland Barthes à l'Ecole Normale Supérieure le 24 avril 2007. Texte de cette conférence publié dans *L'Infini*, n° 99, été 2007.
13 Blog de Philippe Sollers, novembre 2006, cité par Murielle Lucie Clément en page 2 de son *Appel à contributions* en vue de ce recueil collectif.
14 Nathalie Crom, *Télérama*, art. cit.
15 «L'Apocalypse selon Jonathan», *Le Figaro littéraire*, 24 août 2006.

comme «une houle énorme», une réflexion dostoïevskienne sur le mal et compare certaines pages à *Guerre et paix* de Tolstoï et la fin du roman à celle du *Pavillon des cancéreux* de Soljenitsyne[16]. Concluons avec Pierre Nora, directeur de la revue *Le Débat,* qui s'est dit fasciné, lors d'un long entretien avec le romancier, par le mélange contradictoire entre «une relation intense, souvent hallucinatoire, à une histoire brûlante et documentée, et une pulsion explosive de fiction et de fantasme, sur une grille de lecture à fond mythologique[17]».

Les contempteurs du roman n'ont évidemment pas manqué non plus. On a trouvé le protagoniste peu crédible et le récit plein d'inexactitudes et d'invraisemblances. Un critique du magazine *Politis* s'est étonné que ce Maximilien se déplace autant dans une Europe en guerre et a laissé entendre, malicieux, qu'il y a (à dessein?) un formidable casting en vue d'une superproduction[18]. L'historien franco-allemand Peter Schöttler, du CNRS, a sonné violemment la charge en parlant de «roman de guerre et de gare», en jugeant le personnage central trop peu «incarné», voire «antihistorique», étranger à la culture allemande et à la mentalité nazie[19]. Son collègue Christian Ingrao a même pensé que l'auteur aurait échoué à nous faire comprendre les sentiments de haine et d'angoisse qui poussaient les SS à commettre des massacres[20]. Selon Édouard Husson, maître de conférences à Paris IV, Littell n'a pas compris le processus de décision qui mena au génocide; en outre, le point de vue du narrateur, celui d' «un nihiliste post-moderne qui promène son ennui le long des charniers causés par les nihilistes de l'âge totalitaire, conduit à relativiser la gravité du national-socialisme[21]»; il voit dans le livre une espèce de canular brillamment exécuté par un potache et qui ne saurait duper le lecteur avisé; son réquisitoire virulent se termine ainsi: «Le livre passe à côté de son objet. Le nazisme ne peut être abordé avec l'ironie pesante du khâgneux qui s'adresse aux happy few qui comprendront qu'il faut lire son livre au troisième ou au quatrième degré». Josselin Bordat, jeune agrégé

---

16 *Le Temps*, 6 novembre 2006. Samuel Blumenfeld, dans l'article déjà cité du *Monde des livres*, avait comparé le roman aux *Frères Karamazov*. Nathalie Crom, dans son article de *Télérama*, songeait plutôt à *Vie et destin* de Vassili Grossman.
17 *Le Débat*, n° 144, mars-avril 2007, p. 29.
18 «Goncourt 2006, *Les Bienveillantes* de Jonathan Littell: le bourreau policé», 8 novembre 2006.
19 *Le Monde*, 14 octobre 2006.
20 D'après Claire Devarrieux et Nathalie Levisalles, «*Les Bienveillantes*, roman à controverse», *Libération*, 7 novembre 2006.
21 «*Les Bienveillantes*, un canular déplacé», *Le Figaro*, 8 novembre 2006.

d'histoire et Antoine Vitkine, écrivain et réalisateur de documentaires, ont cosigné un article dans lequel ils affichent leur malaise et déplorent qu'on ne trouve dans le roman que de la «mauvaise histoire» puisqu'y serait développée la thèse selon laquelle les Nazis ne croyaient pas à leurs mythes et tuaient les Juifs par simple routine bureaucratique[22]; ils ajoutent que l'officier SS dépeint n'est pas du tout représentatif de ce qu'étaient ses semblables en réalité: trop érudit, trop peu barbare; ils concluent ainsi, très péremptoires : «S'imposant auprès de nombreux lecteurs comme un travail ayant une réelle envergure historique autant que romanesque, *Les Bienveillantes* entretiennent une confusion périlleuse. À l'heure où la mémoire se trouve au cœur des débats qui agitent la société, à l'heure où, plus que jamais, il faudrait défendre les rigueurs du travail historique face à une opinion publique parfois peu soucieuse de la vérité des faits, il faut le dire: la littérature n'est pas l'Histoire». Claude Lanzmann, auteur du film bouleversant *Shoah,* tout en concédant que l'écrivain a un vrai talent de documentaliste et de conteur, estime paradoxal et moralement condamnable que la tâche de mémoire, le récit de l'Holocauste, soit confiée à un bourreau et non à un Juif; il trouve que la fiction ne nous conduit pas au cœur des choses, qu'elle ne dévoile pas la vérité et que l'insistance sur les problèmes psychologiques et physiologiques du narrateur en arrive à faire oublier l'essentiel, à savoir qu'il collabore à une entreprise criminelle; il écrit: «Ces neuf cents pages torrentielles n'accèdent jamais à l'incarnation. Le livre entier demeure un décor et la fascination de Littell pour l'ordure, le cauchemar et le fantastique de la perversion sexuelle irréalise son propos et son personnage, suscitant malaise, révolte[23]»; il exprime sa crainte que désormais on lise *Les Bienveillantes* et non plus *La Destruction des Juifs d'Europe* de l'historien Raoul Hilberg. Il a été dit aussi que ce roman, qui «nous tombe des mains[24]», avait des défauts purement littéraires: le sévère Angelo Rinaldi, de cette même Académie française qui a pourtant couronné le roman de son Grand Prix, cherche vainement l'art «quand les effets ne sont demandés qu'aux détails d'une génitalité de sauna et que, dans l'horreur, on frôle le Grand Guignol par la surenchère[25]». Certains critiques auront trouvé le style inadapté au sujet traité, soit parce que trop policé (avec le passé simple en vedette), donc trop peu apte à rendre compte de

---
22 «Un nazi bien trop subtil», *Libération*, 9 novembre 2006.
23 *Journal du Dimanche* et *Le Nouvel Observateur* du 21 septembre 2006.
24 *Les Inrockuptibles*, 22 août 2006.
25 Propos tenus dans *Marianne* et cités par Paul-Eric Blanrue, *Les Malveillantes. Enquête sur le cas Jonathan Littel, op. cit.*

l'abjection, soit parce que cédant à des facilités (néologismes, anglicismes, accumulation de termes techniques par exemple)[26]. Il a été dit aussi que la restitution des monologues intérieurs très longs du criminel de guerre laisse trop peu d'espace au lecteur, à l'auteur, ce qui finirait par être malsain[27]. Un reproche plus grave, plus essentiel, est qu'on pourrait presque ressentir une empathie suspecte pour ce Maximilien: en définitive, ne mérite-t-il pas de la compassion? Le journaliste de *L'Humanité* Alain Nicolas a formulé cette importante réserve: «le phénomène d'identification propre au récit, surtout à la première personne, ne risque-t-il pas, en fait, de la diluer dans une certaine banalisation du mal? Comment interpréter le JE SUIS COMME VOUS en quoi se résume l'adresse de cet homme à son lecteur?[28]». C'est aussi l'opinion de l'universitaire Édouard Husson: «L'idée juste selon laquelle tout homme peut devenir un bourreau sert en fait à relativiser les crimes du nazisme[29]».

Finalement, rares auront été les points de vue nuancés et on ne peut que le déplorer: que d'éloges emphatiques, que de réquisitoires féroces! Toutefois, quelques observateurs ont essayé de prendre du recul tout en réfléchissant sur les raisons du succès commercial de ce livre. Le professeur de littérature Bruno Blanckeman y voit l'attrait étonnant pour une figure de monstre «que l'on montre dans sa proximité[30]»; son collègue lillois, Dominique Viart, tout en regrettant le recours esthétique au mythe des Érinyes et des Euménides qui tend à déresponsabiliser Maximilien de ses fautes, voit un lien entre *Les Bienveillantes* et toutes ces fictions critiques très intéressantes «que de nombreux écrivains développent depuis quelques années et par lesquelles ils entendent, à leur façon, discuter du monde qui nous entoure et de l'Histoire dont nous héritons en s'appuyant sur les moyens propres de la littérature[31]»; Thomas Wieder, qui enseigne à l'ENS de Cachan, nous apprend que depuis une quinzaine d'années «le bourreau hante les travaux sur la guerre[32]» et que le roman serait, là encore, dans l'ère du temps; cela est confirmé par Bertrand Legendre dans un article où il s'appuie sur l'avis

---

26 Voir le compte rendu d'articles parus dans *Les Inrockuptibles, Marianne, Politis* ou *Le Canard enchaîné;* dossier Wikipédia déjà cité, p. 20.
27 Article déjà cité des *Inrockuptibles*.
28 «La mort était son métier», *L'Humanité,* 7 septembre 2006.
29 *Le Figaro,* art. cit.
30 D'après l'article déjà cité de Claire Devarrieux et Nathalie Levisalles «Les Bienveillantes, roman à controverse».
31 «Les prix, sismographes de la vie littéraire», *Libération,* 9 novembre 2006.
32 «Christian Ingrao: les braconniers du grand Reich», *Le Monde,* 24 novembre 2006.

de Fabrice d'Almeida, directeur de l'Institut d'histoire du temps présent[33]. L'historien Denis Peschanski observe «depuis deux ou trois ans […] d'un côté une concurrence des victimes, avec une multiplication des porteurs de mémoire au nom de la victimisation, et, de l'autre, une certaine saturation de l'opinion. Ce qui fait qu'on peut se demander si le succès de cet ouvrage, au-delà de tout jugement sur sa qualité littéraire, n'ouvre pas un autre registre mémoriel. Entre-t-on dans l'ère du bourreau? Assiste-t-on à une diversification des genres: on parle de la victime, mais aussi du bourreau[34]».

Voici quelques exemples des réactions suscitées d'emblée par ce roman qui fera date et à propos duquel, dès 2007, se sont tenus des conférences, des séminaires, et ont été écrits plusieurs ouvrages savants. Quelle que soit l'évolution de son travail romanesque, Jonathan Littell, avec cette «entrée stupéfiante sur la scène littéraire française[35]», restera probablement considéré comme l'auteur d'un seul livre et cela peut autant le servir que le desservir.

Paris IV-Sorbonne

---

33 «Du côté des bourreaux», *Le Monde*, 4 novembre 2006.
34 Propos rapportés par Claire Devarrieux et Nathalie Levisalles dans leur article déjà cité.
35 Nathalie Crom, *Télérama*, art. cit.

2. «*Frères humains...*»: *Les Bienveillantes*, une histoire de familles
Wladimir Troubetzkoy

La présente étude est née de deux interrogations.

Tout d'abord, une insatisfaction devant le consensus de la critique à appliquer *a priori* la grille eschyléenne sur le roman de Jonathan Littell sous le prétexte que celui-ci est intitulé *Les Bienveillantes*. Les mêmes se contentent souvent de ne voir dans cette dénomination que l'euphémisme apotropaïque traditionnel employé pour désigner les Érinyes, les Furies latines, sans tenir compte du fait que les Euménides (les Bienveillantes, en grec) sont le nom qu'elles prennent, sous l'égide d'Athéna, dans la capitale de l'Attique, une fois apprivoisées par elle pour se ranger dans le panthéon des divinités protectrices de la cité des chevaux, du vin et de l'olivier, les «déesses vénérables» (σεμναι θεαι): c'est tout de même toute une histoire dont on ne voit pas l'ombre dans le roman de Jonathan Littell.

Notre second sujet de perplexité est cette somatisation insistante – et dégoûtante – qui s'étale, si l'on peut dire, à travers le corps du héros Maximilien Aue, des vomissements et des torrents de merde noire d'antan à la constipation béton du temps de l'écriture: cette dernière, au moins, coule... Outre cela, une homosexualité incestueuse, présentée de manière guère plus ragoûtante. Le tout pataugeant dans le sang et la merde des massacrés.

Triste héros, en vérité! que rien n'empêche, en même temps, de tuer sans états d'âme particuliers: l'épopée nazie, dans son quotidien besogneux, ne sort certes pas grandie des mémoires de Max, ce qui est déjà un bien, mais on ne supporte la lecture de ce chaos de vomi, de merde, de sang et de chairs pourrissantes qu'en se bouchant le nez et en se blindant les sens et le sentiment: en s'habituant?...

L'in-conscience de Maximilien Aue, qui tue comme en état d'absence, qui tue avec les autres tout en déplorant l'absurdité de ce massacre de Juifs qu'il serait, selon lui, bien plus rentable d'exploiter comme force de travail, pose une question angoissante, qui est en même temps un défi: ce zombie, cet automate peut-il encore être considéré comme responsable? L'est-il davantage que le levier qui libère le gaz dans les chambres d'Auschwitz? A-t-on puni le levier?...

Pourquoi, donc, ce détournement du tragique, manifeste encore sur bien d'autres plans? Pourquoi cette dyspepsie-scatologie complaisante? Quel est le *sens* de ce texte «putride[1]»?

Florence Mercier-Leca[2] a bien montré que Les Bienveillantes ne suivent qu'en apparence et de loin le schéma de L'Orestie d'Eschyle. Jonathan Littell emprunte, certes, explicitement à Eschyle le titre de la troisième pièce de sa célèbre trilogie, Les Euménides, Les Bienveillantes en français: Oreste, le fils d'Agamemnon, est poursuivi par les Érinyes, nées de Gaia, la Terre, et du sang d'Ouranos, le Ciel, émasculé par le fils de celui-ci, le retors Cronos (ou Chronos, le Temps), chiennes de garde de l'ordre des hommes et des dieux[3]. À noter, cependant, que Eschyle fait des Érinyes les filles de la Nuit, ce qui n'est pas sans intérêt, nous le verrons.

Le parricide et l'inceste apparaissent comme les principes agissants du monde des dieux, comme le *primum mobile* de la théogonie, mais, dans un deuxième temps, les dieux se réservent cette double pratique, qui distingue la société des hommes de celle des Olympiens: inceste et parricide sont les deux interdits qui, non seulement structurent toute société humaine[4],

---

1 Aurélie Barjonet, «Bienfaits de la nouvelle "littérature putride"? Le cas des *Particules élémentaires* de Michel Houellebecq et des *Bienveillantes* de Jonathan Littell», dans *Lendemains*, 132, 33. Jahrgang 2008, pp. 94-108.
2 Florence Mercier-Leca, «*Les Bienveillantes* et la tragédie grecque. Une suite macabre à *L'Orestie* d'Eschyle», dans *Le Débat*, n°144, mars-avril 2007, pp. 45-55.
3 Hésiode, *Théogonie*, traduction, présentation et notes de Annie Bonnafé, précédé d'un essai de Jean-Pierre Vernant, Paris, Rivages poche, Petite bibliothèque, 1993 (1981), p. 71, v. 185. Ouranos s'unit à Gaia, la Terre, sa mère – premier exemple d'inceste en mythologie – avant que ses testicules soient tranchés, à la demande de Gaia, par son fils Cronos le retors – premier exemple de parricide. Le sang et le sperme d'Ouranos, jetés sur l'immense Terre, fécondent en retour celle-ci, qui enfante les Érinyes, les Géants et, curieusement, les nymphes du frêne dont sont faites les javelines (*Théogonie*, v. 104-187). Les Érinyes sont donc les premiers produits de l'inceste et du parricide, il n'est peut-être pas inutile de le rappeler: elles aussi, comme Oreste, comme Œdipe, doivent venir à Athènes pour être purifiées, récupérées.
4 Claude Lévi-Strauss a bien montré, dans *Structures élémentaires de la parenté*

2. Une histoire de familles

mais en permettent même l'existence (endogamie et meurtre de ceux qui donnent la vie ne peuvent entraîner qu'involution et implosion).

Eschyle, donc, avec *Les Euménides*, le couronnement de sa trilogie, reste en avance par rapport à Jonathan Littell. En effet, dans le dénouement de *L'Orestie*, il évoque la manière dont, sous le patronage d'Athéna, les terribles Érinyes se muent en bienveillantes, désormais, déesses tutélaires d'Athènes, le cycle barbare des crimes et des vengeances du clan des Atrides venant expirer au pied de l'Acropole. Les Érinyes s'apaisent-elles, dans le roman du jeune Américain, en Bienveillantes protectrices? Il est permis d'en douter, à moins d'imaginer une catharsis par l'écriture, mais le roman de Jonathan Littell est-il cette forme belle et une, selon Goethe, cette forme poétique qui entraînait l'identification des foules rassemblées à Athènes lors des Grandes Dionysies et des concours tragiques? Il faudrait imaginer aussi, ce qui est encore plus difficile, que Jonathan Littell ait voulu croire, ou faire croire, que la chaîne des génocides, avant, pendant et après la Shoah hitlérienne, s'est interrompue, que tout cela n'est plus qu'un rêve, un cauchemar, un passé exorcisé, oublié: par sa vie même sur tous les fronts de l'inhumain, Jonathan Littell sait que la bête immonde ne fait que somnoler autour de nous, devant nous, en nous…

Si Oreste a effectivement tué sa mère Clytemnestre ainsi que le second époux de celle-ci Égisthe, il n'a pas commis l'inceste, le crime cousin du parricide, en l'occurrence avec sa sœur Electre. Comme, plus tard, dans le drame de Sophocle, Œdipe viendra à Colone, sur le bord du territoire athénien, mourir rédimé, déchargé des crimes jumeaux du parricide et de l'inceste qu'il a commis en tuant Laïos et en épousant Jocaste, Oreste vient recevoir à Athènes, de l'Aréopage, l'acquittement du crime considéré jusque-là comme impardonnable, comme inexpiable[5]. Les Érinyes cessent d'aboyer, abandonnent leur traque, et même, le cycle des atrocités sacrilèges depuis Atrée et Thyeste prend fin: le jour se lève sur Athènes et sur Argos, et il est enfin et à jamais pur, en ce matin profond, à l'aube d'une humanité nouvelle, enfin réconciliée avec les dieux, sous le ciel d'Athènes.

Zeus, le dieu du ciel, du jour et de la lumière, *dit*, désormais, la justice, comme, déjà, dans le *Prométhée enchaîné* du même Eschyle, le tyran divin

---

(1949), que parricide et inceste sont les interdits universels par excellence: sans eux, pas de société humaine possible.
5 Œdipe peut encore plaider l'ignorance, il ne savait pas, car inceste et parricide sont les crimes devant lesquels on recule, il ne les aurait pas commis le sachant: Oreste, lui, a agi en connaissance de cause, mais en se voilant tout de même derrière le devoir de rendre la justice, de châtier la meurtrière impunie. Tout parricide qu'il soit, son crime, de plus, rencontre l'approbation générale.

qui affolait de ses désirs féroces et sans frein la pauvre Io apparaissait, au terme de sa confrontation avec Prométhée et sous l'effet de la parole de ce dernier, comme l'Olympien maître des dieux, de l'homme et de lui-même, l'Olympien *maîtrisé*, enfin: la justice est ce qui est *dit*, comme le montre l'étymologie elle-même du mot Δικη, «la justice», qui relève de la même racine *dic-* que *dicere*, en latin, «dire, parler, énoncer, nommer, proclamer».

La Justice est l'instance de la parole: elle dit ce qui *doit* et ce qui ne doit *pas* être. Autre terme parent, *fatum* en latin, de *for, faris, fatus sum*, que l'on ne connaît qu'en composition (*confiteor, profiteor*): la parole prononcée, ce que l'on dit, la renommée (*fama*), la parole qui entraîne l'acte, l'aveu, d'où le sens de destin (*fatalis, fatalitas*). La relation étymologique est étroite avec le grec φημη, φατις, même sens, φατις possédant aussi le sens concret d'*oracle*, la parole du dieu qui ne peut pas ne pas se réaliser, que Œdipe le veuille ou non. Cette relation s'étend même à φως, qui signifie d'un côté, «le simple mortel», et, de l'autre, «la lumière», le simple mortel étant celui qui participe du royaume de Zeus (au génitif, Διος, la lumière du jour, *dies* en latin), celui qui voit la lumière.

Ce que, depuis le XVIe siècle, on appelle traditionnellement «tragédie» est le récit en acte, le drame représenté sur le mode de la *mimesis*, des paroles, ou des non-paroles, malheureuses d'un héros qui, autant par *hubris* (υβρις), arrogance, présomption, que par *hamartia* (αμαρτια), erreur de jugement, erreur de visée, a entraîné, par ses mots, irréparables une fois prononcés, une catastrophe dont il a la grandeur de payer le prix, provoquant en nous, spectateurs s'identifiant, horreur, pitié et admiration pour ce Grand Exemple. Le destin, ce sont les paroles de trop ou de pas assez, les silences brisés, les secrets non descellés, les lapsus ou les mots manqués, qui font que l'homme est toujours responsable, et seul responsable, de ce qui lui arrive: parce que nous sommes responsables de ce que nous avons dit comme de ce que nous n'avons pas dit, nous passons notre vie à répondre de nos paroles et de nos silences; vivre, et mourir, c'est accomplir, en le choisissant, en le construisant, notre destin.

La tragédie grecque est toujours l'histoire d'une catharsis bien particulière: les uns après les autres, les héros de la mythologie viennent à flanc d'Acropole, dans le théâtre de Dionysos, recevoir l'absolution pour la chaîne de forfaits dont ils sont les derniers captifs. Même si Athènes ne figure pas explicitement, sous la forme, par exemple, de son antique et vénérable Aréopage ou du bois sacré de Coloné, le «texte athénien» est présent en filigrane comme *solution* au nœud gordien des fatalités: le poète

2. Une histoire de familles

dit solennellement sous une forme belle le sens du mythe, jusque-là obscur et répétitif, qui vient jeter ses derniers éclairs effrayants au pied de la Cité de l'Homme par excellence, de l'Acropole, ce sommet du monde. Même quand Athènes n'est pas mise concrètement en scène, elle est présente, par exemple quand elle est louée magnifiquement, sur le registre de l'élégie, à la fin de *Œdipe à Colone*, ou bien quand l'homme, dans *Antigone*, est célébré, de la manière ambiguë, cependant, que nous verrons. La justice, les lois sont, à Athènes, proclamées, promulguées au-dessus du chaos humain, dont les mythes immémoriaux figurent les dernières convulsions, au-dessus de la plaine des hommes. Athènes, mère des arts et des lois, est, de toute façon, figurée dans la forme belle de la tragédie, qui est une, des drames d'Eschyle, de Sophocle et d'Euripide[6]. La tragédie est un pardon. L'histoire d'Oreste, celle d'Œdipe, est celle de leur pardon. La tragédie, ou le Grand Pardon...

Et Maximilien Aue, dans tout cela? Pouvons-nous imaginer une Athènes, un Aréopage, encore moins une Athéna pour lui? En tout cas, ce n'est pas dans le roman de Jonathan Littell qu'on les trouvera. Faut-il même les imaginer? Point de pardon pour lui, ses crimes sont imprescriptibles, d'ailleurs il ne regrette rien, et il ne demande rien. Nous, ses «frères humains», comme il a le phénoménal toupet de nous appeler, nous détournons la face: nous nous détournons de lui, il nous fait déjà toucher du doigt la limite de notre capacité de fraternité. Pourquoi a-t-il pris la parole, comment a-t-il *osé* prendre la parole? Qu'espère-t-il? Se faire pardonner, être amnistié? Se «libérer»? Que ça «sorte», que cesse l'effroyable constipation dont ce respectable patron de la dentelle (!) du Nord de la France est affligé et qui succède aux cataractes de merde noire dont il nous abreuve obligeamment sur un rythme soutenu pendant les neuf-cents pages au long desquelles il nous raconte «comment ça s'est passé» (p. 11). Il y a quelque chose de mimétique entre cette diarrhée chronique et l'histoire que l'ancien dysentérique, en ces temps de constipation, raconte pour l'avoir vécue, cette longue chiasse de massacrés: mais aujourd'hui, avec Jonathan Littell, autour de Babij Yar, se rassemblent silencieusement ceux qui peuplent les fosses communes des guerres mondiales, des goulags de Russie, de Chine et de cent autres pays. Qui alimente les charniers d'hier comme ceux d'aujourd'hui, sans discontinuer? Vous, nous, moi, toi, nos pères, nos grands-pères, nos voisins, nos amis, eux hier, nous demain, avec

---

6 Il faut sans doute en croire Jacqueline de Romilly, qui pense que l'anthologie réalisée par les Alexandrins, lesquels n'ont retenu que sept pièces d'Eschyle, sept de Sophocle et dix-sept d'Euripide, témoigne sans doute exactement de ce que fut le patrimoine de la tragédie grecque, au-delà des centaines de pièces perdues.

permutation des rôles, car nous finirons là où les autres ont commencé, en changeant simplement de côté par rapport au bord de la fosse, par rapport à la crosse du fusil. «Ça vous concerne», nous dit l'affreux (p. 11), à nous ses «frères humains». Nous sommes convoqués par Maximilien Aue au tribunal de l'humain «pour affaire nous concernant», ce qui est tout de même un comble. C'est ce qui explique qu'il suffit d'ouvrir, à l'étal d'une librairie, le livre de Jonathan Littell, pour être happé par lui: quoi, encore un livre sur les camps de concentration, sur l'Holocauste, de plus présenté comme la confession d'un ss? Exactement le livre que l'on n'a pas, que l'on n'a plus envie de lire. Et si l'habile homme parvenait à me prendre par les sentiments – «Frères humains…», Max, mon semblable, mon frère –, parvenait à ce que je lui accorde les circonstances atténuantes, comme je me les accorderais à moi-même? Surtout pas: *Vade retro!* Nous voudrions détourner la face, mais, trop tard! nous sommes tombés dans le livre, et tout notre effort, désormais, va être d'en sortir, d'en sortir au moins avec dignité. En sauvant la face, si possible: nous sommes tous des salauds, dirait Sartre.

Mais mieux vaut abandonner toute espérance, une fois pour toutes: nous n'en sortirons pas, parce que c'est *une tragédie*, on ne sort pas à volonté d'une tragédie.

Pourquoi, finalement, Maximilien Aue prend-il la plume, tout à coup et si tard? Pour que «ça» sorte, enfin? Les Érinyes ne font point trêve, il n'y a point prescription, et l'ouvrage s'achève sur le commencement: elles ont retrouvé la trace d'Oreste au moment où il vient de tuer son Pylade (p. 893). Désormais, elles procèdent, non plus à une poursuite, mais à un blocus, une rétention, une occlusion: la même chose, le même siège (les jeux de mots sont permis), sous d'autres formes.

Thomas-Pylade? Il est plutôt le double de Max, son double mauvais, celui qui l'a sauvé d'une éventuelle condamnation à mort pour homosexualité – on ne plaisantait pas, sur le sujet, du temps des nazis – afin de le recruter pour l'action nazie, et de l'entraîner dans le cycle tragique. Thomas est celui qui a mis le pied à l'étrier à Max, qui l'a fait monter sur les tréteaux tragiques: à lui, Max, de jouer son rôle jusqu'au bout, jusqu'à la mort. Point de salut pour celui qui est monté sur les planches.

L'Orestie ne rend donc pas vraiment compte du drame de Max. Plutôt qu'à Eschyle, peut-être convient-il de faire appel à Sophocle, à *Œdipe Roi*, à *Antigone*. Nous retrouvons, entre autres, dans *Œdipe Roi*, le même lien que dans *Les Bienveillantes* entre roman politique et roman familial, la même inscription du drame, la même *somatisation*, chez Maximilien Aue que chez

2. Une histoire de familles 25

Œdipe, le tyran boiteux.

Roman politique, roman familial, inceste et parricide sont inextricablement liés dans la figure du tyran, dont l'archétype est le personnage de Œdipe, tyran (τυραννος) de Thèbes, assassin de son père et époux de sa mère.

Nombreux sont ceux, d'Héraclite à Platon, qui ont analysé la figure du tyran, si commune en Grèce ancienne: Athènes, origine et modèle de la démocratie, a pourtant connu Pisistrate, les fils de celui-ci Hipparque et Hippias, et, plus tard, les Trente Tyrans au terme de la Guerre du Péloponnèse.

Le tyran, à l'origine, désigne, sous une vieille appellation non indo-européenne (τυραννος), un chef de guerre, commandant la garde du roi (βασιλευς) ou du chef de l'État (αρχων), qui s'est emparé du pouvoir par la violence (βια) sans passer par les institutions existantes: le tyran est toujours illégal et illégitime. Mercenaire, il est l'étranger au cœur de la cité, souvent l'homme venu d'ailleurs, en-dehors et au-dessus des lois, ανομος par définition. Lui seul est libre, tous les autres citoyens ont abdiqué leurs droits entre ses mains. Le tyran est, cependant, souvent très populaire, pourvu qu'il assure la subsistance du peuple, l'ordre public, la prospérité des affaires: la liberté, les libertés, pour quoi faire? Il y a eu bien plus de régimes tyranniques en Grèce ancienne que de régimes démocratiques, et la belle Athènes de Périclès, si vantée dans les anthologies, était, pour les cités participant de son empire dirigé contre la Perse (αρχη), le plus implacable des tyrans. La tyrannie est le mode normal de gouvernement, la démocratie l'exception[7].

Conçu, à partir de Platon, comme au-dessus et à part des lois, qu'il transgresse toutes, le tyran, figure qui permet de tracer par défaut celle du démocrate et du philosophe, comme celle des Amazones, en décrivant ce qu'elle ne doit *pas* être, décrit ce que la femme *doit* être, est un *hubristès* (υβριστης), un insolent, un arrogant promis aux plus sanglants décomptes: peu ou prou et tôt ou tard, le tyran est un héros tragique, et le héros tragique est un tyran[8]. Les crimes du tyran sont l'inceste et le parricide, parce que

---
7   Claude Mossé, *La Tyrannie dans la Grèce antique* (1969), Paris, PUF, coll. Quadrige, 2004; Bernard MacGregor Walker Knox, «Why is Oedipus Called *Tyrannos?*», dans *The Classical Journal*, 50, 3, December 1954, pp. 97-102; Bernard MacGregor Walker Knox, *Oedipus at Thebes: Sophocle's Tragic Hero and His Time*, New Haven, Yale University Press, 1957.
8   Et Antigone? Et les Troyennes? Et combien d'autres victimes touchantes? Mais il convient de se demander si elles sont bien les héroïnes centrales du drame. Il convient aussi de rappeler que le titre des drames en question a été attribué à ceux-

le tyran est le paradigme de l'illégalité et que celle-ci s'incarne au mieux dans les deux crimes monstrueux par excellence qui portent atteinte et à la famille et à la cité: le parricide est le modèle du crime contre la succession, l'inceste étant aussi toujours politique, car il remet en cause l'exogamie constitutive de la cité.

«Γνωθι σεαυτον», la célèbre inscription delphique, signifie non pas tant «Connais-toi toi-même» que «Connais ta place» dans la cité, c'est-à-dire dans l'ordre humain, efforce-toi d'en prendre une juste conscience. Œdipe, en commettant les crimes radicaux du parricide et de l'inceste, s'est déraciné par rapport à ses propres origines: époux de celle dont il est le fils, frère des enfants qu'il a eus de sa mère, substitut de son père comme mari de sa mère, il est in-situable, il n'a plus de lieu dans la cité des hommes. Fait significatif, Laios et Jocaste ne lui ont pas donné de nom avant de le faire exposer sur le Cithéron: Œdipe est le nom, le surnom parlant qu'il a reçu de ses parents adoptifs, à Corinthe; homme sans nom, il est sans feu ni lieu. Il est à lui-même son commencement et sa fin: enfant du hasard (τυχη), il est son propre principe (αρχη), mais il est sans avenir, condamné à finir, ses descendants seront sans postérité, qu'il s'agisse d'Antigone, d'Ismène, d'Étéocle ou de Polynice, parce qu'ils *n'auraient pas dû naître*: la stérilité est le salaire de l'inceste[9].

Platon, dans le *Gorgias* et dans la *République*, oppose le tyran, esclave de ses passions et des désirs de la chair, des richesses et du pouvoir, au démocrate et au philosophe. Le tyran, que rien, aucune loi, aucun interdit n'arrêtent, commet les crimes dont les autres mortels ne font que rêver. Monos incestueux avec sa sœur jumelle Una, Max égorge, en même temps que l'Égisthe de celle-ci, sa mère, Clytemnestre qu'il accuse dans son esprit d'avoir fait périr son père. Son homosexualité, comme le démontre Florence Mercier-Leca, est un fantasme fou de s'identifier à sa sœur jumelle Una, d'être *un(e)* avec elle[10].

Comme, seul de tous les humains, Œdipe[11], Max vit ses rêves, respire et

ci bien plus tard, par les Alexandrins. S'agit-il même de titres? On a l'impression, plutôt, de références commodes, de simples renvois.
9   Ainsi, au début de *Œdipe Roi*, nous découvrons Thèbes marquée par la double souillure du parricide et de l'inceste, frappée dans ses femmes qui meurent en fausses couches, dans ses troupeaux qui ne se reproduisent plus, le tout dans le cadre d'un mal non précisé (un «fléau», λοιμος) qui vide la cité de ses habitants, engraisse l'Hadès, situation métaphorique des conséquences de l'inceste, dont les fruits sont non viables, et du parricide, qui a porté la main sur qui a donné la vie.
10   Florence Mercier-Leca, art. cit., p. 51.
11   «Ne redoute pas l'hymen d'une mère: bien des mortels ont déjà dans leurs rêves partagé le lit maternel», dit Jocaste à un Œdipe de plus en plus alarmé (*Œdipe*

vit l'inceste et le parricide. Le tyran, Œdipe, Maximilien, font, sont des rêves éveillés, chacun est, comme le vieux guetteur, dans *Agamemnon* d'Eschyle, «un rêve qui paraît en plein jour», οναρ ημεροφαντον, une apparition diurne, un fantasme incarné, le fantôme, en plein jour, de l'innommable.

Ils font exister l'interdit, ce qui devrait rester interdit, imaginaire. Héraclite dit «qu'il y a pour les éveillés un monde unique et commun, mais [que] chacun des endormis se détourne dans un monde particulier (*eis idion*)[12]». Max, comme Œdipe, ne sont pas de ce monde, ils sont des clandestins, ils existent en contrebande, en songes éveillés. Œdipe croit longtemps être éveillé, mais il n'a fait que rêver sa vie avant que Tirésias ne l'éveille à la réalité. Max fait advenir ses songes et, en même temps, les refoule: il ne se *souvient* littéralement *pas*, ou il ne se souvient *plus*, d'avoir assassiné sa mère et Égisthe-Moreau. Il tue comme les nazis autour de lui, sans y penser, ça tue par sa main, l'obnubilation idéologique, c'est-à-dire les rêves de la raison endormie, lui tenant lieu de pensée et de conscience, comme Hercule furieux, rendu fou par Junon, dans l'*Hercules furens* de Sénèque.

En même temps, ces *monstres* sont éminemment corporels. Car l'inceste comme le parricide sont des crimes *de corps*: *sa* mère, *son* père, dans le cas d'Œdipe, *sa* mère, *son* beau-père, *sa* sœur, dans le cas de Max. Les corps d'Œdipe et de Max portent les stigmates et les préfigurations de leurs crimes, de leurs transgressions: Œdipe est *boiteux*[13] et Max est *malade*. S'en

---

Roi, traduit par Paul Mazon, Paris, «Les Belles Lettres», 1985 (1958), p. 107, v. 981-982). Inceste et parricide font partie des rêves les plus chers de l'humanité, ils sont des composantes de la relation aux parents, ils sont tolérés à condition de rester des rêves, des fantasmes.

12 «Ο Ηρακλιτος φησι τοις εγρηγοροσιν ενα και κοινον κοσμον ειναι, των δε κοιμωμενων εκαστον εις ιδιον αποστρεφεσθαι», Héraclite, fragment 89-9, rapporté par Plutarque dans *De superstitione*, 3, 166-c, dans *Œuvres morales*, II, Paris, «Les Belles Lettres», 1985, p. 252).

13 Ce en quoi il appartient bien à la lignée des Labdacides, dont le nom même renvoie à la lettre bancale *lambda* λ. La boiterie était considérée comme un signe d'ambitions tyranniques, selon Hérodote (V, 92 β I) et Xénophon (*Hellenika*, III, III, 3). Cf. *Œdipe Roi*, v. 878: l'arrogance (υβρις) enfante la tyrannie d'où l'homme perd l'équilibre, «ne se servant pas d'un pied sûr» (ου ποδι χρησιμω χρηται, traduction personnelle). Les «pieds enflés» (Οιδι-πους) sont la vérité d'Œdipe, qu'il devrait *savoir* (οιδα-) – il devrait, comme l'indique clairement au spectateur son surnom, «connaître ses pieds» – mais, sur cette vérité, il s'aveugle avant de se crever les yeux, *in fine*, pour devenir un «voyant», un second Tirésias. Nous suivons ici les pénétrantes analyses de Seth Benardete ("Sophocles" *Oedipus Tyrannus*", dans *Ancients and Moderns*, New York, Basic Books, 1964, pp. 1-15 Reprinted dans *Sophocles: Twentieth Century Views*, edited by Thomas Woodard, Englewood Cliffs, NJ: Prentice Hall, 1966, pp. 106-121. Reprinted dans Seth Benardete, *The Argument of*

étant pris au *corps* des *plus proches* (le père, la mère, la sœur), c'est à eux-mêmes qu'ils s'en prennent: Œdipe avec Jocaste, Max avec Una, les seules femmes de leur vie[14], pratiquent un *auto-érotisme* sado-masochiste.

Inceste, parricide, holocauste ont pour trait commun la *corporalité*, débordante, insupportable (cf. dans *Les Bienveillantes*, les descriptions des laborieux massacres d'Ukraine, avec les continuels problèmes de logistique qui se posent aux Allemands, et que la haute technologie «allemande», aseptisée au maximum, d'Auschwitz-Birkenau va résoudre et surtout masquer et refouler: les corps seront censurés, oubliés, plus de sang ni de blessures, et charriés par d'autres Juifs en sursis vers la néantisation par les fours crématoires, lesquels ne produisent même pas de fumée; la preuve que tout va pour le mieux: les Allemands se portent bien, et même fort bien, dans les cantonnements adjacents des SS, qui vivent là avec leurs familles).

Œdipe et Max s'avèrent être la manifestation de la nature humaine elle-même, car celle-ci est tyrannique – ce que Schopenhauer appellera, beaucoup plus tard, la «volonté de vivre» (Wille zum Leben) – et ses fins déclarées sont de violer les lois divines qui fondent la cité, ressenties comme une contrainte et une limitation, comme empêchant de vivre. L'υβρις est naturelle dans l'homme, car celui-ci est par nature tyran: «sur le terreau de l'arrogance pousse le tyran[15]».

Les crimes de Œdipe comme ceux de Max ont mis en lumière les commencements indifférenciés de l'homme dans sa genèse. Ils renvoient à ses débuts (αρχαι) encore non-anthropomorphiques, avant que les dieux ne lui confèrent une image à leur ressemblance, celle fixée dans les statues des sanctuaires grecs. L'homme fait à l'image des dieux ne doit pas jeter les yeux sur l'en deçà des seigneurs de l'Olympe harmonieux, sous peine de voir s'ouvrir[16] le Chaos primordial, avec sa fille, la Nuit, et le mélange

---

the Action. Essays on Greek Poetry and Philosophy, Chicago, The University of Chicago Press, 2000). Œdipe ou l'homme qui ne voyait pas ce qui était évident, ce qui était «devant ses pieds» (το προς ποσι), pourtant «enflés» (οιδι-) et qu'il savait (οιδα-), cf. son surnom parlant...

14 Max entretient une longue liaison platonique, à Berlin, avec Hélène, qui ne demande pas mieux qu'il en soit autrement: impossible, pour lui, de s'unir avec une femme qui soit l'Autre, qui ne soit pas Una, une avec lui et en lui...

15 «υβρις φυτευει τυραννον» (*Œdipe Roi*, v. 873). Traduction un peu libre, pour rendre φυτευει, «faire pousser», de φυσις, «ce qui pousse, ce qui est naturel». La tyrannie est un développement naturel, organique, normal, de la réalité de l'homme.

16 Le Chaos, Χαος, de χαινειν, «s'ouvrir, être ouvert, être béant», comme les bords d'un gouffre, comme ceux d'une blessure, est ce qui s'oppose à κοσμος, «l'ordre, l'harmonie, la parure, la coiffure, le monde».

2. Une histoire de familles 29

confus de toutes choses: Ouranos et Gaia, Ouranos châtré par Cronos, etc., comme nous l'avons déjà mentionné. Œdipe défiguré, sang et humeur vitreuse coulant de ses yeux crevés sur sa barbe et sa poitrine, offre au chœur et aux spectateur la vision insoutenable du Chaos antique d'avant l'homme et d'avant les dieux; σκοτεινος, «ténébreux», il habite désormais le cauchemar de la Nuit, interdit qu'il est de la lumière, du monde comme de l'Hadès, terrorisé à la pensée même des regards de Laios et de Jocaste, si, pour comble de malheur, il devait aborder à l'infernal rivage. En ne voyant plus, il se rend invisible, et tout d'abord in-regardable: le chœur baisse les yeux, ne supportant pas de voir ce qu'est devenu le tyran si beau et si admiré du début du drame[17].

Max connaît un destin moins spectaculaire, moins grandiose, mais le chaos, il a pataugé dedans à longueur de roman, dans le monde de la Seconde Guerre mondiale, entièrement consacré, sous l'empire nazi, à la déshumanisation de l'espèce humaine, de la désintégration physique des individus en décomposition, à leur réduction à l'état d'animaux, de machines ou d'objets. Outre l'atomisation des corps, ce qui frappe, dans le tableau peint[18] par le SS Maximilien Aue, c'est la démence logique qui sous-tend l'entreprise génocidaire nazie: la folie ambiante fait froid dans le dos, car elle fait craindre que désormais plus aucun recours n'est possible. Ainsi, l'épisode du colloque réuni dans le Caucase pour déterminer si les «Juifs des montagnes» (*Bergjuden*) sont juifs de sang ou de culture: rien de plus «scientifique», on fait venir les spécialistes de la question[19], rien de plus grotesque, mais il est permis de dire que jamais ne s'est tenu de colloque plus sérieux, plus grave, car il en allait de la vie ou de la mort de plusieurs milliers de personnes. On peut dire que, de 1941 à 1945, le monde s'est entr'ouvert et que la gueule du néant a pensé avaler l'homme.

Le monde de Hieronymus Bosch pâlit devant celui de Maximilien Aue,

---

17 *Œdipe Roi*, v. 1303-1305. Il convient de rappeler que c'est Œdipe qui s'inflige librement et par un acte entièrement volontaire ce châtiment supplémentaire, à la limite inutile: ni Apollon ni aucun des dieux n'y sont plus pour rien. Et par là, s'ouvre pour lui la route de Colonè.
18 Rappelons que le Tribunal de Nuremberg a adopté le principe paradoxal de ne retenir que les documents de source allemande comme preuves à charge contre les nazis: la parole du SS est plus convaincante que celle des survivants, toujours suspecte de partialité, juge et partie, même quand elle est aussi admirable que dans les œuvres de Primo Levi ou de Robert Antelme.
19 On utilise les travaux de Nicolas Troubetskoï, le grand linguiste, sur les langues du Caucase. Il est permis d'imaginer le plaisir de l'auteur de ces lignes. Nicolas Troubetskoï, mon grand-oncle, venait d'être victime, en 1939, à Vienne, de la Gestapo.

parce qu'il a, lui, un sens: comme Pierre Breughel l'Ancien, comme, en littérature, Nicolas Gogol[20], l'artiste flamand peint les ravages des péchés de concupiscence et d'orgueil, les sabbats loufoques du Diable, mais la visée édifiante est manifeste, le recours existe, souvent figuré dans un coin du tableau sous la forme du Christ ou de l'Agneau mystique. Eschyle imagine l'acquittement, à Athènes et par Athènes, d'Oreste; Sophocle mène Œdipe à Colonè, où il est enlevé à ses tourments par les dieux: Jonathan Littell, lui, n'imagine rien, et c'est terrible. Le dernier mot restera-t-il à Maximilien Aue, notre semblable, notre frère?

Le même Sophocle n'accorde, cependant, à l'homme, dans *Antigone*[21] qu'un éloge ambigu. Il s'émerveille des prouesses de l'homme, à qui rien ne semble impossible, même faire parfois reculer Hadès grâce à la médecine. L'homme étonne, en bien comme en mal. Pour caractériser ses actions, Sophocle, il convient de le souligner, utilise l'expression τα δεινα, qui signifie l'admiration, mais aussi l'étonnement et la crainte: l'homme est la merveille du monde, c'est indéniable, mais il est, tout autant, imprévisible, capable de tout, seul être vivant à ne pas être prisonnier de son «programme» et capable de folie suicidaire. L'homme est *ouvert*, le Chaos comme le Ciel béent en lui.

David Rousset, rescapé des camps allemands, auteur de *L'Univers concentrationnaire* (1946) et introducteur en 1951 du terme *goulag* pour désigner les camps soviétiques, rappelle que «Les hommes normaux ne savent pas que tout est possible[22]»: Maximilien Aue raconte à nous, les hommes normaux, «comment ça s'est passé», comment «tout a été possible». Comment «tout est possible».

Université de Versailles Saint-Quentin-en-Yvelines

---

20 Wladimir Troubetzkoy, «Nicolas Gogol, ou: la littérature, pour quoi faire?», à paraître dans la *Revue de Littérature Comparée*.
21 Sophocles, Αντιγονη, dans Sophocles, *Antigone .The Women of Trachis.Philoctetes. Oedipus at Colonus*, edited and translated by Hugh Lloyd-Jones, Harvard University Press, Cambridge, Massachusetts, London, England, reprinted with corrections, 1998 (1994), pp. 34-36, v. 332-375.
22 David Rousset, *L'Univers concentrationnaire*, Paris, Éditions du Pavois, 1946, p. 181.

3. *Les Bienveillantes*: une parole qui donne la voix au bourreau

Julie Delorme

Alors que dans le cadre de la littérature contemporaine, la représentation du camp de concentration (et d'extermination) passe essentiellement par un discours testimonial qui donne la parole aux victimes, *Les Bienveillantes* de Jonathan Littell cherche à remettre en question cette idée en cédant – et c'est là son tour de force – la voix au bourreau. La Deuxième Guerre mondiale a engendré une quantité considérable d'œuvres consacrées à la problématique de l'Holocauste ou de la Shoah[1] dont la plupart s'avérèrent des témoignages de sujets ayant vécu l'expérience concentrationnaire du point de vue de la victime. Il s'agissait donc pour des auteurs comme Elie Wiesel, Jorge Semprún, Jean Cayrol, Charlotte Delbo, Robert Antelme, pour ne nommer que ceux-là, de raconter (à la première personne du singulier, soit au «je») la misère et la souffrance qui les ont affligés durant leur séjour en ces lieux clos afin que les générations ultérieures sachent ce que la doctrine nazie a fait subir à des millions de gens. À l'aube du XXIe siècle, la fiction de Jonathan Littell vient rompre avec cette tradition en ce qu'elle représente l'expérience concentrationnaire dans une perspective qui, à bien des égards, va à l'encontre de celle des écrivains-témoins. La relation intrinsèque qui les lie de façon intime à l'événement les empêche d'avoir le recul nécessaire

---

1 Comme Alain Goldschläger j'évite d'utiliser le mot «Holocauste» en raison de son étymologie qui renvoie au sacrifice religieux des Juifs où la victime expiatoire était immolée sur un bûcher. La notion de rachat étant difficile à concevoir dans le cadre du génocide hitlérien, il m'apparaît plus approprié d'avoir recours au terme «Shoah» qui veut dire «Chaos» en hébreu. Alain Goldschläger, «La littérature de témoignage de la Shoah: dire l'indicible – lire l'incompréhensible», *Texte: revue de critique et de théorie littéraire*, vol. 19/20, 1996, p. 261.

pour faire parler ceux qui les ont torturés; le devoir du témoin-conteur étant justement de prendre la parole (au nom de tous les siens) afin de dénoncer ce qui s'est passé dans les camps. C'est d'ailleurs probablement pour cette raison que ce roman – malgré l'énorme succès qu'il remportât en librairie[2] – a fait l'objet de vives controverses lors de sa sortie à l'automne 2006. Si certains critiques français y allaient de propos dithyrambiques à son égard[3], d'autres y voyaient un problème d'ordre moral, un outrage à la mémoire des déportés dans les camps de concentration. C'est notamment le cas de Claude Lanzmann qui, dans *Le Journal du Dimanche*, écrivit que «le paradoxe inimaginable des *Bienveillantes* est que la tâche de mémoire, d'intellection et de récit de la Shoah est confiée à un ss, qui parle pendant plus de neuf cent pages[4]». Faire sortir les meurtriers du silence dans lequel ils étaient jusque-là demeurés fut donc pour le réalisateur de *Shoah*[5] leur accorder une importance qu'ils ne méritaient pas. Or, mon propos n'est pas ici de trancher cette question mais plutôt de montrer comment ce roman (écrit par un Juif n'ayant jamais fait l'expérience du camp de concentration) ouvre la *voix* – c'est le cas de le dire – à une représentation non manichéenne des camps dans la mesure où il met en scène un personnage, Maximilien (dit Max) Aue, un ex-officier nazi (ss-*Obersturmbannfhürer*) à la fois homosexuel, meurtrier et incestueux, qui s'efforce de lever le voile sur un aspect demeuré occulte, voire carrément tabouisé, de l'*univers concentrationnaire*[6]. L'atrocité qui est représentée dans cette œuvre revêt un registre différent justement parce que c'est un bourreau qui prend la parole. C'est lui qui raconte ce qu'il a vu et entendu dans les camps tandis que d'habitude le bourreau demeure sans voix, se contentant d'exécuter les ordres de ses supérieurs. On ne lui demande généralement pas de parler ni d'exprimer ses positions ni ses opinions. Il est donc à la fois tu et exclu parce que ses crimes sont

---

2   Paul-Éric Blanrue dans *Les Malveillantes: enquête sur le cas Jonathan Littell* (Paris, Scali, 2006) rapporte que plus de cent mille exemplaires des *Bienveillantes* ont été vendus en moins d'un mois après sa sortie (p. 9). À la fin novembre 2006, le roman avait déjà été réimprimé sept fois, ce qui faisait monter le nombre d'exemplaires en circulation à plus de trois cent mille (p. 11).
3   *Ibidem*, p. 14.
4   Claude Lanzmann, «*Les Bienveillantes*, vénéneuse fleur du Mal», *Le Journal du Dimanche*, n° 3114, 17 septembre 2006, p. 14.
5   Ce documentaire réalisé en 1985 par Claude Lanzmann est constitué de dix-huit témoignages en six langues (allemand, anglais, français, hébreu, polonais et yiddish) autour de la Shoah. Au cours de la même année, le texte intégral du film a par ailleurs fait l'objet d'une publication livresque (Paris, Fayard) avec une préface de Simone de Beauvoir.
6   Cf. David Rousset, *L'Univers concentrationnaire*, Paris, Éditions du Pavois, 1946.

irrecevables. Au contraire, dans *Les Bienveillantes* comme dans *La Mort est mon métier* (1952) de Robert Merle, de même que dans *Le Nazi et le barbier* (1971) du Juif allemand Edgar Hilsenrath[7], cette voix n'est pas déclarée nulle et non avenue; elle est mise en valeur, réactivée dans *L'Ordre du discours*[8]. Néanmoins, il ne s'agit pas dans le roman de Littell, comme c'est souvent le cas, d'une parole de victime mais plutôt d'une parole de victimaire revendiquant un statut de victime. C'est-à-dire que par son discours, le bourreau mis en scène dans ce roman chercherait non seulement à montrer sa perspective personnelle des événements entourant le génocide hitlérien mais à faire en sorte que son lecteur s'identifie à lui comme un «frère», comme un de ses semblables, et non pas – comme on a souvent tendance à le penser – comme un ennemi.

Quand le bourreau tient un discours qui s'apparente à celui de la victime

En effet, le discours du narrateur des *Bienveillantes* fait appel au procédé rhétorique de la *captatio benevolentiae*. Tout en cherchant à se déprendre des idées toutes faites qui d'habitude coiffent la figure du bourreau, il «capte la bienveillance» de son lecteur et le transforme en allié. Pour ce faire, il fait appel à des topoï qui, dans le sens aristotélicien du terme[9], permettraient d'éviter des «conflits». Par définition, le lecteur n'est donc pas prêt à entendre la voix d'un bourreau car ce dernier est affublé d'une série d'étiquettes négatives, de clichés, de lieux communs, brefs d'«unités d'emprunts[10]» (violent, cruel, inhumain, etc.) qui le confine généralement

---

7   La particularité du roman de Robert Merle publié à peine sept ans après la fin de la Deuxième Guerre mondiale, comme celui d'Edgard Hilsenrath, est de mettre en scène un narrateur-bourreau. Or, si *Les Bienveillantes* de Jonathan Littell a suscité bien des passions lors de sa publication en 2006, *La Mort est mon métier* de Robert Merle (Paris, Gallimard, 1952) ne reçu pas une critique des plus élogieuses lorsqu'il paru, probablement eu égard au fait que les blessures du génocide hitlérien étaient encore trop fraîches dans la mémoire des gens. Quant à celui d'Edgard Hilsenrath, s'il reçu une critique positive lorsqu'il paru aux États-Unis, il a d'abord été refusé dans toutes les maisons d'éditions allemandes. Ce n'est que six ans après sa première publication, soit en 1977, qu'on acceptât de le publier en Allemagne chez un petit éditeur de Cologne, Helmut Braun.
8   Cf. Michel Foucault, *L'Ordre du discours*, Paris, Gallimard, 1971.
9   Cf. Aristote, *Topiques*, trad. par Jacques Brunschwig, Paris, Société d'édition, coll. Les Belles Lettres, 1967.
10   Cf. Daniel Castillo Durante, *Du stéréotype à la littérature*, Montréal, xyz Éditeur, coll. Théorie et littérature, 1994.

au silence. Or, le personnage principal des *Bienveillantes*, Max Aue, répond à l'avance à cette critique. La référence intertextuelle à la célèbre *Ballade des pendus* de François Villon (connue aussi sous *L'Épitaphe Villon*) rédigée en novembre 1462 lors de l'incarcération du poète au Châtelet eu égard à l'affaire Ferrebouc qui figure dans l'incipit du roman rend d'ailleurs compte de la manière dont le narrateur s'efforce de construire une alliance avec le lecteur: «*Frères humains*, laissez-moi vous raconter comment ça s'est passé[11]». À peine deux mots suffisent, «Frères humains», pour faire le rapprochement entre le discours du narrateur-écrivain du roman de Littell et celui du poète maudit, condamné à la potence par la prévôté à l'époque médiévale:

> *Frères humains* qui après nous vivez,
> N'ayez les cœurs contre nous endurcis,
>   Car, si pitié de nous pauvres avez,
> Dieu en aura plus tôt de vous mercis.
> Vous nous voyez ci attachés cinq, six:
> Quant à la chair que trop avons nourrie,
> Elle est pieça dévorée et pourrie,
> Et nous, les os, devenons cendre et poudre.
> De notre mal personne ne s'en rie;
> Mais priez Dieu que tous nous veuille absoudre![12]

En s'adressant d'entrée de jeu à ses «frères humains», Max Aue implore à ses lecteurs non seulement de la «pitié» mais quelque chose qui est de l'ordre d'une «faveur». En fait, c'est comme si le narrateur cherchait à s'unir à eux en leur montrant que tous les déportés dans les camps de concentration durant la Deuxième Guerre mondiale, n'ont pas été les seules victimes du régime hitlérien; les officiers nommés par le Parti national-socialiste des travailleurs allemands (NSDAP)[13] devaient eux aussi, sous peine de mort, respect et soumission à leur chef-dirigeant, Adolphe Hitler. Ce n'est donc pas parce qu'ils voulaient forcément torturer et tuer que des soldats comme Max Aue ont posé, dans l'exercice de leurs fonctions, des actes empreints d'une telle violence, mais parce qu'ils ont été contraints d'obéir aux ordres de leurs supérieurs; une entreprise qui selon Todorov contribua à les déshumaniser, c'est-à-dire à leur faire perdre leur *condition humaine*[14]. C'est d'ailleurs ce que sous-entend l'essayiste et historien français d'origine

---
11 *Les Bienveillantes*, Paris, Gallimard, 2006, p. 11. C'est moi qui souligne.
12 François Villon, «L'Épitaphe Villon», *Anthologie de la poésie française*, préf. Georges Pompidou, Paris, Hachette, 1961, p. 64. C'est moi qui souligne.
13 L'expression allemande est: National Sozialistische Deutsche Arbeiterpartei.
14 Cf. André Malraux, *La Condition humaine*, Paris, Gallimard, 1933.

3. Une parole qui donne la voix au bourreau

bulgare quand il dit qu'«un être qui ne fait qu'obéir aux ordres n'est plus une personne[15]». Dans un contexte belliciste comme celui qu'a connu l'Europe au milieu du XXe siècle (1939-1945), il n'y eût pas que des civils qui furent dépouillés de leur liberté et de leur identité, certains militaires aussi. L'écriture du personnage principal mis en scène dans le roman de Jonathan Littell est ainsi sous-tendue par la «bienveillance». Au-delà du titre – *Les Bienveillantes* – qui renvoie aux personnages de la mythologie grecque mis en scène dans la tragédie d'Eschyle, *Les Euménides* (troisième partie de *L'Orestie*, 458 av J.-C.), incarnant ces déesses vengeresses censées punir le sujet trouvé coupable de matricide ou de parricide[16], la bienveillance dans le roman de Littell a lieu également dans le discours du narrateur. C'est dire qu'elle s'avère une stratégie discursive grâce à laquelle Maximilien Aue parvient à franchir le seuil du stéréotype dont le bourreau est l'objet. Constitué à partir du préfixe latin *bene* qui veut dire *bien* et *volo* qui signifie *je veux*, le terme latin *benevolus*, d'où dérive «bienveillance» en français moderne, désigne celui qui «veut du bien». Or, contrairement aux idées reçues, le bourreau représenté dans ce roman s'efforce de montrer qu'il est, en dépit des crimes sordides auxquels il a assisté, auxquels il a participé, un être humain sensible à la douleur d'autrui: «[...] je suis un homme comme les autres, je suis un homme comme vous[17]». Cet ex-bourreau souhaite ainsi mettre son lecteur en conformité avec son discours en lui prouvant qu'il n'est pas différent de lui. En effet, le passage aux aveux de cet ex-SS au tout début du roman sert à désamorcer les préjugés qui pourraient d'emblée s'abattre sur lui, et par conséquent, à le montrer «bienveillant» vis-à-vis du lecteur afin de gagner, en retour, son approbation, son soutien, bref sa «bienveillance».

Bien que Max Aue ne cultive curieusement aucun regret[18], il *sait* de quels crimes graves il s'est rendu coupable alors qu'il était membre actif du Troisième Reich. Certes, est-il conscient du mal qu'il a engendré en maltraitant et en tuant les déportés dans les camps de concentration, mais il se défend de l'avoir foncièrement voulu:

> [...] ce n'était pas au plaisir que j'en avais, moi aussi, je savais prendre mon plaisir lorsque je le voulais, non, c'était sans doute à leur manque

---

15 Tzvetan Todorov, *Face à l'extrême*, Paris, Seuil, 1991, p. 180.
16 Pour une lecture intertextuelle du roman de Littell mise en rapport avec la tragédie grecque d'Eschyle, voir l'article de Florence Mercier-Leca, «*Les Bienveillantes* et la tragédie grecque: une suite macabre à *L'Orestie* d'Eschyle», dans *Le Débat*, n° 144, mars-avril 2007, p. 45-55.
17 *Les Bienveillantes, op. cit.*, p. 30.
18 «Je ne regrette rien: j'ai fait mon travail.» (*Ibidem*, p. 12).

effrayant de conscience de soi, cette façon étonnante de ne jamais penser aux choses, les bonnes comme les mauvaises, de se laisser emporter par le courant, de tuer sans comprendre pourquoi et sans souci non plus, de tripoter des femmes parce qu'elles le voulaient bien, de boire sans même chercher à s'absoudre de son corps. Voilà ce que moi je ne comprenais pas, moi, mais on ne me demandait pas de le comprendre.[19]

Jamais il ne fut permis à Max Aue de prendre quelque décision ou initiative que ce soit; il dut se contenter d'exécuter les ordres sans poser de question ni tenter de «comprendre» les motifs qui sous-tendaient ses gestes. En ce sens, ce personnage n'est pas libre puisqu'il ne prend pas acte de ses responsabilités. En effet, ceci m'amène à penser, tout comme Jean-Paul Sartre, qu'on a affaire ici à une certaine forme de «mauvaise foi[20]». À aucun moment Max Aue n'a cherché, dans l'exercice de ses fonctions, à tuer volontairement un sujet; les meurtres qu'il a commis lui ont été commandés par un tiers: «Comme la plupart, je n'ai jamais demandé à devenir un assassin. Si je l'avais pu [...], j'aurais fait de la littérature. Écrire, si j'en avais eu le talent, sinon peut-être enseigner, quoi qu'il en soit vivre au sein des choses belles et calmes, des meilleures créations du vouloir humain. Qui, de sa propre volonté, à part un fou, *choisit* le meurtre?[21]». Aue refuse d'assumer seul l'entière responsabilité des assassinats qu'il a commis parce qu'il n'en a pas fait le choix. N'ayant pas lui-même décidé de la mort d'autrui (ni du lieu ni du moment ni de la méthode), le narrateur du roman de Littell met en place une stratégie discursive moyennant laquelle les lecteurs peuvent s'identifier à lui comme «un frère», comme un de leurs semblables. Ainsi, devraient-ils être en mesure de le «comprendre», c'est-à-dire de se mettre à sa place – et de ressentir la douleur d'une mémoire qui le hante et qui le *poursuit* sans cesse.

Dans cette perspective, on est en droit de s'interroger sur le rôle joué par les «bienveillantes» dans le roman; la figure des «bienveillantes» ne serait pas uniquement incarnée – comme on a tendance à le croire – par celle des policiers Weser et Clemens chargés d'enquêter sur les meurtres d'Héloïse et d'Aristide Moreau qui pourchassent le personnage principal partout où il se rend (à Berlin, à Stalingrad, en Poméranie, etc.), mais elle constituerait, d'un point de vue métaphorique, la représentation des souvenirs rattachés à une mémoire qui est celle de la mort. En effet, la plupart des critiques consacrées

---
19 *Ibidem*, p. 89.
20 Cf. Jean-Paul Sartre, *L'Être et le néant: essai d'ontologie phénoménologique*, 2e éd., Paris, Gallimard, 1943, pp. 81-106.
21 *Les Bienveillantes*, op. cit., p. 28. C'est moi qui souligne.

3. Une parole qui donne la voix au bourreau

au roman de Jonathan Littell associent l'image des «bienveillantes» à celle des déesses vengeresses chargées de punir les sujets coupables de parricide ou de matricide mis en scène dans *Les Euménides* d'Eschyle. Dans cette pièce, Oreste, qui a tué sa mère Clytemnestre pour venger son père Agamemnon, est poursuivi par les Érinyes (déesses malveillantes) jusqu'à Delphes où il implore et obtient l'aide d'Apollon avant de se rendre à Athènes. À la suite de son procès, Oreste est acquitté grâce à Athéna (déesse de la guerre et de la sagesse). Pour calmer la colère des trois Érinyes (Mégère, Alecto et Tisiphone), Athéna leur propose de devenir la gardienne de la cité. Les déesses malveillantes acceptent le marché en renonçant à la loi du talion. Ainsi, prennent-elles le nom d'Euménides qui signifie «Bienveillantes[22]». Or, si les enquêteurs poursuivant Max Aue sont éliminés en cours de route – Weser est assassiné par les Russes dans le métro de Berlin tandis que Clemens est tué par Thomas –, les souvenirs de l'*univers concentrationnaire* continuent de le hanter et de le poursuivre non seulement jusqu'à la fin de la guerre mais jusqu'à ce qu'il prenne la plume pour écrire ses mémoires. C'est en ce sens que l'on peut considérer les souvenirs de son expérience en milieu concentrationnaire comme étant *les* «bienveillantes». Si l'on accepte cette hypothèse, l'écriture s'avérerait un moyen grâce auquel l'ex-bourreau parviendrait en quelque sorte à se déprendre de ses démons mémoriels qui le poursuivent sans cesse, comme les Euménides s'acharnaient à suivre Oreste partout dans ses déplacements. L'écriture «testimoniale» du narrateur est donc nourrie par une conscience coupable:

> Je suis coupable, vous ne l'êtes pas, c'est bien. Mais vous devriez quand même pouvoir vous dire que ce que j'ai fait, vous l'auriez fait aussi. [...] Je pense qu'il m'est permis de conclure comme un fait établi par l'histoire moderne que tout le monde, ou presque, dans un ensemble de circonstances donné, fait ce qu'on lui dit; et, excusez-moi, il y a peu de chances pour que vous soyez l'exception, pas plus que moi. [...] gardez toujours cette pensée à l'esprit: vous avez peut-être eu plus de chance que moi, mais vous n'êtes pas meilleur.[23]

Le protagoniste reconnaît sa culpabilité mais il se refuse à l'endosser totalement. Le contexte socio-politico-historique dans lequel il a été contraint de commettre l'irréparable devrait, sans amoindrir la portée criminelle du geste, du moins expliquer les motifs qui l'ont poussé à poser, à maintes reprises, l'acte ultime. Au printemps 1939, après avoir obtenu son

---
22 Cf. Eschyle, *Les Euménides*, 7 éd., trad. par Paul Claudel, Paris, Éditions de la Nouvelles revue française, 1920.
23 *Les Bienveillantes*, op. cit., pp. 26-27.

doctorat en droit et rejoint le SD[24], Aue dû se montrer docile à l'égard de ses supérieurs afin de demeurer en vie. Deux possibilités s'offraient alors au bourreau qu'il était: tuer ou être tué. Or, c'est comme si le narrateur voulait d'entrée de jeu convaincre ses lecteurs que les officiers nazis ne bénéficiaient pas d'une aussi grande marge de manœuvre qu'on pourrait le croire. Sans aller jusqu'à affirmer que le sort des militaires nazis étaient du même ordre que celui des déportés, le narrateur cherche à montrer que les officiers étaient, eux-aussi, soumis à un mode de pensée radical. Dans cette optique, le roman de Littell rompt avec les témoignages concentrationnaires qui placent les déportés du côté des esclaves et les nazis du côté des maîtres.

Un bourreau *bienveillant* qui fait preuve de *sympathie*

Le roman de Jonathan Littell remet en question l'image du bourreau telle qu'elle est véhiculée d'habitude dans la mesure où il met en scène un protagoniste qui veut non seulement être *bienveillant* mais aussi *sympathique*. Contrairement à l'idée que l'on se forge du bourreau, Maximilien Aue, n'est pas indifférent à la souffrance et à la douleur d'autrui; il éprouve à l'égard de l'Autre quelque chose qui est de l'ordre d'une *sympathie*. Selon l'origine grecque du terme, on dirait qu'il *participe à la souffrance d'autrui*, c'est-à-dire qu'il *est avec autrui*. À en croire d'ailleurs l'étymologie du mot, le personnage du roman établirait ainsi un lien d'altérité relevant du pathos. Au début du récit, Aue se montre très sensible à la violence physique qu'infligent ses confrères SS aux déportés dans les camps de concentration, en Ukraine notamment. Les troubles digestifs dont il souffre semblent d'ailleurs témoigner de cette difficulté pour le protagoniste à assister à autant de violences sans pouvoir poser le moindre geste afin de venir en aide aux victimes. Depuis le début de la guerre (à l'automne 1941), Aue éprouve de fréquentes diarrhées, et une nausée quasi perpétuelle qui ne le quitte que lorsqu'il s'absente de l'*univers concentrationnaire*. Durant son séjour en Poméranie où il occupe le manoir de sa sœur Una et de son beau-frère Karl Berndt en leur absence, Aue ne ressent plus ces malaises, mais aussitôt qu'il remet les pieds dans un camp, ses maux recommencent. À son arrivée à Auschwitz où il est chargé d'enquêter sur les conditions sanitaires et nutritionnelles des Juifs, l'*Obersturmbannführer* Höss, le commandant du

---

24   *Ibidem*, p. 57. Le SD correspond au terme allemand *Hauptamt Sicherheitspolizei* qui signifie «Bureau central du service de sécurité». Il s'agissait, en fait, de la «structure de la SS créée en automne 1931 sous le commandement de Reinhard Heydrich». *Ibidem*, p. 902.

3. Une parole qui donne la voix au bourreau 39

camp, tient à lui montrer comment on procède à la sélection des déportés. C'est alors que Max assiste, impuissant, à la division des membres d'un convoi (RSHA) en provenance de la France. Ce *spectacle* fait alors remonter en lui «l'ancienne et familière nausée[25]» qu'il avait si souvent ressentie en Ukraine. En fait, c'est comme s'il refoulait cette douleur et qu'il la retournait contre lui.

À plusieurs reprises, Max Aue éprouve de la sympathie à l'égard des prisonniers que les autres nazis torturent et tuent sans vergogne devant ses propres yeux. Par exemple, dans la première partie du roman, le protagoniste est interpellé par une enfant (probablement orpheline) qui cherche sa maman. Bien que son rôle de bourreau ne l'autorise pas à aider les déportés, Aue cherche à la calmer, à la mettre en confiance, avant de l'abandonner aux mains d'un collègue, se doutant bien quel sort ce dernier allait lui réserver:

> [...] au bord de la fosse, une fillette d'environ quatre ans vint doucement me prendre la main. Je tentai de me dégager, mais elle s'agrippait. Devant nous, on fusillait les Juifs. "*Gdje mama?*" je demandai à la fille en ukrainien. Elle pointa le doigt vers la tranchée. Je lui caressai les cheveux. Nous restâmes ainsi plusieurs minutes. J'avais le vertige, je voulais pleurer. "Viens avec moi, lui dis-je en allemand, n'aie pas peur, viens." Je me dirigeai vers l'entrée de la fosse; elle resta sur place, me retenant par la main, puis elle me suivit. Je la soulevai et la tendis à un Waffen-SS: "Sois gentil avec elle", lui dis-je assez stupidement. Je ressentais une colère folle, mais ne voulais pas m'en prendre à la petite, ni au soldat. Celui-ci descendit dans la fosse avec la fillette dans les bras et je me détournai abruptement, je m'enfonçai dans la forêt.[26]

Ainsi, Aue est un bourreau qui ne demeure pas impassible devant la souffrance d'autrui; il est capable d'exprimer ses sentiments dans un contexte politique qui, à toute fin pratique, le lui interdit. En ce sens, on peut dire que l'attitude de ce bourreau, telle que représentée dans le roman, viserait à humaniser son visage.

La sympathie qu'éprouve Maximilien Aue est également exprimée d'une façon explicite dans des situations où certains de ses collègues commettent des meurtres sanglants dont il est témoin comme c'est le cas lorsque Turek fracasse le crâne d'un prisonnier juif à l'aide d'une pelle:

> Je passai à travers le groupe de soldats et vis Turek, une pelle à la main, en train de frapper un homme presque nu au sol. Deux autres corps ensanglantés gisaient devant lui; plus loin, des Juifs terrorisés se tenaient

---

25 *Ibidem*, p. 559.
26 *Ibidem*, p. 107.

> debout, sous garde. "Vermine! beuglait Turek, les yeux exorbités. Rampe, Juif!" Il le frappa à la tête avec le tranchant de la pelle; le crâne de l'homme céda, aspergeant de sang et de cervelle les bottes de Turek; je vis clairement un œil, projeté par le coup, voltiger à quelques pas. Les hommes riaient. Je rejoignis Turek en deux enjambées et le saisis rudement par le bras: "Vous êtes devenu fou! Cessez cela tout de suite." J'étais livide, je tremblais. Turek se retourna sur moi avec rage et fit mine de relever sa pelle; puis il la rabaissa et dégagea son bras d'un coup sec. Il tremblait aussi. "Mêlez-vous de ce qui vous regarde", cracha-t-il. Son visage était écarlate, il suait et roulait des yeux. Il jeta la pelle et s'éloigna. […] Je tremblais encore. […] De retour à Vorochilovsk, je rédigeai mon rapport, m'en tenant pour l'essentiel aux aspects techniques et organisationnels de l'action. Mais j'insérai aussi une phrase sur "certains excès à déplorer de la part d'officiers censés montrer l'exemple".[27]

Devant cet excès de violence, Aue ne peut que s'insurger contre l'auteur du crime. Il dénonce haut et fort cet abus de pouvoir mais en vain.

La sympathie du personnage principal du roman de Littell se révèle également dans la façon dont il cherche à empêcher la souffrance physique des déportés. Sans pour autant se rebeller contre la raison nazie, il s'efforce de faire en sorte que les sujets assassinés n'aient pas à souffrir inutilement avant d'expier. Alors qu'il est affecté sur le front de l'Est en Ukraine, Max demande à ses confrères ss de tuer un Juif blessé pour justement l'empêcher de pâtir:

> […] j'entendis le cri, sur la gauche: un long hurlement rauque, qui s'interrompit brusquement. Puis le cri reprit. Il n'y avait aucun autre bruit et je l'entendis très distinctement. Cela venait d'un homme jeune, et c'étaient de longs cris perçants, effroyablement creux; il devait, me dis-je, être blessé au ventre. Je me penchai et regardai de biais: j'apercevais sa tête et une partie de son torse. Il criait jusqu'à n'avoir plus de souffle, s'arrêtait pour inspirer, puis recommençait. Sans savoir le russe, je comprenais ce qu'il criait: "Mama! Mama!" C'était insupportable. "Qu'est-ce que c'est?" demandai-je stupidement à Nišić – "C'est une des types de tout à l'heure." – "Vous ne pourriez pas l'achever?" Nišić me fixait avec un regard dur, plein de mépris: "On n'a pas de munitions à gaspiller", lâcha-t-il enfin.[28]

Aue fait ainsi preuve de sympathie à l'égard des détenus; même dans le geste du meurtre qu'il commet dans le cadre de ses fonctions, il y a une certaine forme de pitié, de compassion, qui se dégage de ce bourreau.

En effet, bien que ce personnage éprouve fréquemment de la sympathie à l'endroit des prisonniers qu'assassinent sous ses yeux ses confrères nazis,

---

27 *Ibidem*, pp. 229-230.
28 *Ibidem*, p. 341.

il est d'autant plus ébranlé par le premier meurtre qu'il doit effectuer dans l'exercice de ses fonctions. Témoin du massacre de dizaines, voire de centaines de Juifs, Aue est pétrifié à l'idée de devoir, sous les ordres du commandant Grafhorst, achever un Juif blessé. Mais il n'a d'autre choix que de refouler cette sympathie lorsqu'il accomplit sa tâche de bourreau: «Je sortis mon pistolet et me dirigeai vers un groupe: un très jeune homme beuglait de douleur, je dirigeai mon pistolet vers sa tête et appuyai sur la détente, mais le coup ne partit pas, j'avais oublié de relever la sûreté, je l'ôtai et lui tirai une balle dans le front, il sursauta et se tut subitement[29]». Le bourreau exécute, à son corps défendant, les ordres de ses supérieurs mais il ne jouit pas – dans le sens sadomasochiste du terme – de l'acte qu'il pose. En aucune circonstance, la douleur de l'Autre n'est pour lui objet de jouissance.

L'altération du bourreau ou la *captatio benevolentiae* comme stratégie trompe-l'œil

Par ailleurs, le personnage principal subit au fil du roman quelque chose qui est de l'ordre d'une altération graduelle. Alors qu'au tout début il cherche à se montrer «bienveillant» à l'égard des déportés soumis aux violences physiques infligées par les nazis dans les camps de concentration, dans la deuxième moitié de l'œuvre, le protagoniste s'avère de moins en moins «sympathique», de moins en moins sensible à la douleur d'autrui. Au cours des premiers mois de son affectation au poste de *Sicherheitsdienst* sur le Front de l'Est en Ukraine – alors qu'il n'a encore jamais enlevé la vie à qui que ce soit – Max Aue ne parvient pas à comprendre que tuer puisse s'avérer facile alors que mourir semble au contraire difficile: «C'était cela que je ne parvenais pas à saisir: la béance, l'inadéquation absolue entre la facilité avec laquelle on peut tuer et la grande difficulté qu'il doit y avoir à mourir. Pour nous [les ss], c'était une autre sale journée de travail; pour eux [les déportés], la fin de tout[30]». Cependant, les meurtres que ce bourreau commet par obligation dans les camps semblent à certains égards le désensibiliser face à la mort. C'est comme si, à force de poser l'acte ultime, il s'était en quelque sorte habituer à mettre l'Autre en échec (*et mat*). C'est dire que ses inhibitions face à la mise à mort d'autrui s'estompent jusqu'à disparaître complètement; non seulement le personnage multiplie-t-il les

---

29   *Ibidem*, p. 125.
30   *Ibidem*, p. 83.

crimes mais il n'éprouve plus aucune douleur à les exécuter.

Les cinq assassinats qu'il commet en dehors de ses fonctions de soldat témoignent justement de cette perte de sympathie face à l'Autre. En effet, même s'il est impossible d'affirmer avec certitude que le narrateur ait délibérément assassiné sa mère Héloïse (par étranglement) et son beau-père Aristide Moreau (à coups de hache), on est néanmoins en droit de s'interroger sur l'attitude du personnage lorsqu'il *découvre* les corps inertes de sa mère dans la chambre à coucher conjugale de la résidence familiale à Antibes et celui de son beau-père dans la cuisine. Alors qu'il paraissait – comme on l'a montré plus haut – émue par la violence avec laquelle certains déportés dans les camps ont été assassinés, Aue ne montre aucune sensibilité face aux décès de ces deux membres de sa famille. Lorsqu'il aperçoit la dépouille d'Aristide gisant sur le plancher, il n'exprime aucune émotion particulière comme s'il eût été un automate. Il n'est guère plus agité lorsqu'il monte à l'étage et qu'il trouve le corps de sa mère. S'il se pose la question à savoir qui est l'auteur de ces meurtres, il n'entreprend aucune démarche particulière pour tenter d'y répondre. Calme, il fait ses bagages et décide de repartir pour Marseille le jour même, tel que prévu, sans s'occuper des jumeaux ni de téléphoner à la police. Mais que lui dirait-il? Il ne se souvient de rien sinon de s'être réveillé nu sur le lit, ses vêtements souillés ayant été déposés dans la baignoire. Le troisième meurtre que Max Aue commet en dehors de ses fonctions d'officier, celui d'un vieil homme interprétant à l'orgue *L'Art de la fugue* du compositeur allemand Jean-Sébastien Bach dans l'église d'un hameau non loin de Körlin (en Pologne) pendant l'avancée soviétique, ne l'ébranle pas davantage que la découverte des corps de sa mère et de son beau-père. En effet, bien que cette musique qu'il trouvait pourtant «magnifique» exacerbe sa colère, le geste du meurtre, lui, ne suscite aucune émotion particulière de la part du personnage si ce n'est qu'il affirme lui-même être un peu pâle. Au moment où le musicien entame la cinquième pièce de la suite, Aue l'abat froidement d'une balle à la tête:

> […] à la fin de la fugue, je sortis mon pistolet et lui tirai une balle dans la tête. Il s'effondra en avant sur les touches, ouvrant la moitié des tuyaux dans un mugissement désolé et discordant. Je rangeai mon pistolet, m'approchai et le tirai en arrière par le col; le son cessa pour ne laisser que celui du sang gouttant de sa tête sur les dalles. "Tu es devenu complètement fou! siffla Thomas. Qu'est-ce qui te prend!? Je le regardai froidement, j'étais blême mais ma voix, saccadée, ne tremblait pas: "C'est à cause de ces junkers corrompus que l'Allemagne perd la guerre. Le national-socialisme s'effondre et eux

jouent du Bach. Ça devrait être interdit. Thomas me dévisageait, il ne savait pas quoi dire. Puis il haussa les épaules: "Après tout, tu as peut-être raison. Mais ne recommence pas. Allons-y.[31]

Thomas, est pour le moins surpris par le geste à la fois brutal et inattendu de son ami et confrère Aue, mais il n'en demeure pas moins que le geste ultime est banalisé. Du reste, la représentation explicite de l'assassinat dans les toilettes du bar l'*Adlon* à Berlin en avril 1945 de Mihaï, un des anciens amants du narrateur, montre, une fois de plus, l'indifférence et la facilité avec lesquelles Max Aue donne la mort:

> [...] je le poussai discrètement vers les w-c. C'était une grande salle blanche, carrelée, avec des éviers et des urinoirs massifs, brillamment éclairée. Je vérifiai les cabines: elles étaient vides. Puis je fermai le loquet de la porte. Mihaï me regardait en souriant, une main dans la poche de son veston blanc, près des lavabos aux gros robinets en étain. Il avança vers moi, toujours avec son sourire gourmand; lorsqu'il leva la tête pour m'embrasser, j'ôtai ma casquette et le frappai très fort au visage avec mon front. Son nez, sous la violence du coup, éclata, du sang jaillit, il hurla et tomba au sol. [...] Un balai-serpillère était appuyé dans un coin, dans un sceau en métal galvanisé. Je pris ce balai, posai le manche en travers du cou de Mihaï, et montai dessus; un pied de chaque côté de son cou, j'imprimai au manche un léger balancement. Le visage de Mihaï, sous moi, devint rouge, écarlate, puis violacé; sa mâchoire tressaillait convulsivement, ses yeux exorbités me fixaient avec terreur, ses ongles griffaient mes bottes; derrière moi, ses pieds battaient le carrelage. Il voulait parler mais aucun son ne sortait de sa bouche d'où dépassait une langue gonflée et obscène. Il se vida avec un bruit mou et l'odeur de la merde emplit la pièce; ses jambes frappèrent le sol une dernière fois, puis retombèrent. [...] Enfin, je sortis. J'allai au bar prendre un verre; des gens entraient et sortaient des w-c, personne ne semblait rien remarquer. [...] J'achevai mon verre et allai bavarder avec Thomas.[32]

Le fait que le personnage continue, après le meurtre, à vaquer à ses occupations, montre à quel point il demeure impassible face au geste qu'il vient de commettre. Enfin, à l'avant dernière page du roman, il tue, dans un zoo, son seul ami Thomas Hauser qui vient de lui sauver la vie en tirant à bout portant sur Clemens, l'un des enquêteurs chargés de faire la lumière sur la mort d'Héloïse et d'Aristide Moreau. Mais contrairement à ce que l'on pourrait s'attendre, Aue demeure toujours aussi inébranlable que lors des meurtres précédents, comme si l'Autre était au service de ses propres besoins. Thomas est donc en quelque sorte instrumentalisé:

---

31   *Ibidem*, p. 855.
32   *Ibidem*, pp. 870-871.

> Thomas [...] s'était accroupi auprès du corps de Clemens, empochait son automatique, lui fouillait les poches. [...] Il mit les billets dans sa poche et continua à fouiller. Près de lui, je remarquai un gros barreau de fer, arraché à une cage toute proche par une explosion. Je le soulevai, le soupesai, puis l'abatis à toute force sur la nuque de Thomas. J'entendis craquer ses vertèbres et il bascula en avant, foudroyé, en travers du corps de Clemens. Je laissai tomber le barreau et contemplai les corps. Puis je retournai Thomas dont les yeux étaient encore ouverts et déboutonnai sa tunique. Je dégrafai la mienne et fis rapidement l'échange avant de le retourner de nouveau sur le ventre. J'inspectai les poches: en plus de l'automatique et des billets de banque de Clemens, il y avait des papiers de Thomas, ceux du Français du STO, et des cigarettes.[33]

Ainsi, la fiction romanesque de Jonathan Littell montre comment l'*univers concentrationnaire* parvient à transformer le bourreau, à la différence des paroles testimoniales, qui elles, mettent l'accent que sur l'altération du déporté. Dans *Les Bienveillantes*, le personnage principal n'est pas dépouillé de sa liberté, de son identité ni de son intimité au même titre que le sont les rescapés mis en scène dans les récits d'Elie Wiesel et de Jorge Semprun par exemple, mais il se trouve qu'il est, lui aussi, soumis à un processus d'anamorphose dans la mesure où la perte de sa capacité à *ressentir ce qui touche autrui*, fait de lui, rien de moins, qu'un autre homme; qu'il le veuille on non, le bourreau est désensibilisé. C'est dire que le sujet qui entre dans un camp de concentration n'en sort pas indemne. Dans ce contexte, cette parole fictionnelle contemporaine semblerait notamment se rapprocher des paroles testimoniales des auteurs de *La Nuit* et de *L'Écriture ou la vie*.

Au fond, c'est comme si cet ex-bourreau cherchait à entériner la philosophie du Dr Wirths qu'il rencontrât lors de son passage à Auschwitz. Selon ce dernier, «même les hommes qui, au début, frappaient uniquement par obligation, finissaient par y prendre goût[34]». Si l'on accepte cette hypothèse, il se pourrait que les meurtres que Max Aue commet en dehors de ses fonctions professionnelles soient le résultat d'une succession de crimes commis par devoir. Dans cette perspective, la *capatatio benevolentiae* semblerait n'être qu'un leurre, c'est-à-dire une stratégie de séduction moyennant laquelle le personnage serait parvenu – bien que temporairement – à *capter*, à *capturer*, bref à prendre dans sa toile, ses lecteurs comme il l'a fait de ses victimes dans les camps. Le narrateur de ce roman ne parviendrait donc qu'à se déprendre partiellement du piège du stéréotype dans lequel il est enfermé. Depuis la nuit des temps, le bourreau est l'objet d'une

---
33 *Ibidem*, pp. 893-894.
34 *Ibidem*, p. 573.

représentation qui vise à le montrer «en position dépotoir[35]», mais dans *Les Bienveillantes* de Jonathan Littell, cette image est à la fois remise en question et entérinée: tout dépend du lieu où les crimes sont effectués et du rapport que le personnage entretient avec ses victimes. Aussi paradoxal que cela paraisse, le narrateur exprime davantage de sympathie à l'endroit des sujets avec lesquels il n'entretient pas de relation intime (dans les camps) et se montre indifférent à la mort de sa mère, de son beau-père et de son unique ami (en dehors des camps). Ainsi donc, il semble s'établir une différence marquée dans le roman entre les crimes auxquels Max Aue assiste en tant que témoin dans les camps de concentration, ceux qu'il commet en tant qu'officier nazi dans le cadre de ses fonctions officielles de bourreau et ceux qu'il commet dans le contexte privé. Or, en dépit du discours que tient le narrateur-écrivain au début du roman, la culpabilité sous-jacente aux confessions du personnage tisse un impossible projet: écrire pour réparer la perte.

Université d'Ottawa

---

35 Daniel Castillo Durante, *Les Dépouilles de l'altérité*, Montréal, XYZ éditeur, coll. Documents, 2004, p. 177.

4. La dentellerie du réel

Antoine Jurga

Dès l'ouverture du roman, dans le premier chapitre intitulé *Toccata*[1], Jonathan Littell en appelle aux «*Frères humains*». Il alerte par une injonction sur le contenu de son récit qui interroge le plan ontologique et en réfère à l'espèce parce qu'elle en expérimente au cours de cette période de la guerre les limites. Ces deux premiers mots rappellent indéniablement au lecteur averti, le poème *La Ballade des pendus*[2] de François Villon, mais également par ricochet l'ouvrage *L'Espèce humaine* de Robert Antelme qui évoque la vie concentrationnaire sous le régime du IIIe Reich. Le lecteur solitaire devient, dès la première ligne, un interlocuteur collectif, tourné vers le passé, sous la forme du pronom sujet «vous» qui doit s'indigner du sort réservé à certains humains sous l'effet de l'injonction: «je suis un homme comme vous. Allons, puisque je vous dis que je suis comme vous!», lance l'ex-lieutenant Aue en direction du lecteur.

Le protagoniste explique qu'il aurait pu passer sa vie à «manufacturer des souvenirs» mais on le paie plutôt pour «manufacturer de la dentelle»; c'est son travail après la guerre. Il établit ici une équivalence souvenir / dentelle et cherche à en montrer le montage, la fabrication que chacun peut expérimenter en voulant raconter sa vie. La question est celle de la réalité vécue; «La dentelle, cette ravissante et harmonieuse création de l'homme[3]». Littell propose une métaphore globale pour la lecture de son roman. Il évoque ici les limites de la narration, oppose le réalisme à sa tentative romanesque qui consiste à intégrer des pans de réel que constituent les archives sur la période de la guerre 39-45. La beauté du projet de dentellerie

---

[1] Toccata: indique l'élaboration en un seul morceau de l'ensemble comme une cosmogonie livrée par le biais du roman fondée sur l'improvisation assurée par la virtuosité du compositeur. Le roman *Les Bienveillantes* est composé sur ce principe.
[2] «Frères humains qui après nous vivez, / N'ayez pas vos cœurs durcis à notre égard, / Car si vous avez pitié de nous, pauvres, / Dieu aura plus tôt miséricorde de vous».
[3] *Les Bienveillantes*, Paris, Gallimard, 2006, p. 18.

ou de roman ne sauve pas de la barbarie humaine. D'autre part, la dentelle, outre l'Histoire de l'humanité, figure la qualité du récit: «[...] on se sert de graphite, une mine de plomb broyée dont le tulliste saupoudre les organes en mouvement à l'aide d'une chaussette, comme un encensoir. La dentelle en sort noire, et elle recouvre les murs, comme le plancher, les machines, et les hommes qui les surveillent[4]». La dentelle est un tissu sans trame ni chaîne en fibres qui est exécuté à la main ou à la machine, à l'aide de points semblables ou dissemblables formant un dessin. Il faut considérer le roman *Les Bienveillantes* comme un tissu composé de pages qui relient les événements disparates de l'Histoire et dont la valeur tient à l'équilibre de l'ajourage. Le roman est élaboré à partir de la concentration de nœuds et de déchirures au sens kunderien[5]. Paradoxalement, le nœud narratoire que constitue un épisode effroyable est également une déchirure vers l'effroi qui laisse le lecteur devant un vertige du rideau resté ouvert. Le roman propose une surface mais également une épaisseur qui alterne la distribution des trous et des pleins; des béances où le lecteur peut verser dans l'expérience du réel, là où les mots ne peuvent dire l'événement. La dentelle figure le projet de Littell. Elle est noire et elle envahit tout, même «*les hommes qui surveillent*» pour évoquer les soldats allemands, par un réel intrusif constitué d'horreurs et d'effroi auquel l'écrivain propose de se confronter à l'aube du troisième millénaire. 894 pages de dentelle; un ouvrage colossal qui nécessite un engagement certain du lecteur pour parcourir tous les nœuds, connaître tous les vides qui rappellent celui signalé par Gilles Lipovetsky[6]. L'acte de lecture s'apparente à un véritable parcours livresque à éprouver pour s'approcher de l'expérience qui est ici décrite, narrée selon une volonté d'hypotypose manifeste. Même si le récit est fictionnel, le pacte de lecture proposé dans les premières pages et le recours à des documents vérifiables de l'Histoire, invitent le lecteur à poser

---

4 *Les Bienveillantes*, op. cit., p. 16.
5 Milan Kundera définit la déchirure dans son ouvrage *Le Rideau* comme une trouée dans la fabulation de la narration réaliste là où le lecteur connaît une véritable rencontre avec le réel. Balzac selon lui transforme les lecteurs en spectateurs devant un écran celui de la réalité, donné par le roman réaliste: «Un rideau magique, tissé de légendes, était suspendu devant le monde. Cervantès envoya Don Quichotte en voyage et déchira le rideau. Le monde s'ouvrit devant le chevalier errant dans toute la nudité comique de sa prose». Paris, Gallimard, 2005, p. 110.
6 *L'Ère du vide*, Paris, Gallimard, 1983: «Plus aucune idéologie politique n'est capable d'enflammer les foules, la société post-moderne n'a plus d'idole ni de tabou, plus d'image glorieuse d'elle-même, plus de projet historique mobilisateur, c'est désormais le vide qui nous régit, un vide pourtant sans tragique ni apocalypse», p. 16.

un regard sur la période et à l'envisager sous le plan du destin collectif de l'humanité, pour lequel nulle réponse n'est satisfaisante. Le titre du roman lui-même fait référence aux Érinyes, les déesses infernales, pour annoncer le récit d'une tragédie qui cloue les hommes dans une condition qui résiste à toute compréhension.

L'ex lieutenant-colonel Aue évoque le principe proustien qui fait d'un événement mineur et singulier un moment clé de réminiscence pour une ouverture sur l'universel. L'évocation d'un tango nommé *Violetta*[7] et d'avant-guerre, substitut de la madeleine, permet que: «resurgissent le clapotis nocturne du fleuve, les lampions de la buvette, la légère odeur de sueur sur la peau d'une femme joyeuse […]. Vous venez d'avoir une pensée humaine». L'homme existe par la pensée qu'il élabore et par la mémoire qu'il active. Ici le projet littellien propose de demeurer sur cette période qui s'ouvre à l'ouverture du roman, pour en connaître la teneur en «descendant» vers la mémoire collective. Un peu plus bas, Littell écrit: «Bientôt les choses remontent, en vagues lourdes et noires», comme des vagues de tissu de dentelle que débitent les machines. L'écrivain met en place un avertissement sur la teneur de son récit et alerte sur sa tentative fictionnelle de cerner l'indicible de l'effroi extraordinaire éprouvé lors de la Seconde Guerre mondiale. Les nœuds de la dentelle noire fournissent des pages, où l'on ne sait comment est élaboré l'entrelacement des fils, mais qui perpétuent l'interrogation sur leur efficacité à troubler, à produire l'*émotion* chez le lecteur qui rejoint, par son acte de lecture, la communauté des hommes au travers un sujet de l'énonciation sollicité et partagé ici. Littell veut avant tout éviter l'écueil d'un récit subordonné au réalisme. Il emprunte les principes du réalisme dit balzacien pour faire de la langue un média de l'émotion vraie. Néanmoins, il propose de faire la jonction entre des pages construites pour relier des pans qui autorisent à sentir le vide, issu du vertige de la béance du réel, lors de la lecture de passages qui ébranlent l'humanité du lecteur par leur concrétude dérangeante. Jonathan Littell, par la voix de son narrateur, propose un engagement: «je vous invite à poursuivre seuls, jusqu'à ce que le sol se dérobe sous vos pieds», un engagement qui inclut d'être troublé au point de sentir le vertige du Réel lacanien, celui qui fait retour sur le sujet, celui qui cogne. Le narrateur explique dans les dernières lignes du premier chapitre que «les mots ne servent à rien, ils disparaissent comme de l'eau dans le sable, et ce sable emplit ma bouche». L'observation permet d'apprécier ce qui

---
7 *Les Bienveillantes, op. cit.*, p. 15.

apparaît / disparaît sans possibilité de prise. L'élément minéral emplit la bouche du parlêtre étouffant toute parole. La seule possibilité est de tenter de dire malgré tout. Les vides permettent de «voir» les pleins, tels une part de lumière qui permet d'observer le noir. Ou comme le signale Michèle Aquien: «On a bien affaire à la Chose, telle qu'elle prise dans le monde symbolique, c'est à dire avec son vide, et le rôle du poète est de maintenir le sens, imposant au signifiant qui est son dû – de signifier – autour de ce vide[8]».

Pour constater le projet littellien, la lecture d'un extrait qui correspond à un nœud narratoire s'impose:

> C'était une jeune fille assez maigre, au visage touché par l'hystérie, encadré de lourds cheveux noirs coupés court, très grossièrement, comme au sécateur. Un officier lui lia les mains, la plaça sous la potence et lui mit la corde au cou. Alors les soldats et les officiers présents défilèrent devant elle et l'embrassèrent l'un après l'autre sur la bouche. Elle restait muette et gardait les yeux ouverts. Certains l'embrassaient tendrement, presque chastement, comme des écoliers ; d'autres lui prenaient la tête à deux mains pour lui forcer les lèvres. Lorsque vint mon tour, elle me regarda, un regard clair et lumineux, lavé de tout, et je vis qu'elle, elle comprenait tout, savait tout, et devant ce savoir si pur j'éclatai en flammes. Mes vêtements crépitaient, la peau de mon ventre se fendait, la graisse grésillait, le feu rugissait dans mes orbites et ma bouche et nettoyait l'intérieur de mon crâne. L'embrasement était si intense qu'elle dut détourner la tête. Je me calcinai, mes restes se transformaient en statue de sel ; vite refroidis, des morceaux se détachaient, d'abord une épaule, puis une main, puis la moitié de la tête. Enfin je m'effondrai entièrement à ses pieds et le vent balaya ce tas de sel et le dispersa. Déjà l'officier suivant s'avançait, et quand tous furent passés, on la pendit. Des jours durant je réfléchis à cette scène étrange ; mais ma réflexion se dressait devant moi comme un miroir, et ne me renvoyait jamais que ma propre image, inversée certes, mais fidèle. Le corps de cette fille aussi était pour moi un miroir.[9]

L'extrait ci-dessus est l'occasion pour Littell de tenter de rendre compte de la sensation extrême qui envahit le sujet en proie à une vision d'effroi. À trop regarder un être «qui comprenait tout, qui savait tout», une jeune fille qui «a vu» et qui revient des enfers telle une Eurydice moderne, le lieutenant Aue connaît l'expérience de la lumière directe du réel. «Le corps de cette fille aussi était pour moi un miroir»; le réel fait retour sur le sujet et par le biais du roman-miroir permet au lecteur de connaître le même vertige: «me faisait perdre pied». L'écrivain fabrique ici l'écran noir de la

---
8 Michèle Aquien, *L'Autre versant du langage,* Paris, José Corti, 1997, p. 259.
9 *Les Bienveillantes, op. cit.,* p. 170.

condition humaine reflétée qui «cogne» le sujet observant le Réel. La cécité face à un tel saisissement n'est pas concevable. Assister à une telle scène, c'est connaître un embrasement solitaire, c'est expérimenter une lecture poignante. Le succès des *Bienveillantes* tient en partie à la multitude de nœuds narratoires comme celui-ci, plus effroyables les uns que les autres, qui livrent au regard du lecteur, par le truchement du lieutenant Aue, ce qui demeure enfoui par aseptisation dans nos sociétés modernes occidentales et par «oubli». L'accumulation de «nœuds» et l'acceptation progressive de la rencontre avec l'horreur et la barbarie dans ce récit permettent au lecteur d'accéder aux zones de l'effroi. Evoquant les exécutions des Juifs, le lieutenant Aue avoue: «je considère que regarder engage autant ma responsabilité que faire[10]» pour inviter le lecteur à réfléchir sur sa position de «voyeur». L'auteur recourt également à la narration d'archives, parcourues habituellement par les historiens, utilisées ici pour convoquer la mémoire collective et pour faire surgir le sujet enfoui à la fois externe et interne propre à chaque sujet. Nous nous sentons vivants, individus de l'espèce, au plus haut point lorsque nous effleurons, en raison d'un événement qui tient à la colère, à l'effroi, au rire, à la sauvagerie sexuelle, à la mort, à la présence de cadavres,… l'espace où notre pensée s'arrête, où les conceptions platonicienne et cartésienne du monde s'annule. L'acte de lecture peut produire la sensation lorsque le lecteur accepte le miroir que propose la littérature.

L'archive comme pan littéraire

Dans le roman *Les Bienveillantes* le recours à l'archive est permanent. L'auteur a procédé à un travail de recherche conséquent qui s'appuie sur la consultation d'archives très nombreuses sous toutes leurs formes. Comme nous l'avons déjà évoqué, le roman repose sur une construction en «dentelle»; une structure qui se fonde sur la narration organisée d'événements appartenant à l'Histoire. Le lecteur suit un protagoniste, le lieutenant Aue qui réalise un parcours à travers l'Europe. Chaque déplacement est l'occasion de placer le personnage fictif dans des situations véritables de la période de la guerre sur le front de Stalingrad, dans les bureaux d'Himmler, dans le camp d'Auschwitz, dans le bunker d'Hitler… des déplacements qui suivent la structure de la dentelle littellienne pour permettre au lecteur de «vivre» les nœuds narratoires, mais également les

---
10 *Ibidem*, p. 445.

vides textuels dans lesquels l'intensité dramatique est quasi nulle et enfin de connaître les vides de l'inénarrable. Malgré leur aspect invraisemblable, les rencontres du personnage Aue et les lieux sur lesquels il se trouve aux moments opportuns, participent de la part de hasard que le lecteur peut admettre dans un roman. La complexité du réel est alors réduite dans sa topographie simplifiée, dans sa logique explicitée mais amplifiée dans sa prégnance et dans sa crudité.

Le roman est un moyen d'explorer des aspects de la réalité restés obscurs comme par exemple le sadisme des hommes, l'appartenance à la même espèce que l'on massacre, la frontière entre la vie et la mort, l'aspect dérisoire de la vie, l'obscénité et la barbarie, la conscience du bourreau... Les faits historiques évoqués dans le roman sont globalement vérifiés et confirmés par les historiens. Nous choisissons l'exemple de l'officier Adolf Eichmann dont la présence est disséminée dans le roman et dont les actions présentées sont celles véritablement exécutées dans la réalité comme par exemple le refus d'interrompre le massacre des Juifs hongrois. Littell parvient à produire une sensation mêlée de dégoût et de plaisir qui déclenche la rencontre avec le réel: une véritable catharsis. Il produit des béances métaphoriquement et structurellement marquées par les vides de la dentelle qui produisent la même béance chez le lecteur troublé, pantois et interdit. Certains épisodes de la guerre comme les exécutions commises par les nazis, évoqués dans les pages du roman produisent un empêchement à l'analyse. Elles marquent le lieu où la pensée s'arrête et fait jaillir chez le lecteur un malaise né du vide existentiel de l'après-extermination.

Littell use du *phraseikone*[11] ; il opère une traduction scripturale des documents, photographies, archives filmées à la disposition des historiens qu'il cite lui-même: Allan Bullock et Hugh Trevor-Roper[12]. Il cite une part de ses sources pour indiquer le fondement de véracité historique, mais s'en amuse en inventant l'épisode où le Lieutenant-colonel Aue, lors d'une remise de médaille dans le bunker berlinois, pince le nez d'Hitler: «Trevor-Roper, je le sais bien, n'a pas soufflé mot de cet épisode, Bullock non plus, ni aucun autre des historiens qui se sont penchés sur les derniers jours du Fuhrër. Pourtant je vous l'assure cela a eu lieu». Littell rappelle qu'il s'agit d'une fiction pour libérer le lecteur et l'alléger du poids transféré de

---
11 Nous entendrons par «*phraseikone*» la transcription d'une photographie ou archive filmée qui explique ce qui est représenté en épuisant ce qui peut en être dit ou en proposant une formule scripturale qui équivaut à l'image.
12 *Les Bienveillantes, op. cit.,* p. 881. (Hugh Trevor-Roper, *Les Derniers jours d'Hitler*, Calman Levy, 1947 / Allan Bullock, *Adolf Hitler*, New York, Harper, 1952).

la culpabilité. Pincer le nez d'Hitler correspond à la destruction totale du mythe du Fuhrër, et à la déchirure du rideau illusoire et fantasmatique qui a plongé les Allemands dans l'adoration d'un tyran.

Sous forme épiphrastique, Littell évoque le travail des historiens à travers la bouche de son personnage principal pour indiquer son respect mais également les orientations de son œuvre littéraire: «tous ces camps ont été amplement décrits dans la littérature historique et mieux que je pourrai le faire[13]». Quand il s'agit de rompre faussement le pacte de lecture instauré par le personnage dans le prologue *Toccata* aux allures d'aveu autobiographique, l'écrivain rappelle la «fabrication» de son roman et renvoie aux textes commis par les historiens pour la rigueur descriptive. Littell connaît parfaitement les travaux de recherche de Raul Hilberg[14], qu'il considère comme le meilleur ouvrage historique décrivant le processus du génocide ou encore *Les Jours de notre mort*, de David Rousset, qui décrit la vie dans les camps de concentration. L'écrivain Littell convainc de la pertinence de son projet littéraire également par une culture solide sur la période qui le protège des erreurs historiques. Par exemple, il rappelle le recours à un enregistrement du discours d'Himmler lors de la conférence secrète tenue à Poznan et conservé aujourd'hui au National Archives dans le College Park du Maryland. Littell donne des détails techniques: «enregistré, soit sur un disque, soit sur une bande magnétique à l'oxyde rouge, les historiens ne sont pas d'accord et sur ce point je peux pas les éclairer, n'ayant pas été présent à ce discours-là [...]».

Littell explique son emprunt aux méthodes de travail des historiens. Il évoque les autobiographies des nazis comme celle de Rudolf Höss[15], les témoignages de Eichmann: «Les bourreaux parlent, il y en a même qui pissent de la copie. Ils racontent même des choses exactes en termes factuels. La manière dont le camp de Treblinka était organisé, par exemple. Eichmann ne ment pas dans son procès. Il raconte la vérité. Lorsque je parle de parole vraie, je pense à une parole qui peut révéler ses propres abîmes, comme Claude Lanzmann y est parvenu avec les victimes dans Shoah[16]». L'ambition de Littell est de produire dans sa littérature une parole qui inclut des abîmes comme nous avons tenté de la démontrer mais pour son compte, du côté de la littérature. Ici, naît l'idée de Littell: Eichmann ne ment pas et son discours déclenche les mêmes effets que ceux produits par

---

13 *Les Bienveillantes, op. cit.*, p. 579.
14 Raul Hilberg, *La Destruction des Juifs d'Europe* (1961), Paris, Fayard, 1988.
15 Rudolf Höss, *Le Commandant d'Auschwitz parle*, Julliard, Paris, 1959, 296 pages.
16 «Jonathan Littell, homme de l'année», *Le Figaro Magazine,* 29 décembre 2006.

Claude Lanzmann par le biais du documentaire *Shoah;* le bourreau peut aussi dire l'horreur. Littell sait sa dette aux archivistes et historiens: «mais à quoi bon reprendre cette sordide histoire de Hongrie? Elle est amplement documentée dans les livres par les historiens qui ont une vue d'ensemble bien plus cohérente que la mienne[17]». Il fait dire à son personnage Aue que les historiens «ont une vue d'ensemble bien plus cohérente». Cependant la force du roman *Les Bienveillantes* tient en grande partie dans cette capacité à écrire les liens entre les épisodes de l'Histoire, à narrativiser des événements pour broder une gigantesque dentelle.

Le lieutenant Aue évoque les officiers qui entourent Adolf Eichmann et s'appesantit sur un en particulier: Dieter Wisliceny avec lequel il aime discuter et pour préciser sa pensée il explique que: «Ses vues n'étaient pas toujours originales, mais elles restaient solidement documentées et il savait les insérer dans un récit cohérent, ce qui est la première qualité de l'imaginaire historique». Il faut envisager cet officier comme un double littéraire d'Aue, qui par ricochet permet de comprendre le projet narratologique de Littell. Le roman repose effectivement sur des archives, sur une documentation précise, exploitées avec intelligence et parfaitement agencées dans l'espace fictionnel du roman. Le roman est construit en grande partie sur l'insertion de personnages réels qui ont marqué la période de la guerre, d'explicitations sur l'organisation du régime nazi, de citations des événements majeurs, de détails techniques, de récits des conditions de vie, d'une topographie détaillée, de rapports sur les mouvements des armées... durant cette période qui participent de l'effet général de vraisemblance. Disséminés dans le roman, nombre d'éléments pourraient être cités en exemple, nous proposons d'observer la page 174; l'auteur évoque faits, événements, précisions qui confirment la volonté de vraisemblance à partir d'un travail prodigieux de recoupements et de transcriptions d'archives. D'une part, il «met en scène» la mort de Von Reichenau feld-marechal durant le conflit en suivant à la lettre les conditions de son décès le 17 janvier 1942, jour de la seconde offensive de l'armée russe à partir d'Izyoum. Littell distille avec une grande habileté dans l'espace fictionnel une Histoire qu'il semble nous «raconter». D'autre part, il s'appuie sur des archives filmées ou des photographies dont la teneur est «développée» dans les chapitres ou encore transcrite comme une ekphrasis qui permet la rencontre avec le réel. La force de ces passages est fondée sur la reconstruction mentale chez le lecteur et sur la convocation de représentations. Comme l'explique

---

17 *Les Bienveillantes, op. cit.*, p. 715.

Martine Joly pour l'image[18], le lecteur d'une photographie observe ce qu'il s'attend à voir. Littell fait appel à l'image collective issue des archives déjà visionnées par le lecteur ou d'autres similaires et d'autres encore enfouies dans l'inconscient personnel ou collectif entretenu par des verbalisations diverses et diffuses. Cette convocation déclenche l'effroi parce que le lecteur est toujours en quête d'une forme de vérité qui réponde à ses interrogations: «L'image indice peut mener à l'essentiel: Dieu, la connaissance, la mort[19]».

En effet, Jonathan Littell pour la rédaction de son roman s'est appuyé sur de nombreuses archives. Il avoue en avoir consulté des centaines pendant le temps qu'ont duré ses recherches. Nous pouvons penser qu'il a tout vu, tout lu: «J'ai compris que c'était le moment de me mettre au livre. Je m'y suis consacré à plein temps. J'ai lu des centaines de bouquins, je suis allé sur le terrain... Mes recherches ont duré un an et demi à peu près[20]». D'une part, il est certain, qu'imprégné de documents écrits mais également d'archives photographiques ou filmées, l'écrivain réemploie de manière involontaire ou consciente le matériau qu'il a compulsé et dont il s'est servi avec maestria pour la création d'un univers vraisemblable. D'autre part, il insère des éléments appartenant à l'Histoire elle-même, livrant par ce procédé, dans sa recherche de parole vraie pour révéler des abîmes, des pans d'archives réelles transférés dans l'espace fictionnel. Le personnage fictif Maximilien Aue est mis sur le même plan réel qu'Adolf Eichmann. Par exemple, pour évoquer la révolte des Juifs dans le ghetto de Varsovie dont s'entretiennent Eichmann et Aue, Littell propose une

---

18 Martine Joly, *L'Image et les signes*, Paris, Nathan, 1994: «Même dénié, son caractère représentatif, imitatif, ressemblant, pousse à attendre d'elle [l'image] une adéquation parfaite entre ce qu'elle représente et ce que l'on dit qu'elle représente, qui se confond avec ce qu'on pense qu'elle est. C'est alors qu'on lui applique le caractère de vérité ou de fausseté. Nous verrons que ce caractère ne concerne pas l'image même, mais le rapport entre elle et ce qu'on en dit. Ce rapport doit, pour être ressenti comme juste et non comme faux, correspondre non pas à ce qu'est l'image – un objet du monde, une représentation à la fois aléatoire et codée – mais à ce qu'on attend qu'elle soit – attente qui varie selon les époques comme l'a bien montré Gombrich». p. 55. [...] «L'indignation vient du fait que le contrat de confiance a été rompu: tandis qu'on attend de l'image, plus que tout autre médium, qu'on puisse la croire, la preuve a été faite que cette crédibilité était aléatoire et non certaine. C'est cette incertitude qui est insupportable parce qu'elle bouscule l'attente spécifique de justesse et de vérité. Nous pensons, quant à nous, que ce n'est pas l'oubli de notre histoire, mais au contraire le fait qu'elle nous constitue puissamment qui nous pousse à vouloir avec tant de force qu'une image soit juste, que visible et vérité se confondent», p. 58.
19 *Ibidem*, p. 54.
20 art. cit.

transcription scripturale de certains clichés dont dispose l'humanité sur l'événement pour le comprendre. Adolf Eichmann lui tend un album: «J'examinai les clichés: il y en avait d'impressionnants. Des bunkers fortifiés, des immeubles incendiés, des Juifs sautant des toits pour échapper aux flammes; puis les décombres du quartier après la bataille. La Waffen-ss et les forces auxiliaires avaient dû réduire les poches de résistance à l'artillerie, à bout portant[21]».

Les clichés réalisés par les ss lors du soulèvement dans le ghetto.

Ces photographies, que l'écrivain «traduit», permettent de créer un univers global de vérité qui fait osciller le lecteur entre œuvre fictionnelle et document historique. Par le biais de cette hésitation se crée une béance qui entraîne le lecteur à s'interroger sur la véracité des documents, sur la crédibilité des documents, sur la manière de connaître l'Histoire, sur les bribes de l'Histoire que conservent les centres d'archives, sur la volonté de connaître la vérité sur des événements appartenant à l'Histoire. Le dispositif de connaissance du réel de l'homme ne lui permet pas de connaître la vérité, mais des copies, des bribes, des versions atténuées, incomplètes… Littell exhorte le lecteur à convoquer des images qui le font verser dans une reconstruction mentale prégnante qui s'apparente à l'insertion d'un pan de

---

21 *Les Bienveillantes*, op. cit., p. 523.

4. La dentellerie du réel   57

réel brut.

Autres personnages. L'écrivain évoque Ilse Koch[22], femme du commandant Koch du camp de Buchenwald. Tous deux laissèrent une réputation de tels assassins qu'ils furent exécutés par les ss eux-mêmes. C'est dans ce camp, dans le bloc «pathologie» que furent réalisés des abat-jour en peau humaine sur demande de l'épouse du commandant. «J'enquête aussi sur la femme de Koch, une détraquée sexuelle qui faisait tuer tous les détenus tatoués pour prélever leur peau; tannées, elle lui servaient à faire des abat-jour ou d'autres objets du genre». Nous nous souvenons sans doute des images du film *Nuit et brouillard* réalisé par Alain Resnais qui évoque ce même événement que signale Littell.

Littell fait une description du camp[23] qui s'appuie sur les archives filmées disponibles. Il crée, par cette insertion d'un réel qui est l'image de l'image du réel, la rencontre avec une sensation brute par l'évocation et par la sollicitation de l'imaginaire du lecteur qui se sent incapable de poser des mots sur ce qu'il se représente. Ce n'est pas la photographie qui crée la trouée de réel mais la rencontre du lecteur avec ce qui est dit d'une photographie, d'une archive filmique et qui matériellement n'apparaît pas dans le roman; une absence qui alimente le processus.

L'effroi provient de l'objectivité encore une fois mais également de la banalisation de ce que l'Histoire qualifie d'événement majeur du xxe siècle

---
22 *Ibidem*, p. 550.
23 *Ibidem*, p. 558 sqq.

en raison des dispositifs élaborés au-delà de l'humain pour exterminer des individus. Le Commandant Rudolf Höss discute avec simplicité de détails techniques qui nient en quelque sorte ce qui ne peut disparaître de l'attention des lecteurs. Le rejet de toute conscience de ce qui se déroule sous ses yeux dans le camp, fait de Höss un nazi des plus sadiques. Une telle attitude ne peut que nourrir l'effroi; un homme peut donc commettre les pires atrocités sans ressentir de compassion aucune. Au lecteur se pose la question de la nature humaine qui le constitue lui-même.

Combler l'ajourage ou le faire exister

Littell active des interrogations énonçant une révélation qui se dérobe au moment même de sa formulation. Il choisit d'évoquer la *Shoah* et propose par l'écriture un récit en dentelle, forcément lacunaire et impossible, afin de se rapprocher de la sensation réelle; il désire tenter de dire le mal absolu, celui de la destruction de l'humain pour mettre à jour de manière fort prégnante chez les bourreaux, la sensation d'appartenir à une espèce et d'être un individu doté de vie, jeté dans la tragédie de la vie que Littell représente dans le décor du théâtre classique faisant du Lieutenant Aue un Orphée moderne, ou encore un Oreste poursuivi par les Erinyes…

Lors de son congé à Paris, le narrateur trouve chez un bouquiniste l'essai

4. La dentellerie du réel

Faux pas de Maurice Blanchot qu'il parcourt installé à la terrasse d'un café après avoir découpé les pages de ce livre encore vierge de toute lecture. Cette mention concernant la virginité de l'ouvrage montre à quel point Littell se soucie de la réception d'une œuvre parce que c'est par l'acte de lecture que le lecteur fait exister les pages qui nient l'impossibilité de dire l'ineffable. Aue lit au hasard et découvre un article sur *Moby Dick* d'Herman Melville: «je fus surtout séduit par un article sur le Moby Dick de Melville, où Blanchot parlait de ce *livre impossible*, qui avait marqué un moment de ma jeunesse, de cet *équivalent écrit de l'univers*, mystérieusement, comme d'une oeuvre *qui garde le caractère ironique d'une énigme et ne se révèle que par l'interrogation qu'elle propose*[24]».

> Est-ce à cause de sa qualité indéfinissable qui fait sortir de l'ombre les immensités sans vie de l'univers et nous anéantit traîtreusement par la pensée de notre vanité quand nous regardons les blanches profondeurs de la Voie lactée? Est-ce parce que le blanc est moins une couleur qu'une absence de couleur en même temps qu'il est le profond mélange de toutes? Est-ce cela qui donne son sens au vide muet d'un vaste paysage de neige? Cette chose sans couleur, ou colorée par l'absence de Dieu, qui nous fait reculer d'effroi. Et si nous considérons une autre théorie de ceux qui ont philosophé sur la nature, nous voyons que toutes les autres couleurs de la terre ne sont que de subtiles illusions, aussi bien les douces teintes du couchant ou du feuillage des bois, que le velours doré des ailes de papillons et des joues des jeunes filles. Oui, rien de tout cela ne fait partie intégrante des choses, c'est un simple enduit, et toute la divine nature est simplement peinte, comme la grue dont le chatoyant plumage ne couvre que le charnier intérieur. Plus encore: l'enduit mystérieux qui donne toutes ces couleurs, c'est le grand principe de la lumière, et il est à jamais blanc, sans couleur. Si la lumière frappait directement la matière des choses, elle donnerait sa blancheur vide à tout, à la tulipe comme à la rose.
>
> Dès qu'on comprend tout cela, on voit alors la peau lépreuse de l'univers et, comme le voyageur têtu qui refuse de mettre des lunettes noires sur les glaciers de Laponie, si, pauvres misérables que nous sommes, nous nous obstinons à regarder à l'œil nu le gigantesque suaire blanc qui enveloppe toutes les choses, nous sommes irrémédiablement aveuglés. La Baleine Blanche était le symbole de tout cela.[25]

La lecture de cet extrait corrobore nos recherches. Melville choisit la Baleine blanche pour figurer la lumière directe que l'homme ne peut observer à moins d'être aveuglé, que l'homme ne peut dire à moins de se tenir au silence. La métaphore de la Baleine indique à la fois l'énormité, l'effroi,

---

24 *Ibidem*, p 461.
25 Herman Melville, *Moby Dick* (1851), Paris, Gallimard, coll. Folio, 1996, p. 276 *sq*.

l'indicible, le combat toujours perdu de l'homme… et le volume de roman qui doit s'apparenter à une «baleine littéraire». «Pour produire un livre puissant, il faut choisir un thème puissant. Aucun volume gros et durable ne pourra jamais être écrit sur la puce[26]». Littell a dû s'imprégner de cette maxime de Melville qui oriente ce projet en faisant coïncider forme et fond.

La coïncidence fictionnelle nous pousse à envisager cette mention comme une clé intertextuelle pour comprendre le projet littellien. Une baleine blanche «insaisissable» qui engage toute l'énergie du narrateur Ismaël et du capitaine Achab ou une dentelle comme substitut d'un tissu narratif toujours fragmentaire et incarnation métaphorique de l'abîme inexprimable. L'univers évoqué par Blanchot équivaut à la cosmogonie, symbolisé par la dentelle chez Littell. Le roman *Les Bienveillantes* rencontre un large public parce que, dans une certaine mesure, il est un livre impossible «brodé» selon les règles d'une écriture classique. La dentelle équivaut à une cosmogonie au milieu de laquelle les hommes évoluent, s'empêtrent, en tentant de retrouver l'ordre des fils, dans les marécages, dans le vomi, le sang, les cadavres, les excréments, la boue de Stalingrad au printemps… qu'évoque Littell également dans son ouvrage *Le Sec et l'humide*[27].

Pour percevoir la manière de procéder de Littell, nous pouvons observer deux extraits du roman qui, par leur aspect neutral et subjectif à la fois, condensent la «machine» administrative mis en place par les nazis dans laquelle chacun n'est responsable que d'une tâche définie, circonscrite à la volonté de bien servir le système. Littell propose, dans une prose qui évacue le lyrisme, un constat qui place le lecteur en position de voyeur pour mieux développer l'effusion des sentiments qui s'emparent du personnage. La première phrase de l'extrait relève de la notation factuelle pour une explication qui ne la requiert pas. La distance établie entre la succession de faits et la teneur du propos provoque un malaise chez le lecteur réceptif. Cette manière de procéder occupe une part majeure dans le roman. Par le parcours de 894 pages, elle amène le lecteur vers l'imprégnation de la tension entre la notation objectivisée et la subjectivité du sujet-pensant, observant l'horreur, qui se transmet pour la vivre à son tour dans l'acte de lecture. L'évacuation de la présence du sujet et ce qui n'est pas exprimé dans certaines propositions, «Dans chaque camion, on entassait environ trente Juifs», permettent au lecteur d'inscrire sa subjectivité dans un «biais» qui fait accéder au réel dans une fugitive sensation. L'humain qui accomplit

---

26 *Ibidem*, p 590.
27 Jonathan Littell, *Le Sec et l'humide*, Paris, Gallimard, 2008.

4. La dentellerie du réel   61

les arrestations et massacres existe *a contrario* de l'impersonnel dispositif mis en place par les *Einsatzgruppen*[28]. Littell fait exprimer à son personnage le Lieutenant Aue cette sensation: «C'était cela que je ne parvenais pas à saisir: la béance, l'inadéquation absolue entre la facilité avec laquelle on peut tuer et la grande difficulté qu'il doit y avoir à mourir. Pour nous, c'était une autre sale journée de travail ; pour eux, la fin de tout». L'écœurement face à la barbarie nazie est engendré par le cumul de passages qui narrent les exactions contre les Juifs en proposant une inadéquation entre un lyrisme plat correspondant à la protection mentale élaborée par les nazis pour exécuter un «travail» et un propos grave. La «béance» évoquée dans le passage est celle qui nous préoccupe, elle est l'espace d'inexprimable qui résiste à la compréhension.

> Dans chaque camion, on entassait environ trente Juifs ; il devait y en avoir cent cinquante en tout, mais nous ne disposions que de trois camions, il faudrait faire un second voyage. Lorsque les camions furent chargés, Nagel me fit signe de monter dans l'Opel et prit le chemin du bois, suivi des camions. À la lisière, le cordon était déjà en place. On fit décharger les camions, puis Nagel donna l'ordre de choisir les Juifs qui iraient creuser ; les autres attendraient là. Un Hauptscharführer fit la sélection, on distribua les pelles ; Nagel forma une escorte et le groupe s'enfonça dans le bois. Les camions étaient repartis. Je regardai les Juifs: les plus proches de moi paraissaient pâles, mais calmes. Nagel s'approcha et m'apostropha vivement, désignant les Juifs: «C'est nécessaire, vous comprenez? Dans tout ça, la souffrance humaine ne doit compter pour rien». – «Oui, mais tout de même elle compte pour quelque chose.» C'était cela que je ne parvenais pas à saisir: la béance, l'inadéquation absolue entre la facilité avec laquelle on peut tuer et la grande difficulté qu'il doit y avoir à mourir. Pour nous, c'était une autre sale journée de travail ; pour eux, la fin de tout.[29]
>
> Les méthodes avaient changé, on les avait rationalisées, systématisées en fonction des nouvelles exigences. Ces changements toutefois ne facilitaient pas toujours le travail des hommes. Les condamnés, dorénavant, devaient se déshabiller avant l'exécution, car on récupérait leurs vêtements pour le Secours d'hiver et les rapatriés. À Jitomir, Blobel nous avait exposé la nouvelle pratique du Sardinenpackung développée par Jeckeln, la méthode «en sardine» que Callsen connaissait déjà. Avec l'augmentation considérable des volumes, en Galicie dès juillet, Jeckeln avait jugé que les fosses se remplissaient trop vite ; les corps tombaient n'importe comment, s'entremêlaient, beaucoup de place se gaspillait, et l'on perdait donc trop de temps à creuser ; là, les condamnés déshabillés se couchaient à plat ventre au fond de la fosse, et quelques tireurs leur administraient un coup dans la

---

28 Einsatzgruppen: unité mobile d'extermination.
29 *Les Bienveillantes, op. cit.*, p. 83.

> nuque à bout portant. «J'ai toujours été contre le Genickschuss, nous rappela Blobel, mais maintenant nous n'avons plus le choix.» Après chaque rangée, un officier devait inspecter et s'assurer que tous les condamnés étaient bien morts ; puis on les recouvrait d'une fine couche de terre et le groupe suivant venait se coucher sur eux, tête-bêche ; quand on avait ainsi accumulé cinq ou six couches, on fermait la fosse.[30]

Ce second extrait reprend les principes de notation factuelle de techniques mises au point par les nazis pour «rentabiliser» les fosses. Les éléments techniques explicités occultent l'horreur tout en autorisant son expression. Cette manière de dire la chose en la contournant permet de faire émerger chez le lecteur un espace de réel insupportable. Là où le lecteur est touché par la description, le narrateur évoque des soucis de retard, d'efficacité, de rangements des corps, des données… Un peu plus loin dans le roman, Littell introduit un passage qui assure la tension entre la notation neutre et un lyrisme poignant augmenté d'un souvenir d'enfance. L'alternance récit d'atrocités et récit d'enfance est un principe décliné presque systématiquement dans le roman; la vision de l'horreur ouvre des espaces mentaux qui se connectent de manière signifiante dans l'inconscient pour évoquer la part de ce qui échappe dans tout acte narratif.

> Mais ma question ne me lâchait pas, je retournai encore et encore, et c'est ainsi qu'une autre fois, au bord de la fosse, une fillette d'environ quatre ans vint doucement me prendre la main. Je tentai de me dégager, mais elle s'agrippait. Devant nous, on fusillait les Juifs. "Gdje mama?" je demandai à la fille en ukrainien. Elle pointa le doigt vers la tranchée. Je lui caressai les cheveux. Nous restâmes ainsi plusieurs minutes. J'avais le vertige, je voulais pleurer. "Viens avec moi, lui dis-je en allemand, n'aie pas peur, viens." Je me dirigeai vers l'entrée de la fosse ; elle resta sur place, me retenant par la main, puis elle me suivit. Je la soulevai et la tendis à un Waffen-ss: "Sois gentil avec elle", lui dis-je assez stupidement. Je ressentais une colère folle, mais ne voulais pas m'en prendre à la petite, ni au soldat. Celui-ci descendit dans la fosse avec la fillette dans les bras et je me détournai abruptement, je m'enfonçai dans la forêt. C'était une grande et claire forêt de pins, bien dégagée et emplie d'une douce lumière. Derrière moi les salves crépitaient. Quand j'étais petit, je jouais souvent dans de telles forêts, autour de Kiel, où j'habitais après la guerre: des jeux curieux en vérité. Pour mon anniversaire, mon père m'avait offert un coffret avec plusieurs volumes des Tarzan de l'écrivain américain E. R. Burroughs, que je lisais et relisais avec passion, à table, aux cabinets, la nuit avec une lampe de poche, et dans la forêt, comme mon héros, je me mettais tout nu et me glissais parmi les arbres, entre les

---

30 *Ibidem*, p. 105.

4. La dentellerie du réel   63

grandes fougères, je me couchais sur les lits d'aiguilles de pins séchées [...].[31]

On pourrait dénoncer que le recours à une fillette, devant la fosse des exécutions qui saisit la main du Lieutenant Aue, ne peut qu'engendrer qu'une émotion, et qu'ici Littell verserait dans un pathos facile. Nous accorderons à l'auteur que la véracité de cette scène s'établit dans un possible que le lecteur connaît par l'expérience dans sa propre vie de moments douloureux, et que le choix d'une évocation sans détails sur l'atrocité touche assurément. D'autre part, le recours à une enfant de quatre ans permet d'opposer un imaginaire enfantin, qui ne connaît pas de limites et dont le rapport au réel exclue la gravité de l'événement, à celui de l'adulte, personnage ou lecteur, qui connaît le vertige par la pensée de l'horreur. Pour confirmer l'intérêt du recours à l'enfant, en dehors de la recherche de pathos, nous pouvons citer Blaise Cendrars qui, dans l'exergue du *Lotissement du ciel*: «Il n'y a que les oiseaux, les enfants et les saints qui soient intéressants», associe des êtres dont les capacités de perception ne sont pas restreintes et dépassent les lois de la physique. De la même manière, Littell recourt pour son personnage à des épisodes de l'enfance qui resurgissent sous le choc émotionnel en raison des massacres. Épisode des cafards dans les latrines qui empêche le petit garçon Maximilien Aue de déféquer et parallèle avec les Juifs: « ils [les cafards] étaient là aussi, une masse noire, grouillante, et alors je retirai lentement ma tête, très lentement et je rentrai dans ma chambre et me retins jusqu'au matin. Marcher sur les corps des juifs me donnait le même sentiment[32]»; le sentiment éprouvé est celui du sentiment «grinçant de dégoût». Littell associe ici excréments, massacre des Juifs, souvenirs d'enfance pour engendrer l'émotion et permettre au lieutenant Aue, qui entre dans le service de la sécurité» du parti nazi avec la merde et du sperme dans le rectum, de penser: «Moi je ne pouvais m'empêcher de songer aux cabinets [...] c'est ainsi, le cul encore plein de sperme, que je résolus à entrer au Sicherheitsdienst». Il fait ici office de fossoyeur de l'abjection absolue dont les autres ne veulent rien savoir. La combinaison des récits d'horreur et de souvenirs nous disent le réel de la sensation et pose le lecteur devant cette même sensation de dégoût tel qu'il agit sur l'ensemble de l'organisme jusqu'au «retournement des tripes». Littell associe comme Georges Bataille, mort / sexe / vie / merde / érotisme sauvage: «Une odeur épouvantable d'excréments dominait celle du sang, beaucoup de gens déféquaient au moment de mourir».

---

31   *Ibidem*, p.107.
32   *Ibidem*, p. 125.

L'évocation de souvenirs d'enfance à la suite du récit d'horreurs est un principe abondamment utilisé par l'auteur. Nous pouvons citer quelques pages: 107 / 108, 124 / 125, 342 / 343… «Que notre enfance nous fascine, cela arrive car c'est le moment de la fascination […] elle concentre en elle tous les pouvoirs de l'enchantement. […] Quiconque est fasciné, ce qu'il voit, il ne le voit pas à proprement parler, mais cela le touche dans une proximité immédiate, cela le saisit et l'accapare, bien que cela le laisse absolument à distance[33]». L'art de Littell repose sur la volonté de concevoir, par des épisodes narratifs, la dimension de la fascination qui rejoint notre propos sur l'immédiateté de l'appréhension d'un pan de réel et qui permet à la fois d'être proche et lointain dans l'observation. Le personnage d'Aue se réfugie dans des souvenirs qui le submergent et occupent l'espace de l'ineffable produit par l'observation d'atrocités. Il est également sujet d'hallucinations qui lui permettent de ne «pas être là» afin de s'extraire de la folie qui consiste à massacrer des hommes, des femmes et des enfants; il répond à un objectif professionnel. Entre la présence de l'horreur qui est là et le personnage qui s'extrait du là, le sujet pensant disparaît au profit de l'être. Cette manière d'alterner récit d'horreur et effets sur le personnage conduit le lecteur à faire de même, cette tension crée une béance de réel brut qui échappe à l'explication psychologique, rationnelle, là où les exécutions sont conduites de manière rationnelle. Les hommes qui ont désiré révéler l'horreur et l'innommable Réel se sont heurtés à une difficulté touchant à l'impossible. Le langage peut combler la distance infinie que constitue l'impossible. C'est à dire par l'envers des mots, par l'arrière texte, par tout ce qui échappe à la conscience, par le vertige de l'indéchiffrable, par l'autre versant de l'écriture vers l'univers invisible des régions de l'imagination où se mêlent mort, infini, barbarie, sexe…

> Près de moi, on amenait un autre groupe – mon regard croisa celui d'une belle jeune fille, presque nue mais très élégante, ses yeux emplis d'une immense tristesse. Je m'éloignai. Lorsque je revins elle était encore vivante, à moitié retournée sur le dos, une balle lui était sortie sous le sein et elle haletait, pétrifiée, ses jolies lèvres tremblaient et semblaient vouloir former un mot, elle me fixait avec ses grands yeux surpris, incrédules, des yeux d'oiseau blessé, et ce regard se planta en moi, me fendit le ventre et laissa s'écouler un flot de sciure de bois, j'étais une vulgaire poupée et ne ressentais rien, et en même temps je voulais de tout mon cœur me pencher et lui essuyer la terre et la sueur mêlées sur son front, lui caresser la joue et lui dire que ça allait, que tout irait pour le mieux, mais à la place je lui tirai convulsivement une balle dans la tête, ce qui après tout revenait au même, pour elle en tout cas

---
33 Maurice Blanchot, *L'Espace littéraire*, Paris, Gallimard, 1955, p. 30.

4. La dentellerie du réel

si ce n'était pour moi, car moi à la pensée de ce gâchis humain insensé j'étais envahi d'une rage immense, démesurée, je continuais à lui tirer dessus et sa tête avait éclaté comme un fruit, alors mon bras se détacha de moi et partit tout seul dans le ravin, tirant de part et d'autre, je lui courais après, lui faisant signe de m'attendre de mon autre bras, mais il ne voulait pas, il me narguait et tirait sur les blessés tout seul, sans moi, enfin, à bout de souffle, je m'arrêtai et me mis à pleurer. Maintenant, pensais-je, c'est fini, mon bras ne reviendra jamais, mais à ma grande surprise il se trouvait de nouveau là, à sa place, solidement, attaché à mon épaule, et Häfner s'approchait de moi et me disait: "C'est bon, Obersturmführer. Je vous remplace".[34]

On pourrait objecter que Jonathan Littell ne répond pas à un appel impérieux du réel, que son écriture n'est pas contrainte par la nécessité au sens où l'entend Georges Bataille[35], qu'il demeure maître d'un projet fictionnel élaboré avec conscience et habileté. Cependant, nous pouvons nous demander quel réel pousse un individu dans une entreprise littéraire aussi colossale, dans un travail de recherche aussi démesuré? Le gigantisme de la tâche peut s'avérer incarner le vertige, qui constitue une réponse à un réel que Littell veut explorer, le «noir», la fange que constituent les exactions des hommes des *Einsatzgruppen*, des camps de concentration… Le résultat est un roman qui constitue un pan incontournable de la littérature. Il porte en lui ses origines qui fondent la nécessité du discours de l'auteur sur la période de la guerre et sur les massacres du régime nazi. Littell est issu d'une famille juive émigrée de Russie aux États-Unis à la fin du xixe siècle. La judéité indique une réponse partielle au projet même si Littell ne la revendique pas. Il est le fils du célèbre écrivain de romans d'espionnage, Robert Littell qui s'intéresse particulièrement à la période de la Guerre froide, conséquence directe de la Seconde Guerre mondiale. Comme si le fils allait puiser dans un matériau antécédent, pour comprendre ce qui engagea le père, dont il est issu, dans l'écriture. Son investissement dans l'action humanitaire notamment en Bosnie, en Tchétchénie… le porte sur l'ex-front russe et l'aura sans doute nourrit d'images indélébiles de misère et de détresse humaines. Il confie, dans l'entretien donné au journal *Le Monde*, que le roman *Les Bienveillantes* est un livre porté depuis 1989. Il aura donc fallu presque vingt années de mûrissement avant l'avènement d'un ouvrage qui l'occupe et finalement s'impose à lui. Il invente un roman impossible par son volume, par son sujet parce qu'il doit apporter une réponse: à savoir celle de la littérature au xxie siècle. «Plus profondément, il

---
34 *Les Bienveillantes, op. cit.*, p. 126.
35 Georges Bataille, *L'Expérience intérieure*, Paris, Gallimard, coll. Tel, 1943, p. 75: «Je traîne en moi comme un fardeau le souci d'écrire ce livre. En vérité je suis agi».

y a cette notion d'espace littéraire élaborée par Maurice Blanchot. Quand on est dedans, on ne sait jamais si on y est vraiment. On peut être sûr de faire de la "littérature", mais, en fait, rester en deçà, tout comme on peut être rongé de doutes, alors que depuis bien longtemps déjà la littérature est là[36]», explique Jonathan Littell. Avec la référence à Maurice Blanchot, le projet littellien s'identifie comme une volonté de cerner un réel impossible, à la fois personnel et collectif en évoquant la déchirure du xxᵉ siècle à travers le récit de la guerre 39-45 par le témoignage d'un lieutenant de liaison, dont le travail consiste à écrire des rapports, à transmettre les informations: un double de l'écrivain en période de conflit qui lie entre eux les événements appartenant à l'Histoire. Dans le même entretien, Littell donne des précisions sur sa manière de travailler qui confirment la recherche d'un impossible réel à retranscrire, d'une écriture semblable à une expérience totale comme celle que définit Georges Bataille. Il est certain que le projet, dans sa mouture finale, propose un contenu qui échappe à l'écrivain et cette part de non maitrisé, cette part d'inconnu, cette part de dépassement que l'écrivain génère par son écriture est une exploration de la béance du noir:

> Un livre est une expérience. Un écrivain pose des questions en essayant d'avancer dans le noir. Non pas vers la lumière, mais en allant encore plus loin dans le noir, pour arriver dans un noir encore plus noir que le noir de départ. On n'est très certainement pas dans la création d'un objet préconçu. C'est pour cela que je ne peux écrire que d'un coup. L'écriture est un coup de dés. On ne sait jamais ce qui va se passer au moment où l'on écrit. On essaye de poser ses pièces le mieux possible, puis on fait. Au stade de l'écriture, on pense avec les mots, plus avec la tête. Ça vient d'un autre espace. On avance par l'écriture et l'on arrive à un endroit où l'on ne pensait jamais se retrouver.[37]

Les idées de conception que développe l'écrivain sont celles du hasard des dés, d'une construction d'un ensemble ou encore d'un parcours et explique que l'écriture du roman «Ça vient d'un autre espace». Cet espace est celui d'une photographie qui permet la «rencontre» inopinée de Littell avec un réel qui le bouleverse et qui enclenche la rédaction des *Bienveillantes*:

> Il y avait une photo sur laquelle j'étais tombé quand j'étais en fac. Je ne savais même pas ce que c'était à l'époque, je l'ai appris plus tard: le cadavre d'une partisane russe, une icône de la propagande soviétique de guerre, tuée par les nazis devant Moscou. On a retrouvé son cadavre à moitié nu et dévoré par les chiens. Dans le livre, je fais une brève description de ce cadavre-là, sans trop appuyer, en hommage à cette photo. A l'époque, ça

---
36 Propos recueillis par Samuel Blumenfeld, *Le Monde - Le Monde des Livres*, 2006.
37 *Ibidem*.

m'avait beaucoup travaillé: le décalage entre la beauté de la fille et l'horreur de la scène, de ce cadavre dans la neige, déchiré par les chiens. C'est une photo atroce, mais qui est belle. Au départ, c'était axé sur ça, sur la guerre elle-même, en particulier sur le front de l'Est.[38]

Les questions que nous devons nous poser sont celles de la teneur de la révélation fortuite que connaît Littell et de l'importance de l'image pour originer le roman et l'importance du recours à l'image dans le roman lui-même. Le décalage produit une béance entre le regard de Jonathan Littell et ce qui est représenté sur la photographie. Littell explique son intérêt en raison d'un *décalage entre la beauté de la fille et l'horreur de la scène* ou encore entre la beauté de la photo et l'atrocité qu'elle représente; il évoque donc un trouble qui le pousse à l'écriture de neuf cent pages. Mais il existe également un décalage entre l'attente de Jonathan Littell, la représentation mentale et ce qu'il perçoit. L'attente est bafouée; le beau ne peut représenter l'atroce, l'atroce ne peut être esthétisant. L'atrocité relève de l'atteinte à l'espèce humaine au-delà des sentiments et le concept de beauté demeure culturellement élaboré. La question devient alors comment l'écrivain peut-il trouver cette photo belle? Ou pourquoi ressent-il la nécessité de signaler le décalage entre la beauté de la femme et sa mort? Il semble conférer à l'image un statut particulier. Il accorde à la beauté une dimension éternelle qui ne peut souffrir d'être associée à une clôture aussi tragique ou énonce que ses principes esthétisants sont entamés. Le trouble, qui produit une béance de réel que l'écrivain cherche à combler par l'écriture d'une parole qui demeure toujours insatisfaisante à dire ce qui est perçu et à dire ce qui est perçu de l'ineffable, naît du décalage entre ce que la photographie représente et ce que Littell dit de ce qu'elle représente. Le trouble de Littell provient de la remise en cause de la crédibilité du document photographique. La vérité accordée habituellement à ce genre de document n'est pas ici respectée, et dans la représentation personnelle de Littell, le fait que la femme soit belle rend d'autant plus insupportable l'atrocité. Cette image est d'ailleurs glissée dans le roman: «C'était une jeune fille assez maigre, au visage touché par l'hystérie, encadré de lourds cheveux noirs coupés court, très grossièrement, comme au sécateur. [...] ses cheveux rêches formaient une crête de méduse autour de sa tête et elle me semblait fabuleusement belle, habitant la mort comme une idole, Notre-Dame-des-Neiges[39]», pour donner à voir la trace de l'espace qui a autorise la naissance d'une étendue scripturale de près de neuf cent pages. Par ricochet, le lecteur connaît ce même trouble à la lecture

38 Propos recueillis par Florent Georgesco, *Le Figaro*, 15 octobre 2007.
39 *Les Bienveillantes*, op. cit., p. 170 sq..

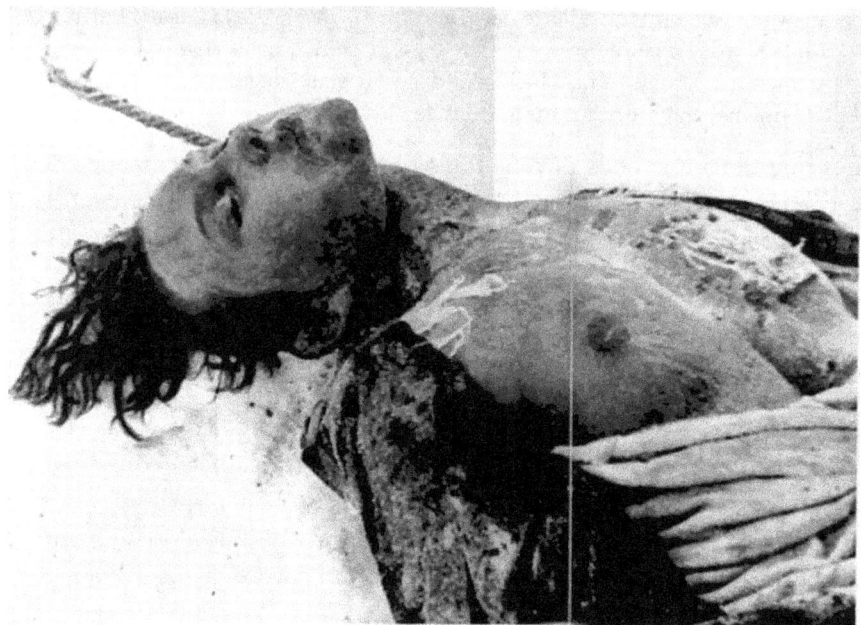

des ekphraseis photographiques ou *phraseikones*. L'habileté de Littell tient en partie dans cette capacité à donner un équivalent scriptural à l'archive iconographique.

Certes, il ne suffit pas de transposer des images, de produire des métaphores, de choisir un plan mythologique… pour assurer une parole brute et vraie. Nous devons nous intéresser aux effets produits et aux dispositifs qui assurent ces effets. Nous proposons d'observer la cadence imposée en comptant le nombre de syllabes par propositions juxtaposées. Littell opte pour une organisation asyndétique de la phrase pour écarter toute forme de hiérarchisation dans la phrase qui orienterait la lecture. Les éléments sont ici équivalents et placés bout à bout dans une volonté évidente de faire disparaître toute incise qui ferait accéder la phrase vers une dimension subjective de la présence de l'auteur ou encore épiphonémique du commentaire de l'écrivain. La phrase fonctionne selon un rythme globalement régulier de dix syllabes par proposition. L'objectif de Littell est, par cette régularité, de faire fonctionner le *phraseikone* sur un fondement objectif de la description. Il en reste au constat, il donne des indications qui se limitent à leur mention: «*fille assez maigre / cheveux noirs…*» qui marque une volonté de recourir à un ton et à un propos neutre. Il évite ainsi le pathos, et réduit à sa plus basse mélopée le lyrisme. Jonathan Littell recherche ici le poignant par l'efficacité d'un *phraseikone* qui autorise des espaces vides que le lecteur emplit de sa pensée. Plus loin, par la bouche du lieutenant Aue, il nous livre une perception «me semblait». Il décrit cette jeune femme: elle est «fabuleusement belle», sa beauté peut être racontée car elle tient de la fabula. Il dépasse la simple notation pour recourir à des figures de style qui envisagent le plan religieux: «comme une idole», «Notre-Dame-des-Neiges»; une image qui oscille entre allégorie proche du mythe et périphrase équivalente à un surnom. Le verbe habiter dans l'expression «Habitant la mort» induit la présence d'un être vivant dans un endroit où la vie ne peut exister et conduit à exercer une antilogie. Après l'effondrement de Aue et la description de la dépouille de la jeune femme quelques jours plus tard, la perception est empreinte d'admiration et de fascination qui percent dans les images employées et par le lyrisme qui émerge.

> C'était une jeune fille assez maigre /, (10 syllabes)
> au visage touché par l'hystérie /, (10 syllabes)
> encadré de lourds cheveux noirs coupés court / (11 syllabes)
> très grossièrement, comme au sécateur / (10 syllabes)
> ses cheveux rêches formaient une crête / (10 syllabes)
> de méduse autour de sa tête
> et elle me semblait fabuleusement belle / (12 syllabes)
> habitant la mort comme une idole / (10 syllabes)
> Notre-Dame-des-Neiges.

Par l'intermédiaire de ce *phraseikone*, Littell envisage un amour, une admiration, et au-delà reconnaît une divinité en sa qualité d'«idole». Il s'agit d'une femme morte dont le corps a été jeté en pâture qui figure ici l'image de la mort et la béance, qui donne naissance au roman *Les Bienveillantes*. Elle tente de dire la barbarie perceptible. Littell produit une référence iconique commune «Notre-Dame…» et envisage une incarnation de ce qui ne peut *a priori* exister dans le monde des hommes; le cadavre d'une femme présent ici et nulle part. La fascination ressentie par Jonathan Littell et par le lecteur, provient de l'irruption inopinée et de l'observation minutieuse dans un deuxième temps. Le regard porté est celui d'un individu, d'un sujet pensant et percevant la réalité. Il ressent une profonde solitude qui signifie son attachement à l'espèce humaine mais surtout son isolement en qualité d'individu. Il découvre l'être réel qu'il est par le biais du miroir, d'une image, d'une archive qui fait retour sur lui: «me renvoyait jamais que ma propre image, inversée certes mais fidèle / le corps de cette fille aussi était pour moi un miroir».

Selon Maurice Blanchot[40]: «l'art est la puissance par laquelle s'ouvre la nuit. [...] Orphée peut tout, sauf regarder ce "point" en face, sauf regarder le centre de la nuit, dans la nuit». Littell invente, par le recours de la photographie de la partisane pendue par les groupes d'extermination nazis, mais également par les autres archives insérées, des brèches qui produisent l'effroi, la colère, le silence... chez le lecteur. En effet, ces images permettent que le passage vers la mort demeure ouvert. Le roman reste ouvert pour accéder à la qualité d'œuvre. La photographie constitue une insertion de réel brut par la pensée immédiate et essentielle qu'elle déclenche. Le Lieutenant Aue assiste à un rituel surprenant de la part des officiers allemands; ils embrassent cette partisane avant de la pendre. Quand Aue rencontre son regard, que nous pouvons identifier comme un centre dévorant, il est littéralement réduit en poussière: «mes restes se transformaient en statue de sel [...] je m'effondrais entièrement à ses pieds[41]». Cette femme aurait sans doute pu extraire Aue de la psychose qui le conduit à n'envisager que des relations homosexuelles en raison du respect de la promesse qui le lie incestueusement à sa sœur, qui le conduit à tuer ses parents... Nul ne peut regarder la mort. Aue devient ici un double d'Eurydice réduit en poussière sous l'effet du regard d'Orphée se retournant pour s'assurer son retour des ténèbres. La mention des cheveux dans le portrait dressé par l'écrivain: «ses cheveux rêches formaient une crête de méduse», place indéniablement cette jeune russe sur le plan mythologique. Nous lisons une référence à Méduse, gorgone d'une mortelle beauté dont le regard pétrifie le lieutenant Aue. L'homme qui «voit» la mort, meurt sous l'effet de la rencontre avec un réel insoutenable mais renaît du côté de l'être.

Si nous faisons abstraction de ce que représente la photographie, nous pouvons percevoir une zone de gris et noir correspondant au corps sur un fond blanc constitué par la neige uniforme. Cette zone sombre est la brèche restée ouverte sur la page blanche, grâce à une Eurydice moderne, abandonnée dans l'entre-deux; figure de la mort ou présence de la mort là, figée dans les glaces et dans le monde. Du point de vue littéraire, cette Eurydice est l'œuvre restée ouverte ou encore l'incarnation des espaces vides de la dentelle centripète du projet littellien. Un silence. Notre démonstration conduit à penser que le réel brut n'est ni dans les mots, ni dans les images mais qu'il émane d'eux et que leur pouvoir tient dans la potentialité à déclencher la pensée de la Chose elle-même et à produire les

---

40 Maurice Blanchot, *L'Espace littéraire*, op. cit., p 225.
41 *Les Bienveillantes*, op. cit., p. 171.

4. La dentellerie du réel 71

intervalles de silence. «La pensée est la pure parole, […] la parole brute n'est nullement brute[42]».

La photographie de cette jeune partisane russe pendue par les nazis demeure pour nous comme un espace essentiel qui ancre l'œuvre dans son avènement. Nous observons le commencement de l'œuvre qui est Œuvre. Ce point de départ permet d'écrire l'impossible, de le cerner, de le faire exister. De nombreux autres *phraseikones* participent de la construction de la dentelle. Ils placent le lecteur en position d'Orphée mais leur agencement, leur répétition dans des horreurs variées, leur architecture… produisent les espaces vides de silence; là où la parole de l'écrivain n'aura pu s'aventurer mais qui cerne un accès, là où la parole de l'écrivain aura laissé échapper une part de son réel, là où le lecteur aura perçu ce qu'il ne peut exprimer mais qui le bouleverse assurément.

Littell propose un pacte de lecture sans surprise. Il garantit un «confort» certain, mais la lecture de l'œuvre n'est pas aisée pour autant. Nous pensons à l'inverse, qu'un travail sur la forme aurait orienté le lecteur vers une position réactive en raison d'un agacement lié à la résistance du texte, en raison d'une compréhension partielle ou progressive, en raison d'un trouble produit par une situation d'énonciation particulière… Le projet littellien envisage de conduire le lecteur vers un poste d'observateur passif, un Orphée sans lyre comme le lieutenant de liaison Aue, dont les missions consistent à observer le terrain et à rendre compte. Il est celui qui fait exister le front pour les officiers qui demeurent à Berlin. La force du roman tient à l'impuissance ressentie par le lecteur, c'est la signification de l'absence de tout pouvoir sur l'Histoire, sur le réel qui se joue avec lui mais dont il ne perçoit que des bribes et certainement par la mécanique. L'impossibilité d'action pour le lecteur engendre la naissance de la pensée de l'effroi. L'objectif de Littell n'est pas une forme neuve d'écriture. Il agence des pleins et des vides; une immense broderie de détours pour accéder à ce que Maurice Blanchot nomme «l'autre nuit». Nous pouvons conclure que la réception de l'œuvre est essentielle à l'existence et au plein déploiement du potentiel narratif.

Que se soit par le biais de la métaphore de la toccata ou par celle de la dentelle ou encore par leur mise en place scripturale, Littell parvient à produire un ouvrage qui ébranle le lecteur, même aguerri, dans ses habitudes. De la musique, dont la construction fondamentale repose sur l'agencement de silences et de sons élaborés, au tissu de la dentelle pour

---
42 Maurice Blanchot, *L'Espace littéraire, op. cit.*, p. 39.

redoubler une cosmogonie fondée sur des éléments disparates du monde assemblés dans un ensemble. Un vaste roman; une «baleine» littéraire qui dérange par la présence de vertiges au sein d'une fiction fondée sur une fabrication conventionnelle. Comme pour la fabrication de la dentelle, comme pour la composition musicale, le roman emprunte des méthodes de fabrication éprouvées, répétées depuis des lustres. Une part du génie de Littell repose sur l'agencement des ajourages et des vides qui crée une musique au lyrisme quasi nul dont le lecteur devient captif, placé qu'il est devant la re-présentation de l'horreur mais également devant l'effroi lui-même par l'accès à des pages de parole brute qui autorisent une trouée du réel.

Université du Mont-Houy, Valenciennes

5. Les silences des *Bienveillantes*
Bruno Viard

Avec ce roman, on va enfin savoir ce qui se passe dans la tête d'un tueur qui a des milliers de victimes sur la conscience: voilà bien la motivation première du lecteur qui ouvre *Les Bienveillantes*[1]. Il y a certes une objection, c'est que Jonathan Littell est né après la guerre et que Maximilien Aue n'est qu'un personnage fictif, une reconstitution. L'hypothèse présentée à travers ce personnage retient cependant la curiosité car la littérature en dit parfois davantage que le document historique et que ce roman repose sur un travail de documentation monumental.

Intitulée *Toccata*, l'introduction ne déçoit pas. Quand il écrit: «L'Etat totalitaire est composé d'hommes ordinaires[2]», le narrateur se situe d'emblée dans la lignée des analyses proposées en 1966 par Hannah Arendt sous le nom de *banalité du mal*. Dès les premières lignes, le narrateur s'agrippe au bras de son lecteur pour ne plus le lâcher:

> Je pense qu'il m'est permis de conclure comme un fait établi par l'histoire moderne que tout le monde, ou presque, dans un ensemble de circonstances données, fait ce qu'on lui dit; et, excusez-moi, il y a peu de chance que vous soyez l'exception, pas plus que moi. [...] Gardez toujours cette pensée à l'esprit: vous avez peut-être eu plus de chance que moi, mais vous n'êtes pas meilleur.

L'introduction se clôt par ces mots bien gênants: «Je suis un homme comme les autres, je suis un homme comme vous». Bien gênants mais bien profonds, car ils nous parlent de l'ubiquité du mal. On peut, en particulier, penser à René Girard et aux descriptions qu'il a laissées de l'entraînement mimétique et des communautés qui se coalisent contre un bouc émissaire. Pourtant, c'est bien plutôt sur deux énigmes que bute le lecteur, qu'on appellera des *silences*, le silence de Jonathan Littell et le silence de Maximilien Aue. Le silence de Littell est un vrai problème qui interroge sur la structure

1 *Les Bienveillantes*, Paris, Galllimard, Paris, 2006.
2 *Ibidem*, p. 27.

et la signification de son roman. Le silence de Aue fait bien partie de son personnage.

Le silence de Littell: un problème de structure

Une difficulté de taille se découvre en effet au fil des pages: c'est que le personnage qui revendique la qualité d'*homme comme les autres* a sodomisé sa sœur, étranglé sa mère et pulvérisé son beau-père à coups de hache. Vers la fin du roman, il étouffe un gigolo avec un manche à balai et, à la dernière page, fracasse la nuque de son meilleur ami avec une barre de fer! On n'y comprend plus rien! Cet *homme comme les autres* a la main bien lourde! Le roman semble affirmer une chose et son contraire. Loin d'être un homme comme les autres, Aue n'est-il pas un psychopathe aggravé, un cousin de Patrick Bateman[3], le flamboyant *golden boy* de Manhattan qui viole, mutile et tue dans des conditions hallucinantes? Ne faudrait-il pas retirer *Les Bienveillantes*: *German psycho*?

La question est celle de la relation entre la grande et la petite histoire. Si Aue est un dangereux psychopathe, il n'est pas étonnant qu'il saisisse l'occasion historique de donner libre cours à ses pulsions cruelles. Mais qu'il ne vienne pas nous dire qu'il est un homme comme les autres! C'est pourtant ce qu'il fait, et s'il est vrai qu'il est un tueur froid, qui accomplit sa tâche comme un devoir, par sérieux professionnel, sans éprouver de répulsion à exterminer, il n'en éprouve pas davantage de la jouissance. Comment débrouiller le problème?

Aue est un anti-Œdipe: au lieu de désirer sa mère et de tuer son père, il fut allergique au lait de sa mère[4], la tue, et «épouse» son père. Sa mère a «tué[5]» son premier mari en se remariant, comme Clytemnestre a tué Agamemnon avec l'aide d'Egisthe. Aue est donc un nouvel Oreste comme le suggère le titre du roman. Il choisit son père contre sa mère dont il n'a pas supporté le remariage, pas plus que Baudelaire n'a supporté le remariage de sa mère avec Aupick, événement qui constitue la clé de toutes *Les Fleurs du mal*. Aue tue son beau-père, Moreau, comme Oreste tue Egisthe, en même temps que Clytemnestre, pour venger Agamemnon.

Aue épouse la cause de son père, «un authentique national-socialiste» avant même que le parti n'existe, qui participa au coup d'État manqué de Kapp en 1920. Avant cela, il avait manifesté une sauvagerie totale dans la

---
3 Bret Easton Ellis, *American Psycho* (1991), Paris, Laffont, 2000.
4 *Les Bienveillantes, op. cit.*, p. 343.
5 *Ibidem*, pp. 481 et 487.

5. *Les silences des* Bienveillantes

guerre contre l'Armée Rouge en Lettonie, faisant crucifier aux arbres des femmes violées, jetant des enfants vivants dans des granges incendiées. On est donc sur la piste d'une filiation idéologique et caractérielle entre le père et le fils? En réalité, la difficulté demeure: c'est contre ses proches que Aue est pris d'une crise de fureur démente, jamais auprès des Juifs ni de ses ennemis politiques.

Aue n'est pas un sadique. «Je n'ai jamais demandé à devenir un assassin, plaide-t-il. Si j'avais pu, j'aurais fait de la littérature[6]». C'est d'ailleurs ce qu'il est en train de faire en écrivant ses mémoires, avec talent, même s'il ne dit pas tout, on le verra. Il n'est pas sadique et il est capable d'un beau geste. On le voit relâcher un oiseau captif entré dans sa chambre[7] et donner un billet à un accordéoniste miséreux dans la cohue d'une gare[8]. Invité à une partie de chasse par Mandelbrod, il refuse de tirer sur les volatiles car il «n'aime pas tuer[9]». Il se dit «recru de dégoût[10]» quand on liquide le petit garçon qui jouait génialement du piano.

Un autre personnage, Turek se signale comme «un des rares antisémites viscéraux, obscènes». Il profère des invectives grossières, alors qu'à la SP, à la SD, «traditionnellement on cultivait un antisémitisme de tête et ce genre de propos obsessionnel était mal vu[11]». Aue appartient incontestablement à la catégorie des *antisémites de tête*. En Ukraine, il prépare les exécutions, y assiste, fait des rapports. À Auschwitz, il cherche à optimiser la production. Il se dit convaincu que les Juifs renouvellent les forces du judéo-bolchévisme et de la ploutocratie capitaliste[12], mais il ne s'acharne jamais sur une victime. Le débat sur les Bergjuden du Caucase est encadré par deux points de vue opposés, celui de Voss qui affirme que l'anthropologie raciale est «une fumisterie» et «un four total», le concept de race pure un «fantasme», qu'il n'y a que des mélanges, et le point de vue de la doctoresse Weseloh, partiale et haineuse, chez qui Aue décèle «des profondeurs troubles et agitées de remous boueux[13]». Aue proclame, lui: «Je n'avais aucun a priori, je souhaitais seulement respecter une certaine honnêteté intellectuelle et je comprenais mal l'insistance à vouloir à tout prix les liquider[14]». Cela lui

---

6   *Ibidem*, p. 28.
7   *Ibidem*, p. 110.
8   *Ibidem*, p. 318.
9   *Ibidem*, p. 645.
10 *Ibidem*, p. 108.
11 *Ibidem*, p. 227; voir aussi p. 616.
12 *Ibidem*, p. 100.
13 *Ibidem*, p. 289.
14 *Ibidem*, p. 299.

vaut une mutation disciplinaire à Stalingrad, un quasi-arrêt de mort.

L'impassibilité professionnelle de Aue se change progressivement en indifférence. Après sa discussion avec Eichmann sur l'impératif catégorique kantien, il note: «Le sentiment qui me dominait à présent était une vaste indifférence, non pas morne, mais légère et précise. Mon travail seul m'engageait [...] non pas en vue d'un avancement, ou d'ambitions ultérieures, mais simplement pour jouir de la satisfaction de la chose bien faite[15]». Si son action est, jusqu'au bout, toujours aussi implacable, il adhère de moins en moins: «Depuis la Russie, déjà, je me sentais comme décalé, capable de faire ce qu'on me demandait, mais comme restreint en moi-même en termes d'initiative, car ces tâches policières, puis économiques, je les avais certes étudiées et maîtrisées, mais je n'avais pas encore réussi à me convaincre de leur justesse, je ne parvenais pas à saisir à pleines mains la nécessité qui me guidait[16]». Il dit enfin: «Je n'avais, à part mes relations professionnelles, presque aucune vie sociale, et aucune vie affective et sexuelle. Je n'en ressentais d'ailleurs aucun besoin[17]».

Loin que ses relations avec sa mère, son père, son beau-père, sa sœur, éclairent ses sentiments au sein la ss, le problème personnel de Aue fait de lui un être décalé. Il a, certes, suivi la voie tracée par son père et traverse la guerre en fonctionnaire zélé de la solution finale, mais il est indifférent au sort de ses victimes, c'est-à-dire aussi incapable de cruauté envers elles que de pitié. Quand il verse des larmes, c'est au souvenir d'une jeune fille pendue à Kharkov qui ressemblait à sa sœur[18].

Encore plus que sa mère, c'est sa sœur qui est sa grande obsession. S'il traverse la guerre sans passion, c'est parce qu'Una, sa jumelle, est son unique passion. C'est en somme par identification avec sa sœur qu'il est devenu un homosexuel passif. Il sodomise certes sa sœur[19], mais plus encore qu'*avoir* sa sœur, il désire *être* sa soeur. «J'aurais préféré être une femme, [...] nue sur le dos, les jambes écartées [...] percée par un homme, noyée en lui en devenant la mer sans limite dans laquelle lui-même se noie. [...] J'avais aimé une seule femme, celle qui m'était interdite. [...] En me rêvant un corps de femme, je la cherchais encore. [...] Je voulais être comme elle, je voulais être elle[20]». Max a pénétré sa sœur; mais son rêve le plus significatif est sans

---

15 *Ibidem*, p. 526.
16 *Ibidem*, p. 700.
17 *Ibidem*, p. 635.
18 *Ibidem*, p. 835.
19 *Ibidem*, pp. 192 et 443.
20 *Ibidem*, p. 29.

doute d'échanger avec elle vêtements et sexes, ou que, munie d'un phallus en ébène elle le prenne comme une femme[21]. Le fin du fin serait de se voir attribuer «le muet en français des terminaisons féminines, la possibilité inouïe de dire et d'écrire: *je suis nue, je suis aimée, je suis désirée*[22]». Aue est un transsexuel.

Un gâteau cent fois bon

Mais encore une fois, quel rapport entre le désir d'être une femme et le rôle de grand exterminateur que joue Aue? Réponse: aucun. Son obsession l'empêche au contraire d'adhérer jamais pleinement aux tâches ignobles qu'il accomplit. C'est d'ailleurs pourquoi il revendique la qualité d'*homme comme les autres*. Aue est un homosexuel passif, il a commis l'inceste sur sa sœur et le parricide sur sa mère. Et alors? Chacun n'a-t-il pas ses problèmes, petits ou grands? Cela n'a rien à voir avec le national-socialisme. Aue est un ss. *En plus*, il a commis inceste et parricide. Ne cherchez pas le rapport, nous dit-il. Il n'y en a pas. L'Histoire et l'histoire n'ont pas interféré.

Cela peut arriver, après tout: on peut bien se trouver embarqué dans la lugubre histoire du national-socialisme et avoir, *par ailleurs*, des problèmes relationnels avec sa mère et sa sœur. Le lecteur aurait tort de se plaindre puisqu'il dispose, de ce fait, de deux romans en un. On ne l'empêchera pourtant pas de s'interroger sur l'intention de l'auteur: pourquoi donc a-t-il entrelacé, comme il l'a fait, ces deux histoires tellement scabreuses? Le lecteur se trouve alternativement plongé dans l'horreur des exterminations de masse et dans les obsessions sexuelles d'Aue. Un agonisant blessé au ventre appelle-t-il sa mère[23]? Aue pense au dégoût que lui inspire sa propre mère. Rêve-il de strangler sa sœur pour la faire jouir? Il pense à la jeune fille pendue de Karkhov[24]. Associations d'idées bien légitimes, dira-t-on? Dans les deux cas, Aue, par ailleurs impassible, est violemment ému par des scènes qui le renvoient à son drame personnel.

Le lecteur est mis en position de voyeur devant tant de scènes atroces ou obscènes accompagnées, les unes comme les autres, d'émissions de liquides corporels. Il imagine sa sœur pissant sous l'effet de la jouissance, comme la pendue de Karkhov, ou sodomisée par lui sous une guillotine[25]: urine,

---
21   *Ibidem*, p. 814.
22   *Ibidem*, pp. 821-822.
23   *Ibidem*, p. 341
24   *Ibidem*, p. 835.
25   *Ibidem*, p. 453.

sperme et sang. Cette fois, la connexion est bien établie entre sadisme et sexualité. Mais ce n'est pas que Aue ait un comportement sadique avec ses victimes, c'est plutôt que les scènes cruelles auxquelles il a assisté interfèrent avec sa sexualité privée. L'interférence n'est pas orientée de l'histoire de famille vers l'Histoire, mais de l'Histoire vers l'histoire de famille.

Si le lecteur a lu *Les Bienveillantes* dans l'espoir de connaître la psychologie d'un tueur, il est apparemment servi puisque il aura sa dose de sensations fortes. Il est en réalité lancé sur une fausse piste puisque ce tueur traverse les camps et les champs de bataille comme un automate, semblable aux autres extérieurement, habité par des obsessions et des fantasmes très personnels en réalité. C'est comme si Littell nous avait servi un gâteau cent fois bon[26]. Dans un beau livre destiné aux 2/4 ans, le chien et son ami le chat ont décidé de faire eux-mêmes un gâteau d'anniversaire pour leurs amis. Incertains sur la recette, il décident qu'en mettant dans le gâteau tout ce qu'il y a de meilleur, ils feront le meilleur des gâteaux; s'ils mettent cinq des meilleures choses, ils feront un gâteau cinq fois bon; s'ils mettent dix meilleures choses, le gâteau sera dix fois bon; et s'ils mettent cent meilleures choses, le gâteau sera cent fois bon! Ainsi fut fait. Tout le frigidaire et le placard y passent: chocolat, ail, crème fouettée, bouillon de poulet, bonbons, saindoux, cannelle, choux, etc, etc.

Pourquoi Jonathan Littell a-t-il préparé un tel gâteau? Pour séduire la gourmandise du lecteur ou pour satisfaire la sienne? ou les deux? Roland Barthes, en 1968, a frappé d'interdit la voie remontante qui, depuis le texte, prétendrait enquêter sur les intentions de l'auteur. Nous respecterons cet interdit, non par bigoterie structuraliste mais parce qu'ignorant à peu près tout de cet auteur, nous nous trouvons bien en peine de formuler une hypothèse consistante sur ses choix, à notre goût quelque peu indigestes.

Incrédule sur la soudure entre la grande et la petite histoire, nous le sommes aussi sur la petite histoire d'Aue, sur son complexe d'Oreste. Beau thème romanesque sans doute, mais le roman ne nous dit rien de clair sur le rapport entre l'amour pour la sœur, la haine de la mère et l'amour du père. On ne sait trop dans quel ordre ordonner ces motifs et où est le *primum movens*. Encore une accumulation d'éléments hétéroclites.

En d'autres termes, la geste d'Aue comporte plusieurs silences qui laissent le lecteur buter sur des points d'interrogation. Bien sûr, Aue n'est pas sensé tout connaître de lui-même, mais son créateur, puisque Aue est

---

26 *Un Gâteau 100 fois bon*, albums du Père Castor, Paris, Flammarion, 1971. Nous ne saurions trop recommander cet excellent livre à tous les enfants qui liront ces lignes.

un personnage fictionnel, manque à son lecteur en ne lui donnant rien à penser sur les liens entre inceste et parricide, ni entre inceste/parricide et *shoah*. Rien qu'un grand silence en plein milieu du roman.

Les silences de Maximilien Aue

La déception qui vient d'être exprimée n'enlève rien au grand mérite, littéraire et historique, des *Bienveillantes*. Mérite psychologique aussi, car si Aue ne dit rien sur lui-même, il dit plus sur les autres. Bien qu'il s'implique peu dans les massacres qu'il organise, ou peut-être justement parce qu'il s'implique peu, Aue observe les comportements.

Il explique à plusieurs reprises qu'il existe deux sortes d'exécutants, ceux qui prennent du plaisir à tuer et ceux à qui cela répugne, mais qui agissent par devoir, obligation, dévouement à la nation[27]. Il cite dans la première catégorie un homme qui éjacule à force de battre les détenus[28]. Aue observe, avec le docteur Wirths, que la pratique de la violence fait passer beaucoup d'hommes d'une catégorie dans l'autre, comme si elle faisait émerger une pulsion souterraine: «Même les hommes qui, au début, frappaient uniquement par obligation, finissaient par y prendre goût. [...] Ces camps sont une pépinière de maladies mentales et de déviations sadiques; après la guerre, quand ces hommes rejoindront la vie civile, nous nous retrouverons avec un problème considérable sur les bras[29]». Voilà comment «un homme comme les autres» peut devenir un sadique.

Ce basculement a été décrit par Giono dans son magnifique *Roi sans divertissement*. Ce roman qui raconte l'histoire d'un *serial killer* dans un village de montagne en 1845 a été écrit en 1945 par un auteur bouleversé par la répétition en 39-45 des tueries de masse de 14-18. Son roman est donc une métaphore dont le sujet ne diffère pas de celui de Littell. Or Langlois, le gendarme qui finit par arrêter et par tuer l'assassin, se découvre envahi par la même pulsion cruelle. «Ce n'est pas un monstre. C'est un homme comme les autres», lui fait dire Giono[30]. Et Langlois confirme: «Je ne crois pas qu'un homme puisse être différent des autres hommes au point d'avoir des raisons totalement incompréhensibles. *Il n'y a pas d'étrangers. Il n'y a pas d'étranger*[31]». Oui, Giono est beaucoup plus proche de *La Chute* que de

---
27 *Les Bienveillantes*, op. cit., pp. 97-98 et 105-106.
28 *Ibidem*, p. 574.
29 *Ibidem*, p. 573.
30 Jean Giono, *Un Roi sans divertissement*, Paris, Gallimard, coll. Folio, 1977, p. 59.
31 *Les Bienveillantes*, op. cit., p. 161.

L'Étranger. La différence entre le criminel et le justicier est effacée quand ce dernier éprouve, lui aussi, la tentation du sang, de même que Aue voulait effacer la différence entre le bourreau et sa victime: «L'homme debout au dessus de la fosse commune, dans la plupart des cas, n'a pas plus demandé à être là que celui qui est couché, mort ou mourant, au fond de cette même fosse[32]».

Voilà, sans doute, dans son déterminisme, la phrase la plus discutable du roman. Littell, ou du moins son personnage, plaide en faveur d'un déterminisme inéluctable. Mais cela signifie-t-il que les hommes sont *tous* d'innocentes victimes ou qu'ils sont tous de cruels sadiques, en acte ou en puissance? Aue se contente de dire: «On a beaucoup parlé, après la guerre, pour essayer d'expliquer ce qui s'était passé, de l'*inhumain*. Mais l'inhumain, excusez-moi, cela n'existe pas. Il n'y a que de l'humain et encore de l'humain[33]». Giono écrit un peu plus explicitement: «Frédéric II disait qu'il y a du tigre en l'homme. Non, il y a bêtement de l'homme en l'homme[34]».

Il existe pourtant une grande différence entre le héros de Giono et celui de Littell. Langlois est un *gentleman* qui a beau subir la tentation du sang, il n'y succombe pas: à la dernière page d'*Un Roi sans divertissement*, il remplace son cigare habituel par une cartouche de dynamite. Aue, lui, est tout le contraire d'un roi. Ce serait peu de dire qu'il a du sang sur les mains: il y est plongé jusqu'aux épaules; il en a plein la figure! Langlois fait son salut dans sa dernière scène; Aue s'accable et nous accable peut-être plus dans la dernière page des *Bienveillantes* que dans les mille pages qui ont précédé. Il massacre son meilleur ami qui vient de lui sauver la vie, faisant mentir le proverbe que les loups ne se dévorent pas entre eux. On sort du mythe quand Oreste se met à tuer Pylade[35]. Du coup, le titre du roman perd définitivement toute justification possible autre qu'antiphrastique et ironique. Aucun pardon ne peut être accordé à Aue qui n'est passible que des Érynnies. L'assassinat de Thomas est totalement inattendu: Littell réussit à nous étonner encore une fois en ajoutant le centième ingrédient à son gâteau, la fameuse cerise. Mais nous ne pourrons pas plaider que Aue est pris dans un engrenage fatal puisque, son dernier geste n'est pas en

---

32 *Ibidem*, p. 24.
33 *Ibidem*, p. 542.
34 Jean Giono, *Écrits sur Machiavel* dans *D'Homère à Machiavel*, Paris, Gallimard, 1986, p. 229.
35 Mais Pylade épouse Électre. La sortie du mythe est donc cohérente avec le fait qu'Aue aime sa sœur. Son ami est son rival potentiel.

5. Les silences des Bienveillantes

phase avec son dégoût et son détachement croissants.

Affirmée, mais non expliquée, la proximité des bourreaux et des victimes est quand même explicitée par Aue à deux reprises:

> Dans beaucoup de cas, ce que j'avais pris pour du sadisme gratuit, la brutalité inouïe avec laquelle certains hommes traitaient les condamnés avant de les exécuter, n'était qu'une conséquence de la pitié monstrueuse qu'ils ressentaient et qui, incapable de s'exprimer autrement, se muait en rage, mais une rage impuissante, sans objet, et qui devait donc presque inévitablement se retourner contre ceux qui en étaient la cause première. Si les terribles massacres de l'Est prouvaient une chose, c'est bien, paradoxalement l'affreuse, l'inaltérable solidarité de l'humanité.[...] Cela démontrait que l'*autre* existe, existe en tant qu'autre, en tant qu'humain, et qu'aucune volonté, aucune idéologie, aucune quantité de bêtise et d'alcool ne peut rompre ce lien, ténu mais indestructible. Cela est un fait, et non une opinion.[36]

Ces lignes sont une surprise, d'abord parce qu'elles sont à peu près uniques sous la plume glacée d'Aue, ensuite, par la profondeur d'analyse qu'elles comportent. Le sadisme a été dit contagieux; voici qu'un sadisme de comportement, s'avère contenir une ambivalence, un sentiment d'empathie réel, mais refoulé et d'autant moins observable à l'œil nu qu'il s'inverse en rage brutale. Aue répètera son propos quatre cent pages plus loin:

> Le garde ss ne devient pas violent ou sadique parce qu'il pense que le détenu n'est pas un être humain; au contraire, sa rage croît et tourne au sadisme lorsqu'il s'aperçoit que le détenu, loin d'être un sous-homme comme on le lui a appris, est justement, après tout, un homme, comme lui au fond, et c'est cette résistance que le garde trouve insupportable, cette résistance muette de l'autre et donc le garde le frappe pour essayer de faire disparaître leur humanité commune. Bien entendu, cela ne marche pas: plus le garde frappe, plus il est obligé de constater que le détenu refuse de se reconnaître comme un non-humain. A la fin, il ne lui reste plus comme solution qu'à le tuer, ce qui est un constat d'échec définitif.[37]

Ces lignes empreintes d'humanité autant que de désespoir, les meilleures qui se soient échappées de la plume d'Aue, on ne sait comment, méritent assurément d'être versées au dossier d'une réflexion anthropologique sur la cruauté, mais ne constituent pas le dernier mot de «notre héros», pour conserver la formule consacrée. Le ton typique d'Aue est bien plutôt un indéfinissable mélange d'indifférence, de cynisme et d'ironie, avec un zeste de compassion difficile à quantifier.

---

36 *Les Bienveillantes, op. cit.*, pp. 142-143.
37 *Ibidem*, p. 574.

On en relèvera quelques occurrences. Les scènes affreuses de la *shoah* par balles en Ukraine se déroulent parfois sous un vent glacial mais pendant que des familles entières se dirigent vers les fosses à la queue leu leu, Aue se préoccupe de l'oubli de son pull-over et se réjouit qu'on serve du thé très chaud aux exécutants[38]. On a relevé, sur le même ton, la remarque que Wirths «avait trouvé Auschwitz dans un état catastrophique[39]». Le diable, on le sait, est souvent dans les détails comme dans le portrait de la femme d'Eichmann, «Véra, petite autrichienne à la personnalité effacée qui rougit de plaisir quand je lui tendit des fleurs avec une courbette[40]». S'il n'y a pas forcément d'ironie de la part d'Aue dans ce portrait délicat, il en manifeste pour de bon lorsqu'il est reçu chez Höss qui a fait livrer à sa femme les petits culottes en soie et en dentelles prélevées sur des détenues. Mais son ironie, quand il décrit la femme de Höss, est-elle mêlée de pitié et d'indignation? On hésite à le dire: «Je la regardais et songeais à son con, sous sa robe, niché dans la culotte en dentelle d'une jeune et jolie Juive gazée par son mari. [...] Sa culotte de prix, qu'elle avait peut-être spécialement mise pour sa déportation [...][41]».

Il n'en faudrait pas beaucoup pour que ces lignes se transforment en un cri de douleur, mais Aue reste mi-figue mi-raisin, comme d'habitude et comme la plupart des génocideurs qui n'expriment jamais de regrets sinon sur eux-mêmes.

Quand deux Juifs qui ont volé des épluchures de pommes de terre sont conduits pour être exécutés à proximité, Aue qui nage dans la piscine se sent étouffer à l'idée qu'il pourrait nager dans du sang[42]. Ce malaise s'ajoute à ses abominables diarrhées, à ses vomissements permanents. On va citer la plus abominable métaphore de toute notre littérature: «Très souvent dans la journée, ma tête se met à rugir comme un four crématoire[43]». La participation d'Aue au sentiment d'humanité se trouve peut-être dans ces terribles somatisations. Aue somatise d'autant plus qu'il ne défoule pas sa culpabilité. Malgré les mille pages de sa confession, il reste muet sur l'essentiel. C'est cette ambiguïté qu'a voulu préserver Littell très habilement, c'est l'une des réussites de son livre, avoir reconstitué un verbe à la fois terriblement prolixe et complètement verrouillé.

---

38   *Ibidem*, p. 121.
39   *Ibidem*, p. 564.
40   *Ibidem*, p. 519.
41   *Ibidem*, p. 577.
42   *Ibidem*, p. 554.
43   *Ibidem*, p. 14.

Post-scriptum

Littell nous a servi sur un plateau plusieurs textes qui permettent de répondre de la façon la plus claire aux interrogations laissées sans réponse à la lecture des *Bienveillantes*. Aux mille grandes pages des *Bienveillantes* répondent les 72 courtes pages d'*Études*, et les 51 non moins courtes pages de *Récit sur rien*[44]. *Le Sec et l'Humide*[45] est à ranger entre *Les Bienveillantes*, puisqu'il s'agit d'une enquête sur le fasciste belge Léon Degrelle, et les écrits personnels, puisqu'on y rencontre la récurrence de fantasmes assez proches. À y regarder de plus près, on s'aperçoit que tous ces textes parus à peu d'années de distance, entre 2006 et 2009, possèdent une thématique homogène.

On découvre dans ce qu'on peut appeler les *écrits personnels* un narrateur-personnage plus que houellebecquien qui rencontre un ami qu'il tenait pour mort, qui reste vautré dans sa chambre à se contempler dans un miroir rond, ou ballotté entre plusieurs aéroports lors de ses missions humanitaires et entre plusieurs orientations sexuelles. La personnalité du narrateur est complètement déstructurée: «Je connaissais beaucoup de gens, mais ne me liais à personne. Ce n'était pas ma faute; il fallait blâmer ceux qui m'avaient éduqué, ou ma nature vicieuse, ou encore un coup reçu sur la tête, dans le brouillard[46]».

On apprend dans *Le Sec et l'Humide* que faute d'avoir achevé la séparation d'avec sa mère, c'est-à-dire d'être «complètement né», l'homme fasciste se serait fabriqué un moi-carapace viriloïde, raide et sec, conforté par des saluts au drapeau et des institutions autoritaires. Humide, liquide, molle, la menace est vécue comme venant de l'ennemi, grouillant et barbare. Le point est de comprendre que le fasciste, dans ce schéma explicatif, projetterait dans sa vision de l'ennemi l'informe qui le hante. «Il extériorise ce qui le menace de l'intérieur et tous les dangers prennent alors pour lui deux formes, intimement liées entre elles: celles du féminin et celle du liquide, de tout *ce qui coule*[47]». La hantise de la décomposition et du morcellement affecterait en réalité le moi profond du fasciste dont la carapace n'est pas si hermétique que ça.

On découvre avec étonnement que le fantasme décrit par Littell avec une grande ironie critique dans le type fasciste, c'est celui-là même qu'avoue le

---

44 Jonathan Littell, *Études*, Fata Morgana, 2007; *Récit sur rien*, Fata Morgana, 2009.
45 Jonathan Littell, *Le Sec et l'Humide*, L'Arbalète Gallimard, 2008.
46 *Récit sur rien, op. cit.*, p. 13.
47 *Le Sec et l'Humide, op. cit.*, p. 26.

narrateur des écrits personnels. Le fantasme qui fait le lien entre tous les écrits de Littell, qu'ils soient historiques ou personnels, qu'ils concernent le nazisme ou l'humanitaire, c'est celui de la crevaison anale et de l'explosion liquéfiante. Le narrateur d'*Études* est victime d'une épouvantable diarrhée après s'être fait sodomiser par un amant de rencontre. Léon Degrelle est obsédé par la boue russe, entendons par la liquéfaction qui le menace de l'intérieur. Père de cinq enfants, il n'est pas soupçonnable d'homosexualité. D'ailleurs, il n'y a aucun rapport entre homosexualité et fascisme, certifie Littell dans une étrange parenthèse contournée et obscure qui s'achève par ces mots bien intempestifs dans une étude qui se veut scientifique: «Peut-être ne lui manquait-il, pour devenir un être humain, qu'un bon coup de pine au cul[48]». Ailleurs, quand Degrelle compare à un viol l'action des Soviets s'abattant sur le Reich, Littell commente encore: «C'est son anus à lui qui se serre convulsivement[49]». Littell attribue donc à Degrelle une vocation de sodomie passive qu'il partage avec Aue. Le narrateur d'*Études*, qui n'est pourtant pas fasciste, se fait sodomiser par un Noir et celui du *Récit sur rien* est surpris de sentir deux femmes, plus ou moins médecins, écarter ses fesses et se pencher sur son anus «comme sur un puits». Il pense à sa propre chair crevée par une corne quand un toréador a le malheur de se faire blesser par un taureau. Le narrateur des nouvelles possède bien les mêmes fantasmes qu'Aue et que Degrelle.

Aue sodomisait sa sœur, mais son vrai rêve était d'être femme lui-même et d'être sodomisé par elle. Le narrateur d'*Études* se pare de lingerie féminine. Ce qui manque à Degrelle, c'est de se faire sodomiser. Or chez Littell, la sodomie féminise. Le sec et le raide percent le mou et le liquide, c'est-à-dire le féminin. Si le propre du fasciste est de n'avoir «jamais achevé la séparation d'avec sa mère», cela explique qu'il soit resté informe et féminin au dedans de lui-même. On voit un lissage s'opérer entre tous les personnages littelliens, qu'ils œuvrent en Ukraine occupée comme Aue, dans la légion Wallonie comme Degrelle, à Kiev, à Kaboul ou à Grosnie dans une organisation humanitaire comme Littell lui-même.

Aue éventre sa mère. Qu'on interprète cette action comme le rapprochant de sa mère ou l'éloignant d'elle, il est sûr que la relation est plus que dérangée. La confrontation des différents textes permet d'affirmer que le héros littellien est un transsexuel qui repousse le féminin mais qui se veut femme lui-même. Il rêve d'être pénétré par l'anus, mais ce désir est

---

48 *Ibidem*, p. 55.
49 *Ibidem*, p. 32.

accompagné de honte. La jouissance qu'il escompte est mêlée de dégoût envers lui-même. Une voix enfantine adresse des reproches au narrateur du *Récit sur rien*. Celui d'*Études* est «écrasé de honte» après l'acte. Le héros littellien est puni par des explosions de vomissement ou de diarrhée. Du coup, la posture scientifique adoptée dans *Le Sec et l'humide* ne trompe plus et on peut reposer sur de nouvelles bases la question de l'unité des deux moitiés des *Bienveillantes*. Pour achever de nous convaincre que *Le Sec et l'Humide* nous parle beaucoup plus de Littell que de Degrelle, un article[50] écrit par Littell sur le tueur de Virginia Tech explique qu'avant d'acheter une arme et de faire trente-deux victimes, le lycéen avait tenté d'écrire ses fantasmes, sous forme de poésie et de théâtre, au nombre desquels on compte obésité, scatologie, hantise de la sodomie, haine du beau-père, viol de la mère. Air connu.

Les fantasmes à l'œuvre dans la personne d'Aue ou de Degrelle sont les mêmes que ceux qui habitent le narrateur qui fait dans l'humanitaire. C'est donc l'auteur commun à ces trois œuvres qui a trouvé à s'incarner dans ces trois figures, si différents soient-elles politiquement. La clé des *Bienveillantes* n'est donc pas dans *Les Bienveillantes* mais chez son auteur. Littell a beau dire que «s'intéresser à un écrivain parce qu'on aime son livre, c'est comme s'intéresser aux canards parce qu'on aime le foie gras[51]», il confie au sujet d'Aue: «Je pourrais dire que c'est moi. [...] Disons que c'est un moi possible. [...] Il y a beaucoup de moi dans ce type, à côté de beaucoup de choses qui ne sont pas de moi. Lui fait du nazisme avec autant de sincérité que moi j'ai fait de l'humanitaire[52]».

Nous ne possédons pas plus de biographie de Jonathan Littell que d'informations archéologiques sur les Indo-Européens dont nous sommes contraints de postuler l'existence par la ressemblance les racines grecques et sanskrites. Il faut de même postuler l'existence d'un auteur commun à tous les textes parus sous la signature de *Jonathan Littell* puisqu'on y retrouve les mêmes hantises. Par ce fait, on cessera de trop interroger l'histoire pour comprendre le personnage d'Aue: il n'est pas né en Allemagne en 1913 mais bien dans l'esprit d'un Franco-américain né en 1967. La clé des *Bienveillantes* est de nature psychologique. Il n'est pas nécessaire de faire du

---

50 Jonathan Littell, «Cho Seung-hui, ou l'écriture du cauchemar», *Le Monde*, 22 avril 2007.
51 Propos recueillis par Samuel Blumenfeld, *Le Monde des Livres*, 16 novembre 2006.
52 *Le Figaro*, «La Revue littéraire», interview par Florent Georgesco, décembre 2006.

Sainte-Beuve pour le dire. Comme chez beaucoup d'auteurs, une autofiction ou des textes à caractère autobiographique permettent de fracturer la boîte noire d'un texte qui paraissait opaque.

Université de Provence

6. Max aux enfers. Esquisses «topographiques»...

Denis Briand

> Les photographies de corps entassés comme du bois de chauffage à Auschwitz en quarante-cinq nous parvenaient sans couleur ni puanteur – pourtant je découvrais à treize ans qu'il y avait des images inodores en noir et blanc que je ne supportais pas de regarder.[1]

À propos des gravures de Goya représentant les désastres de la guerre, Robert Morris suppose que celui-ci est un des rares artistes ayant réussi à faire œuvre avec un tel sujet. Le roman de Jonathan Littell *Les Bienveillantes* pourrait bien avoir cette qualité et se placer ainsi dans la perspective d'une haute conception de la littérature. La réflexion se développera ici selon un point de vue «topographique», autour des nombreux voyages de Maximilien Aue. Le terme pourrait même être envisagé par la multiplicité de ses acceptions. Le «voyage» est aussi bien excursion, périple ou traversée, qu'errance, épreuve d'initiation ou même voyage hallucinatoire.

Le premier aspect de cette «épopée» funeste prend la dimension du voyage intérieur du narrateur dont le texte constitue le lent et complexe déploiement. Cette introspection redouble son parcours géographique à travers un «empire» dont le texte suit pas à pas l'extension.

Le destin de Maximilien Aue est d'être «toujours sur les chemins», effectuant des voyages complexes et répétés à travers l'Allemagne et ses conquêtes successives, comme un engagement de plus en plus profond dans une pratique irrémédiable du mal.

---

1 Robert Morris, *Télégramme, Les années rationnées, de R Morris KC MO années quarante à R Morris NY NY mille neuf cent quatre-vingt-dix-huit*, Genève, Musée d'art moderne et contemporain, 2000, non paginé, 45ᵉ page.

La littérature avant tout

L'observation attentive et permanente de lui-même confère au narrateur une position privilégiée pour raconter des faits auxquels il a participé, tels qu'ils se sont véritablement déroulés, et dont le rôle littéraire de «personnage descripteur[2]» l'autorise à une certaine précision objective. Son parcours géographique à travers un «Reich» en pleine conquête violente de son «espace vital», s'il semble improbable tant il est trop étendu pour un seul homme, lui permet de s'arrêter aussi bien en des points retenus par l'Histoire, qu'en des lieux apparemment plus anecdotiques mais combien essentiels dans l'économie criminelle du régime hitlérien. La longue descente aux enfers de Maximilien Aue, le héros négatif de Jonathan Littell, commence par sa participation à la «Shoah par balles», un des aspects les moins connus de l'*Endlösung* nazie. Les lieux décrits dans le roman, de temps à autre apparemment anecdotiques, peuvent dès lors apparaître comme un hommage en creux aux victimes d'une histoire moins connue du nazisme, que le récit cherche à établir et à qualifier dans toute la dimension «ordinaire» d'une organisation pratique, où l'intendance prend le pas sur toute réflexion morale. La dédicace figurant en page sept: «Pour les morts», fournit un indice probant en ce sens. La lecture du roman produit indéniablement un choc d'une étrange nature, comme «un rocher qui vous tombe dessus[3]», pour reprendre la formule employée par le critique littéraire Frank Schirrmacher dans le film documentaire de Hilka Sinning. La banalité du mal ne se confond pas avec sa banalisation, mais c'est pourtant entre ces deux pôles que navigue le roman de Littell, et le malaise que l'on éprouve parfois à sa lecture y trouve en partie sa raison. En cela les sentiments troubles et contradictoires qu'il provoque chez le lecteur peuvent régulièrement le rapprocher du narrateur. Un des aspects principaux du roman est représenté par le lent cheminement du personnage principal, partant de son adhésion intellectuelle à l'idéologie nazie jusqu'à son ajustement moral envers les pires exactions du régime. Ce parcours n'est pas sans lui causer des désordres psychologiques, mais son psychisme parvient à s'en «arranger» et le refoulé revient sous la forme d'un onirisme inquiétant et d'une somatisation dégradante. Si l'on se prend au jeu de la trame romanesque, on peut s'interroger sur notre rapport au

---
2   Cf.: «Jonathan Littell, Entretien avec Pierre Nora», dans *Le Débat*, Paris, Gallimard, n° 144, mars-avril 2007, p. 51.
3   *Les Bienveillantes, un phénomène littéraire*, documentaire, Arte / ZDF, Allemagne, 2008, 52 minutes.

narrateur, certes figure édifiante de l'anti-héros, mais personnage littéraire malgré tout que la lecture accompagne tout au long des neuf cent pages du roman et avec qui l'on finit par entretenir une certaine intimité. Que celle-ci soit désagréable, nauséabonde ou même révoltante, ne change rien à l'affaire. Littell a élaboré son texte avec une maîtrise éprouvée des points de rencontre avec ce «frère en humanité». Il faut sans cesse quitter la position de lecteur d'une œuvre romanesque pour retrouver la distance qu'intellectuellement et moralement on s'oblige à maintenir avec ce narrateur habile et régulièrement manipulateur. La voix de celui qui se prénomme Max, diminutif en définitive sympathique de Maximilien, est la basse continue d'une suite de Bach dont les noms des différentes danses intitulent les chapitres du roman.

La progression de Max est indissociable de son parcours géographique à travers l'Ukraine, la Crimée, la Russie, l'Allemagne et la Pologne. Ce voyage, même s'il est ponctué d'anecdotes romanesques, est en grande partie le calque des évènements historiques incontestables qui ont accompagné la conquête territoriale nazie. Si certains toponymes semblent parfois échapper à toute localisation géographique, une lecture attentive et un relevé cartographique minutieux mettent en lumière la très grande précision objective du voyage. Le roman contribue ainsi au rappel de l'Histoire, parfois relativement érudit, égrenant un à un les lieux dont les changements toponymiques ont parfois fait oublier jusqu'au nom. Ainsi en est-il de Lemberg, aujourd'hui nommée Lviv, ville située à l'ouest de l'Ukraine. Dès la page quarante-neuf du roman Max Aue se retrouve dans cette ville, un des premiers points noirs sur la carte de l'Europe. Il y assiste à une série d'exactions barbares menées par la population locale en représailles des assassinats perpétrés par le NKVD Russe avant d'abandonner la ville. Une «anecdote» macabre pourrait être évoquée à propos de Lemberg. Lors de son procès à Jérusalem, Adolf Eichmann raconte qu'il se souvient avoir traversé la ville de Lemberg en voiture et qu'il a vu du sang sortir d'une fontaine, une fontaine de sang qui remontait de la terre tellement les morts furent nombreuses dans cette ville[4]. Cette image forte, décrite avec l'égalité de ton perturbante caractéristique de son rapporteur, n'est pas sans rappeler le cri d'épouvante de Faust à son arrivée aux enfers: «il pleut du sang[5]». Décidément, tristement célèbre, Lemberg semble avoir

---
4 *Un Spécialiste, portrait d'un criminel moderne*, Rony Brauman et Eyal Sivan, film 35 mm couleur, 1998, 128 minutes.
5 *Faust*, opéra de Berlioz, fin de la scène XVIII, paroles de: Hector Berlioz, Almire Gandonnière et Gérard de Nerval d'après le Faust de Goethe, 1846.

été au xx⁰ siècle, un des premiers lieux de pogrom envers les populations Juives vers 1918[6]. Cette première incursion violente en territoire nazi est emblématique de la façon dont le roman traite de la géographie, en construisant des images précises à partir des implications concrètes d'une «géopolitique» brutale et infernale. Ce parcours effectué par le narrateur à travers l'espace est aussi un cheminement vers une forme de ratification morale de l'horreur à laquelle il assiste, puis participe. Comme Eichmann sans doute, il considère cela «comme un acte monstrueux», mais il est «pris dans tout ça», malgré lui.

Franz Kafka disait de l'écrivain qu'il est une sorte de bouc émissaire de l'humanité, «il permet aux hommes de jouir d'un péché innocemment, presque innocemment[7]». Cette idée pourrait guider la lecture du roman *Les Bienveillantes*. Pour évoquer le double rapport à l'histoire qu'il déploie, celle des errances intérieures du héros et celle du fleuve sombre de l'Europe centrale prise dans la démesure nazie, le texte recourt à une pratique et à une conception littéraire qui peut nous permettre de jouir «innocemment» de notre plaisir de lecteur. Pourtant le livre constitue également une sorte de rapport, un récit entre procès-verbal et témoignage. Même lorsque la narration est déjà bien avancée, Aue qualifie encore ainsi son long monologue dans un passage évoquant une estimation de la fréquence des morts allemands en Russie[8]. Il évoque à ce moment son texte comme un «mémoire». Cette insistance quantitative vient souligner une forme de concision du récit des faits relatés, tout en livrant un indice sur une des fonctions du texte pour son narrateur et peut-être également pour son auteur. Le rôle du texte comme «mémoire» intervient ici en un double sens, celui du document factuel tout d'abord, dont la formation et les attributions de Aue lui donne la parfaite maîtrise, et celui de la remémoration des évènements ensuite, qui semble facilitée par le recours aux strictes données «objectives». Le précédent calcul des morts sur le front Russe renvoie d'ailleurs à celui auquel se livre le narrateur dès le commencement de son récit: «soit sur l'ensemble un mort en moyenne toutes les 4,6 secondes, cela pour l'ensemble de la susdite période[9]». Mais cette précision maniaque

---

6 Cf. «A Record of Pogroms in Poland. Massacres Began in Lemberg», Archives, *The New York Times*, http://query.nytimes.com/gst/abstract.html?res=9F0DE6DF1F39E13ABC4953DFB0668382609EDE, consulté le 27 janvier 2009.
7 Cité par Maurice Blanchot dans *De Kafka à Kafka*, Paris, Gallimard, coll. Folio Essais, 1994, p. 213.
8 *Les Bienveillantes, op. cit.*, p. 353.
9 *Ibidem*, p. 22.

6. Max aux enfers 91

révèle également un trait psychologique, dont l'importance n'est pas moindre dans l'économie du roman. Elle vient rappeler ainsi un des ressorts du système totalitaire. Le personnage est finalement davantage comptable de la précision bureaucratique des faits que de sa propre implication personnelle dans ceux-ci. Dès lors, la lecture ne peut plus être si innocente!

Avec le roman de Littell, nous plongons dès les premières pages «au cœur de l'équarrissoir[10]», et nous sommes contraints de «regarder». On se prend à penser à la formule du juge Landau adressée au public lors du procès d'Adolf Eichmann: «que ceux qui ne supportent pas sortent[11]».

Le premier voyage vers l'est de Maximilien Aue dont il est question dans le roman, suit très précisément le parcours de l'*Einsatzgruppe C*. Ce groupe était un des quatre groupes «d'action», en réalité des unités mobiles de tueries et d'extermination, qui perpétuèrent les massacres des populations Juives d'Europe centrale, de 1941 à 1943, en avançant dans le sillage de la Wehrmacht d'ouest en est à partir de la Pologne, et de la Mer Baltique jusqu'en Crimée. Ce groupe spécifique, le «C», se déplaça de la région de Cracovie jusqu'à l'est de Kharkov, en passant par Jitomir, Kiev et Poltava, villes dans lesquelles on retrouve successivement Aue. Il rejoindra ensuite l'*Einsatzgruppe D* plus au sud, le seul groupe non rattaché à un groupe armé, et séjournera en Crimée, autour de la Mer Noire et jusqu'à Piatigorsk et Kislovodsk. La consultation d'une carte détaillée de l'historique de ces groupes meurtriers permet de constater combien la mémoire de l'*Obersturmbannführer* Dr. Aue est assez précise! Cette remémoration convoque régulièrement les cartes et ce n'est pas la moindre des surprises de constater la grande fidélité du récit à celles-ci. Les descriptions des tueries, et des anecdotes détaillées qu'elles génèrent, sont véritablement insoutenables. En ce sens elles font image, à tel point que l'iconographie existante dans la documentation spécialisée semble parfois précéder l'écriture[12]. Cela confère également au roman une dimension documentaire, attestée d'ailleurs par plusieurs historiens.

La traversée de l'Histoire effectuée par Max Aue n'empêche pas pour autant les anecdotes, vécues cette fois à travers le filtre de la psychologie complexe et troublée d'un personnage romanesque. Le fait qu'il soit

---

10 *Les Bienveillantes, op. cit.*, p. 14.
11 Cf. *Un Spécialiste, portrait d'un meurtrier moderne, op. cit.*
12 L'évocation par Jonathan Littell à plusieurs reprises, de sa découverte d'une photographie de Zoïa Kosmodeminskaïa exécutée par les nazis comme un point de départ du roman, pourrait étayer cette hypothèse. Cf. Marc Lemonnier, *Les Bienveillantes décryptées*, Paris, Pocket, 2008, p. 15.

objectivement un des bourreaux n'interdit pas, par exemple, de suivre le suspens de ses différentes tentatives d'échapper aux deux policiers, qui le suivent sans cesse à partir de leur première visite à son bureau de la *Prinz-Albrechtstrasse* à Berlin[13]. À cet endroit Littel dévoile indirectement sa méthode et par là, assurément, la nature profonde de son roman.

La mention de Clemens et Weser, les noms des deux policiers à la poursuite de Aue, apparaît dans le magistral livre de Victor Klemperer consacré à la langue du troisième Reich. Il les cite de la manière suivante: «(Clemens et Weser étaient les bourreaux spéciaux des Juifs de Dresde, on les distinguait généralement l'un de l'autre comme le "cogneur" et le "cracheur")[14]». Les termes sous lesquels Klemperer désigne ces deux hommes et les anecdotes qu'il relate à leur propos ne laissent aucun doute sur leur fonction et leurs activités criminelles arbitraires. Il semble cependant difficile de trouver d'autres mentions de ces personnages funestes dans la littérature. Si cela atteste une des sources probables de Jonathan Littell tout en soulignant à nouveau la diversité de celles-ci – sans toutefois constituer une originalité du travail littéraire – l'utilisation romanesque des deux figures de ces exécuteurs des basses œuvres nazies est plus intéressante. Les deux personnages du roman, Clemens et Weser, ne sont pas sans rappeler ceux du Procès de Kafka, aux trousses de Joseph K. De la même façon, ils poursuivent le narrateur comme une ombre pendant toute une partie du récit. Si les deux personnages du Procès représentent le bras armé de la Loi, dont l'impartialité aveugle ne tient plus aucun compte d'une erreur administrative sur la personne, dans le roman de Littell, Clemens et Weser, deux policiers de la *Kripo*, sont la seule manifestation d'une loi humaine qui demande encore des comptes pour l'assassinat de quelqu'un. La perspective du roman renverse en quelque sorte la réalité historique. Tout en empruntant explicitement les patronymes des «bourreaux spéciaux des Juifs de Dresde», les deux policiers n'en ont plus ici la fonction. Ils n'évoluent pas dans le même monde clôt et fantasmatique de Aue, qui s'arrange volontiers des grands principes pour régler personnellement ses petites affaires intimes (sexuelles, familiales et morales). Ils représentent une sorte de continuité d'une loi des hommes encore «humanisée»: la culpabilité d'un homicide ne doit pas restée impunie. La valeur historique négative de ces deux noms s'inverse ici pour faire des personnages qui les incarnent, deux figures fortes parmi les rares protagonistes du roman

---
13   *Les Bienveillantes, op. cit.*, p. 674.
14   LTI, *La Langue du IIIe Reich*, Paris, Albin Michel, 1998, p. 37.

ayant conservé la conscience d'une autre réalité de la vie, où il faut rendre des comptes pour nos actes. Clemens et Weser, deux personnages fictifs d'une œuvre romanesque, ne représentent-ils pas une sorte de revanche par rapport à leur rôle historique? Même lorsqu'ils semblent régulièrement dérisoires par leur comportement policier caricatural, mêmes s'ils appartiennent à un «corps», la *Kripo*, qui a aussi prêté la main aux pires exactions du régime, les deux policiers sont pourtant les seuls personnages du roman à malmener sérieusement le narrateur, à n'avoir aucun respect particulier pour sa situation privilégiée dans le système nazi. Eux aussi font leur travail le plus consciencieusement du monde. À partir du moment où ils soupçonnent le narrateur des meurtres de sa mère et de son beau-père, les deux policiers ne cesseront plus de le poursuivre. On les retrouve à Stalingrad, à Budapest et en Poméranie, policiers tenaces et bornés mais sans aucune illusion sur la véritable personnalité de Maximilien Aue. Clemens et Weser lui révèlent une culpabilité liée à son possible double assassinat familial, qu'il semble pourtant avoir effacé de sa conscience. C'est là peut être l'originalité de cet officier nazi de roman, plus enclin à oublier son histoire familiale que les détails des crimes contre l'humanité auquel il est pourtant étroitement mêlé. En effet, si Joseph K. finit par se sentir coupable c'est d'une manière «ontologique» pourrait-on dire, mais il n'a rien de précis à se reprocher. Le narrateur du roman *Les Bienveillantes* entretient au contraire un rapport beaucoup plus complexe et plus faux avec sa propre culpabilité. Il s'en échappe régulièrement en élaborant une justification «logique» qui exclut toute dimension morale de responsabilité[15]. Le roman lui-même cultive cette complexité en superposant une tragédie familiale, digne de la tragédie grecque, à une «catastrophe» historique dont la nature et l'ampleur devraient pourtant reléguer la première au rang du fait divers. Le recours symbolique à la tragédie, annoncé dès le titre du roman, soumet-il le héros à un fatum en le faisant sortir du destin commun des hommes ordinaires? Du strict point de vue du narrateur, coutumier de celui de beaucoup d'officiers nazis, on peut supposer qu'un certain «idéalisme» l'incline à cette disposition d'esprit. Cela pourrait soulever quelques questions quant à la vertu du roman. En effet, quelle pourrait être une lecture de celui-ci, non informée de son arrière-plan historique?

Il est indéniable que Aue partage beaucoup de points communs avec Adolf Eichmann à propos de son rapport à la culpabilité. Dans le film de

---

15 Voir sur ce point la façon dont l'idéologie nazie a pu s'approprier jusqu'à «l'Impératif kantien» et le pervertir en «loi du Volk», Les Bienveillantes, op. cit., pp. 521-522.

Rony Brauman et Eyal Sivan *Un spécialiste, portrait d'un criminel moderne*[16], celui-ci dit: «J'étais malheureux, pris dans tout ça». Un peu plus tard il évoque une sorte de dédoublement de lui-même, vécu consciemment, produit par la dimension proprement terrifiante de ce à quoi il est en train de participer. Le cheminement intérieur du narrateur du roman est assez similaire. Il est, lui aussi, plutôt défavorable au déchaînement de violence sauvage qui accompagne les «actions» des *Einsatzgruppen*. Mais il ne se révolte pas contre la nature de celles-ci, il pense que cela doit être fait puisque les ordres ont été donnés en ce sens. Tout au plus, il pense que cela pourrait être mieux fait! La demande qu'Eichmann aurait formulée, auprès de son supérieur hiérarchique, de ne plus s'occuper de ces affaires-là, n'est-elle pas similaire à la volonté de Max Aue d'être affecté à d'autres tâches plus «constructives», alors que tout semble s'organiser au contraire pour qu'il y prenne part de plus en plus profondément[17]? Comme Eichmann sans doute, Max est un idéaliste. Il reste nostalgique du paradis perdu de son enfance, «il veut retrouver le paradis et il plonge en enfer[18]». Le roman n'est-il pas également la longue plainte d'un idéaliste déçu, que le narrateur n'hésite d'ailleurs pas à qualifier de jérémiade lorsqu'il s'agit d'Eichmann?

Pourquoi alors pouvons-nous nous préoccuper autant des risques «policiers» encourus par Aue, que de sa participation active à l'extermination dès le début de ses pérégrinations? Pourquoi cette anecdote dans l'Histoire peut-elle tenir le lecteur en haleine? Cet aspect du livre est évidemment plus «romanesque» que le fil principal de la narration. Cette dimension policière est peut-être également celle qui permet au lecteur d'adhérer au contrat diégétique. C'est la grande force littéraire du livre de Jonathan Littell. Il met en scène le voyage géographique et «intellectuel» d'un homme s'enfonçant de plus en plus irrémédiablement dans le mal. Un narrateur qui annonce sans détours au début du texte: «Je ne regrette rien: j'ai fait mon travail, voilà tout[19]», ou bien encore: «Ce que j'ai fait, je l'ai fait en pleine connaissance de cause, pensant qu'il y allait de mon devoir et qu'il était nécessaire que ce soit fait, aussi désagréable et malheureux que ce fût[20]». On pourrait à nouveau

---

16 *Un Spécialiste, portrait d'un criminel moderne, op. cit.*
17 «Je souhaiterais maintenant me concentrer sur quelque chose qui corresponde mieux à mes talents et à mes connaissances, comme le droit constitutionnel ou même les relations juridiques avec les autres pays européens», *Les Bienveillantes, op. cit.*, p. 418.
18 «Jonathan Littell et Richard Millet, Conversation à Beyrouth», dans *Le Débat, op. cit.*, p. 7.
19 *Les Bienveillantes, op. cit.*, p. 12.
20 *Ibidem*, p. 24.

6. Max aux enfers

penser aux accablantes justifications d'Eichmann comme un modèle probable de certains aspects de ce personnage décidément composite de Maximilien Aue. Les deux protagonistes, le fictif et le réel redéfini par la fiction, se croisent d'ailleurs plusieurs fois dans le roman et Max prophétise l'avenir d'Eichmann: «Eh bien, si nous perdons la guerre, vous êtes foutu[21]».

L'enchâssement du récit personnel dans celui de l'histoire de la «catastrophe» permet de reconnaître un homme dans la figure de l'inhumanité, même sous ses travers les plus pervers et criminels. Ces perversions, sexuelles et érotiques notamment, cette criminalité, un matricide et quelques homicides, nous pouvons les envisager et même intellectuellement les comprendre. Mais l'autre face du même homme pourtant, une activité criminelle tellement démesurée qu'elle en est restée sidérante, nous la comprenons, nous l'interprétons encore difficilement aujourd'hui. Or le roman de Jonatahn Littell nous plonge au cœur du problème. Il nous met le nez et la tête dans cette «grosse Schweinerei[22]», sans possibilité d'échapper au périple mortifère des massacres planifiés.

La littérature nous dit peut-être moins la véracité historique des faits que la vérité de l'expérience intérieure des acteurs. La littérature permet d'accéder à la vérité, comme le rappelle Jonathan Littell lui-même, même si la vraisemblance échappe: «je crois qu'il faut dépasser la position de témoin pour réellement écrire[23]» indique t-il lors de son entretien avec Richard Millet. L'œuvre littéraire redonne ainsi sa place et son rôle à l'art, de là vient sans doute la portée de ce roman. L'espace de l'art permet de développer un point de vue sur l'Histoire impossible pour un historien. Il contribue ainsi à un éclairage non moins essentiel sur des faits historiques. Littell le précise à propos de son héros: «Une grande partie de la fonction de Max Aue est de servir de regard sur les autres[24]». Il est un personnage descripteur, à ce titre il est aussi précis et méticuleux dans les descriptions de ses pratiques sexuelles, ou de son délire érotico scatologique de Poméranie, que dans celles des tueries d'extermination des populations juives de l'Est. Sans doute a t-on longtemps négligé que l'inexcusable responsabilité des bourreaux nazis ne les excluait pas de l'humanité. Peut-être même a t-on tenté de l'oublier, voire de l'occulter, en tenant loin de

---
21 *Ibidem*, p. 735. Voir également: p. 734, p. 714, pp. 511-524.
22 *Ibidem*, p. 100.
23 *Ibidem*, p. 5. «Je ne recherchais pas la vraisemblance, mais la vérité. Il n'y a pas de roman possible si l'on campe sur le seul registre de la vraisemblance. La vérité romanesque est d'un autre ordre que la vérité historique ou sociologique», Jonathan Littell, «interview avec Samuel Blumenfeld», *Le Monde*, 17 novembre 2006.
24 «Jonathan Littell, Richard Millet, Conversation à Beyrouth», *op. cit.*, p. 22.

nous cette possibilité, implacable et terrible, que toute cette boucherie administrativement organisée, cette perversion de la taylorisation moderne, avait été conduite par des hommes! Les vingt premières pages du roman, intitulées *Toccata*, peut-être en raison du mouvement perpétuel caractéristique de cette forme musicale, nous introduisent rapidement à l'épaisseur et à la complexité de la question de la responsabilité morale. Une fois passés la grande complaisance et le dédouanement trop facile de la responsabilité individuelle du narrateur par sa théorie de l'homme ordinaire[25], on comprend déjà la stratégie littéraire de Jonathan Littell. Celle-ci est double. Tout d'abord en prenant le point de vue du narrateur s'adressant personnellement au lecteur «pour mettre les choses au point», l'auteur prend le parti littéraire de laisser parler le bourreau. Mais ensuite, ce point de vue autorisé et bien informé nous rappelle en creux que la «Solution finale» aurait été impossible sans une participation active de l'ensemble de l'appareil d'état Allemand mis en place par les nazis, et cela au moindre échelon de décision et de spécialité. «Vous l'auriez fait aussi», nous dit Aue en préambule avec une vision rétrospective et la distance de l'âge. Tout cela a été organisé selon «un processus segmenté par les exigences des méthodes industrielles[26]». Tout cela a été «monté», au sens le plus nazi du terme[27], dans un contexte historique où toutes les conditions furent réunies pour précipiter un grand nombre d'hommes dans une abjection devenue ordinaire. On comprend que le narrateur tente ici de se décharger de sa propre culpabilité, mais on peut lire également le point de vue sous-jacent adopté par l'auteur. Il reprend en partie les analyses d'Hanna Arendt dans *Eichmann à Jérusalem*, dont le film précédemment cité, *Un spécialiste, portrait d'un criminel moderne*, donne une interprétation cinématographique explicite. Oui, les bourreaux sont des hommes, ce qui les rend toujours plus proches de soi qu'on ne le souhaiterait. Maximilien Aue nous est pourtant facile à détester, même son raisonnement intellectuel est souvent pervers, puisque sa grande culture lui sert régulièrement à fonder le pire, souvent pour sa seule jouissance[28]. La dextérité littéraire de l'auteur lui permet d'incorporer au roman une psychologie, irrationnelle à bien des égards, mais n'est-ce pas ce que nous voudrions comprendre

---

25   Cf.: *Les Bienveillantes, op. cit.*, p. 28.
26   *Ibidem*, pp. 25-26.
27   Victor Klemperer, «Aufziehen [Monter]», *LTI La langue du IIIe Reich, op. cit.*, pp. 77-80.
28   Par exemple la manière dont Max «séduit» un autre officier lors de sa convalescence, on pense à Partenau, cf. Victor Klemperer, «Partenau», *op. cit.*, pp. 52-53.

de la dimension humaine «de la terrible, de l'indicible, de l'impensable banalité du mal[29]»? De ce point de vue, un autre ouvrage de Littell, *Le Sec et l'humide*, s'avère assez précieux pour lire *Les Bienveillantes*. Le sous-titre: *Une brève incursion en territoire fasciste* peut en orienter la lecture, puisque l'auteur se livre à une exploration de la psychologie «fasciste» au moment des recherches effectuées pour l'écriture du roman qui nous préoccupe. Ainsi Littell explique que pour parvenir à prendre le pouvoir, le fasciste se construit «un Moi extériorisé qui prend la forme d'une "carapace", d'une "armure musculaire". Celle-ci maintient à l'intérieur, là où le fasciste n'a pas accès, toutes ses pulsions, ses fonctions désirantes absolument informes car incapables d'objectivations[30]». La lecture croisée avec cet autre ouvrage de Littell apporte quelques éléments au sujet des traits psychologiques du narrateur. À ce titre, Max Aue mène la psychologie fasciste sans cesse au bord du gouffre. Avec lui, elle n'est jamais loin de démontrer combien sa volonté d'exemplaire rigueur, est menacée de conduire une personnalité aux frontières de l'irrationalité.

Géographie de l'enfer

Maximilien Aue est «toujours sur les chemins», cela constitue son destin littéraire. Cette progression est la marche de son engagement irrémédiable dans le mal, qu'une redoutable maîtrise rhétorique et cultivée essaie de rendre «théoriquement» et intellectuellement recevable pour sa conscience. Cela semble même constituer une partie non négligeable de son «voyage» intérieur. Il est sur tous les fronts, où qu'il soit, il est toujours aux premières loges du pire. Semblable à un intermédiaire, il nous introduit aux évènements d'une façon qui nous permet d'y rester extérieur, il prend en quelque sorte tout sur lui. Tels les cercles de l'enfer, ses incessants voyages le rapprochent de plus en plus du point nodal du roman et sans doute de cette terrible période historique. Il glisse ainsi peu à peu vers l'abîme d'une horreur devenant pour lui banale, tant elle est organisée par un arbitraire administratif qui fait force de loi et lui occasionne davantage de troubles physiologiques que de problèmes de conscience. Ou bien peut-être ses problèmes de conscience se somatisent-ils en troubles physiques? À défaut d'être un héros de l'Histoire, Maximilien Aue n'a plus qu'à devenir un «héros» littéraire. Le terme serait pourtant à prendre avec prudence. Il

---
29 Hannah Arendt, *Eichmann à Jérusalem, Rapport sur la banalité du mal*, Paris, Gallimard, 2008, p. 440.
30 *Le Sec et l'humide, une brève incursion en territoire fasciste*, Paris, Gallimard, p. 26.

y a peu d'actes héroïques en effet de la part de Maximilien Aue. Il donne toujours l'impression d'être au cœur des évènements malgré lui et de les subir, au lieu de les vivre avec une implication enthousiaste. On ne saurait trouver dans ses actes plus d'héroïsme que Victor Klemperer en accorde au nazisme lui-même: «Le nazisme n'a officiellement connu aucun héroïsme décent et authentique. C'est ainsi qu'il a falsifié et discrédité le concept tout entier[31]». Aue l'avoue sans détour en préambule: «Je suis sorti de la guerre un homme vide, avec seulement de l'amertume et une longue honte, comme du sable qui crisse entre les dents[32]». Dès lors, le rappel de Klemperer semble pouvoir s'appliquer également à ce cas singulier: «À l'origine, le héros est un être qui accomplit des actes qui élèvent l'humanité. Une guerre de conquête, a fortiori si elle s'accompagne d'autant d'atrocités que celle de Hitler, n'a rien à voir avec l'héroïsme[33]». À ce titre, peu de place est accordée dans le roman à un héroïsme étranger à sa définition pervertie par l'idéologie fasciste. Le seul personnage dont le comportement pourrait s'y rapporter est le vieillard qui se présente de lui-même au bureau de Max Aue à Piatigorsk[34]. L'anecdote est un moment étrange du récit, l'auteur lui consacre presque six pages. La rencontre a lieu dans un «espace géographique» qui constitue un point de contact violent entre deux formes du totalitarisme du XXe siècle, l'hitlérisme et le stalinisme. «Le Daghestan, ce n'est pas la Russie, jeune officier. Avant que les Russes ne les tuent sans pitié, les hommes les plus savants du monde vivaient au Daghestan, des musulmans et des Juifs. On venait de l'Arabie, du Turkestan, et même de la Chine pour les consulter[35]», en s'adressant ainsi à Max Aue, le vieil homme le trouble profondément. Cet épisode introduit une pause dans l'élan destructeur qu'accompagne le narrateur depuis le début de son récit. La rencontre de Aue avec celui qui se présente sous le nom de Nahum ben Ibrahim est également l'expérience d'un autre rapport au monde auquel s'ouvre le récit en laissant parler ce singulier personnage, libre jusque dans le choix de l'emplacement et du moment de sa mort. Il évoque une «autre» culture qui s'étend jusqu'à l'autre rive de la Mer Caspienne et rappelle l'ancien empire Ottoman. Mais Nahum est aussi le nom d'un des douze prophètes des Livres prophétiques de la Bible. Il est connu pour sa prophétie et sa description de la destruction de la ville

---

31 *LTI La langue du IIIe Reich, op. cit.,* p. 29.
32 *Les Bienveillantes, op. cit.,* p. 19.
33 *LTI La langue du IIIe Reich, op. cit.,* p. 28.
34 *Les Bienveillantes, op. cit.,* p. 260.
35 *Ibidem,* p. 262.

6. Max aux enfers

de Ninive en punition de ses crimes, et dont les menaces contiennent une grande force évocatrice: «des blessés en foule, une masse de morts, des cadavres à pertes de vue, on bute sur des cadavres[36]!». Est-ce là une autre référence implicite de Littell qui opposerait un massacre punitif divin à celui qui est perpétré par l'expansion orientale nazie? La ville de *Ninoua* pourrait-elle suggérer le sang répandu et le mal absolu fait à des hommes par d'autres hommes? Le personnage de Nahum ben Ibrahim, dont la désinvolture et la liberté à l'égard de Max et des évènements lui donne une fortune littéraire inattendue dans le roman, permet-il de mettre en scène le seul acte courageux de Max? Peut-être la signification de son nom pourrait en constituer l'indice: le «consolateur».

La description de cet homme étrange, dont l'âge paraît improbable, plus alerte physiquement que sa vieillesse ne le laisse supposer, représente un passage romanesque plutôt «ésotérique». Il pourrait évoquer les «Rencontres avec des hommes remarquables» de Georges Ivanovitch Gurdjieff[37]. On sait que celui-ci avait déjà entrepris de former des élèves à Essentouki entre 1917 et 1918, dans un institut s'occupant du «développement harmonique de l'homme». Max Aue est passé à Essentouki, quelques temps avant cette rencontre. Il évoque la ville très succinctement en trois lignes, tout en ne lui trouvant aucun intérêt! Il n'a vraisemblablement rien à y faire, mais la ville est citée malgré tout…

Plus d'une soixantaine de villes sont mentionnées comme des lieux traversés par Max Aue: Sokal, Lutsk, Radziechow, Lemberg, Jitomir, Tsviahel (Novohrad-Volynsky), Korosten, Kiev, Péréiaslav, Iagotine, Poltava, Kharkov, Simféropol, Yalta, Eupatorie, Mélitopol, Rostov, Perekop, Marinpol, Taganrog, Krasnodar, Vorochilovsk (Stavropol), Maïkop, Essentouki, Kislovodsk, Piatigorsk, Minvody, Mineralnye Vody, Mozdok, Prokhladny, Naltchik, Kotelnikovo, Tatsinskaïa, Pitomnik, Stalingrad, Gourmak, Rakotino, Hohenlychen, Usedom, Swinemünde, Orianenburg, Cracovie, Lublin, Himmlerstadt (Zamosc), Belzec, Kielse, Kettowitz (Katowice), Auschwitz, Birkenau, Berlin, Posen (Poznan), Nordhausen, Mittelbau (Dora), Mauthausen, Budapest, Breslau (Wrocław), Gleiwitz (Gliwice), Stettin (Szczecin), Alt Draheim, Klaushagen, Bad Polzin (Polczyn-Zdroj), Körlin (Karlino), Horst… Elles sont indiquées ici par ordre d'apparition, en se limitant aux endroits étroitement liés à l'organisation

---
36 «Nahum, La ruine de Ninive, Livre de la vision de Nahum, d'Elqosh», *Les Livres Prophétiques, La Sainte Bible*, Paris, Les Éditions du Cerf, 1961, p. 1152.
37 *Rencontres avec des hommes remarquables*, Paris, Stock, 1980, notamment p. 181, pp. 190-192.

des exactions criminelles du régime nazi. Ces villes représentent parfois de simples passages, ou des séjours plus longs comme Berlin, Vorochilovsk, Stalingrad, Lublin, ou bien encore des séjours répétés comme Piatigorsk et Auschwitz. Il faut y ajouter un voyage en France passant par Paris, Marseille et Antibes, ville du drame familial qui donne naissance à l'enquête policière du roman. Ces incursions françaises constituent une sorte de «vacance» dans la régularité du récit à décrire des actions de plus en plus insoutenables.

L'élaboration d'une telle œuvre littéraire a probablement nécessité une consultation minutieuse et documentée des cartes de l'Europe dans leur configuration allant de la période du Traité de Versailles à celle de l'expansion nazie. À propos des villes et des lieux, l'économie du roman est régulièrement organisée selon un même principe. Chaque étape, chaque station de la pérégrination macabre de Maximilien Aue, convoque une superposition de strates d'histoire où, passé, présent de la narration et postérité, se trouvent potentiellement mêlés. La citation des noms de lieux se développe comme un long procès-verbal venant rappeler à la mémoire des localités, dont les toponymes ont parfois changé au gré des bouleversements historiques des territoires. Par un étrange et inquiétant retour de l'Histoire, certains de ces lieux sont encore aujourd'hui tentés par les mêmes démons et traversés par des troubles de même nature que ceux évoqués dans le roman. C'est le cas autour de la ville de Stavropol. Cela confère une actualité surprenante au roman *Les Bienveillantes*[38]. Cette ville porte encore le nom de Vorochilovsk dans le roman de Littell. Max y séjourne longuement puisqu'elle est le quartier général de l'armée d'invasion allemande dans cette région du Caucase. Quatre-vingt treize pages sont consacrées à sa présence dans cette région, et l'on peut dénombrer au cours de ce long passage du livre, au moins neuf allers-retours entre cette ville et les principales villes environnantes. La documentation touristique contemporaine vante encore les mérites des environs de l'une d'entre elles: Piatigorsk, proche de Vorochilovsk. Il s'agit d'une fameuse région thermale russe où les nobles venaient, à l'époque des tsars, boire de l'eau minérale, se baigner, se relaxer et retrouver ainsi leur santé. La région est présentée de la même manière par Aue, pour ses vertus curatives et ses établissements de bains[39], comme si l'histoire avait quelques difficultés à s'inscrire autrement

---
38 Cf.: Jean-Marie Chauvier, «Comment les nationalistes ukrainiens réécrivent l'histoire», dans *Le Monde Diplomatique*, août 2007, pp. 4-5. La Crimée, autre région importante du roman, ne semble pas échapper à ce retour idéologique.
39 Cf. *Les Bienveillantes, op. cit.*, p. 217.

dans la géographie...

La dimension topographique du roman *Les Bienveillantes* renvoie à une géopolitique historique, associant le *Lebensräum*, le peuple, la propagande et la volonté de puissance, à propos de laquelle Claude Raffestin montre bien qu'elle participe au fondement idéologique de l'expansionnisme militaire nazi[40]. Cette géopolitique a eu ses idéologues et l'un d'entre eux, Karl Haushofer, pensait qu'il fallait faire de la «relation entre la volonté de vie, la représentation de l'espace et les limites qui en résultent un bien pour les masses qui déterminent le destin[41]». Certains passages de ce père de la géopolitique allemande méritent d'être cités *in extenso*. Dans le chapitre «Politische Erdkunde und Geopolitik» d'un ouvrage de 1928 publié à Berlin, il écrit: «Plus le sol d'un peuple-nation devient exigu [...] plus la connaissance des autres Lebensräume en vue d'une comparaison constante servant d'avertissement, pour déceler toute possibilité de reprise de l'expansion» est en quelque sorte urgente. Sans cela, ajoute t-il, l'Allemagne risquerait de n'être plus «qu'un filtre à Juifs de l'Est situés entre la latinité et le monde slave[42]». Comme on peut le déduire ce cet extrait, il s'agit là de tout un programme, pensé de longue date. On peut ainsi s'assurer des fondements «théoriques» de la forme de conquête territoriale à laquelle le lieutenant-colonel Maximilien Aue participe activement. Mais sa participation reste avant tout littéraire, le recours à la narration autorisant une posture d'observateur impartial, témoin fondamental de l'impensable boucherie sur laquelle voulait se fonder un «empire», qui prétendait pouvoir durer mille ans.

Selon un point de vue diamétralement opposé à celui de Maximilien Aue, une question viendra alors en contrepoint de la dédicace du roman. Il s'agit de celle formulée par Schmulek dans le livre de Primo Levi, *Si c'est un homme*: «Wo sind die andere? Où sont les autres[43]?».

Université Rennes 2

---

40 Claude Raffestin, Dario Lopreno, Yvan Pasteur, *Géopolitique et Histoire*, Lausanne, Payot, 1995, notamment la deuxième partie: Géopolitiques et fascismes, pp. 117-276.
41 *Bausteine zur Geopolitik*, Karl Haushofer, 1928, cité par Claude Raffestin, *op. cit.*, p. 149.
42 *Ibidem*, pp. 152-153.
43 *Si c'est un homme*, Paris, Pocket, 2008, p. 76.

7. La connaissance du narrateur
Dominique Bocage-Lefebvre

Introduction

Maximilien Aue, dignitaire nazi, participant de près ou de loin aux atrocités du IIIe Reich, est le protagoniste et narrateur des *Bienveillantes* de Jonathan Littell: surveiller et établir des rapports constitue sa mission première, ce qui ne fera qu'aiguiser son sens de l'observation. Non seulement l'attitude qu'il a adoptée pendant cette période tragique en se rangeant aux côtés des nazis, l'adhésion face aux décisions de son parti dont les conséquences sur l'ensemble de l'Europe furent dévastatrices, quand bien même cette dernière est souvent traversée d'interrogations et d'hésitations, son regard attentif sur le monde, mais aussi ses rencontres rapides ou durables révèlent la complexité de son caractère et son sens particulier de l'altérité – sa position politique et sociale devant toujours être en perspective –: «Très tôt, il me semble, je recherchais avidement l'amour de tous ceux que je rencontrais[1]». Néanmoins Maximilien est un être fictif: qu'apporte-t-il alors dans l'appréciation de cette période difficile de l'histoire, dans la mesure où le rôle que l'auteur lui confère mêle étroitement intimité, vie personnelle et histoire collective? Par ailleurs, le narrateur explique qu'il est observateur des autres et de lui-même: cet état constant d'examen et d'introspection participe à la connaissance de lui-même:

> La passion de l'absolu y participait, comme y participait, je m'en rendis compte un jour avec effroi, la curiosité: ici comme tant d'autres choses de ma vie, j'étais curieux, je cherchais à voir quel effet tout cela aurait sur moi. Je m'observais en permanence: c'était comme si une caméra se trouvait fixée au-dessus de moi, et j'étais à la fois cette caméra, l'homme qu'elle filmait, et l'homme qui étudiait le film. Cela parfois me renversait, et souvent, la nuit, je ne dormais pas, je fixais le plafond, l'objectif ne me laissait pas en paix.[2]

---
1 *Les Bienveillantes*, Paris, Gallimard, coll. Folio, 2008, p. 279.
2 *Ibidem*, p. 161.

C'est en ces termes qu'il analyse son introspection; il décrit pareillement son rôle d'observateur: «J'étudiai les gens[3]» ou «je regardai aussi, empli d'une fascination mauvaise. Je scrutais avidement les visages des pendus, des condamnés[4]» ou bien «Je dois noter que je retournais régulièrement assister aux exécutions, personne ne l'exigeait, j'y allais de mon propre chef. Je ne tirais pas, mais j'étudiais les hommes qui tiraient[5]»; la formule est laconique et lapidaire – «J'observe et je ne fais rien, c'est ma posture préférée[6]» –, montre donc bien que le narrateur, héros fictif, est par excellence un être de regard des hommes et des choses: il donne à voir au lecteur, en procédant en quelque sorte par hypotypose comme dans les pièces classiques du XVIIe siècle: le malheur est décrit et passe par la médiation de la parole.

Qu'est-ce qui nous révèle à nous-mêmes, autrui, l'environnement, les circonstances historiques? Comment cette connaissance parvient-elle à chacun d'entre nous? Par bribes, de manière parcellaire? Si c'est autrui qui permet à chacun de se connaître, même dans le conflit, c'est aussi la solitude confrontant chacun à soi-même qui permet d'accéder à soi, dans la prise de conscience douloureuse aux accents cartésiens et dans la recherche de la vérité. Maximilien Aue témoigne que l'altérité, mais aussi la prise de conscience progressive de sa solitude ontologique révèlent chacun à soi-même et aux autres: «je suis resté de ceux qui pensent que les seules choses indispensables à la vie humaine sont l'air, le manger, le boire et l'excrétion, et la recherche de la vérité. Le reste est facultatif», écrit-il dans *Toccata*[7].

Les circonstances, plus ou moins impérieuses, participent de plus au déroulement de toute vie. Exceptionnelles, historiques et tragiques, les circonstances relatives à la Seconde Guerre mondiale, dans ce roman, offrent le spectacle quotidien de la tragédie et de la mort et mettent chacun face à soi-même: l'autre n'est pas seulement l'ami, mais aussi l'adversaire, une victime ennemie; la rencontre de l'autre s'effectue le plus souvent dans l'affrontement, le malheur et la mort; il n'en reste pas moins qu'il est un autre humain, un double de soi-même. La tragédie rend alors le regard tantôt stupéfait, tantôt étonné, mais tantôt aussi émerveillé et exacerbe la perception de l'autre comme alter ego: «Le corps de cette fille aussi était pour moi un miroir[8]», écrit le narrateur face à la pendaison d'une jeune

---

3 *Ibidem*, p. 184.
4 *Ibidem*, p. 247.
5 *Ibidem*, p. 261.
6 *Ibidem*, p. 367.
7 *Ibidem*, p. 16.
8 *Ibidem*, p. 263.

7. La connaissance du narrateur

fille par des Landser de la Wehrmacht et des Orpo. L'être humain en train de mourir dont le narrateur reconnaît avoir souvent participé de près ou de loin à sa mort pourrait être lui-même; il est toujours un reflet de lui-même. Naît alors chez ce dernier, dignitaire nazi par son statut social et responsable également de la tragédie, l'empathie qui s'empare souvent et naturellement de tout homme face à de telles circonstances tragiques. Le sentiment légitime et naturel, né de la prise de conscience de sa condition commune de mortel, évolue en compassion, souvent en attention soutenue à l'égard d'autrui chez Maximilien. Le regard que celui-ci porte sur l'autre, quel qu'il soit, compte tenu de cette situation de guerre, est empreint de pitié témoignant qu'il se reconnaît en l'autre. Cette attention à autrui dans ce qu'il recèle d'inconnaissable, de mystérieux ponctue le roman et est explicitée par le narrateur: «tout cela démontrait que l'*autre* existe, existe en tant qu'autre, en tant qu'humain, et qu'aucune volonté, aucune idéologie, aucune quantité de bêtise et d'alcool ne peut rompre ce lien, ténu mais indestructible. Cela est un fait, et non une opinion[9]»; plus avant dans son récit, il écrit qu'il regarde les êtres «non pas avec un regard narcissique, ni avec un regard critique, qui fouille les défauts, mais avec un regard qui cherche désespérément à saisir l'insaisissable réalité de ce qu'il voit – un regard de peintre[10]». Cette attitude prend toute sa dimension face au spectacle de la mort et est aussi un aveu des limites de l'observation – limites d'empathie libérée de toute considération morale –: «Le spectateur ne peut jamais pleinement saisir l'expérience du trépassé[11]». Ce sens de l'altérité, Maximilien le témoigne dans son récit et c'est précisément ce regard qui le révèle à autrui et à lui-même. Celui porté sur les lieux et les paysages parcourus est marqué par la même attention. Il ne s'agit cependant à aucun moment du regard d'un voyeur, terme et attitude prosaïques et vulgaires: c'est sa propre vie que Maximilien observe en fait à travers les autres, c'est ce qui confère à ce regard toute sa valeur et sa crédibilité.

L'écriture à la première personne, transcrivant, par le procédé narratif de la focalisation interne, la perception du narrateur, permet au lecteur non pas de s'identifier à celui-ci, ni d'éprouver de l'empathie pour lui, compte tenu de son statut et de son rôle, mais d'avoir un sentiment de proximité dû au souci qu'engendre la compréhension de la lecture. Maximilien écarte, de fait, dès l'incipit la possibilité de l'identification par son aveu clair de rapporter des faits insupportables: «en fin de compte, même si je m'adresse

---
9 *Ibidem*, p. 217.
10 *Ibidem*, p. 1278.
11 *Ibidem*, p. 273.

à vous, ce n'est pas pour vous que j'écris[12]». Ce «je» marque donc une distance avec le lecteur, car ce dernier est apostrophé et est amené dès le début à s'interroger quant à sa place et le «vous» qui le caractérise rappelle le «vous» de *La Modification* de Michel Butor: l'appréciation morale sur le bien et le mal est une tentation qui guette le lecteur; si, dans le livre de Michel Butor, il s'agit d'affaire privée, dans celui de Jonathan Littell, il s'agit de la vie collective. L'incipit est d'emblée une mise en garde sur le point de vue moral ou l'impératif catégorique kantien[13], évoqué explicitement; les circonstances historiques peuvent conduire quiconque à commettre des actes graves imposés par l'État qui ne seraient pas effectués dans d'autres conditions:

> gardez toujours cette pensée à l'esprit: vous avez peut-être eu plus de chance que moi, mais vous n'êtes pas meilleur. Car si vous avez l'arrogance de penser l'être, là commence le danger. On se plaît à opposer l'État, totalitaire ou non, à l'homme ordinaire, punaise ou roseau. Mais on oublie que l'État est composé d'hommes, tous plus ou moins ordinaires, chacun avec sa vie, son histoire, la série de hasards qui ont fait qu'un jour il s'est retrouvé du bon côté du fusil ou de la feuille de papier alors que d'autres se retrouvaient du mauvais […]. Le vrai danger pour l'homme c'est moi, c'est vous. Et si vous n'en êtes pas convaincu, inutile de lire plus loin. Vous ne comprendrez rien et vous vous fâcherez, sans profit ni pour vous ni pour moi.[14]

La gravité du propos du narrateur évoque, dès les premières pages, le préambule solennel des *Confessions* de Jean-Jacques Rousseau se mettant en scène face à Dieu au moment du jugement dernier au moment de rendre compte de ses actes. Maximilien implique le lecteur, l'apostrophe, sollicite son adhésion dans cet examen et ne cesse de lui redire l'impérieuse nécessité des circonstances historiques auxquelles il dut malgré lui se soumettre:

> Mais peut-être qu'au fond vous vous moquez de tout ceci […] je vous l'ai dit, je fatigue, il faut commencer par en finir […]. J'aurais peut-être dû faire autre chose, me direz-vous, c'est vrai, j'aurais peut-être dû faire autre chose, j'aurais été ravi de faire de la musique […], mais que voulez-vous, dans une autre vie peut-être, car dans celle-ci je n'ai jamais eu le choix, un peu, bien sûr, une certaine marge de manœuvre, mais restreinte, à cause de fatalités pesantes, ce qui fait que voilà, nous nous retrouvons au point de départ.[15]

Comment autrui révèle-t-il le narrateur, comment l'évocation des paysages participe-t-elle à cette évocation? À travers quelques hommes et femmes

---
12   *Ibidem*, p. 20.
13   *Ibidem*, pp. 815 et 845.
14   *Ibidem*, pp. 37-39.
15   *Ibidem*, p. 1119 *sq*.

traversant la vie du narrateur, choisis pour la figure emblématique qu'ils représentent et quelques lieux, ces deux questions d'étude montreront comment ces personnages et ces lieux mettent en lumière la personnalité du narrateur.

Développement

Le roman de Jonathan Littell compte de nombreux personnages; tous, anonymes ou nommés, s'impriment dans la mémoire du narrateur, qu'ils traversent d'une manière éphémère son existence ou qu'ils appartiennent à son entourage familier ou lié à sa fonction sociale. Le «regard de peintre[16]», auquel il dit tendre dans son appréciation d'autrui et des choses, s'observe à travers les annotations esthétiques fréquentes qui émaillent portraits et descriptions. Mais chaque être rencontré, même furtivement, laisse une empreinte dans la conscience du narrateur: cet aspect, accentué par son sens aigu de l'observation transparaît grâce à la cohérence et la correspondance de l'évocation des souvenirs: de retour à Berlin, alors qu'il réfléchit aux tournures linguistiques non innocentes de la voix passive, dans la langue nationale-socialiste, dédouanant, par là-même, qui que ce soit de toute responsabilité nominative – «et ainsi les choses se faisaient toutes seules, personne ne faisait jamais rien, personne n'agissait, c'étaient des actes sans acteurs[17]» – repense-t-il immanquablement à son ami linguiste Voss: «Voss, j'en étais sûr, ne l'aurait pas nié[18]».

La singularité des êtres et des choses et leur caractère irremplaçable, caractère dont Maximilien témoigne par sa manière d'appréhender les êtres, ne sont pas sans rappeler *Les Confessions*, dans lesquelles Jean-Jacques Rousseau s'attarde sur les personnes et les paysages et montre l'empreinte que ces derniers laissent toujours sur lui. Bien que le narrateur des *Bienveillantes* ne soit en rien Rousseau, cette acuité de l'attention et du regard est commune au philosophe des Lumières et au narrateur du roman. Cependant cette qualité prend un tour grinçant et réellement tragique, dans la mesure où les conditions historiques du roman donnent peu de prix à la vie humaine, voire l'avilissent et l'anéantissent; bien plus, le narrateur contribue lui aussi à l'exécution de ce néant, en participant parfois directement à cette entreprise mortelle.

Comment autrui révèle-t-il le narrateur?

---
16 *Ibidem*, p. 1278.
17 *Ibidem*, p. 902.
18 *Ibidem*, p. 903.

Hohenegg, Osnabrugge, Lippert, Pravdine, Ohlendorf et le Dr. Morgen comptent parmi ceux qui mettent en valeur la capacité du narrateur à s'interroger, à affronter des questions de conscience douloureuses. Les échanges que ce dernier entretient avec eux sont fondés tantôt sur l'admiration qu'ils lui inspirent, tantôt sur l'intérêt de leurs conversations, tantôt sur les qualités humaines que le narrateur leur reconnaît.

Hohenegg est un médecin et dignitaire nazi dont Maximilien fait la connaissance dans le train entre Kharkov et Simferopol; leurs préoccupations communes professionnelles sur l'alimentation expliquent leurs rencontres. Leurs liens sont cordiaux et fondés sur une estime mutuelle, car le narrateur apprécie la culture du médecin, capable de citer Tertullien, mais aussi sa franchise et sa lucidité; de fait, le docteur se montre réaliste en ce qui concerne l'alimentation inadaptée des détenus et le métabolisme en temps de guerre, ainsi que la politique inconsidérée du rationnement menée par le gouvernement, points de vue que partage le narrateur. L'image donnée de cet homme par le narrateur est celle d'un médecin, certes, débonnaire, léger, mais aussi franc, voire moqueur et quelque peu cynique. Le narrateur apprécie son intelligence et son sens de la réflexion qui lui permet de nourrir sa réflexion philosophique et son introspection critique. La qualité de cette rencontre rend leurs retrouvailles toujours chaleureuses.

Le Dr. Morgen, autre dignitaire nazi dont Maximilien fait la connaissance à Lublin, est «un juge SS, rattaché à la Kripo[19]». Maximilien est sensible à son apparence physique: il remarque «ses yeux vifs et intelligents[20]». Cette rencontre revêt un sens précis pour lui: le Dr. Morgen s'intéresse au meurtre légal ou illégal des Juifs et indique à Maximilien les poursuites juridiques à l'encontre de fonctionnaires nazis qui ont commis des exactions contre les Juifs; ce dernier veut inculper d'ailleurs Koch et sa femme pour de tels faits[21]. Au moment où Maximilien fait appel à lui, poursuivi à Orianenburg par Weser et Clemens pour le meurtre de sa mère et de son beau-père, il peut éprouver l'intégrité et «le bon sens juridique[22]» du Dr. Morgen. N'était cette suspicion des deux policiers contre le narrateur, le Dr. Morgen dénonce clairement ce que commettent certains éléments SS, confirmant les observations de Maximilien d'actes cruels et de tortures commis par Turek, Blodel et Bierkamp: «"Je ne connais que trop les pires éléments de la SS, et

---

19 *Ibidem*, p. 851.
20 *Ibidem*.
21 *Ibidem*, p. 854.
22 *Ibidem*, p. 1183.

je sais que vous n'êtes pas comme eux"²³»", lui dit-il.

Le Dr. Morgen, à travers son action juridique courageuse contre les malversations nazies que Maximilien a observées lui-même en Ukraine, suscite le respect de Maximilien.

Ohlendorf, appartenant lui aussi à la hiérarchie nazie, constitue une rencontre importante pour Maximilien, rencontre intellectuelle selon lui. Amtschef du narrateur à Berlin, commandant l'Einsatzgruppe D, il est en Crimée quand le narrateur le retrouve: d'emblée, il parle de Blodel, membre de l'Einsatzgruppe, comme un «des malades mentaux[24]» de la SS, ce à quoi souscrit Maximilien, car il a été témoin de ses malversations. Ce dernier fait un éloge appuyé d'Ohlendorf: «C'était un homme d'une intelligence remarquable, perçante, certainement un des meilleurs esprits du national-socialisme, et un des plus intransigeants; son attitude lui attirait beaucoup d'ennemis, mais pour moi c'était une inspiration[25]». Avec éloquence, Ohlendorf critique le fascisme italien et la «déviation bolcheviste[26]»; selon lui, «le national-socialisme était fondé sur la réalité de la valeur de la vie de l'humain individuel et du *Volk* en son ensemble[27]», «l'objet fondamental et décisif des mesures d'économie politique devait être l'homme[28]»; ces appréciations politiques sont entendues du narrateur et seront évoquées lors de son entretien à Stalingrad avec le politrouk Pravdine, car il les considère comme rigoureuses et profondes. De fait, Ohlendorf est à ses yeux une pièce maîtresse de la mise en œuvre du national-socialisme de sorte qu'il comprend qu'il lui soit confié des activités importantes au sein de la hiérarchie nazie.

Au départ partisan de l'émigration des Juifs, Ohlendorf se range au Vernichtungbefehl, convient qu'il aurait fallu une solution plus humaine, «"mieux en accord avec notre conscience d'Allemands et de nationaux-socialistes"[29]», mais il la justifie au nom de la guerre. Maximilien éprouve le malaise de ce dernier à fournir des justifications à cette mesure, qui se traduit par une très grande prudence terminologique et par l'invocation, au fond spécieuse, du danger que constitue à ses yeux le bolchevisme – «Enfin il répondit, lentement, en choisissant ses mots avec soin [...], invoquant, avec sa dignité naturelle, toute la grandeur et la difficulté de notre lutte mortelle

---

23   *Ibidem*.
24   *Ibidem*, p. 299.
25   *Ibidem*, p. 300.
26   *Ibidem*, p. 301.
27   *Ibidem*, p. 300.
28   *Ibidem*, p. 301.
29   *Ibidem*, p. 326.

contre le Bolchevisme[30]». Il dit avec réalisme que sa situation est délicate, mais il l'accepte lucidement. Il s'efforce alors de réglementer les exécutions, interdit qu'on tourmente les condamnés et cherche à prendre des mesures positives, en développant des relations correctes avec les populations locales[31]; ces mesures lui valent «des succès considérables[32]», mais, mal à l'aise dans ses fonctions, il demande à regagner Berlin: Maximilien insiste sur la dignité de son discours au moment de son départ. Maximilien sait qu'Ohlendorf condamne les comportements de tortionnaires comme ceux adoptés en Ukraine par Turek; les hésitations, voire l'ambiguïté de l'attitude d'Ohlendorf qui applique de toute façon la solution finale, renvoient immanquablement à la question fondamentale de la responsabilité des actes. Quand Maximilien revoit Ohlendorf à Berlin qu'il n'avait pas revu depuis son départ de Crimée, les responsabilités politiques de ce dernier se sont accrues et développées; cependant le narrateur note certes ses «raisonnements féroces[33]» d'ordre économique, mais, surtout, la constance de son honnêteté et de sa franchise par la dénonciation des dérives de la guerre.

Rencontré à Kiev, Osnabrugghe, «aimable ingénieur des Ponts et Chaussées[34]» de la Wehrmacht, retient aussi l'attention du narrateur qui reconnaît son plaisir à discuter avec lui. Ce sont les contradictions de cet homme et de son caractère quelque peu ambivalent que note le narrateur: cet ingénieur reconnaît son amour du travail, son sens de l'esthétique, mais, en même temps, il est envoyé sur le front de l'est pour expertiser les destructions de ponts par les Soviétiques: «"Vous comprenez, j'ai été formé avec un sentiment de mission culturelle. Un pont, c'est une contribution littérale et matérielle à la communauté, cela crée de nouvelles routes, de nouveaux liens. Et puis, c'est d'une beauté"[35]». Sa rencontre donne lieu à une promenade, dont le narrateur dit lui-même qu'elle lui a fait du bien, et à une inspection de pont où s'observent le goût du détail et l'amour du Beau de l'un et de l'autre; le narrateur fait référence à Hérodote que connaît aussi l'ingénieur: «"Les Perses construisaient déjà sur des bateaux, comme cela"[36]», dit ce dernier. Plus tard, en Pologne, l'ingénieur, que le narrateur retrouve, déplore que son activité exclusive de destruction

---
30 *Ibidem*, pp. 325-329.
31 *Ibidem*, p. 329.
32 *Ibidem*, p. 328.
33 *Ibidem*, p. 996.
34 *Ibidem*, p. 980.
35 *Ibidem*, p. 200.
36 *Ibidem*, p. 202 *sq*.

des ponts soviétiques lui ait valu des promotions: «"C'est à pleurer […]. Chaque fois, j'ai l'impression d'assassiner un enfant"[37]»; Maximilien devine son «défaitisme[38]». Le déchirement que Maximilien avait pressenti lors de ces précédentes rencontres se confirme au moment de la débâcle de Berlin: Osnabrugghe est perdu et pétri de désarroi devant l'ampleur des destructions:

> il avait l'air désemparé, anéanti. "Ils veulent faire sauter tous les ponts de la ville." Il en pleurait presque […]. Il s'essuyait le front. "Moi, en tout cas, je vous dis ceci, faites-moi fusiller si vous le voulez, mais c'est la dernière fois. Quand toute cette folie sera finie, je me fous de savoir pour qui je travaille, je vais construire" […], fit-il en s'éloignant, dodelinant de la tête.[39]

Le désespoir d'Osnabbrughe incarne pour Maximilien la vanité absolue, le non-sens et la faillite du régime nazi.

L'officier belge Lippert, «militaire de carrière, un artilleur […], [qui] avait accepté de s'engager dans la Légion par antibolchevisme, mais [qui] restait un vrai patriote[40]» est remarqué en Ukraine par le narrateur pour sa droiture et son intégrité lors d'une rencontre «pas tout à fait par hasard[41]». Ces deux qualités reviennent souvent dans les appréciations humaines que le narrateur remarque et met en valeur chez d'autres hommes comme chez Kern, en des circonstances bien différentes – «Kern était un homme honnête[42]». Lors de cette brève rencontre, Maximilien effectue en Lippert le portrait d'un homme élégant et avenant, courageux, dont il dit: « je le trouvais très sympathique[43]», par contraste avec Degrelle, opportuniste, ambitieux, carriériste qui «abandonna ses hommes[44]». Le narrateur loue, au contraire, l'héroïsme de Lippert.

Il est une autre rencontre importante, celle d'un commissaire de haut rang, Pravdine, à Stalingrad: Thomas, l'ami du narrateur, lui dit: «"Tu es un esprit subtil, tu feras ça mieux que moi. [Pravdine] parle très bien l'allemand"[45]» et Maximilien qualifie, d'ailleurs, cette rencontre de «curieux entretien[46]». Maximilien, comme cela lui est coutumier, observe

---

37 *Ibidem*, p. 981.
38 *Ibidem*.
39 *Ibidem*, p. 1355.
40 *Ibidem*, p. 339.
41 *Ibidem*, p. 338.
42 *Ibidem*, p. 393.
43 *Ibidem*, p. 340.
44 *Ibidem*, p. 341.
45 *Ibidem*, p. 560.
46 *Ibidem*.

physiquement ce prisonnier soviétique et lui adresse le compliment de voir en première ligne un politrouk. Rapidement, une conversation d'égal à égal s'engage entre les deux hommes: par allusion d'abord, Pravdine dénonce la barbarie nazie; enthousiaste et réaliste, apte à l'autocritique, Pravdine provoque la réflexion sur ce qui distingue et rassemble le socialisme et le national-socialisme, établissant ainsi une équivalence entre une société sans classe recherchée par les communistes et la «*Volkgemeinschaft*[47]», idéal du national-socialisme, «"ce qui est au fond strictement la même chose [...], lutte des classes [...], guerre prolétarienne allemande contre les États capitalistes"[48]»; il dénonce, par là-même, dans sa démonstration, la perversion et le détournement du marxisme et la substitution de la race à la classe; «"En économie aussi vos idées ne sont que des déformations de nos valeurs"[49]», s'empresse-t-il d'ajouter. Sa condamnation du régime nazi est claire et sans appel: le «"national-socialisme est une hérésie du Marxisme"[50]». Il insiste sur la notion de déterminisme commune aux deux idéologies, déterminisme racial pour les nazis, déterminisme économique pour les communistes, qui confirme que ces deux idéologies comportent l'une et l'autre des «*ennemi[s] objectif[s]*[51]». Cependant si les deux idéologies comportent des idées équivalentes, comme le montre d'une manière brillante Pravdine, «le contenu, bien entendu, diffère: classe et race [...]. [L'idéologie bolchevique] veut le bien de toute l'humanité, alors que la vôtre est égoïste, elle ne veut que le bien des Allemands[52]»; les notions de classe et de race sont deux entités distinctes: l'éducation à laquelle fait référence Pravdine et qui n'est pas sans rappeler *La Philosophie des Lumières* de Kant pour accéder à la qualité de citoyen permet de devenir bolchevique. Enfin, courageusement et sans ambiguïté, Pravdine dénonce la politique fondée sur l'inégalité des races de l'Allemagne et annonce fermement la défaite des nazis. Pendant cet entretien, Maximilien observe attentivement son interlocuteur, presque son double, dans ce partage de la réflexion et la méditation; il répond, quant à lui, avec fermeté et franchise aussi en dressant un tableau noir de la Russie soviétique, qualifiant l'expérience communiste d' «échec[53]». Mais, formulées dans une atmosphère telle que la guerre qui paraît suspendue le temps d'une conversation, les hésitations idéologiques des deux hommes,

47 *Ibidem*, p. 564.
48 *Ibidem*.
49 *Ibidem*.
50 *Ibidem*, p. 567.
51 *Ibidem*.
52 *Ibidem*.
53 *Ibidem*, p. 572.

notamment quand Pravdine reconnaît «avec tristesse[54]» l'antisémitisme russe, la référence littéraire à Stendhal, écrivain apprécié des deux hommes, donnent non seulement à cet entretien toute sa crédibilité et sa profondeur, mais suggèrent aussi la mélancolie devant ce que leur rencontre a révélé et ce qu'ils ont manqué: ce ne sont plus deux adversaires, mais deux hommes qui concluent avec discrétion par la voix de Maximilien: «"C'est dommage aussi que nous soyons ennemis. Dans d'autres circonstances, nous aurions pu nous entendre"[55]». Maximilien ne demandera pas ce qui est advenu à ce prisonnier soviétique, «par une pudeur curieuse[56]», telle est son expression suggérant combien cette rencontre le toucha.

Si l'intégrité, l'honnêteté, le plaisir intellectuel sont des traits que Maximilien apprécie chez ces personnages, ces derniers le confrontent surtout à l'idéologie nazie. Avec Voss, Partenau et Thomas Hauser, cette réflexion est présente, mais elle s'accompagne de sentiments amicaux.

Voss, dont le narrateur fait la connaissance à Simferopol, appartient à la hiérarchie nazie, mais il est avant tout linguiste. Son air «affable», son «étroit visage fin», son «élégance[57]» sont remarqués par le narrateur. Une amitié sincère se noue rapidement entre les deux hommes. Comme Ohlendorf, Voss est un homme jeune, ayant à peu près l'âge du narrateur; c'est un chercheur universitaire détaché de l'Abwehr pour la durée de la campagne. Maximilien se reconnaît rapidement en cet universitaire: «ce n'était ni un anthropologue ni un ethnologue, mais un linguiste, profession qui, comme j'allais bientôt en juger, pouvait rapidement déborder les problèmes étroits de la phonétique, de la morphologie ou de la syntaxe pour générer sa propre *Weltanschauung*[58]». La linguistique et l'intérêt qu'il accorde aux langues du Caucase lui permettent de développer et d'approfondir une certaine vision du monde: Voss énonce de fait avec clarté la différence entre l'approche scientifique et épistémologique d'une langue et son approche pragmatique; c'est bien la liaison de deux approches qui intéresse Maximilien, puisqu'elle va lui permettre de comprendre la vacuité sur laquelle reposent l'idéologie nazie et les thèses raciales, quand ces dernières se fondent sur des données et des justifications linguistiques. De fait, dès le début de leurs entretiens, Voss rend son analyse claire:

---

54 *Ibidem*, p. 570.
55 *Ibidem*, p. 573.
56 *Ibidem*, p. 574.
57 *Ibidem*, p. 307 *sq*.
58 *Ibidem*, p. 307.

> Parler une langue n'est pas la même chose que savoir la lire et l'écrire; et avoir une connaissance précise de sa phonologie ou de sa morphologie en est une autre encore […]. On peut dire si vous voulez que la langue comme objet scientifique est une chose assez différente, dans son approche, de la langue comme outil de communication [….]. Mais vous verrez que mes digressions n'étaient pas inutiles: car cette politique est justement fondée sur la langue.[59]

Ce qui fascine et séduit Maximilien chez Voss et qui le rend distinct d'Ohlendorf, que le narrateur admire sincèrement, c'est le rapport que Voss entretient avec le savoir:

> j'étais séduit par son rapport à son savoir. Les intellectuels que j'avais fréquentés, comme Olhendorf ou Höhn, développaient perpétuellement leurs connaissances et leurs théories; quand ils parlaient, c'était soit pour exposer leurs idées, soit pour les pousser encore plus loin. Le savoir de Voss, en revanche, semblait vivre en lui presque comme un organisme, et Voss jouissait de ce savoir comme d'une amante, sensuellement, il se baignait en lui, en découvrait constamment de nouveaux aspects.[60]

Outre cet aspect épistémologique original de Voss, la découverte de beaux paysages et d'architectures intéressantes accompagne les plaisirs de leurs conversations et enrichit leur bonheur de se retrouver: le spectacle de la nature donne un souffle enthousiaste à leurs entretiens, et ces moments de promenade se révèlent être des moments de grâce. À Piatigorsk, ils visitent le musée Lermontov, visite quelque peu visionnaire dans la mesure où Lermontov se bat et meurt lors d'un duel et où Maximilien songe sérieusement au duel après l'affront grave infligé par Turek, ayant insinué qu'une relation homosexuelle lie Maximilien et Voss. Pendant la visite au cimetière où repose Lermontov, Maximilien se laisse aller à une méditation mélancolique telle que la feraient les poètes français romantiques du XIXe siècle.

Au plaisir de la promenade s'ajoute celui du partage de la nourriture; quand les deux amis sont ensemble, les réalités quotidiennes se parent de qualités esthétiques: les serveuses sont belles, la bière est fraîche. «Je mangeai sans parler, profondément content[61]», dit le narrateur attablé avec Voss. Le respect des populations autochtones, dans ce qu'elles ont de singulier et riche, auquel invite Voss par son attitude, renforce l'idée partagée aussi avec Ohlendorf de la nécessité de la coopération avec les

---

59   *Ibidem*, p. 311 sq.
60   *Ibidem*, p. 316 sq.
61   *Ibidem*, p. 362.

7. *La connaissance du narrateur* 115

peuples locaux:

> Alors des jeunes montagnards en costume traditionnel portèrent Köstring et Bräutigam sur leurs épaules sous les vivats des hommes, les hululements des femmes, et les salves redoublées des pétoires. Voss, rouge de plaisir, regardait cela avec ravissement. Nous suivîmes la foule: au fond du champ, une petite armée de femmes chargeaient de victuailles des longues tables dressées sous des auvents. Des quantités invraisemblables de viande de mouton, qu'on servait avec le bouillon, mijotaient dans de grands chaudrons en fonte.[62]

Voss et Maximilien sont émerveillés et profondément heureux par le spectacle qu'offrent les danses et les fêtes autochtones.

Dans cette relation amicale entre Voss et le narrateur, élective, au sens de Goethe – c'est en cela qu'elle est fondamentale –, Maximilien comprend l'inanité des théories nazies par l'utilisation idéologique de la mise en relation des théories linguistiques et des théories raciales: tout d'abord, Voss réfute les origines fantaisistes de la langue allemande qui permettraient de rendre crédible l'idéologie nazie: «"Certains théologiens, dans leur délire, sont même allés jusqu'à prétendre que l'allemand aurait été la langue d'Adam et Ève, et que l'hébreu en aurait été dérivé plus tard. Mais c'est une prétention complètement illusoire"[63]», dit-il avec fermeté. Lors d'un entretien important au cours duquel Maximilien note que Voss a perdu un peu de sa gaieté habituelle – «Il me paraissait un peu distant, un peu perdu[64]» –, à Naltchik, Voss s'inscrit en faux sur la théorie raciale selon laquelle la notion de race est déterminante et il dénonce que les anthropologues raciaux se sont entendus en Allemagne pour servir la cause politique; de fait, l'anthropologie raciale ne repose sur aucune théorie rigoureuse et tout ce que ces derniers énoncent pour justifier la destruction des Juifs est arbitraire. En fait, Voss dénonce les théories raciales se réfugiant derrière la caution de la langue. «Voss explosa: "Ce sont des fumistes"[65]». Il s'empresse d'ajouter: «"une fois que les linguistes avaient démontré l'existence d'un groupe de langues dites sémitiques, les racialistes ont sauté sur l'idée, qu'on applique de manière complètement illogique"[66]». Maximilien n'est pas encore prêt, cependant, à rejeter en bloc l'anthropologie raciale, car cela lui paraît excessif.

Peu de temps après cet entretien, Voss mourut. En effet, impliqué dans

---
62 *Ibidem*, p. 401 *sq.*
63 *Ibidem*, p. 391.
64 *Ibidem*, p. 433.
65 *Ibidem*, p. 435.
66 *Ibidem*, p. 437 *sq.*

une affaire peu claire selon laquelle, ayant séduit une fille autochtone, il fut blessé mortellement par le père de cette dernière, par vengeance. Sa mort, qui, bien qu'attribuée au père de la fille séduite, était certainement due à ses adversaires connaissant ses réfutations des théories raciales nazies, troubla et affecta Maximilien: le propos de Prill – «"Hauptsturmführer Aue, intervint Prill, vous avez dû passer trop de temps à discuter avec votre ami le Leutnant Voss. On dirait qu'il a influencé votre jugement"[67]» – et celui de Bierkamp – «"Ce Voss a été tué, je crois?" intervint Leetsch. – "Oui, répondit Bierkamp. Par des partisans, peut-être même par ces Juifs-là. C'est bien entendu dommage. Mais j'ai des raisons de croire qu'il travaillait activement contre nous"[68]» –, ces deux propos laissent entendre que la mort de Voss est liée à ses mises en cause récentes des thèses raciales. Précédant la mort de Voss, il circula une rumeur selon laquelle Voss et le narrateur entretenaient une relation homosexuelle: si Voss reçut cette rumeur avec légèreté, Maximilien lui-même, en revanche, en fut très affecté, d'autant plus qu'elle venait de Turek, convaincu par le narrateur d'exactions et de tortures.

Voss reste très présent dans son esprit. Quelque temps après cet événement tragique, Maximilien fit un cauchemar marqué par la saleté physique dont le protagoniste était Voss; ce dernier apparaît aussi dans ses visions oniriques à Stalingrad après sa grave blessure qui le fait sombrer dans le coma. Mais les conversations ultérieures idéologiques et politiques lui rappelèrent les points de vue de son ami et la justesse de ses appréciations.

L'amitié nouée avec Voss n'est pas sans rappeler l'amitié aristotélicienne, dénuée de tout intérêt personnel, nourrie de faits de la vie quotidienne et de réflexion philosophique. Elle engendre et met en lumière chez Maximilien une crise de conscience aiguë de la faillite du nazisme.

Très différente de la relation avec Voss, celle entretenue avec Willi Partenau, jeune lieutenant de la Waffen SS, n'en est pas moins personnelle, intime et importante ; elle contribue ainsi à la réflexion du narrateur sur l'idéologie nazie et illustre comment ce dernier justifie avec clarté la possibilité de la détourner, et comment ce que l'idéologie nazie qualifie ouvertement de transgression peut s'effectuer sans recours à une forme de casuistique jésuite. Alors qu'il se repose en Crimée dans un sanatorium qui baigne dans une atmosphère où les officiers de la Wehrmacht et

---

67 *Ibidem*, p. 462 *sq*.
68 *Ibidem*, p. 463.

7. La connaissance du narrateur   117

les dignitaires nazis se moquent d'eux et tournent aussi en dérision implicitement le régime nazi, le narrateur fait la connaissance du jeune homme dont la beauté retient son attention.

Partenau, bien qu'ayant reçu une éducation catholique, a perdu la foi et s'est rangé aux thèses du national-socialisme. Malgré son admiration pour Hitler, il s'interroge, comme le narrateur, sur les méthodes raciales employées par la Wehrmacht et dit avoir observé «des choses atroces[69]»; à l'écoute de ces propos, le narrateur ne s'étend pas sur ce sujet, quoiqu'il ait émis déjà en lui-même des doutes, et les ait formulés clairement avec d'autres interlocuteurs et vérifiés dans des actes concrets d'officiers SS comme Turek et Blodel en Ukraine. S'il s'épanche quelque peu devant Partenau sur sa vie personnelle et sur son passé, le désir physique né de la beauté de Partenau conditionne les relations des deux hommes, mais les décrets d'interdiction nazie pesant sur les relations homosexuelles et les sanctions graves qui s'en suivent entravent l'éventualité de cette relation physique.

Comme avec Voss, le spectacle de la nature et la vue de beaux endroits comme le palais d'été de Nicolas II à Livadia[70] favorisent la conversation; le rapide tutoiement, pratiqué contrairement aux autres rencontres, scelle cette intimité fondée essentiellement sur le désir physique. De fait, Maximilien suscite la réflexion de Partenau sur la sexualité des soldats en temps de guerre en insistant sur le danger que constituent les relations sexuelles avec les femmes autochtones; ce préambule étant posé, le narrateur fait un éloge construit de l'homosexualité masculine et montre sa cohérence et sa légitimité à travers l'histoire et à travers des références précises à l'Antiquité. Maximilien, ayant vaincu les réticences et les hésitations de Partenau, entretient dans un temps bref une relation physique avec le jeune homme, source de plaisir, bravant ainsi habilement, mais sans forfanterie les décrets nazis, bien qu'il se soit interdit toute relation physique avant Partenau dans sa vie professionnelle. Partenau partit rapidement de Crimée, une fois guéri; ce départ n'engendra aucune tristesse chez le narrateur[71] qui apprend sa mort l'année suivante[72]. Il n'en reste pas moins que cette rencontre est relatée d'une manière assez lumineuse et montre un narrateur disert et délicat.

Ami du narrateur, Thomas Hauser, membre d'un Einsatzgruppe, puis

---
69 *Ibidem*, p. 277.
70 *Ibidem*, pp. 284 et 291.
71 *Ibidem*, p. 297.
72 *Ibidem*.

Hauptsturfürher, permet, quant à lui, d'éclairer également non seulement le caractère de ce dernier, mais aussi ses décisions, ses actions. La vie et l'histoire de Maximilien s'expliquent par la présence et le caractère de Thomas.

Qualifier le rôle de Thomas d'omniprésent dans la vie du narrateur ne paraît pas excessif: ami de longue date – ils s'étaient retrouvés, étudiants, à Paris[73] –, celui-ci détermine l'appartenance de Maximilien à la hiérarchie nazie, puisqu'après avoir été arrêté dans le Tiergarten à Berlin, lieu privilégié des relations homosexuelles, il est fortement conseillé par Thomas de nier avoir eu une relation de ce type, alors que des présomptions pèsent sur lui à ce sujet, et d'accepter un poste dans l'administration nazie pour se sortir indemne de cette affaire; cette décision comporte d'importantes implications personnelles dans la mesure où l'idéologie nazie condamne lourdement la pratique de l'homosexualité. En Ukraine, à Berlin où Thomas lui ménage des entretiens importants avec des dignitaires nazis, à Stalingrad où Thomas participe directement à son évacuation alors qu'il est gravement blessé[74], en Poméranie où il vient lui rendre visite alors qu'il est convalescent[75] et où il lui révèle ce qui lui est arrivé à Stalingrad, puis dans la demeure de son beau-frère Von Üxküll d'où il vient le chercher pour le ramener au plus vite à Berlin, puis dans la capitale allemande où ils sont ensemble à la fois témoins et acteurs de la défaite du nazisme, Thomas est non seulement présent, mais il est en quelque sorte, lui aussi, une caméra dirigée vers le narrateur, commentant, donnant à voir les actes de ce dernier. Il est également, en tant qu'acteur et protagoniste, tué par le narrateur lui-même qui endosse ses vêtements pour échapper à la mort et prend l'identité que Thomas s'était ménagée pour lui-même – ironie du sort en regard de son aptitude à prévoir et de sa promptitude à agir, qualités que n'a cessé de louer Maximilien.

À la fois doubles et foncièrement différents, les deux amis s'éclairent l'un l'autre: Thomas incarne l'action, Maximilien davantage la réflexion et l'aptitude à méditer, engendrant doutes et tortures morales. La référence onomastique et savante faite à l'Antiquité prend alors tout son sens: «Thomas, je le voyais peu. Une fois, je l'amenai au bistro où je retrouvai l'équipe de *Je Suis Partout*, le présentant comme un camarade d'université. "C'est ton Pylade?" m'envoya acerbement Brasillach en grec. "Précisément, rétorqua Thomas dans la même langue, modulée par son doux accent

---

73 *Ibidem*, p. 87 sqq.
74 *Ibidem*, p. 627 sq.
75 *Ibidem*, p. 627 sqq.

viennois. Et il est mon Oreste. Gare au pouvoir de l'amitié armée"[76]». Ce sont le regard que l'un porte sur l'autre et le jugement réciproque qui en résulte qui participent à la connaissance du narrateur: de même que Thomas est opportuniste – «mon ami avait un génie étrange et infaillible pour se trouver au bon endroit non pas au bon moment, mais juste avant[77]» –, pragmatique et dégourdi[78], ne reproduisant pas exactement dans ses rapports écrits la réalité par cynisme, carriériste et cherchant sciemment à entrer ainsi dans les vues du Führer, que c'est précisément Thomas qui demande à Maximilien de surveiller les soldats – «C'est ainsi que le Diable élargit son domaine, pas autrement[79]», commente le narrateur –, de même Maximilien se voit reprocher, au contraire, fréquemment par son ami la propension négative selon lui à analyser, à s'interroger, à émettre des doutes d'une manière souvent claire sur les pratiques et l'idéologie nazies, attitude contre laquelle Thomas ne cesse de le mettre en garde et de le protéger. Les deux amis se rejoignent dans le constat négatif et lucide du meurtre des Juifs, mais Thomas ne formule pas ce constat qui est explicité en revanche par le narrateur:

> J'avais débité tout cela d'une traite, rapidement, reprenant à peine mon souffle. Thomas se taisait, il buvait son vin. "Et encore une chose, ajoutai-je vivement. Je te le dis à toi, à toi seulement. Le meurtre des Juifs, au fond, ne sert à rien. Rasch a absolument raison. Ça n'a aucune utilité économique ou politique, ça n'a aucune finalité d'ordre pratique. Au contraire c'est une rupture d'avec le monde de l'économie et de la politique. C'est le gaspillage, la perte pure. C'est tout. Et donc ça ne peut avoir qu'un sens: celui d'un sacrifice définitif, qui nous lie définitivement, nous empêche une fois pour toutes de revenir en arrière […]." Thomas avait l'air inquiet. "Max… Ce genre d'idées, garde-les pour toi. Tu pourrais t'attirer des ennuis." – "Oui, je sais. Je t'en parle juste à toi, parce que tu es mon ami."[80]

La question du peuple juif est centrale dans leurs conversations: là où Thomas l'apprécie comme un des moyens d'approcher le Führer – et en cela il est bien homme d'action au surnom approprié de Pylade –, Maximilien, quant à lui, l'apprécie dans un sens éthique et sous l'angle de la responsabilité morale – le surnom d'Oreste incarnant le poids d'une faute n'est pas inapproprié non plus –, de sorte que Thomas reproche à son ami son manque d'ambition personnelle. La proximité de Thomas

---

76   *Ibidem*, p. 89 sq.
77   *Ibidem*, p. 91.
78   *Ibidem*, p. 85.
79   *Ibidem*, p. 94.
80   *Ibidem*, pp. 209-211.

avec Maximilien fait apparaître un narrateur déchiré et torturé, en proie constante aux doutes: cet état psychologique qui se dégrade au même rythme que celui de l'Allemagne nazie est révélé à travers cette amitié.

À travers ces personnages proches comme Partenau ou Thomas, il peut être mesuré l'attention de Maximilien accordée à l'autre. Si cette marque de l'altérité s'apprécie, comme il l'a été vu précédemment auprès de dignitaires supérieurs comme Eichman, dont la rencontre donne lieu à une réflexion approfondie sur l'impératif catégorique dont ce dernier dit qu'il est suspendu en temps de guerre, ce qui ne convient pas à Maximilien qui est perçu cependant comme «type bien[81]» par Eichman, cette aptitude s'observe aussi auprès de subalternes comme Yakov, «petit Juif de Bohr[82]», jeune pianiste et aide de camp du jeune Franz Hanika, ordonnance à son service à Iagotine, Ivan à Stalingrad, Piontek, père de famille calme, méthodique et «excellent compagnon de voyage[83]»: Maximilien loue ces hommes de qualité. Elle se mesure aussi auprès des Juifs dans la cavité narrative hors du commun consacrée à Nahum Ben Ibrahim: sa mort, telle une pièce de théâtre est une leçon de vie pour le narrateur; le paysage, «beau comme une phrase de Bach[84]», participe à l'exécution de cette mort, qui n'a pour témoins que le narrateur et Hanning, l'exécutant, et la transfigure.

Ce sens de l'altérité prend toute son acuité auprès des femmes: jeunes Juives anonymes dont le narrateur met souvent en valeur la beauté désespérée dans la mort, beauté d'Hélène évoquant un tableau de Vermeer de Delft; s'il souligne la beauté féminine, il sait aussi déceler l'humanité qui transparaît chez des femmes plus âgées comme Frau Zempke à Berlin, l'entourant de soins[85]; il est touché en voyant Macha Tchekhova, la sœur de Tchekov – «Sa vie, je le savais, avait été tout comme la mienne brisée par l'impossible[86]» – lors de la visite de la petite datcha blanche de Tchekhov.

Les observations des femmes des dignitaires nazis vont au-delà de l'apparence physique: ces dernières évoquent à leur insu, par leur fatuité et leur légèreté coupable, l'inanité et la monstruosité du nazisme; parmi celles-ci, cependant, il en est quelques-unes qui se distinguent, telle Frau Weinrowski: «C'était une femme un peu lourde, aux traits bouffis et fatigués; mais le dessin de sa bouche et surtout la lumière de ses yeux

---

81 *Ibidem*, p. 813.
82 *Ibidem*, p. 157.
83 *Ibidem*, p. 821.
84 *Ibidem*, p. 409.
85 *Ibidem*, pp. 1149 et 1159.
86 *Ibidem*, p. 298.

laissaient entrevoir une beauté passée[87]».

Enfin son sens de l'observation doublé d'une condamnation sans appel s'effectue sur Turek, Blodel, Bierkamp, Ott, «minorité de sadiques et de détraqués[88]», dont il donne sans détour à voir les méfaits. L'ensemble de ses observations précises et fondées rendent crédibles ses réflexions personnelles et ses conversations avec le Dr. Morgen, Ohlendorf, Eichmann entre autres.

Comment l'environnement révèle-t-il aussi le narrateur?

Le roman de Jonathan Littell accorde une place importante aux paysages: ils participent en quelque sorte à l'action et ponctuent la tragédie: ainsi en est-il de l'Ukraine, de Stalingrad, d'Auschwitz, de Berlin. L'environnement et les lieux n'ont pas une fonction ornementale: le principe de la focalisation interne atteste que les lieux n'ont de sens que par rapport à la conscience de Maximilien et qu'ils sont intégrés à sa pensée. Si Maximilien observe les êtres, il observe tout autant les lieux qu'il est amené à traverser; ceux-ci traduisent l'état d'esprit des habitants, mais aussi le sien. Les paysages sont souvent ravagés par la guerre et la destruction, ils sont aussi parfois synonymes d'apaisement et d'émerveillement, conception husserlienne du monde qui transparaît ici, les choses ne prenant sens que dans le champ de la conscience humaine.

L'arrivée de Maximilien en Ukraine est ponctuée de noms de gares et d'observations de détails des paysages:

> À l'arrêt je contemplais longuement la tristesse des gares russes. Les équipements à peine installés paraissaient déjà vétustes; les ronces et les herbes folles envahissaient les voies; çà et là, même en cette saison, on apercevait l'éclat de couleur d'une fleur tenace, perdue parmi le gravier imbibé d'huile noire […]. Aux gares de triage, on voyait attendre des files interminables de wagons sales, graisseux, boueux, chargés de blé, de charbon, de fer, de pétrole, de bétail, toutes les richesses de l'Ukraine occupée saisies pour être envoyées en Allemagne, toutes ces choses dont les hommes ont besoin, déplacées d'un endroit à un autre selon un plan de circulation grandiose et mystérieux. C'était donc pour cela qu'on faisait la guerre, pour cela que les hommes mouraient?[89]

Ces annotations de Maximilien reproduisent ses préoccupations d'ordre idéologique et politique, et rendent crédibles et nécessaires les descriptions. Tous les paysages d'Ukraine sont empreints de tristesse et de malheur:

---

87   *Ibidem*, p. 930.
88   *Ibidem*, p. 33.
89   *Ibidem*, p. 236 *sq*.

spectacle terrible des pendus⁹⁰, désolation des bâtiments publics et de nombreuses maisons.

Cependant certains lieux, tel Simferopol, sont perçus comme agréables, car ils coïncident avec un moment d'apaisement pour le narrateur. À son arrivée à Eupatorie, Maximilien est capable de reconnaître et d'apprécier la beauté d'une belle mosquée et de «quelques ruines curieuses⁹¹», mais la ville est vite délaissée pour la plage.

Maximilien s'attache aux expressions particulières des êtres, il en fait tout autant pour les détails d'un lieu et est capable d'émerveillement, observe les arbres, les champs de blé, de millet, les chardons, les arbres fruitiers, les animaux domestiques, la place des nuages dans le ciel. Toujours avec ce goût du détail, il est apte à repérer un édifice intéressant: «je remarquai une belle pharmacie de style Art nouveau, avec une entrée et des baies vitrées en forme de cercles, aux carreaux soufflés par les détonations⁹²». Cependant, au milieu de ces observations esthétiques, les stigmates de la guerre et de la destruction sont toujours présents: voies ferrées encombrées, ponts démolis, statues effritées.

Le camp d'Auschwitz est, quant à lui, perçu par Maximilien essentiellement à travers les détenus et les actions humaines, à travers la disposition des bâtiments figurant ainsi le poids de la bureaucratie nazie, à travers la saleté matérielle et les immondices, symboles de la destruction et de la négation de l'homme. Toutes ces installations s'intègrent à jamais dans le paysage, figurant la faute indélébile, dont atteste une annotation visionnaire de Höss reprise par Maximilien: «Une fois qu'on en aura fini avec les Juifs et la guerre, Birkenau disparaîtra, on rendra la terre à l'agriculture⁹³». En arrivant à Belzec⁹⁴, il remarque une population bigarrée, mélange de soldats et de fermiers.

Les grandes villes sont aussi l'objet d'observation: elles sont rattachées aux comportements humains collectifs et individuels. Si Paris échappe aux visions de destruction, Stalingrad ne comporte que des annotations descriptives de guerre, le point d'acmé revient à Berlin; si Maximilien fait référence au Charlottenburg, au Tiergarten, c'est le zoo qui traduit l'anéantissement total:

---

90 *Ibidem*, p. 239.
91 *Ibidem*, p. 318.
92 *Ibidem*, p. 335.
93 *Ibidem*, p. 896.
94 *Ibidem*, p. 838.

> Cette partie du zoo se trouvait entièrement inondée: les bombardements avaient éventré la Maison de la Mer et les aquariums crevés s'étaient répandus tout autour, déversant des tonnes d'eau, éparpillant par les allées des poissons morts, des langoustes, des crocodiles, des méduses, un dauphin pantelant qui, couché sur le flanc, me contemplait d'un œil inquiet.[95]

Lieux nommés, mais aussi lieux naturels traduisent l'état d'esprit du narrateur: si les forêts suscitent son émerveillement, elles deviennent synonymes de mort; cachées, à l'abri des regards, elles permettent de tuer plus facilement les hommes, et surtout en toute impunité humaine, mais pas à l'insu des Bienveillantes cependant.

> Cette simple phrase me donna le vertige; tournant le dos au pilote et à la meute acharnée, je me mis à sangloter: les larmes givraient sur mon visage, je pleurais pour mon enfance, pour ce temps où la neige était un plaisir qui ne connaissait pas de fin, où une ville était un espace merveilleux pour vivre et où une forêt n'était pas encore un endroit commode pour tuer des gens.[96]

Cette annotation de Maximilien trouve un écho émouvant quand il est invité à la chasse par Speer: lors de la promenade, il est enthousiasmé par le spectacle de la nature, mais cette belle nature réveille en lui des sentiments mélancoliques:

> Une bouffée d'amertume m'envahit: Voilà ce qu'ils ont fait de moi, me disais-je, un homme qui ne peut voir une forêt sans songer à une fosse commune. Une branche morte se brisa sous ma botte. "C'est surprenant que vous n'aimiez pas la chasse", commenta Speer. Tout à mes pensées, je répondis sans réfléchir: "Je n'aime pas tuer, Herr Reichsminister."[97]

Conclusion

Pendant le roman, les traits psychologiques du narrateur se dessinent progressivement à travers son regard sur autrui, sur l'environnement et sur lui-même:

> mon action m'apparaissait comme une mise en scène, mue par un sentiment vrai et obscur, mais ensuite faussée, déviée en une rage de parade, conventionnelle. Mais là justement se situait le problème: à m'observer ainsi, en permanence, avec ce regard extérieur, cette caméra critique, comment pouvais-je prononcer la moindre parole vraie, faire le moindre geste vrai? Tout ce que je faisais devenait un spectacle pour moi-même; ma réflexion elle-même n'était qu'une autre façon de me mirer, pauvre Narcisse qui

---

95 *Ibidem*, p. 1387.
96 *Ibidem*, p. 542.
97 *Ibidem*, p. 1003 *sq.*

faisais continuellement le beau pour moi-même, mais qui n'en étais pas dupe.[98]

Être fictif et «Narcisse» qui a le sens de l'altérité, Maximilien a en fait pour rôle de condamner l'idéologie nazie et sa politique raciale criminelle contre les Juifs. De fait, toutes les observations du narrateur conduisent le lecteur à ce réquisitoire sans appel contre la barbarie nazie: pour ce faire, le lecteur doit se montrer attentif, lui-même à l'écoute de l'autre et actif; le préambule du roman prend alors tout son sens, car la lecture des *Bienveillantes* n'est pas une lecture facile, elle entraîne au contraire sur une voie peu confortable, pétrie de doutes et d'interrogations, montrant la destruction. Mais elle conduit à la vérité, un des intérêts fondamentaux de la vie, dit Maximilien.

IUFM de Caen (France)

---

98 *Ibidem*, p. 640.

8. Rêves et fantasmes dans *Les Bienveillantes*

Edith Perry

On hésite à désigner par le mot «roman» ce texte monstrueux, qui dévore le temps du lecteur bénévole, infeste sa mémoire et s'immisce dans ses rêves, parce que l'Histoire, croisée à la fiction, dilate la forme et fait perdre tous les repères qui permettaient de distinguer le vrai du faux et le réel de l'imaginaire. Mais il fallait bien cet excès, cette absence de limites pour construire ce qu'on ne peut appeler autrement qu'une tératologie. «La littérature ne peut vivre, écrivait Italo Calvino, que si on lui assigne des objectifs démesurés, voire impossibles à atteindre[1]». Antoine Compagnon relatant son expérience de lecteur des *Bienveillantes* avoue son étonnement lorsqu'il découvre, Internet à portée de la main, que les noms, les faits, les propos rapportés sont exacts. Son expérience est, je crois, partagée par bon nombre d'entre nous. Aussi informés soyons nous sur la guerre, les camps et l'extermination, nous découvrons, grâce à ce récit, que nous ne le sommes pas assez et que nous avons encore à apprendre.

Lorsque le roman parut en 2006, la critique fut dans l'ensemble élogieuse mais quelques avis divergents se firent entendre et reprochèrent à l'auteur le manque de crédibilité de son narrateur. Sans doute saisis par l'Histoire en oublièrent-ils que le livre appartenait au genre romanesque, aussi disputèrent-ils sur les questions de vraisemblance et de vérité. Ce à quoi le romancier eut beau jeu de répondre qu' «il n'y a pas de roman possible si l'on campe sur le seul registre de la vraisemblance. La vérité romanesque est d'un autre ordre que la vérité historique ou sociologique[2]».

Dans ce roman cohabitent l'Histoire et la fiction mais le référentiel l'emportant quantitativement sur le fictionnel, on hésite à parler de «roman

---
1 Italo Calvino, *Leçons américaines*, Paris, Gallimard, coll. Folio, 1992, p. 179.
2 *Le Monde,* 16 novembre 2006.

historique», comme si le mot «roman» discréditait l'Histoire. Pourtant il s'agit bien d'une fiction et il convient de rappeler ici le célèbre adage d'Alfred Döblin: «Le roman historique est, en premier lieu, un roman; en deuxième lieu, ce n'est pas de l'histoire[3]». Cela est d'autant plus vrai que c'est d'abord la fiction qui requiert l'attention du lecteur au point que l'Histoire soit par elle contaminée. Tout le texte en effet est pris en charge par un narrateur autodiégétique fictif qui nous donne sa vision du monde et nous ouvre même les portes de corne ou d'ivoire de son enfer onirique. Soit une fiction dans la fiction ou pour reprendre l'expression de Julie Wolkenstein «une fiction au carré[4]». Rêves et fantasmes, pour être reconnus comme tels, doivent exhiber leur incongruité en rompant de façon ostentatoire avec le référentiel et l'illusion référentielle. Face à un récit de rêve le lecteur est dérouté, tout se passe comme si le monde réel se déformait, se déréglait, refusait d'obéir aux lois naturelles et aux codes du discours. Récits hybrides où se mêlent la vraisemblance et son contraire, mises en abyme du récit cadre ou simples digressions superfétatoires, ces textes étranges sollicitent notre ingéniosité. À quoi servent-ils, que nous apprennent-ils, signifient-ils quelque chose, nous révèlent-ils un savoir qui viendrait confirmer ou au contraire infirmer celui que propose le texte englobant? Que nous disent-ils de la fiction et de l'Histoire? Ces fragments insolites convoquent de nombreuses interrogations. Ils sont un nœud de sens, d'insensé et d'insignifiance. Ils laissent espérer, comme toute énigme, le dévoilement de ce «quelque chose de crucial[5]» que s'efforce d'atteindre le narrateur et font de ce roman une quête du sens. Nous relirons ces rêves et d'autres fragments où se manifeste un dérapage de la raison en distinguant les productions d'un personnage, les produits de l'Histoire et les objets de la littérature.

Histoire d'Aue

Conformément à ce que nous a appris la littérature psychanalytique, le lecteur peut penser que le rêve sera la voie royale pour accéder à l'inconscient du personnage. Si ce n'est que de Maximilien Aue nous avons, nous semble-t-il, la clé. Le titre, les nombreuses références au mythe d'Oreste, ses confidences et ses aveux ne nous laissent rien ignorer de

---
[3] Cité par Dorrit Cohn dans *Le Propre de la fiction*, Paris, Seuil, coll. «Poétique», 2001, p. 230.
[4] Julie Wolkenstein, Les Récits de rêve dans la fiction, Klincksieck, 2006, p.157.
[5] *Les Bienveillantes*, Paris, Gallimard, coll. Folio, 2006, p. 194.

ses démons. Il se dévoile sans pudeur, révèle ses déviances, sa passion incestueuse pour sa sœur, son homosexualité, la haine qu'il éprouve pour sa mère, ses jeux érotiques d'adolescent perturbé par le remariage de celle-ci. Que peuvent nous apprendre de plus les scénarios oniriques que ce qu'il nous livre si complaisamment ailleurs? Ses rêves confirment les séquences autobiographiques relatives à sa vie éveillée. Il se voit le plus souvent déféquant abondamment ou pataugeant dans ses excréments, aussi incapable de maîtriser son corps que le serait un petit enfant. Le père apparaît peu dans le roman mais s'infiltre dans un rêve où, cavalier de la Grande Guerre, il évoque la statue du commandeur terrorisant l'enfant souillé qui n'a pas encore quitté le stade sadique anal. Muni d'un attribut phallique, une longue lance, il domine le petit, nu, accroupi dans la neige, et le juge «silencieusement pour [s]on comportement inadmissible[6]». Dans tous les cas, le rêveur salit et se salit et l'excrémentiel s'avère vite incontinence, il déborde, il affole. De cette irrépressible colique sont également atteints les doubles du protagoniste, Voss et Una, au cours de scènes qui se reflètent et répètent les mêmes motifs.

Par ailleurs, Aue qui avoue sans ambages avoir couché avec des hommes, se révèle dans ses rêves soucieux d'éviter toute promiscuité féminine. Alors qu'il pense se coucher, il trouve dans son lit une jeune femme particulièrement entreprenante dont il ne parvient à se libérer qu' «avec la plus grande difficulté[7]». Le lecteur retrouve ainsi dans ses rêves le Aue de la vie éveillée, celui qui fait constamment état de ses problèmes intestinaux, qui décrit les corps des Juifs, couverts de merde et de vomi et qui nous fait même visiter les curieuses «gogues» de Lublin. Celui aussi qui, par fidélité à sa sœur, se refuse à toute relation hétérosexuelle.

Bien des énoncés nous montrent en Aue, un homme qui a la nostalgie du paradis perdu de l'enfance, qu'il s'agisse de l'enfance réelle vécue en compagnie de Una ou de la vie intra-utérine dont il a été brutalement expulsé[8]. Une fois encore, les scénarios oniriques intègrent cette composante psychique du personnage qui connaît «le cri d'angoisse infini de l'enfant à tout jamais prisonnier du corps atroce d'un adulte maladroit et incapable, même en tuant, de se venger du fait de vivre[9]». Si le rêve satisfait la

---
6   *Les Bienveillantes, op.cit.*, p. 1153.
7   *Ibidem*, p. 166.
8   À Richard Millet qui lui demande s'il y a une quête chez Maximilian Aue, Jonathan Littell répond: «Je ne sais pas. Peut-être négative. En tout cas, il y a la quête de l'enfance perdue, du paradis perdu.», «Conversation à Beyrouth, Jonathan Littell, Richard Millet», dans *Le Débat*, n° 144, mars-avril 2007, p. 6.
9   *Les Bienveillantes, op.cit.*, p. 734.

réalisation d'un désir, dans plusieurs de ses rêves, le rêveur a la chance de rejoindre l'enfance, son enfance. On songe au rêve déjà évoqué où, petit garçon, il est jugé par son père et on lui adjoindra le rêve où il rencontre Himmler qui, lui aussi, doit le juger: «s'il n'est pas satisfait de mes réponses, je suis un homme mort[10]», commente-t-il avant de se retrouver dans une ville en flammes, petit Juif protégé par ce même Himmler qui le prend par la main. Dans un autre rêve, il fuit la police et se réfugie dans un village provençal où il trouve la paix dans une maison qui ressemble étrangement à celle de l'enfance. Le plaisir de rêver appelle, au demeurant, une analogie avec un plaisir enfantin: «je cherchais un refuge dans mes rêves comme un gamin sous sa couverture, car si cruels et corrompus fussent-ils, c'était toujours mieux que l'insupportable amertume du dehors[11]». Mais le vrai bonheur serait sans doute de n'être pas né, c'est pourquoi dans ce délire qui s'empare de lui, au cours de son séjour dans le manoir de Poméranie, Aue s'imagine que couché sur sa sœur, la porte des enfants s'ouvrant d'elle-même, il est happé par ce corps de neige blanche et froide qui se referme sur lui[12]. En Una se conjuguent les figures de la mère et de la mort. On comprend alors qu'il y a en Aue une aspiration à disparaître en se fondant dans le corps du double aimé.

En relisant les rêves que raconte le protagoniste, on constate que des motifs et des thèmes font retour et que lui-même parle de rêves récurrents. On peut distinguer les rêves de souillure, les rêves de métro et les rêves qui intègrent le contexte historique. Des fils les relient entre eux et relient chacun d'eux au récit englobant, un enchevêtrement de lignes entraîne le lecteur dans le labyrinthe textuel. Il lit et lie dans tous les sens, associant ce qu'il lit à ce qu'il a lu cent pages ou dix jours plus tôt. Les associations ne sont pas libres comme dans la cure psychanalytique mais s'exercent sous contraintes. Elles font néanmoins appel à la mémoire, et plus on se souvient mieux on associe. Le narrateur quant à lui n'analyse pas le matériau brut de ses rêves, il ne revient ni sur leurs thèmes ni sur les mots qu'il emploie, il n'explore pas le feuilleté de cette pâte onirique. Lire les rêves ne nous permettra pas de déplier l'inconscient du personnage, nous savons bien qu'il est un être de papier et d'encre et que notre lecture ne pourra le guérir de sa pathologie. Nous ne trouverons pas une quelconque clé des songes dans les annexes de l'ouvrage, chaque personnage, chaque objet, chaque situation ne peut être corrélé qu'à un autre objet, personnage ou

---

10   *Ibidem*, p. 1135.
11   *Ibidem*, p. 1276.
12   *Ibidem*, p. 1282

situation du texte cadre. Somme toute, le récit de rêve établit avec le texte une relation similaire à celle qu'un récit emboîté entretient avec le récit emboîtant. Il dit sous une forme condensée ce que dit le récit de la vie éveillée mais il le transpose, le déforme si bien, qu'on ne peut aisément le reconnaître. Le même nous apparaît autre. Le rêve nous invite ainsi à un travail de décryptage et nous laisse espérer la possibilité d'un sens. Nous entreprenons par cette démarche herméneutique un travail similaire à celui du narrateur qui avoue à plusieurs reprises son désir de comprendre. N'a-t-il pas entrepris l'écriture de ce texte «pour éclaircir un ou deux points obscurs[13]»?

Aue est le plus souvent le seul personnage de ses rêves mais il lui arrive de croiser d'autres humains, ceux qui hantent sa vie. Comme dans les vrais rêves, ceux qu'a étudiés Freud, il dévoile un des effets du travail de l'élaboration, la condensation de plusieurs personnes en une. C'est ainsi que dans le rêve scatologique du Caucase, il précise que Voss devait être lui-même, tandis que lui-même était en fait son propre père[14]. Sa sœur apparaît dans plusieurs rêves, mais toujours inaccessible, accompagnée de von Üxküll, son époux paralysé où enlevée par ses futurs époux, un nain et un borgne. Dans cette dernière scène, le rêveur lance au borgne un «ce n'est pas convenable» mais celui-ci lui renvoie l'expression. Deux hommes ne peuvent épouser une femme, c'est ce qu'a pourtant fait la mère, mais un frère ne peut épouser sa sœur. On comprend alors que Una est à la fois la sœur et la mère et que le borgne et le nain figurent respectivement Aue le père et Moreau le beau-père. Le rêveur n'interprétera pas son rêve, il laisse ce soin au lecteur, la lecture devient jeu et le plus souvent jeu déceptif car les interprétations sont multiples et invérifiables. Le rêve se permet même de devenir prophétique, à l'instar rêve inclus dans les tragédies. Aue, en effet, à la fin de ce long rêve qui clôt «Courante» ne peut rejoindre sa sœur à cause de deux jumeaux qui lui barrent le chemin. Plus tard, à Antibes il fera la connaissance des jumeaux Tristan et Orlando, ses fils sans doute. Si Aue cherche à savoir qui a tué sa mère et qui est le père des jumeaux, ses rêves ne le renseigneront pas. Les rêves répètent la vie, sans bénéfice pour le lecteur qui peut penser que la naissance des jumeaux a été sue et refoulée par Aue, à moins que celui-ci n'ait intégré dans son rêve des éléments dont il n'a eu connaissance que plus tard. Le rêve raconté n'est pas le rêve, il est une reconstruction opérée à l'aide de la mémoire, une traduction, une

---

13 *Ibidem,* p. 16.
14 *Ibidem,* pp. 441-442.

trahison donc. Reste que l'injonction du borgne fonctionnera comme la Loi du Père et qu'à Antibes, Aue ne frappera pas les enfants. Le rêve aura ainsi une fonction dramatique dans l'intrigue, mais peut-être à l'insu du rêveur. C'est sans doute ici un des rares points du texte où le lecteur en sait plus que le personnage de ce récit en première personne.

Dans plusieurs rêves, Max Aue fuit, anticipant une véritable fuite qui aura lieu au dernier chapitre. Sans doute ces images sont-elles, pour être signifiantes, à mettre en corrélation avec le vécu du jour précédent. Après la mort du petit violoniste juif, Aue, toujours discret quand il s'agit d'évoquer ses sentiments personnels, trahit son émotion dans une scène rêvée au cours de laquelle il tente de sortir mais en est empêché par une femme aux cheveux gris. Tous ses efforts pour lire, écrire ou dormir et même sauter par la fenêtre échouent successivement. Quand le rêveur prend le métro, celui-ci est toujours «décalé, excentré, imprévisible[15]», le réseau est détraqué et une image de désordre s'impose. Dans ces rêves de métro, il se montre emporté à toute vitesse vers la catastrophe, il cesse d'être le bureaucrate efficace et sûr de lui et nous donne à voir un homme rongé de doutes qui, emporté par une machine infernale, se transforme en victime du destin. S'attribuant ainsi une connaissance anticipée des événements, il détourne à son profit le rêve prophétique. Les rêves angoissés nous montrent un personnage qui ne coïncide pas avec l'image que les autres nous donnent de lui. Ses rêves suggèrent sans dire et font appel à la faculté interprétative du lecteur qui aura ainsi la responsabilité de justifier le narrateur. Les rêves entrent au service d'un plaidoyer pro domo.

L'Histoire au miroir du rêve

La littérature et les témoignages nous ont offert les récits oniriques des victimes mais ceux des bourreaux sont plus rares. Pourtant, à lire les rêves de Max Aue, on peut constater que les uns et les autres intègrent des motifs similaires. Le sujet ne produit pas les mêmes rêves en temps de guerre et en temps de paix, et le troisième Reich a donné des rêves spécifiques, comme l'affirme Charlotte Beradt dans un ouvrage consacré à ce sujet[16]. Il n'est plus vrai que la seule personne en Allemagne qui a encore une vie privée est celle qui dort, le sommeil n'est plus une protection et la vie politique envahit l'espace intime. Les rêves sont alors un microcosme où se lisent les données

---

15 *Ibidem*, p. 239.
16 *Rêver sous le troisième Reich,* Petite Bibliothèque Payot, 2002.

8. Rêves et fantasmes 131

du macrocosme que constitue le réel, ils transmettent à leur manière la façon dont le sujet appréhende le monde qui l'entoure. Se projette, sur l'écran de la nuit, une réalité travaillée par les forces de l'inconscient, déformée par les caprices du désir et de la peur, mais néanmoins présente.

On pourrait croire que Aue consacre ses loisirs à l'écriture de ses mémoires parce qu'il veut comprendre, comme beaucoup d'autobiographes, le sens de sa vie. Mais si donner du sens c'est tisser un lien, son entreprise échoue car le texte se troue, puisqu'il n'arrive pas à reconstituer la scène du crime et qu'à la différence d'Œdipe, il ne mène pas l'enquête pour connaître l'identité du criminel. Principal suspect, il se défend, cherche des appuis politiques, nie, s'affole. Sa mémoire ne porte aucune trace de l'événement, il ne peut même pas cueillir un rêve dans l'opacité de cette nuit. Ne reste qu'un sommeil de brute, une rupture dans le flux de la vie. Le sommeil alors est qualifié de «noir» et devient une «eau sombre, épaisse, agitée[17]». Cette énigme ne le préoccupe pas, de sorte que refuser d'admettre sa culpabilité dans ce matricide ou dans le génocide, c'est tout un. On le voit, la vie privée est le reflet de la vie politique et la jonction de l'une et de l'autre se réalise dans les espaces oniriques qui, parce qu'ils recourent aux symboles et aux images, admettent plusieurs lectures.

Ce que le narrateur veut comprendre n'est pas explicité, il range pourtant parmi les choses indispensables à la vie humaine, la recherche de la vérité[18]. Dans son préambule en forme de *captatio benevolentiae*, il explique qu'il écrit «pour éclaircir un ou deux points obscurs, pour vous peut-être et pour moi-même[19]». Soit comprendre dans la rétrospection ce qu'il n'a pas compris dans la simultanéité, et cette réflexion qui est à la fois reflet et réflectivité s'affirme dans un énoncé à valeur illocutoire. Ses rêves lui reste des énigmes et dans la vie, il s'est montré généralement peu perspicace quand il s'est agi de deviner les intentions d'autrui. Le cadavre de la mère étranglée pendant son sommeil rejoint donc les millions de cadavres entassés dans les fosses où brûlés dans les kremas. Et l'une comme les autres sont des victimes innocentes. On bute sur un mystère, on énumère les explications mais trop d'explications nuit, on ne comprendra pas. On constate avec effroi l'effet sans en trouver la cause, la raison s'effondre. La belle machinerie qui se construit laborieusement sous nos yeux ne peut fonctionner car il lui manque une pièce, ce trou dans la vie de Aue et cette ellipse dans le récit historique. Tout se passe comme si Aue devenait la synecdoque du peuple

---
17 *Les Bienveillantes, op.cit.*, pp. 745 et 760.
18 *Ibidem*, p. 16.
19 *Ibidem*.

allemand.

Venger le père, est une des raisons aberrantes de ce processus de destruction. Aue souligne cette analogie: «au fond le problème collectif des Allemands, c'était le même que le mien; eux aussi, ils peinaient à s'extraire d'un passé douloureux, à faire table rase pour pouvoir commencer des choses neuves. C'est ainsi qu'ils en étaient venus à la solution radicale entre toutes, le meurtre[20]». Mais le meurtre, se demande-t-il alors, n'ouvre-t-il pas sur de nouveaux abîmes? On se souvient que Aue se voyait en rêve, petit garçon entouré de cavaliers en manteaux de la Grande Guerre. Parmi eux se détachait un homme aux traits flous, son père tel qu'il lui est apparu sur une vieille photographie, soit une tache blanche, un inconnu presque, sur qui on projette ses propres désirs. On cherche les causes dans le passé, et les mots vengeance, revanche, humiliation remontent. Il s'avèrent d'autant plus insatisfaisants que ce rêve a lieu une nuit de juillet 1944 dans une ville devenue champ de ruines. Les fantômes de la Grande Guerre ne peuvent hanter les rêves des officiers SS que pour leur demander de rendre des comptes. Qu'ont-il fait de la capitale du Reich millénaire?

Il nous faut ici revenir sur ce motif de l'excrémentiel qui souille les rêves du narrateur, et le mettre en relation avec la perversion entendue comme une régression à une fixation antérieure de la libido. Les scènes de défécation se multiplient, invitant à voir dans le corps une machine à détruire. Dans ces rêves et hallucinations se met en place une isotopie de la digestion. Lorsque Thomas est blessé au ventre, Max Aue voit ou hallucine son ami étendu dans la neige «ses intestins se répandaient de son ventre en de longs serpents gluants, glissants, fumants[21]». Plus tard, en Poméranie, il se videra lui-même de ses intestins avant de se joindre à sa sœur. Dans *La Relation objectale anale*, Béla Grunberger définit la digestion comme un «fractionnement des aliments ingérés» et «leur dégradation successive en unités de moins en moins différenciées, perdant progressivement leurs particularités originelles et formant finalement une masse homogène, le bol fécal». Il met ce processus en corrélation avec l'expression du Gauleiter d'Auschwitz, Rudolf Höss, qui appelait ce camp «l'anus du monde[22]». Les déportés dans ce lieu clos y devenaient en effet des particules anonymes et interchangeables avant d'être réduites en cendres. Il s'agissait de réduire des êtres singuliers, individualisés en un magma indifférencié.

---

20 *Ibidem*, p. 751.
21 *Ibidem*, p. 587.
22 Cité par Janine Chasseguet-Smirgel dans *Éthique et esthétique de la perversion*, Champ Vallon, 1984, p. 197.

8. Rêves et fantasmes 133

Les rêves grâce au processus de condensation jouent sur la réversibilité des êtres, si bien que l'un peut être l'autre de la même façon que dans les camps tous les détenus se ressemblent. Voss est Aue et Aue est son père ou un calmar géant; Hitler est juif dans une scène hallucinée; dans un rêve Aue est judenlein et dans un autre le lecteur peut reconnaître derrière le nain et le borgne, Mandelbrod et son acolyte Leland ou Moreau et le père. Se condensent dans la figure du docteur Sardine les représentations picturales que Delvaux a données de Otto Lidenbrock[23], le héros de Jules Verne, mais aussi le savant sans scrupules qui met la science au service de la destruction. Le nom apparemment comique de Sardine est aussi celui d'une méthode: la *Sardinenpackung* que Blobel a exposée à Jitomir[24]. Les limites s'effacent, celles qui séparent le bien du mal, le licite et l'interdit, le rêve et la vie, le bourreau et la victime, ce qui met en péril l'idéologie völkish qui promouvait l'idée d'un peuple racialement pur et doté de toutes les qualités. Les rêves mettent en abyme l'absurdité d'une entreprise qui ne cesse de souiller pour purifier. Dans le manoir de Poméranie, Aue est envahi par une fantasmagorie coprophagique au cours de laquelle sa sœur et lui consomment leurs urines et leurs étrons. La scène transpose l'inceste qui lui-même transpose l'obligation faite aux Allemands de préserver la pureté de la race. Quant aux rêves de métro, ils miment le désordre qui gangrène le IIIe Reich et invitent à penser que le réel lui aussi doit être, comme les rêves, décrypté et que sous le sens manifeste se dissimule un sens latent. On peut alors extraire du récit historique les épisodes où se lisent la confusion des identités et l'indifférenciation. Le Hauptsturmführer Turek a un physique juif, Mandelbrod malgré son nom à consonance juive est «un pur Allemand de vieille souche prussienne[25]». Aue est lui-même circoncis et s'interroge sur la judéité des Bergjuden. Mandelbrod affirme que «les juifs sont les premiers vrais nationaux-socialistes[26]». Thomas qui pense pouvoir s'en sortir en endossant l'identité d'un travailleur STO, nous apprenant «qu'il y a des types de la Gestapo qui cherchent à se procurer

---

23 Delvaux a peint douze tableaux autour de Verne. «Le Congrès» a été peint en 1941 au moment où la science fait les ravages que l'on sait dans la plus totale indifférence.
24 Les fosses se remplissant trop vite, pour gagner de la place, «les condamnés déshabillés se couchaient à plat ventre au fond de la fosse, et quelques tireurs leur administraient un coup dans la nuque à bout portant […] puis on les recouvrait d'une fine couche de terre et le groupe suivant venait se coucher sur eux, tête-bêche; quand on avait ainsi accumulé cinq ou six couches, on fermait la fosse», *Les Bienveillantes*, op.cit., pp. 159-160.
25 *Les Bienveillantes*, op.cit., p. 641.
26 *Ibidem*, p. 650.

des étoiles et des papiers juifs[27]» fait vaciller nos dernières certitudes. Où réside alors cette prétendue pureté si les limites entre les identités et les idéologies s'effacent? Voss, le linguiste, répondra à Aue qui s'interroge sur l'origine des Bergjuden, «Tout le monde a une origine, la plupart du temps rêvée[28]». La catastrophe que fut cette guerre s'ancre donc dans un rêve, le roman familial de tout un peuple s'inventant, comme les enfants, des parents fabuleux. Quant à Aue, son rêve de la Volga montre qu'il cherche le retour au pays de l'enfance, voire le regresso ad uterum.

À l'excrémentiel se joignent la boue, l'eau, la pluie. Ils pourrissent les rêves d'Aue dont le nom même dit l'aquosité. Aue est eau impure comme l'indique le désordre des lettres qui constituent son nom. De la fange Aue a l'ambiguïté, ni eau ni terre, il est un homosexuel passif dont l'anus est aussi un vagin. Les liquides sortent de lui dans ses rêves sous la forme de diarrhée, de sang et de sperme. Dans la réalité son corps n'est plus étanche, ses mains saignent, sa tête est trouée et laisse s'évader des images incohérentes qui se mélangent à la réalité. Toutes les frontières sont rompues. Le corps se défait, le moi-carapace se morcelle. L'aqueux nourrit le rêve du grand calmar, qui est un rêve de pureté retrouvée grâce à l'expulsion dans le désert des habitants indésirables. Dans l'eau se confondent le visage d'Ott et celui du soldat russe[29]. Les rêves du protagoniste ressemblent même parfois à «de longs courants sous-marins qui remuaient la vase des profondeurs tandis que la surface restait lisse, étale[30]». La lecture de l'essai de Jonathan Littell intitulé *Le Sec et l'humide* nous invite à voir en Max Aue le fasciste type, dans la mesure où il ne s'est jamais séparé d'avec la mère (la sœur), il «ne s'est jamais constitué un Moi au sens freudien du terme» pour rester le «pas-encore-complètement-né[31]».

Les motifs de l'excrément, du liquide et de la boue, récurrents dans les rêves, métaphorisent par ailleurs le lexique mis à la disposition des formations militaires. L'évacuation des populations juives puis l'évacuation d'Auschwitz, la liquidation des indésirables et les latrinenparolen. Certes, il est normal que la boue, le liquide, abondant dans la description du réel, s'infiltrent dans les rêves du dormeur et mettent en échec le mythe de la pureté. Aue sera lui-même obsédé par les taches réelles ou imaginaires qui salissent son uniforme. Pourtant, il ne cesse dans sa vie personnelle de nier

---
27   *Ibidem*, p. 1357.
28   *Ibidem*, p. 433.
29   *Ibidem*, p. 233.
30   *Ibidem*, p. 261.
31   *Le Sec et l'humide,* Gallimard, l'Arbalète, 2008, p. 26.

les limites de la loi et d'oser le matricide, l'inceste et l'homosexualité, puis de fantasmer le transvestisme, comme pour revenir vers l'indifférencié. Mélanger se dit en anglais, *to muddle*, et ce verbe vient de *mud*, boue…

Les rêves mettent en évidence la perversion du régime; sous l'ordre apparent se dissimule le délitement. Plus rien ne tient, les limites explosent. Le jeu de nardi proposé par le nain annonce dans sa formulation lapidaire «Si je gagne, je te tue, si je perds, je te tue[32]» l'écroulement du monde et le triomphe de la dictature.

Chaosmos

Julie Wolkenstein, constatant la raréfaction du motif du rêve dans le roman du XXᵉ siècle et se demandant pourquoi les personnages n'ont désormais plus besoin de rêver, évoque l'influence conjuguée de la psychanalyse et du cinéma avant d'avancer une troisième hypothèse: «l'évolution de l'écriture romanesque pourrait, en elle-même, expliquer ce relatif effacement du motif, dans la mesure, précisément, où elle adopterait stylistiquement les propriétés du récit de rêve[33]». À l'aube du XXIᵉ siècle, Jonathan Littell pourtant se réapproprie les rêves fictifs pour en sertir son roman. Ces fragments spéculaires où l'image d'une nation se reflète dans celle d'une âme singulière nous invitent, à cause de la complexité du dispositif, à nous interroger sur ce que ces rêves nous disent de la fiction et de son rapport au réel.

Dans ce roman nourri essentiellement d'Histoire, les rêves n'ont d'autres référents que des images. Produits par un personnage de papier, ils entrent dans la catégorie des rêves littéraires, rêves qu'on n'a jamais faits, pour reprendre l'expression de Freud. Purs éclats de romanesque, ces rêves ne renvoient à rien d'autre qu'à eux-mêmes, ils sont taillés dans les mots et possèdent donc un fort coefficient de littérarité. Alors que la critique a parfois accusé Littell d'avoir pratiqué la compilation et procédé par simple «copié-collé[34]», ces récits déforment et transforment le foisonnement des

---

32 *Les Bienveillantes*, op.cit., p. 610.
33 *Les Récits de rêve dans la fiction*, op.cit., p. 76.
34 «*Les Bienveillantes* sont un roman, et c'est ainsi qu'il faut le lire. Mais pour la plupart, les faits décrits par Jonathan Littell ont eu lieu et les personnages ont réellement existé. Les propos tenus sont en général des transcriptions plus ou moins adaptées de témoignages authentiques. L'ensemble tient d'ailleurs beaucoup du «copié-collé». Tout historien de la question peut aisément en retrouver les sources […] Reste que la part romanesque du récit est très limitée. C'est là où le bât blesse pour un roman…» Georges Bensoussan, «*Les Bienveillantes*, une entreprise factice»,

énoncés référentiels et fictionnels. En somme, leur référent est linguistique. Ils sont de la fiction au deuxième degré car comme la fiction ils sont faits de réel fictionalisé, et s'ils donnent parfois accès comme elle à un monde non réel mais possible, il arrive néanmoins que s'y manifeste un non-sens indiquant un changement de monde. Dans un texte qui se dilate et s'expanse impitoyablement, ils nous proposent des récits qui se situent à l'interface de l'Histoire et de la fiction, des récits hybrides, miniaturisés et inquiétants.

Le royaume des rêves est généralement nettement délimité par l'intervention de «prédicat créateurs-de-mondes[35]» tels que « je fis un rêve étrange» ou «je m'éveillai» à moins qu'un blanc typographique ne sépare clairement la fin du rêve du retour au récit réaliste. Deux rêves font exception. L'un s'inscrit entre le moment où le narrateur est blessé à Stalingrad et le moment où il s'éveille dans un hôpital berlinois. Le lecteur ne peut repérer avec précision le seuil du rêve, de sorte qu'il est amené à partager temporairement l'illusion du personnage et qu'il se trouve par conséquent piégé par le texte. Le narrateur qui fait un récit rétrospectif révèle ici la volonté de nous manipuler, de nous obliger à nous identifier à lui en vivant la même illusion mais il nous invite également à nous interroger sur les frontières qui séparent fiction et réalité. L'autre rêve a lieu au cours d'un séjour à Auschwitz. Aue use d'un procédé similaire: la sortie du rêve est indiquée par un signe lexico-sémantique «je m'éveillais» et est suivie d'un récit obscène qui s'avère être un nouveau rêve. L'éveil est lui-même rêvé et le lecteur est une fois encore leurré pendant quelques lignes puisque le cadre spatial dans lequel s'inscrit ce second rêve pourrait être celui du dormeur.

Mais il est des cas où l'illusion n'est pas brisée de sorte que l'incertitude perdure, tant chez le protagoniste que chez le lecteur. Avant que Max Aue ne soit blessé à la tête, Thomas a été blessé au ventre, ses intestins s'en sont échappés et les enroulant autour de sa main il a pu les remettre à leur place. La scène est extravagante et pour le lecteur peu crédible. Pourtant, plus tard, à la piscine, Aue remarque qu'une longue cicatrice barre l'abdomen de son ami. Ce souvenir de Stalingrad qu'il avait rejeté dans le grenier des hallucinations et des rêves renvoyait donc à une réalité? Il constate alors: «j'avais subitement l'impression de ne plus pouvoir être

---

Nouvelle Revue Pédagogique- Lycée, n° 24, mars 2007, p. 10.
35 Expression employée par Jean-Daniel Gollut, dans *Conter les rêves,* José Corti, 1993, p. 62.

sûr de rien[36]». Le lecteur lui-même ne peut distinguer avec certitude ce que le personnage perçoit du monde extérieur et ce que son imagination projette sur l'écran qu'est la réalité. Voit-il, hallucine-t-il, invente-t-il? Nous ne pouvons trancher face à l'inquiétante étrangeté de certaines scènes. Jean Solchany[37] trouve improbable la rencontre des enfants massacreurs vers la fin du roman, mais il est tant d'autres rencontres aussi improbables. Que penser de ces petites filles qui dans les ruines d'un immeuble de Stalingrad montrent à Aue impudiquement leur derrière? S'agit-il d'une perception, d'une hallucination ou d'une fiction bricolée à partir des petites Euménides de la pièce giralducienne? Et cet homme amputé qui recueille son sang pour le boire? Suffit-il pour nous convaincre que le narrateur affirme «Tout ceci est réel, croyez-le[38]»? Il arrive qu'ayant raconté un souvenir de sa jeunesse transgressive, Aue revienne sur son récit et se demande s'il n'a pas rêvé la scène[39]. Inversement, il a longtemps cru avoir rêvé qu'enfant il montait les marches d'un grand mausolée jusqu'au jour où à Kiel il a découvert que cette scène était l'inscription dans sa mémoire d'un événement réellement vécu. Certes, toutes ces séquences incertaines concernent la vie du personnage fictif qu'est Aue. Néanmoins, il convient d'avouer que bien des épisodes historiques, tel celui du massacre de Babi Yar, semblent des récits de cauchemar. Ils exigent alors que nous recourions à un hors-texte pour identifier leur statut. Parfois, le lecteur est saisi par le doute et doit admettre que les rêves qui angoissent tant le narrateur sont bien ternes comparativement aux récits factuels dans lesquels ils s'insèrent. Se pose alors l'éternelle question philosophique concernant les critères qui permettent de distinguer le rêve de la vie. L'absence d'étonnement serait la loi fondamentale du rêve, mais Aue ne s'étonne pas plus devant les spectacles horribles que lui offre l'époque troublée qui est la sienne que devant les images oniriques.

Par ailleurs, l'incertitude sur le statut des énoncés – fictionnels ou référentiels – est lui-même mis en fiction à travers les hésitations du personnage relatives au statut de ses perceptions – rêve, hallucination, réalité – et répond par avance aux critiques qui pointeront les invraisemblances du roman. On a reproché au romancier l'anhistoricité de son personnage (fictif). Peter Schöttler écrit: «un livre, et même un roman, qui se veut d'une grande précision historique, ne peut se permettre de rester muet quand il

---

36 *Ibidem*, p. 991.
37 «L'Histoire à l'épreuve de la fiction», *op. cit.*, p. 162.
38 *Les Bienveillantes*, *op. cit.*, p. 583.
39 Il s'agit de la scène du musée des Tortures, *Les Bienveillantes*, *op.cit.*, pp. 702-703.

s'agit de documenter un tant soit peu la mentalité et la vision du monde du personnage qui parle[40]». De fait, ce roman est tissé d'énoncés référentiels et fictionnels auxquels s'ajoutent des énoncés de troisième type, ceux-là indécidables.

Dans ses rêves comme dans la vie, Aue est généralement simple spectateur de scènes auxquelles il ne participe pas personnellement. Mais aussi invraisemblables que soient les rêves, ils sont des analogons de la vie. Dans *Conter les rêves*, Jean-Daniel Gollut énumère les caractéristiques du récit onirique. Il signale par exemple l'absence de principe d'identité, l'interchangeabilité multiple de tout et remarque que les mots ne correspondent pas exactement aux réalités admises et que les intentions du moi rêvé échappent à la connaissance du moi rêveur. Mais l'indifférenciation, le dévoiement du lexique, et l'occultation des raisons véritables de l'aktion rapprochent l'esthétique du récit de rêve de celle des récits factuel et fictionnel. Jean-Daniel Gollut ajoute qu'«on raconte parce qu'on ne comprend pas» et il est vrai que Aue est en quête de sens. Cette similitude des deux types de récits, fictionnel et onirique, s'expliquera peut-être par le fait que «toute description d'une descente aux enfers a la structure d'un rêve[41]».

Il faut bien avouer néanmoins que le sens précis des rêves échappe au lecteur, que leur contenu déroute et que si on peut parfois corréler certains de ses éléments à d'autres situés dans le récit englobant, de nombreux signes restent intraduisibles tandis que d'autres polysémiques, font se succéder des traductions multiples et contradictoires, sans qu'aucune ne parvienne à s'imposer. Freud nous rappelle que «le travail d'élaboration [...] s'efforce de condenser deux idées différentes, en cherchant, comme dans un calembour, un mot à plusieurs sens dans lequel puissent se rencontrer les deux idées[42]». Alors nous pouvons imaginer que les métros disent Maître Aue, oser un Aue-schwitz et voir dans tous les liquides dont il est question dans les rêves la métaphore d'un Aue déliquescent. L'abondance de sens nuit au sens. Ainsi en est-il aussi du récit factuel qui fait se succéder les explications censées nous donner les causes de ces massacres sans qu'aucune puisse prétendre être plus vraie que les autres.

Aue écrivant ses rêves fait un travail de réécriture, car ses rêves mettent le réel en fiction et lui permettent de devenir ainsi romancier de sa propre

---
40 *Le Monde*, 14 octobre 2006.
41 Gaston Bachelard, *La Psychanalyse du feu*, Paris, Gallimard, coll. Idées, 1949, p. 71.
42 *Introduction à la psychanalyse*, Payot, 1961, p. 157.

vie et de continuer à transgresser impunément, puisqu'il ne s'agira plus que de faire fi des lois de la vraisemblance. Il reconquiert une forme de toute puissance, celle qu'il voulait obtenir autrefois lorsqu'il était calmar géant, ce crustacé céphalopode qui crache de l'encre et qui étymologiquement vient de calamarius «servant à contenir le roseau pour écrire». Le rêve était prémonitoire. Dans une débauche de langage, Aue qui enviait la créativité de la mère et refusait ce sein, symbole de création selon Mélanie Klein, devient alors créateur d'un chaosmos.

Les rêves nous ouvrent l'inconscient du personnage et nous montrent sa cohérence. Il n'est rien dans le matériel onirique qui invalide ses propos diurnes. Néanmoins, ils ne nous permettent pas d'atteindre l'infracassable noyau de nuit ni de savoir s'il ment, affabule ou dit la vérité. C'est en romancier et non en historien que Littell a composé Aue et il a décidé d'en faire un romancier comme lui, de sorte que le texte jouxtant différentes catégories d'énoncés gagne en ambiguïté. En intégrant l'histoire sous une autre forme, le rêve a aussi une fonction épistémique et dans la mesure où il nous ouvre à l'expérience de l'autre, il nous permet momentanément d'être celui que nous ne sommes pas, il nous fait sortir de nos limites. Cette expérience se fait par ailleurs sous contrôle, car pour reprendre les expressions de René Picard, le «game» discipline le «playing[43]». Nous ne sommes pas Aue mais l'expérience de la lecture nous inquiète, fait vaciller nos certitudes. Il y a des similitudes entre le rêveur et le lecteur qui «laisse ses excitations psychiques s'engager dans un début de "régrédience"[44]». Mais ici, je laisse la parole aux victimes: «La saloperie des autres est aussi en nous. Et je ne vois pas d'autre solution, vraiment aucune autre solution que de rentrer en soi-même et d'extirper de son âme toute cette pourriture. Je ne crois plus que nous puissions corriger quoi que ce soit dans le monde extérieur que nous n'ayons d'abord corrigé en nous» dit l'une et une autre ajoute «Pour moi, […] je porte en moi-même le germe de tous les crimes ou presque. Je m'en suis aperçue notamment au cours d'un voyage […]. Les crimes me faisaient horreur, mais ne me surprenaient pas; j'en sentais en moi-même la possibilité[45]».

---

43 Le «playing» est fondé sur l'identification à une figure imaginaire et le «game» de type réflexif permet la mise à distance.
44 Vincent Jouve, *La Lecture*, Paris, Hachette, 1993, p. 85. Le concept de régrédience appartient à Christian Metz.
45 Les auteurs de ces deux citations sont respectivement Etty Hillesum et Simone Weil, dans Sylvie Germain *Etty Hillesum,* p. 91 et p. 135.

9. Maximilien Aue: une homosexualité de rigueur?
Éric Levéel

Il serait vain de réitérer combien le lien entre la sexualité et le Mal a été exploité en littérature, au théâtre et dans les œuvres filmiques. Il serait vain de nier combien la «souillure» homosexuelle s'agrippe à l'iconographie et à l'historiographie du nazisme, combien la culture masculine de cette idéologie demeure un terreau fertile pour des relations «coupables» au sein du nouveau *Volk* qu'elle tente de créer, de propager et de renforcer.

Le nazi homosexuel, sexuellement pervers et/ ou sadomasochiste fait tant partie d'une certaine imagerie collective que l'on peut se demander si Jonathan Littell en créant le personnage-narrateur de son roman *Les Bienveillantes* sous les traits d'un esthète homosexuel ne s'est pas contenté de reproduire un schéma développé avant lui par Luchino Visconti dans *Les Damnés* (1969) ou bien par Pier-Paolo Pasolini dans *Salo ou les 120 journées de Sodome* (1976). Littell aurait-il voulu «noircir» plus encore un personnage dont les seules actions et les seules prises de position auraient aisément suffi à déclencher le dégoût du lecteur devant une telle représentation de ce Mal ordinaire – pour reprendre le vocable d'Hannah Arendt –, de ce Mal absolu. Serions-nous alors devant une homosexualité de rigueur, une «tare» supplémentaire garantissant au lecteur la description d'un cloaque privé tout aussi nauséabond que la fange nazie: l'homosexualité comme un écho pathologique à une idéologie, à ses manifestations et à sa structure même. On retrouverait par conséquent la thématique viscontienne et pasolinienne du pervers polymorphe revêtu de l'uniforme ss ou fasciste. On s'éloignerait aussi de la vision merlienne de *La Mort est mon métier* dans laquelle le personnage de Rudolf Lang se trouve être, quant à lui, un père de famille ordinaire, un exécutant loyal et obéissant, le rouage d'une machine mortifère, sans pathologies apparentes pouvant expliquer sa fonction de bourreau suprême au sein du camp d'Auschwitz, si ce n'est une rigidité d'esprit héritée d'une éducation catholique stricte administrée par un père omniprésent et omnipotent – Le *Führer* devenant ainsi le prolongement évident du père pour Rudolf Lang. Si les références au roman de Robert Merle ont fusé dès la publication des *Bienveillantes*, si Jonathan Littell a admis à plusieurs reprises dans la presse l'avoir lu attentivement, si les deux auteurs ont pour personnages principaux les bourreaux plutôt que les victimes vues comme des masses plus ou moins informes – quelques exceptions notoires apparaissent néanmoins dans l'ouvrage de Littell –, la comparaison semble s'arrêter là tant Rudolf Lang et Maximilien Aue sont antinomiques, tant la démarche de Littell est divergente de celle plus historique, plus documentaire de Robert Merle qui se contente de transcrire plus ou mois fidèlement les comptes-rendus du procès de Rudolf Höß à Nuremberg et les entrevues avec le psychiatre commis d'office, le tout de manière romancée. Chez Littell, outre la différence fondamentale entre Aue et Lang, il s'agit d'une véritable œuvre de fiction, Maximilien Aue pouvant, il nous semble, s'apparenter à de nombreux bureaucrates éduqués de la SS et à personne en particulier dans ce que son personnage possède les caractéristiques d'un nazi convaincu sans tomber pour autant dans la caricature. Car tel est l'intérêt de la créature littellienne elle-même: l'inattendu, et l'outrance de cet inattendu. La vie privée de Maximilien Aue est inattendue car là où l'homosexualité n'aurait pu être qu'une preuve supplémentaire de la dégénérescence du personnage, une pathologie annexe selon une grille aux relents d'homophobie ou bien la confirmation d'une dégradation morale, ou tout du moins psychologique de par le caractère «marginal» de cette homosexualité qui n'en est intrinsèquement peut-être pas une. Comme nous l'avons mentionné, Maximilien Aue n'est pas un père de famille tranquille comme Rudolf Lang retrouvant sa femme et ses enfant une fois son devoir d'exterminateur accompli; au contraire, sa vie privée ne lui offre pas le luxe d'effectuer une transition entre l'anormalité et la normalité – si tenté que ces deux termes aient encore un sens dans l'œuvre de Jonathan Littell – non pas parce que Maximilien est homosexuel mais simplement parce que son homosexualité est fondamentalement marginale, réfléchissant «l'anormalité» de sa relation avec sa sœur jumelle Una, Baronne von Üxküll. Elle peut être considérée comme marginale non pas dans ce que certains comprendraient comme une perversion en elle-même mais parce qu'étrangement cette homosexualité pratique traduit la complexité d'un amour véritable et absolu pour une femme: Una, l'unique.

9. Maximilien Aue: une homosexualité de rigueur? 143

L'homosexualité de Maximilien Aue – appelons-la ainsi – ne représente pas le duo classique de la sexualité et du Mal fondé sur un rapport de force maître-esclave; à l'inverse, l'officier Aue ne trouve aucun plaisir pervers dans la subjugation sexuelle d'êtres dits inférieurs, comme d'autres officiers. Il ne pense pas aux Juifs, aux Polonais, aux prisonniers comme à des objets sexuels que son pouvoir lui permettrait de dominer et d'humilier. Ses partenaires sexuels sont soit des connaissances (d'autres officiers ss et un diplomate roumain) soit des prostitués parisiens. Loin de vouloir dominer ses «conquêtes», il désire l'être par leur phallus, sa passivité sexuelle allant à l'encontre de l'image masculine et guerrière.

Jonathan Littell ne nous épargne aucun détail de chaque rencontre sexuelle dont deux dans le Paris de l'Occupation offrent au lecteur une compréhension totale de ce que nous avons voulu appeler homosexualité marginale, c'est-à-dire une homosexualité dont les racines ne se trouvent pas dans une attraction réelle pour un autre homme et dont le choix de la passivité sexuelle est un choix érotique, mais une homosexualité profondément ancrée dans le désir d'être autre, ou dans ce cas précis dans la volonté de s'identifier, de ne faire qu'un avec l'être aimé: Una. Avant et pendant la puberté, Maximilien et sa sœur ont eu une relation incestueuse qu'il ne voit pas ainsi mais plutôt comme un moyen de consolider sa gémellité, l'unicité de leur lien; la pureté et l'intensité de l'amour que Maximilien ressent et sa destruction par leur mère lorsque leur relation «immorale» est découverte, vont déterminer et définir ses comportements sexuels. Exilé dans un pensionnat catholique strict et pervers – répétition prophétique, il nous semble, des camps d'extermination dont il deviendra inspecteur – dans lequel il découvre les pratiques homosexuelles avec des garçons plus âgés qu'il reproduit seul rentré chez lui, pensant qu'être pénétré par d'autres ou par divers objets masturbateurs lui permet de comprendre ce que ressent une femme, plus précisément ce qu'Una avait ressenti, tentant ainsi de dépasser l'identification pour devenir elle par le biais d'une sodomie qui reniant l'anal devient vaginale. On pourra néanmoins s'interroger sur l'aspect pathologique d'un tel cheminement, sur ce que Julia Kristeva, en parfaite psychanalyste, nomme «son désir morbide de prendre la place du sexe féminin [...][1]». Il est certes possible d'analyser son désir de ne faire qu'un avec sa sœur de la sorte mais il nous

---
1   Julia Kristeva, «De l'abjection à la banalité du mal», dans http://www.kristeva.fr/Julia_Kristeva/791450DF-6D50-4A2E-ACB7-Ec98BF7E1D11.html, conférence avec Jonathan Littell, auteur du roman *Les Bienveillantes*, invité par le Centre Roland Barthes (Université Paris VII), à l'ENS, le mardi 24 avril 2007.

semble également qu'en reléguant la psychanalyse, et le jugement moral, à la périphérie de notre étude, nous sommes à même d'apporter un nouvel éclairage sur l'homosexualité marginale de Maximilien Aue.

Nous retrouvons cet élan de féminisation très tôt dans le roman – bien avant que le lecteur ne soit directement confronté aux impulsions incestueuses et à l'amour possessif et entier de Maximilien pour Una qui «l'abandonnera» aux portes de l'âge adulte lors de ses études de psychologie jungienne à Zurich. Dès le chapitre d'introduction intitulé *Toccata* le narrateur encore inconnu affirme: «[…] La réalité, je ne rougis pas de le dire, c'est que j'aurais sans doute préféré être une femme. Pas nécessairement une vivante et agissante dans ce monde, une épouse, une mère; non, une femme nue, sur le dos, les jambes écartées, écrasée sous le poids d'un homme, agrippée à lui et percée par lui, noyée en lui en devenant la mer sans limites dans laquelle lui-même se noie, plaisir sans fin, et sans début aussi[2]». Cette femme soumise, d'essence purement vaginale, sans existence propre en dehors de son désir érotique, c'est à la fois Maximilien qui couche avec des hommes qu'il méprise et qui le pénètrent violemment mais c'est bien évidemment Una assujettie au désir déferlant de son frère comme ce dernier aurait voulu qu'elle soit pour l'éternité. Comme un écho à la femme aimée «plus que tout au monde[3]», il nous faut rapprocher le passage précédent avec celui advenant lors du séjour de Maximilien Aue dans le Paris occupé par les forces allemandes. Après une visite au Grand Palais où il a longuement admiré un Apollon citharède de Pompéi, il se dirige vers Pigalle et entre dans un bar spécialisé dans les rencontres masculines, y trouvant rapidement une jeune frappe qu'il ramène à son hôtel. Ce qui ne pourrait être que la description crue d'une relation sexuelle entre deux hommes, se transforme en un nouvel hymne à l'être aimé vers lequel tend toute une existence:

> Pour lui, mon cul s'ouvrit comme une fleur, et lorsque enfin il m'enfila, une boule de lumière blanche se mit à grandir à la base de mon épine dorsale, remonta lentement mon dos, et annula ma tête. Et ce soir-là, plus que jamais il me semblait que je répondais ainsi directement à ma sœur, me l'incorporant, qu'elle l'acceptât ou non. Ce qui se passait dans mon corps, sous les mains et la verge de ce garçon inconnu, me bouleversait. Lorsque ce fut fini, je le renvoyai mais je ne m'endormis pas, je restai couché là sur les draps froissés, nu et étalé comme un gosse anéanti de bonheur.[4]

---

2 *Les Bienveillantes*, Paris, Gallimard, 2006, p. 29.
3 *Ibidem*, p. 29.
4 *Ibidem*, pp. 462-463.

9. Maximilien Aue: une homosexualité de rigueur? 145

Bonheur d'avoir pu un bref instant anéantir sa réalité, «annuler» son identité pour adopter entièrement, lui semble-t-il, celle de sa sœur qui l'a rejeté définitivement en épousant l'aristocrate poméranien von Üxküll. Cette identification totale avec sa jumelle a jailli de l'absence, de la «trahison» et du manque constant de l'autre: de la séparation exigée par la mère et finalement agrée dans les faits par la sœur.

L'identification avec Una va encore plus loin dans les derniers mois de la guerre lorsque Maximilien passe dix jours dans le plus complet isolement sur le domaine de sa sœur et de son mari en Poméranie, séjour durant lequel il va donner libre court à sa quête impossible en oscillant entre un Orlando woolfien – «la *drag queen* insolemment pathétique» selon Julia Kristeva[5] – traversant le temps intérieur du souvenir et des fantasmes et un Tristan médiéval attendant, en vain, sa promise interdite: «j'aurais voulu couper des branches, construire une hutte que j'aurais tapissée de mousse, et y passer la nuit, nu; mais il faisait quand même trop froid, et puis il n'y avait pas d'Yseut pour la partager avec moi [...][6]» – il va sans dire que les deux jumeaux d'Una portent des prénoms qui en appellent mimétiquement à leur père présumé, mais jamais nommé: Maximilien. Une fois encore dans le roman, l'effet de miroir et de réflexion constante s'opère, ainsi qu'une ironie évidente qui parcourt le récit[7].

Dans le chapitre intitulé *Air*, auquel nous venons de faire référence sans le nommer, il n'est plus question d'homosexualité, l'autoérotisme du protagoniste ne s'alimente aucunement de fantasmes masculins mais, bien au contraire, d'images purement sororales, aussi dérangeantes soient-elles. C'est que l'homosexualité de Maximilien Aue est à la fois omniprésente et introuvable. Omniprésente de par sa manifestation purement sexuelle d'adulte dans le roman et introuvable dans sa définition identitaire et psychologique. Johanna Lehr et Daniel Lehr y voient une homosexualité perverse, «élément central d[u] livre[8]». Il existe néanmoins une contradiction de taille avec cette définition puisque Jonathan Littell lui-même rejette l'étiquette – ce que les deux universitaires soulignent également – ; lorsque Daniel Cohn-Bendit, lors d'un débat au *Berliner Ensemble* à l'occasion de la publication de la traduction du roman en allemand, affirme que Max

---

5   Julia Kristeva, «De l'abjection à la banalité du mal», art. cit.
6   *Les Bienveillantes, op.cit.*, p. 826.
7   Cf. Annick Jauer, Université de Provence «Ironie et génocide dans *Les Bienveillantes* de Jonathan Littell», dans http://www.fabula.org/colloques/document982.php.
8   Cf.http://www.relatio-europe.eu/la-revue/86-etudes/3802--les-bienveillantes-de-jonathan-littell--histoire-dl-une-bevue-

Aue est «un intellectuel très cultivé et homosexuel», Littell lui répond sans hésitation: «vous êtes sûr...?[9]». Julia Kristeva, quant à elle, décèle la «féminisation victimaire de cette homosexualité passive [10]»; si féminisation il y a sans aucun doute, si elle est victimaire car vécue dans l'absence et le manque, peut-on encore la catégoriser comme homosexualité par le simple fait de la sodomie passive qui ne constitue pas ici, il nous semble, un choix érotique, mais une communion, une fusion, un mimétisme avec l'Unique aimée. Il demeure évident que cette quête est inexorablement vouée à l'échec, ce qui la rend pathologique dans ce qu'elle recèle de souffrance et d'inassouvi. Si perversion il y a dans la sphère privée, c'est celle faite à soi-même dans cette course effrénée vers l'inaccessible et l'absurde: Maximilien Aue n'est pas un Sisyphe heureux de rouler inlassablement sa pierre, bien au contraire comme Caligula il désire la lune et retrouver sa sœur pour l'éternité – il est à noter que si Una ne meurt pas physiquement, elle disparaît symboliquement du récit à la fin du chapitre *Air* alors que le monde public de son frère s'effondre devant la poussée des troupes soviétiques vers la Poméranie, et enfin vers Berlin bombardée et exsangue. Chronologiquement parlant, Una ne disparaît jamais puisqu'elle est l'inconnue du chapitre d'introduction – cette épitaphe qui ne s'excuse de rien – mais elle a été reléguée au néant, éclipsée par l'Histoire et l'existence «normale» et bourgeoise de son frère.

Maximilien Aue affirme très tôt: «les types avec qui j'ai couché, je n'en ai jamais aimé un seul, je me suis servi d'eux, de leur corps, c'est tout[11]». Ces hommes de passage n'ont pour seule fonction que de le pénétrer et de l'aider ainsi à communier, transcendé, avec Una. Si le roman est parcouru des pensées érotiques et amoureuses du personnage principal à l'égard de sa sœur, culminant en Poméranie dans ce que Kristava nomme «une fureur d'auto-pénétration érotique[12]», peu de scènes homosexuelles avec d'autres hommes y sont présentes. Une première dans le *Tiergarten* de Berlin – lieu notoire de rencontres homosexuelles, mais également lieu où tout commence et finit pour l'officier ss Aue; il s'agit aussi de l'espace de naissance des Furies et de leur assagissement en Bienveillantes – va décider de l'avenir professionnel du héros qui, arrêté par la police au soupçon d'un délit lié au paragraphe 175 du Code pénal allemand, se voit secouru par

---

9 Daniel Cohn-Bendit, «Jonathan Littell: *Les Bienveillantes*, l'Allemagne et sa mémoire», *Le Figaro*, 3 mars 2008.
10 Julia Kristeva, «De l'abjection à la banalité du mal», art.cit.
11 *Les Bienveillantes, op.cit.*, p. 29.
12 Julia Kristeva, «De l'abjection à la banalité du mal», art. cit.

9. Maximilien Aue: une homosexualité de rigueur?   147

Thomas Hauser et «contraint» de rejoindre le Service de sécurité (SD) de la SS, grande ironie du roman s'il en est une…

Quant à la relation avec l'officier Partenau dans le Caucase, elle annonce celle, fort brève, avec la petite frappe parisienne que nous avons présentée précédemment. Pour s'en convaincre, il nous suffit de lire le passage suivant en nous remémorant celui des pages 462 et 463:

> Au début, lorsque ça entre, c'est parfois difficile, surtout si c'est un peu sec. Mais une fois dedans, ah, c'est bon, vous ne pouvez pas vous imaginer. Le dos se creuse et c'est comme une coulée bleue et lumineuse de plomb fondu qui vous emplit le bassin et remonte lentement la moelle pour vous saisir la tête et l'effacer. Cet effet remarquable serait dû, paraît-il, au contact de l'organe pénétrant avec la prostate, ce clitoris du pauvre, qui chez le pénétré se trouve contre le grand côlon, alors que chez la femme, si mes notions d'anatomie sont exactes, elle se trouve séparée par une partie de l'appareil reproducteur […].[13]

On y retrouve cette idée de boule de lumière qui anéantit toute conscience de soi-même, et Aue y décrit la sodomie en des termes féminins[14], faisant de sa prostate ce clitoris qui lui manque cruellement. De plus, la douleur ressentit parfois lors de la pénétration anale, c'est celle de la défloraison chaque fois renouvelée, celle ressentit la première fois par Una une fois les jeux enfantins dépassés.

Avant d'en venir à la deuxième rencontre de Paris, il nous semble important de briser l'ordre chronologique pour nous pencher sur la relation que Maximilien va entretenir avec Mihaï le diplomate bisexuel roumain dans les derniers mois avant la chute de Berlin. Cette relation ne suit pas le schéma habituel voulu par Aue qui est «d'éviter les intellectuels ou les hommes de ma classe sociale: ils v[eulent] toujours parler, et [ont] une fâcheuse tendance à tomber amoureux[15]», ce qui en effet ne peut être compatible avec la quête, aussi folle et absurde soit-elle, du récipiendaire. Mais Mihaï s'érige en symbole, celui d'un monde amoral et moribond, qui va bientôt agoniser sous les bombes alliées et soviétiques tout comme il agonisera lui-même sous le manche à balai pressé contre sa gorge par Maximilien Aue. Mihaï est un divertissement, une impasse amusante qui ne mène nulle part, qui ne rapproche pas d'Una et qui permet d'oublier l'amour silencieux d'Hélène auquel il ne peut répondre ; il s'agit d'une pure diversion comme

---

13   *Les Bienveillantes, op. cit.*, p. 189. .
14   On pourra considérer que la sodomie est également un moyen de revivre l'expérience d'Una l'année de leurs treize ans lorsque ses règles apparurent. *Ibidem*, p. 443
15   *Ibidem*, p. 764.

le souligne Maximilien: «je me servais de lui brutalement, comme pour laver de ma tête les désirs muets de mon amie, ou ma propre ambiguïté[16]». De manière intéressante, là où on n'a pas épargné au lecteur le détail des rencontres sexuelles masculines du personnage principal, avec Mihaï rien n'est décrit, si ce n'est la phrase sibylline que nous venons de citer, ainsi qu'une brève référence, quelques jours plus tard, à une soirée orgiaque se tenant à la résidence de l'ambassadeur croate[17]. Le jeune diplomate roumain semble être la seule personne à avoir offert à Maximilien Aue un semblant de relation purement homosexuelle dans le sens que leurs rapports ne se soustraient pas à ceux fantasmés par Aue entre lui et sa sœur. Le meurtre de sang-froid de Mihaï ne fait que souligner ce qui pèche dans cette relation stérile placée sous le signe d'une «gaité vaine et frénétique[18*]», à cent lieux de la communion recherchée par Maximilien Aue qui ne peut supporter d'être étiqueté comme homosexuel car il ne l'est fondamentalement pas et qu'avec Mihaï il ne peut se féminiser. Tout comme dans le meurtre de sa mère – meurtre que l'on suspecte, tout comme sa paternité des jumeaux –, Maximilien Aue supprime ce qui fait obstacle, selon lui, à sa quête, à ce qui détermine qui il est réellement.

Cette vision de l'obstacle on la retrouve magnifiée à l'extrême dans la description de la deuxième rencontre parisienne du personnage. Alors que la première lui avait permis d'entièrement se transcender, d'atteindre un certain inaccessible, cette deuxième rencontre qui semble refléter, en apparence, la précédente va se solder par un échec:

> Je lui demandai de me prendre debout, appuyé sur la commode, face à l'étroit miroir qui dominait la chambre. Lorsque le plaisir me saisit, je gardai les yeux ouverts, je scrutai mon visage empourpré et hideusement gonflé, cherchant à y voir, vrai visage emplissant mes traits par-derrière, les traits du visage de ma sœur. Mais alors il se passa ceci d'étonnant: entre ces deux visages et leur fusion parfaite vint se glisser, lisse, translucide comme une feuille de verre, un autre visage, le visage aigre et placide de notre mère, infiniment fin mais plus opaque, plus dense que le plus épais des murs. Saisi d'une rage immonde, je rugis et fracassai le miroir d'un coup de poing[19].

De même qu'avec Mihaï, le narrateur va tenter de supprimer l'obstacle que constitue sa mère honnie, et ceci rapidement après cette scène révélatrice dans laquelle Lady Macbeth[20] qui peuple ses rêve et empoisonne son souci

---
16   Ibidem, p. 765.
17   Ibidem, p. 768.
18   Ibidem, p. 765.
19   Ibidem, p. 474.
20   Ibidem, p. 475.

9. Maximilien Aue: une homosexualité de rigueur ?   149

de transcendance se transformera en Clytemnestre tuée par Oreste. En tuant sa génitrice-obstacle, Aue pense pouvoir recoller les fragments du miroir qu'il vient de briser car sa réflexion, tel un mauvais conte, ne lui renvoyait plus l'image de l'Autre aimée: sa propre image. Mais la mort de la mère ne résout rien puisque la clé appartient à Una qui, devenue adulte, rejette le passé[21] auquel Max se raccroche comme unique point d'attache humain dans une existence publique inhumaine et monstrueuse. Si la vie privée du narrateur va à l'encontre des lois morales et fait voler en éclats bon nombres de tabous sexuels, il nous paraît possible d'affirmer que son amour pour Una, aussi infantile soit-il, est véritable.

Si le Mal existe, et Maximilien en est un parfait représentant dans le roman, il ne se place pas dans la passion – en ce que la passion peut avoir de pathologique, étymologiquement parlant – d'un frère pour sœur; au lieu du Mal, on y verrait plutôt une maladie incurable sur laquelle aucun contrôle n'est possible. Dans la sphère publique où il n'est pas question de sentiments, le Mal ordinaire s'immisce partout tant le narrateur soutient l'idéologie nazie dans ce qu'elle peut avoir de plus absolue. L'humanité souffrante de Maximilien ne change en rien ses décisions idéologiques, ou pratiques, d'officier du SD et de l'Inspection des camps. Sa fragilité émotionnelle, son amour malheureux n'influencent en rien ses actes publics. On a voulu voir dans ce narrateur «homme-femme[22]» un être plus sensible à la douleur d'autrui éveillant en lui «de tristes désaccords avec les violences des guerriers [...][23]». Son «homosexualité», son hermaphrodisme psychologique, le rendrait donc plus poreux aux horreurs dont il est le témoin. Certes, il désapprouve la violence gratuite de certains de ses collègues vis-à-vis de leurs victimes mais sa «particularité» psychique ne remet absolument pas en cause ce qui régit l'anéantissement des «ennemis» du Reich qui est compris philosophiquement plutôt que politiquement:

> Le meurtre des Juifs, au fond, ne sert à rien. Rasch a absolument raison. Ça n'a aucune utilité économique ou politique, ça n'a aucune utilité pratique. Au contraire, c'est une rupture d'avec le monde de l'économie et de la politique. C'est le gaspillage, la perte pure. C'est tout. Et donc ça ne peut avoir qu'un sens: celui d'un sacrifice définitif, qui nous lie définitivement, nous empêche une fois pour toutes de revenir en arrière. Tu comprends? Avec ça, on sort du monde du pari, plus de marche arrière possible.[24]

---

21 *Ibidem*, p. 452.
22 Julia Kristeva, «De l'abjection à la banalité du mal», *op. cit.*
23 *Ibidem*.
24 *Les Bienveillantes, op. cit.*, p.137.

Ce pacte qui va dorénavant lier les exécutants, et le *Volk* tout entier, c'est ce qui fait de Maximilien Aue ce monstre, non pas son attachement à Una. Son «homosexualité» et sa féminisation ne sont pas des manifestations, des prolongements, de sa monstruosité publique. Sa souffrance personnelle ne développe pas en lui de compassion plus aiguisée pour les victimes: il exécute sa tâche tout en réprouvant, et nous l'avons déjà dit, la violence gratuite et le sadisme, souvent écœuré par la fange sanglante et coprologique qui l'entoure; il ne s'agit pas de compassion mais de dégoût devant les moyens employés.

Jonathan Littell a créé un personnage à la sexualité complexe «qui puisse être lucide, donc détaché, donc distancié par rapport à tous les autres[25]», un homme qui pense et qui se pense, qui s'interroge sans remettre en cause son engagement idéologique mais en admettant, quelque peu enclin à la mauvaise foi et sans s'excuser, que «son espérance a été déçue, et l'on s'est servi de [sa] sincérité pour accomplir une œuvre qui s'est révélée mauvaise et malsaine[26]». Dans cette déclaration de conclusion, mais à la fois d'ouverture du récit romanesque, c'est la sphère publique qui est disséquée, tant il nous semble que celle privée doit être comprise séparément. Là où Maximilien se sent trahi politiquement, dans sa maturité il analyse son amour pour Una comme «la seule chose bonne qu'[il ait] faite[27]». Les psychanalystes, à l'instar de Julia Kristeva, y verront sans doute un refus psychopathologique de reconnaître la morbidité d'une telle fixation incestueuse, mais le lecteur ne pourra s'empêcher de croire à cette affirmation malgré la répulsion qu'elle lui inspire en tant que manifestation d'un tabou moral et sociétal. C'est que le peu de «décence» de Maximilien tient dans cette déclaration tant il sait que ses sentiments pour sa sœur ont constitué la seule chose dont il ne soit pas amer ou honteux malgré le rejet, puis l'absence totale, de son Yseut. Il ne nous faut pas oublier également que le narrateur répond à un amour partagé dans sa jeunesse, un amour qui sera interrompu par la mère, qui vivra sa dernière consommation charnelle à Zurich, et qui continuera à exister dans sa conscience grâce à des expédients homosexuels. La pathologie privée réelle de Maximilien Aue c'est le complexe de Peter Pan amoureux de Wendy, mais Wendy grandit et la nursery – le grenier d'Antibes – devient hors limites, alors cesse «L'Âge d'Or [28]».

Grâce, ou plutôt à cause de son amour, pour Una, le narrateur va réaliser

---

25 Daniel Cohn-Bendit, «Jonathan Littell», art. cit.
26 *Les Bienveillantes, op. cit.*, p.30.
27 *Ibidem*, p. 29.
28 *Ibidem*, p. 443.

9. Maximilien Aue: une homosexualité de rigueur?   151

l'amplitude du Mal qu'il instille en tant que ss. À la fin du chapitre *Air*, après avoir simulé sa propre pendaison dans le grenier des von Üxküll – lieu érotique récurrent –, il se remémore l'exécution d'une jeune partisane soviétique de Kharkov qui par l'horreur de sa mort reflète l'image de la sœur, de l'Autre humanisé après les milliers d'ombres sans identité dans les fosses et les crématoires:

> [...] j'avais vu cette fille que nous avions pendue un jour d'hiver dans le parc derrière la statue de Chevtchenko, une fille jeune et saine et resplendissante de vie, avait-elle joui, elle était très jeune, avait-elle connu cela avant que nous la pendions, de quel droit l'avions-nous pendue, comment pouvait-on pendre cette fille, et je sanglotais sans fin, ravagé par son souvenir, ma Notre-Dame-des-Neiges, ce n'était pas des remords, je n'avais pas de remords, je ne me sentais pas coupable, je ne pensais pas que les choses pu ou dû être autrement, seulement je comprenais ce que voulait dire de pendre une fille, nous l'avions pendu comme un boucher égorge un bœuf, sans passion, parce qu'il fallait le faire [...] c'était une jeune fille qui avait été une petite fille peut-être heureuse et qui entrait alors dans la vie, une vie pleine d'assassins qu'elle n'avait pas su éviter, une fille comme ma sœur en quelque sorte, la sœur de quelqu'un, peut-être, comme moi aussi j'étais frère de quelqu'un, et une telle cruauté n'avait pas de nom, quelle que soit la nécessité objective elle ruinait tout, si l'on pouvait faire ça, pendre une jeune fille comme ça, alors on pouvait tout faire, il n'y avait aucune assurance, ma sœur pouvait un jour pisser gaiement dans un wc et le lendemain se vider en étouffant au bout d'une corde, cela ne rimait absolument à rien, et voilà pourquoi je pleurais, je ne comprenais plus rien, et je voulais être seul pour ne plus rien comprendre.[29]

L'intérêt de ce passage, outre le manque complet de remords de la part du narrateur qui persiste dans une logique de l'abjection, est que celui-ci associe une victime spécifique à sa sœur et, paradoxalement, dans la mort atroce de celle-ci c'est l'existence même d'Una qui est soulignée, ainsi que sa mortalité. La compassion de Maximilien Aue se porte par procuration sur la personne de sa sœur. En baptisant la jeune suppliciée Notre-Dame-des-Neiges, le narrateur lui confère une identité que la corde du bourreau lui avait enlevée; cette jeune Madonna aurait pu être Una si elle n'avait pas eu la chance de naître allemande, mais c'est aussi Maximilien Aue transcendé comme nous le prouve la fin du chapitre alors qu'il «aperçoit» une morte couchée dans la neige du jardin: «[...] je sus alors que le corps de cette fille, que sa nuque tordue, son menton proéminent, ses seins glacés et rongés étaient eux le reflet aveugle non pas, comme je l'avais alors cru d'une image

---
29 *Ibidem*, pp. 835-836.

mais de deux, confondues et séparées, l'une debout sur la terrasse et l'autre en bas, couchée dans la neige[30]». Une Sainte Trinité vient de s'établir entre les jumeaux d'Antibes et la morte de Kharkov. En pleurant sur la jeune pendue, Maximilien Aue ne fait que réitérer l'amour fou, et tabou, qu'il porte à Una. Il n'humanise pas le nazisme en sanglotant devant la potence de fortune car il ne pleure aucunement sur son acte et sur les raisons de celui-ci, il reproduit simplement le mécanisme d'identification devant une très jeune femme qui aurait pu être Una, l'unique ancre humaine dans ce marécage infâme de la guerre et de la Solution Finale.

Comme le hurle le narrateur à la fin du chapitre d'introduction, «[...] je suis un homme comme les autres, je suis un homme comme vous. Allons, puisque je vous dis que je suis comme vous![31]». Comme nous tous sans l'être néanmoins, mais essentiellement humain dans son abjection publique, dans sa capacité aisée au Mal qui, finalement, le déshumanise entièrement. Il s'agit, nous semble-t-il, de la grande ambigüité du récit: la sphère privée si elle rebute contient en elle un ferment universel d'humanité. «L'homosexualité» de Maximilien qui n'aurait pu être qu'un autre trait grossier afin de le noircir encore plus se révèle être non pas un cauchemar freudien mais sa seule attache à la décence incarnée par sa sœur. L'inceste se pose comme unique expérience d'un véritable partage humain, d'un véritable échange. Au milieu de la guerre et des massacres, le souvenir de l'amour incestueux semble être la bouée de quelqu'un qui se noie, consentant, dans l'horreur. C'est la passion incestueuse qui humanise le narrateur, qui l'humanise jusqu'au paroxysme de la folie effleurée en Poméranie.

Maximilien Aue n'est ni un pervers ni un psychopathe[32] – c'est certes un monstre banal dans l'exécution de ses fonctions ss ainsi qu'un matricide pour une question de survie – mais avant tout un homme amoureux d'une femme devenue inaccessible, d'une femme-lumière dont le souvenir fait souffrir autant qu'il réconforte. La soi-disant homosexualité perverse de Maximilien Aue n'est pas de rigueur puisqu'elle n'a en fait aucun lien avec ses fonctions officielles, parce qu'elle ne déborde pas du cadre privé et surtout parce qu'elle en appelle à la vie plutôt qu'à la mort qui l'environne. Pour s'en convaincre, il nous suffit de laisser une dernière fois la parole au narrateur:

---

30 *Ibidem*, p. 837.
31 *Ibidem*, p. 30.
32 Jonathan Littell, «Cosmopolitaine», France Inter, 12 janvier 2006.

> [...] j'essayais de m'imaginer ma sœur les jambes couvertes d'une diarrhée liquide, collante, à la puanteur abominablement douce. Les évacuées décharnées d'Auschwitz, blotties sous leurs couvertures, avaient elles aussi les jambes couvertes de merde, leurs jambes semblables à des bâtons; celles qui s'arrêtaient pour déféquer étaient exécutées, elles étaient obligées de chier en marchant, comme les chevaux. Una couverte de merde aurait été encore plus belle, plus solaire et pure sous cette fange qui ne l'aurait pas touchée, qui aurait été incapable de la souiller.[33]

Una, seule humanité au milieu de l'inhumanité et de la déshumanisation, dernier vestige de l'humanité saccagée de Maximilien Aue.

Université de Stellenbosch – Afrique du Sud

---

33 *Les Bienveillantes*, op. cit., pp. 805-806.

# 10. L'homosexualité dans *Les Bienveillantes*: crise de l'identité, crise de l'Histoire

Stéphane Roussel

Les termes contenus dans le titre de cet article appellent d'emblée une précision: *Les Bienveillantes* ne sont pas un roman sur l'homosexualité. Il s'agit avant tout des mémoires fictives d'un Nazi qui a participé à l'extermination systématique des Juifs, et, pour reprendre la terminologie nazie, de tous les «inadaptés», des «asociaux», comme les homosexuels, condamnés par le régime de Hitler, en 1935, par la modification du paragraphe 175 du code pénal allemand[1]. Or, le nazi Maximilien Aue est lui-même homosexuel; on l'apprend dès les premières pages. Quelle place prend par conséquent cette homosexualité dans l'histoire du narrateur et que peut-elle souligner des affres de l'Histoire? C'est sous cet angle que nous aborderons le thème de l'homosexualité dans *Les Bienveillantes*.

L'enjeu narratif

De prime abord, d'un point de vue historique, puisque le fond même du roman est directement lié à l'Histoire, comment faire du héros, ou antihéros, de cette période historique un témoin crédible si on ne dépasse pas cette apparente contradiction entre nazisme et homosexualité? La difficulté est clairement exposée par le narrateur dès les premières pages, avec insistance (preuve que la chose ne va pas de soi), comme pour devancer les questions d'un lecteur qu'il imagine sceptique: «Tout cela, songez-vous sans doute,

---
1 *Les Bienveillantes*, Paris, Gallimard, coll. Folio, 2006, p. 112.

peut paraître un peu étrange pour un officier de la *Schutzstaffel*[2]». Le narrateur argumente alors: «parmi eux, comme parmi tous les humains, il y avait des hommes banals, certes, mais aussi des hommes peu ordinaires, des artistes, des hommes de culture, des névrosés, des homosexuels[3]», cherchant à nouer une relation très proche avec le lecteur, en l'impliquant dans son discours, lui proposant un *pacte*, comme s'il s'agissait d'une véritable autobiographie (Lejeune): choisir ou non de continuer la lecture, accepter ou non de croire, d'adhérer à son discours: «Et si vous n'êtes pas convaincu, inutile de lire plus loin. Vous ne comprendrez rien et vous vous fâcherez, sans profit ni pour vous ni pour moi[4]». À cet égard, l'homosexualité, dépeinte avec des mots volontairement crus, accentue le sentiment de véracité d'un témoignage personnel, d'une confession, où se côtoient l'Histoire et le dévoilement de l'intime. *Les Bienveillantes* constituerait donc une confession au service d'une vérité non pas tant historique, au point de vue narratif s'entend, qu'avant tout humaine. Aussi, pour que les lecteurs continuent, il s'agit pour eux d'être impérativement les «frères humains» du narrateur, de ressentir à son égard une proximité, une solidarité: «puisque je vous dis que je suis comme vous![5]».

Une fois dépassée et acceptée cette apparente contradiction, on peut se demander ce que l'homosexualité apporte à la narration, au regard du narrateur sur le monde qui l'entoure, sur l'idéologie et les autres Nazis. De fait, le regard du narrateur sera forcément, de par son orientation sexuelle, un regard marginal, réellement en marge des idées et des mœurs communément admises, puisqu'il n'est pas ce bourreau le jour et bon père de famille le soir déjà décrit dans *La Mort est mon métier* de Robert Merle[6], mais un homosexuel cultivé et raffiné, potentiellement victime de la barbarie nazie: «Dans un Etat comme le nôtre, les rôles étaient assignés à tous: Toi, la victime, et Toi, le bourreau, et personne n'avait le choix, on ne demandait le consentement de personne, car tous étaient interchangeables, les victimes comme les bourreaux[7]». Et c'est probablement dans cet aspect, dans ce point de vue singulier, que le roman de Robert Merle n'aborde pas, qu'il faut voir une partie de l'originalité des *Bienveillantes*.

---

2   *Ibidem*, p. 41.
3   *Ibidem*.
4   *Ibidem*, p. 39
5   *Ibidem*, p. 43.
6   Robert Merle, *La Mort est mon métier*, Paris, Gallimard, coll. Folio, 1972.
7   *Les Bienveillantes, op.cit.*, pp. 152-153.

Homosexualité et nazisme

L'autre question qui peut se poser est d'ordre identitaire: comment Maximilien parvient-il à concilier son attachement affirmé à l'idéologie nazie et son homosexualité? Face à l'évidente condamnation d'Hitler, le narrateur n'y croit toujours pas: «Pour ma part, je considérais qu'il s'agissait surtout d'une rhétorique de façade; dans les faits, si l'on savait rester discret, il y avait rarement des problèmes[8]». Dans le but de séduire Willi Partenau, un officier de la Wehrmacht à qui on a toujours présenté l'homosexualité comme négative, voire dangereuse, il apporte toute une série d'arguments pour prouver que finalement il n'y a pas de contradictions entre elles. Il répond à toutes les réticences de Partenau, en rejetant la détestation de Himmler pour l'homosexualité sur sa foi catholique, inspirée par Saint-Paul qui était un Juif converti et de fait discrédité. De même, Hitler a fait éliminer Röhm non pas tant pour son homosexualité que parce qu'il prenait une place trop importante dans le parti[9]. Quant aux Grecs, ils ont prouvé que les homosexuels étaient les plus courageux au combat. En définitive, c'est aussi une façon de se convaincre et de convaincre le lecteur de la cohérence de son propre engagement. On retrouve aussi cette idée d'une homosexualité répandue partout, même au sein du Reich, dans les rangs de la Wehrmacht par exemple, comme le déclare son amant Mihaï, à propos de la difficulté de séduire des officiers allemands: «La Wehrmacht ou l'*Auswärtiges Amt*, c'est trop facile[10]», ou Höss, affirmant que, dans les camps de concentration, «en dépit de toutes les interdictions et les précautions les détenus continuaient à avoir une activité sexuelle […] les Kapos avec leurs *Pipel* ou des lesbiennes entre elles[11]», et enfin, selon le narrateur lui-même, chez tous les hommes, de manière générale: «l'inversion en tant que telle n'existait pas, les garçons faisaient avec ce qu'il y avait, et à l'armée, comme dans les prisons, il en était certainement de même[12]».

Le narrateur n'hésite pas à aller plus loin encore et à se mettre en porte-à-faux en rédigeant un mémoire pour Himmler en préconisant une taxe sur le célibat, afin d'augmenter le taux de natalité: «C'était en réalité creuser

---
8 *Ibidem*, p. 281.
9 Plus loin, durant son séjour à Paris, il «revisite» également les raisons qui ont poussé de Gaulle à refuser la grâce de Robert Brasillach, mettant en avant l'homosexualité comme élément aggravant, bien plus qu'une collaboration avant tout intellectuelle (p.728).
10 *Les Bienveillantes, op. cit.*, p. 1191.
11 *Ibidem*, p. 1260.
12 *Ibidem*, p. 280.

ma propre tombe, et une partie de moi riait presque de l'écrire[13]». Cette même impression de renier son propre moi, et de se mettre en danger, se ressent quand Höhn lui confie la tâche d'écrire une note de synthèse sur un livre de l'avocat Rudolf Klare, *L'Homosexualité et la loi criminelle*, développant les différents degrés du «crime» homosexuel, que le narrateur trouve «comique[14]». Il décrit d'ailleurs sa situation avec la même dérision et la même ironie en une formule qui clôt le retour en arrière, expliquant ainsi les origines de son engagement: «Et c'est ainsi, le cul encore plein de sperme, que je me résolus à entrer au *Sicherheitsdient*[15]». Situation où l'absurde transparaît, et qui traverse tout le roman, comme s'il était placé du point de vue le plus élevé, bien plus élevé que ce que les simples apparences laissent voir, celui qui permet de faire transparaître ce que Flaubert appelait une «blague supérieure[16]». Le récit fonctionne ainsi sur la détention et la préservation du secret: le narrateur sait ce que les autres ne savent pas, il se joue de leur confiance et de l'image qu'ils ont de lui, il les dupe, et les lecteurs sont dans la confidence; on est bien ici dans la situation de la farce.

Pourtant, cette attitude a ses limites. Le narrateur ne peut pas vivre son homosexualité à visage découvert; il sait très bien que sa vie est en danger: dès le début du roman, il est physiquement menacé. Arrêté par la police dans le Tiergarten, un jardin public de Berlin, lieu de rencontres notoire des homosexuels, Maximilien risque la déportation et la mort. Thomas Hauser vient alors lui proposer, sans le dire aussi clairement, une sorte de marché, lançant ainsi la trame narrative: son engagement dans la SD contre l'étouffement de cette affaire. Et c'est un peu un pacte avec un autre Méphistophélès, au cynisme affiché, à qui il vend son âme et une partie de sa personnalité, à laquelle, en partie, il renonce: «C'est ainsi que le Diable élargit son domaine, pas autrement[17]», tant il est vrai que Thomas semble avoir des pouvoirs similaires au Diable: «mon ami avait un génie étrange et infaillible pour se trouver au bon endroit non pas au bon moment, mais juste avant; ainsi, il semblait à chaque fois qu'il avait toujours été là […][18]». Mieux vaut alors éviter les rumeurs: «Le genre de rumeurs qui mène droit au camp de concentration[19]». Elles ne le mèneront certes pas jusque là, mais

---

13 *Ibidem*, p. 1177.
14 *Ibidem*, pp.103-104.
15 *Ibidem*, p. 113.
16 *Correspondance*, II, 1851-1852, Gallimard, «La Pléiade», 1980, p. 168.
17 *Les Bienveillantes, op. cit.*, p. 94.
18 *Ibidem*, p. 91.
19 *Ibidem*, p. 393.

seront, en partie, la cause de son transfert sur le front de l'Est, à Stalingrad.

Il ne renoncera tout de même pas à son homosexualité, et continuera à la vivre de manière clandestine et uniquement dans ses périodes de repos, ne mêlant jamais ses relations sexuelles et professionnelles, même si les soupçons de sa hiérarchie se portent sur sa relation avec Voss, qui n'était pourtant qu'amicale: «De surcroît, ils se trompaient entièrement. Je l'ai déjà dit: je ne me lie jamais avec mes amants; l'amitié, c'est autre chose, entièrement[20]». Quand, vers la fin du roman, il se permet un écart vis-à-vis de cette règle de conduite, il en mesurera tous les dangers. En effet, s'apercevant que son amant Mihaï a failli le compromettre auprès de ses collègues il l'assassine sauvagement pour sauver sa propre vie. Dans tous les cas, affirmer son homosexualité, sa différence dans ce milieu, c'est être voué à une mort certaine.

Homosexualité et identité

Le narrateur ne vit de l'homosexualité que l'aspect sexuel et ne laisse aucune part à l'aspect affectif: «Les types avec qui j'ai couché, je n'en ai jamais aimé un seul, je me suis servi d'eux, de leur corps, c'est tout[21]». *Se servir d'eux*: cette expression est révélatrice de l'intention tout à fait consciente du narrateur d'utiliser la relation homosexuelle comme un moyen et non comme une fin; un moyen «réflexif», dans le sens où, laissant l'autre masculin s'approprier son identité masculine, il voit apparaître, comme en un miroir, l'identité féminine en lui. Maximilien n'aime qu'une seule femme, et aucune autre femme, ni aucun autre homme. Dans la relation homosexuelle, il cherche à être sa sœur, à l'atteindre, dans un désir fusionnel, et surtout, dans le but de lui rester fidèle: «Il est fort concevable qu'en rêvant d'être une femme, en me rêvant un corps de femme, je voulais me rapprocher d'elle, je voulais être comme elle, je voulais être elle[22]». L'amour incestueux prend alors le pas sur l'amour homosexuel, il le dépasse, et ce faisant, le range à la seule satisfaction des besoins du corps. On peut dire que dans l'acte sexuel, il se dédouble psychiquement: il est à la fois cet homme le possédant et cette «femme» possédée: «Mieux vaut donc que moi-même je sois elle et tous les autres, moi[23]». L'épisode à Paris, où l'objet miroir est présent lors de l'acte sexuel, vient expliciter le schéma mental mis en place: «Lorsque le plaisir

---

20 *Ibidem*, p. 393.
21 *Ibidem*, p. 41.
22 *Ibidem*.
23 *Ibidem*, p. 297.

me saisit, je gardai les yeux ouverts, je scrutai mon visage empourpré et hideusement gonflé, cherchant à y voir, vrai visage emplissant mes traits par-derrière, les traits du visage de ma sœur[24]». Il ne peut pas aimer l'Autre, parce qu'il ne croise jamais son regard, qu'il ne souhaite pas le regarder, tant son regard est tourné vers lui-même ou vers sa sœur. Dans le miroir de sa pensée, il n'y a pas de place pour l'Autre, ni *a fortiori* pour l'amour: «Ma réflexion elle-même n'était qu'une autre façon de me mirer, pauvre Narcisse qui faisais continuellement le beau pour moi-même[25]».

Ainsi à l'égard de Partenau, son jugement très sûr et sans appel qui le confirme: «Je savais que je ne ferais aucun effort pour le revoir[26]». Néanmoins, les amitiés masculines sont nombreuses, itératives, comme un leitmotiv, et souvent empreintes d'affection, à des degrés divers, formant des couples avec les hommes qu'ils rencontrent: Thomas[27], Yakov, Hanika, Micha, Piontek, Voss… Pour certains d'entre eux, comme pour Hanika par exemple, il nourrit plus précisément des fantasmes explicites: «Durant un long moment, assis sur le divan tandis qu'il faisait chauffer du thé, je me laissai occuper par une fantaisie: prétextant le froid, je l'invitais à dormir avec moi, pour la chaleur mutuelle, puis lentement, au cours de la nuit, je lui passais la main sous la tunique, embrassais les jeunes lèvres, et fouillais dans son pantalon pour en extraire sa verge raidie[28]». Des passages descriptifs, de danseurs en particulier ou de visages masculins, laissent voir, de manière plus implicite, en intermittence, à peine érotisés, des hommes qui l'attirent, accréditant et pérennisant l'homosexualité de l'instance narrative, tout au long du récit. D'une façon générale, on pourrait même ajouter que les autres couples d'hommes présents dans le roman, comme ceux que forment le Dr Mandelbrod et Herr Leland, les deux policiers Clemens et Weser, sont autant, dans une certaine mesure, d'échos, de contrepoints évoquant, connotant l'homosexualité.

L'homosexualité remise en question

Même s'il tente de minimiser la condamnation de l'homosexualité par l'idéologie nazie, s'il en rit même, le narrateur ressent cependant le poids des

24   *Ibidem*, p. 734.
25   *Ibidem*, p. 640.
26   *Ibidem*, p. 345.
27   Ce couple est souligné par la remarque perfide que lui fait Robert Brasillach: «C'est ton Pylade?». Ce à quoi Thomas acquiesce: «Précisément, […] et il est mon Oreste. Gare au pouvoir de l'amitié armée» (pp. 89-90).
28   *Les Bienveillantes*, *op. cit.*, pp. 242-243.

10. *L'homosexualité dans* Les Bienveillantes   161

soupçons qui pèsent sur lui. À la suite de la pression exercée par Himmler: «Vous allez avoir trente ans et vous n'êtes pas marié, dit-il en redressant la tête. Pourquoi?[29]», ainsi que par Brandt: «Vous feriez bien de vous marier. Votre attitude à ce sujet agace profondément le Reischführer[30]», il se pose finalement la question de savoir s'il est vraiment homosexuel. L'épisode avec Hélène Anders est particulièrement révélateur de cette tentation de l'hétérosexualité:

> Après tout, pourquoi pas? C'était une belle femme, elle avait un corps superbe, qu'est-ce qui m'empêchait d'en profiter? Il n'était pas question de relations suivies, c'était une proposition simple et nette. Et même si je n'en avais qu'une pratique limitée, le corps des femmes ne me déplaisait pas, cela devait être agréable, aussi, doux et moelleux, on devait pouvoir s'y oublier comme dans un oreiller. Mais il y avait cette promesse, et si je n'étais rien d'autre, j'étais un homme qui tenait ses promesses.[31]

Plus loin, il se laisse surprendre et envahir par l'émotion au contact d'Hélène: «Cette fois-ci, Hélène m'embrassa franchement, pas longuement, mais un baiser fort et gai qui m'envoya comme une décharge de peur et de plaisir dans les membres. Étonnant, me dis-je en buvant pour cacher mon trouble, moi qui pensait qu'aucune sensation ne m'était étrangère, voici que le baiser d'une femme me bouleverse[32]». Avec Hélène, il entrevoit la possibilité d'une vie hétérosexuelle, rangée, calme et paisible, qu'il aurait pu construire: «Je me surprenais à regretter cette autre vie qui aurait pu être, si quelque chose n'avait pas été brisé si tôt. Ce n'était pas seulement la question de ma sœur; c'était plus vaste que ça, c'était le cours entier des événements, la misère du corps et du désir, les décisions qu'on prend et sur lesquelles on ne peut revenir, le sens même qu'on choisit de donner à cette chose qu'on appelle, à tort peut-être, sa vie[33]». C'est cette même vie hétérosexuelle qu'il finira par accepter en se mariant, après la guerre.

Par ailleurs, en remontant dans son passé, Maximilien assure qu'il n'a pas toujours été homosexuel. En effet, il a entretenu une liaison avec sa sœur, sans d'ailleurs que ce soit dit explicitement, qui a donné naissance à des jumeaux, obligeant la mère du narrateur à le séparer d'elle, et l'envoyant donc dans un pensionnat. Ainsi c'est *à cause des circonstances* qu'il est devenu homosexuel, au pensionnat, au contact de garçons qui l'obligeaient

---

29 *Ibidem*, p. 771.
30 *Ibidem*, p. 1062.
31 *Ibidem*, p. 1013.
32 *Ibidem*, p. 1070.
33 *Ibidem*, p. 1064.

à satisfaire leurs désirs, désirs auxquels il cède par dépit: «Si je ne peux l'avoir, elle, alors quelle différence tout cela peut-il me faire?[34]».

Et ces désirs homosexuels, il les compare à des «têtes sinistres et ouvrant leurs yeux brillants[35]», constituant par conséquent et pour ainsi dire une des figures emblématiques des Érynies, le poussant sans cesse à les satisfaire, même après la guerre: «Un cauchemar [...] qui, d'une certaine manière, dure encore[36]». De fait, il ne pourra jamais y renoncer car il ne peut revenir en arrière: «Ma vie avait pris un autre chemin, et il était trop tard[37]». De même qu'une fois engagé dans la guerre, il ne peut plus reculer et doit accomplir sa tâche.

Échapper à l'homosexualité?

Lors de son séjour à Paris, juste après une relation homosexuelle, il lui vient à l'esprit que tuer sa mère règlerait une partie de ses tourments, et en particulier celui lié à l'homosexualité. Tuer cette femme détestée dont il a cru distinguer les traits dans le miroir, derrière ses traits et les traits de sa sœur, cette mère qui l'a empêché de devenir un homme, de grandir, en l'éloignant de la figure paternelle d'abord puis de la figure sororale ensuite, deux figures qu'il aimait et qu'elle lui a enlevées: «Mon histoire de famille, qui depuis toujours ou presque s'obstinait à détruire toute trace d'amour dans ma vie[38]». Ou tout simplement parce qu'il la juge coupable de lui avoir donné la vie: «Se pouvait-il que je ne lui eusse jamais pardonné le fait de ma naissance, ce droit d'une arrogance insensée qu'elle s'était arrogé de me mettre au monde?[39]». Mais là encore, faire couler le sang, comme le sperme («encore un, mais ça ne suffira jamais», dit-il en faisant monter chez lui un nouvel amant[40]), ne viendra en rien calmer sa souffrance, le laissant seul avec «le cri d'angoisse infini de l'enfant à tout jamais prisonnier du corps atroce d'un adulte maladroit et incapable, même en tuant, de se venger du fait de vivre[41]». Néanmoins, son désir même de grandir, donc d'abandonner cet amour incestueux et cette haine pour sa mère, est ambivalent puisqu'il déclare à sa sœur que jamais il ne grandira. À cet égard, le contact continu

---

34 *Ibidem*, p. 296.
35 *Ibidem*.
36 *Ibidem*, p. 294.
37 *Ibidem*, p. 1063.
38 *Ibidem*, p. 704.
39 *Ibidem*, p. 530.
40 *Ibidem*, p. 734.
41 *Ibidem*.

avec l'excrément et la vomissure, qu'il ne peut retenir, le fait retourner dans un état d'enfance, où les figures du père et de la mère sont omniprésentes tout au long du roman, dans les souvenirs comme dans les rêves. Les multiples rêves de métro, de tunnel, récurrents, peuvent également s'interpréter comme le désir du retour à l'utérus, dans le «bain» maternel. Ne faut-il pas considérer d'ailleurs le roman entier comme un réseau labyrinthique, un dédale de conduits, de parcours souterrains, parallèle à son parcours géographique, traduisant sa volonté de renaître une seconde fois, le conduisant continuellement à des impasses (l'homosexualité à Paris, le matricide à Antibes, l'amour incestueux fantasmé en Poméranie…)?

Abolir la différence des sexes, c'est pour le narrateur retrouver l'enfance, le temps de l'innocence, le temps d'avant l'adolescence qui fait couler le sperme et le sang, c'est en effet se débarrasser définitivement de toute sexualité, de tous les désirs et de toutes les pulsions: «C'était l'âge de la pure innocence, faste, magnifique. La liberté possédait nos petits corps étroits, minces, bronzés, nous nagions comme des otaries, filions à travers les bois comme des renards, roulions, nous tordions ensemble dans la poussière, nos corps nus indissociables, ni l'un ni l'autre spécifiquement la fille ou le garçon, mais un couple de serpents entrelacés[42]»; la métaphore animale exprime alors la supériorité de la condition animale sur celle de l'homme, car sur eux ne pèse pas l'insupportable poids de la conscience, de la vie et de l'Histoire.

Son engagement dans la SD est de même entaché par cette même fatalité: Thomas Hauser est venu le chercher, malgré lui, pour lui faire vivre un destin qu'il n'a pas choisi. L'homosexualité, l'inceste, le meurtre, tout est lié sous le même sceau des circonstances, sans qu'il y ait eu une place pour le choix: «Ce parcours fait très rarement l'objet d'un choix, voire d'une prédisposition[43]».

Le désir de mort

L'amour absolu est associé à la mort dès le début sous la forme d'un couple de squelettes enlacés[44], puis à la fin du roman, de manière explicite: «tout amour vrai est inéluctablement tourné vers la mort[45]». Et finalement c'est, en effet, ce que recherche le narrateur, «à saisir la mort, ce moment-là,

---

42 *Ibidem*, p. 580.
43 *Ibidem*, p. 38.
44 *Ibidem*, pp. 79-80.
45 *Ibidem*, p. 1260.

précisément en lui-même[46]», qu'il soit acteur de ce moment (narrateur-bourreau), spectateur (narrateur-voyeur) ou son objet (narrateur-victime).

Atteindre sa sœur par l'homosexualité, c'est par conséquent atteindre la mort. À travers la relation homosexuelle, le narrateur se fait victime. Ainsi, le plaisir homosexuel est paradoxalement décrit avec les mots du champ lexical de la douleur, de la torture conduisant à la mort: «Le dos se creuse et c'est comme une coulée bleue et lumineuse de plomb fondu qui vous emplit le bassin et remonte lentement la moelle pour vous saisir la tête et l'effacer[47]», et plus évident encore: «une boule de lumière blanche se mit à grandir à la base de mon épine dorsale, remonta lentement mon dos, et annula ma tête. Et ce soir-là, plus que jamais, il me semblait que je répondais ainsi directement à ma sœur, me l'incorporant, qu'elle l'acceptât ou non[48]». Ne plus penser, oublier son être, s'anéantir en l'autre, pour croire renaître en femme, et pour ne plus être ce qu'il est, un Nazi au service d'une œuvre de destruction.

Une autre obsession du narrateur est celle de la pendaison, à plusieurs reprises liées au plaisir. Au début du roman, il est horrifié, mais sans doute fasciné aussi, par ce Juif qui, pendu, «éjaculait encore[49]», comme si le plaisir absolu s'accompagnait de la mort, comme si les deux devenaient indissociables. Il est horrifié parce que cette image lui renvoie l'image de sa propre histoire, de son enfance et du fantasme de la pendaison. De voyeur, le narrateur peut aussi se faire victime. Ainsi en Poméranie, dans la maison de sa sœur et de son beau-frère, qu'il compare au camp de concentration, son «double obscur[50]», tente-t-il de retrouver ses sensations perdues:

> J'avais pris des ceintures en cuir que je passai sur une poutre, et j'entrepris de montrer à la forme, qui m'avait discrètement suivi, comment je me pendais dans la forêt quand j'étais petit. La pression sur mon cou me faisait de nouveau bander, cela m'affolait, pour éviter d'étouffer je devais me dresser sur la pointe des pieds. Je me branlai ainsi très rapidement, en ne frottant que le gland enduit de salive, jusqu'à ce que le sperme jaillisse à travers le grenier, quelques gouttes seulement mais projetées avec une force inouïe, je me laissai aller de tout mon poids à la jouissance, si la forme ne m'avait pas soutenu je me serais pendu pour de bon.[51]

Après l'épisode du Tiergarten, ce jardin public où Maximilien accède

---

46 *Ibidem*, p. 250.
47 *Ibidem*, p. 292.
48 *Ibidem*, p. 716.
49 *Ibidem*, p. 143.
50 *Ibidem*, p. 1259.
51 *Ibidem*, p. 1300.

10. L'homosexualité dans Les Bienveillantes

au plaisir clandestin, interdit, le narrateur rencontre, sur un pont, un homosexuel qui veut se suicider, Hans P., qui n'est peut-être qu'un double de lui-même, une ombre projetée de son désir de mort. Il va alors devenir le narrateur bourreau en le menaçant avec une arme, qu'il compare à un phallus, associant le plaisir sexuel à la mort: «Alors de la main gauche je lui empoignai brutalement le cou, le repoussai contre la rambarde, et forçai le canon du pistolet entre ses lèvres. "Ouvre! aboyai-je. Ouvre la bouche!" Mon cœur battait la chamade, il me semblait crier alors que je faisais un effort pour garder la voix basse. "Ouvre!" J'enfonçai le canon entre ses dents. "C'est ça que tu veux? Suce!"[52]». De même dans l'enfance, le narrateur se souvient de sa liaison avec sa sœur dans un musée des Tortures, alors que celle-ci est allongée sur une guillotine. La menace de la mort est une source accrue de plaisir: «Penché par-dessus la lunette, mon propre cou sous la lame, je lui murmurais: «Je vais tirer la manette, je vais lâcher le couperet. [...] Je jouis d'un coup, une secousse qui me vida la tête comme une cuiller qui racle l'intérieur d'un œuf à la coque[53]». Deux actes absolus, deux acmés, l'un mortifère et l'autre source de plaisir, qui sont pour le narrateur autant de manières de compenser le fait d'être un homme: «Je me suis souvent dit que la prostate et la guerre sont les deux dons de Dieu à l'homme pour le dédommager de ne pas être femme[54]».

Le désir d'être une femme

Plus loin, il fait une description poétique de la pendaison d'une femme, accompagnée d'images mythologiques et religieuses, et là sans aucun sentiment de dégoût: «Ses cheveux rêches formaient une crête de méduse autour de sa tête et elle me semblait fabuleusement belle, habitant la mort comme une idole, Notre-Dame-des-Neiges[55]». La femme, d'une manière générale, est associée à l'œuvre d'art, idéale et inaccessible, comme Hélène Anders dont la douceur et la patience lui rappellent les peintures de Vermeer de Delft ou la musique de Monteverdi[56].

La femme pendue le renvoie à lui-même, à ses propres désirs, à son idéal, comme un miroir, à sa «réflexion» personnelle, réunissant, condensant son corps rêvé de femme et sa pensée, sa vérité, sa recherche de la vérité

---

52 *Ibidem*, p. 105.
53 *Ibidem*, p. 703.
54 *Ibidem*, p. 292.
55 *Ibidem*, p. 263.
56 *Ibidem*, p. 1047.

(«elle comprenait tout», «elle savait tout»), qui le détruit et le purifie en même temps, par le feu. Mais ni ses rencontres masculines ni ses rencontres féminines ne le feront renaître de ses «cendres», tel un phénix femelle. Le regard de cette femme le transperce, le perce à jour, parce qu'elle a ce sexe qu'il n'a pas, qui permet d'atteindre un plaisir sans limite, absolu et parce qu'elle a aussi de fait la connaissance de la mort. Les autres figures féminines sont liées à la littérature, aux mythes et aux légendes. La «légende de Vineta[57]», racontée au narrateur par sa sœur, Una, l'unique, lui montre ainsi que la femme connaît un désir et un plaisir que personne ne peut combler ou limiter, hormis l'océan. Cette légende le fait rêver, de même que la chanson cosaque racontant «l'atroce histoire d'une jeune fille ravie par les Cosaques, ligotée par ses longues tresses blondes à un sapin, et brûlée vive» et que le narrateur trouve «magnifique[58]». Comme le fait rêver également *L'Éducation sentimentale*, qu'il lit en Poméranie, roman dans lequel Marie Arnoux est aussi une figure féminine idéale, mise en abyme, une apparition de la «Notre-Dame», pure et inaccessible comme Una, sans cesse recherchée par Frédéric Moreau.

Ce n'est pas autre chose que sa sœur fantasmée lui révèle en lui montrant son sexe: «Regarde, il n'y a là *rien* à voir[59]». Le sexe féminin, symbole du néant, du vide absolu de la mort, lui inspire des sentiments ambivalents; le louant quand il évoque un temps prénatal: «comme un utérus dont je n'aurais jamais voulu sortir, paradis sombre, muet, élastique[60]» ou le maudissant quand, dans sa fonction matricielle, il donne la vie: «un sac à semence, une couveuse, une vache à lait, la voilà, la femme dans le sacrement du mariage[61]», telles ces femmes des dignitaires nazis. De même, ses réflexions sur la mort et la femme le mènent à des considérations linguistiques, en comparant le mot «mort» en allemand, en russe et en français. Il remarque ainsi que cette dernière langue est la seule à l'avoir féminisé, occultant la brutalité du signifié par les sonorités «chaudes et tendres» du signifiant[62].

Par ailleurs, ce trou qu'une balle a creusé dans sa tête à Stalingrad, il le compare à un vagin, enfin acquis, au risque de la mort, et qui projette un faisceau lumineux insoutenable dans la nuit où l'homme est plongé, car c'est celui de la vérité, une lumière qui distingue tout, qui voit et qui

---

57 Ibidem, pp. 1252-1253.
58 Ibidem, p. 492.
59 Ibidem, p. 1255.
60 Ibidem, p. 1160.
61 Ibidem, p. 1163.
62 Ibidem, p. 900.

10. L'homosexualité dans Les Bienveillantes 167

comprend tout, différente de la lumière du jour, «la malsaine, la sordide, la malade lumière du jour[63]»:

> Je buvais coup sur coup au hasard des cafés mais plus je buvais, plus il me semblait devenir lucide, mes yeux s'ouvraient et le monde s'y engouffrait, rugissant, sanglant, vorace, m'éclaboussant l'intérieur de la tête d'humeurs et d'excréments. Mon œil pinéal, vagin béant au milieu de mon front, projetait sur ce monde une lumière crue, morne, implacable, et me permettait de lire chaque goutte de sueur, chaque bouton d'acné, chaque poil mal rasé des visages criards qui m'assaillaient comme une émotion [...].[64]

C'est ce trou, ce vagin «lampadophore», qui lui permet de faire face au néant, à l'absurdité des choses et à la vie dont le sens ne cesse d'échapper au narrateur: «J'avais le sentiment que le trou dans mon front s'était ouvert sur un troisième œil, un œil pinéal, non tourné vers le soleil, capable de contempler la lumière aveuglante du soleil, mais dirigé vers les ténèbres, doué du pouvoir de regarder le visage nu de la mort[65]». Cet œil symbolique lui fait alors voir ce que les autres ne voient pas, lui fait acquérir la conscience et la connaissance, la lucidité, ce point de vue supérieur. Ainsi Hitler lui apparaît-il sous les traits d'un rabbin et lui révèle que dans nombre de Nazis se retrouve une part de cette diversité humaine qu'ils abhorrent tant (et le narrateur, par son homosexualité, en est un exemple): «Cherchant les passages les plus virulents, surtout sur les Juifs, et en les lisant je me demandais si, en vociférant [...] le Führer, sans le savoir, ne se décrivait pas lui-même[66]».

Si la femme transperce son âme pour lui révéler la connaissance ultime, l'homme ne fait que transpercer son corps comme s'il était une femme «agrippée à lui et percée par lui, noyée en lui en devenant la mer sans limites dans laquelle lui-même se noie, plaisir sans fin, et sans début aussi[67]», mais dans les deux cas, l'homme et la femme le rapprochent d'un état limite, la mort.

On peut tout aussi bien voir dans le désir homosexuel un désir inconscient du narrateur d'échapper à sa vie, à son rôle dans l'Histoire, à la guerre et en définitive à son «moi» entier, car être une femme, en plus d'atteindre sa sœur, la rangeant peut-être même à un rôle de prétexte, signifierait aussi pour lui échapper à cette guerre, à cette atrocité, mettre

---

63 *Ibidem*, p. 529.
64 *Ibidem*, p. 734.
65 *Ibidem*, p. 634.
66 *Ibidem*, pp. 988-989
67 *Ibidem*, p. 41.

un terme à ce devoir, avant tout masculin, qui l'accable en somme et qui le tue. Lors d'une conversation avec sa sœur au cours de laquelle il lui explique qu'il assassine des gens, elle lui dit: «Je suis heureuse de ne pas être un homme» et lui de répondre: «Et moi, j'ai souvent souhaité avoir ta chance[68]». Naître garçon a marqué pour le narrateur la première fatalité, qui n'a été que la première d'une longue liste: ainsi sa carrière littéraire que ses parents lui ont refusée, alors qu'ils ont laissé le choix à sa sœur: «Ma sœur, elle, eut plus de chance: c'était une fille, et ce qu'elle faisait comptait moins [...]. On la laissa librement aller à Zurich étudier la psychologie[69]».

Échapper à l'Histoire?

Mais toutes ces correspondances, au sens quasi baudelairien du terme, n'auraient sans doute pas été faites, observées, sans la personnalité particulièrement idéaliste du narrateur, dont la vie a été «brisée par l'impossible[70]», et surtout sans la guerre, cette crise de l'Histoire, qui agit comme une force de libération de tous les instincts, de toutes les pulsions enfouies dans l'homme:

> Or l'histoire, sourdement, se poursuivait, et il suffisait d'un rien, du cri d'un agonisant, pour que tout resurgisse en bloc, car cela avait toujours été, cela venait d'ailleurs, d'un monde qui n'était pas celui des hommes et du travail de tous les jours, un monde habituellement clos mais dont la guerre, elle, pouvait subitement jeter ouvertes toutes les portes, libérant en un cri rauque et inarticulé de sauvage sa béance, un marécage pestilentiel, renversant l'ordre établi, les coutumes et les lois, forçant les hommes à se tuer les uns les autres, les replaçant sous le joug dont ils s'étaient si péniblement affranchis, le poids de ce qu'il y avait avant.[71]

Ainsi, lors de la dernière nuit qu'il passe à Auschwitz, le narrateur fait un rêve érotique qui fait directement suite aux visions d'horreurs qu'il a eues au cours de sa visite d'inspection dans le camp, les pulsions de mort révélant les pulsions sexuelles:

> Mais je ne pouvais y accéder et j'entrai dans un des vastes immeubles baraques où j'occupai une couchette, repoussant une femme inconnue qui voulait se joindre à moi. Je m'endormis promptement. Lorsque je me réveillai, je remarquai un peu de sang sur mon coussin. Je regardai de plus près et vis qu'il y en avait aussi sur les draps. Je les soulevai; en dessous, ils

---
68 *Ibidem*, p. 687.
69 *Ibidem*, p. 533.
70 *Ibidem*, p. 298.
71 *Ibidem*, p. 535.

étaient trempés de sang mêlé à du sperme, de grosses glaires de sperme […]. Puis Höss entra dans ma chambre avec un autre officier. Ils se déculottèrent, s'assirent jambes croisées auprès de mon lit et entreprirent de se masturber vigoureusement, leurs glands empourprés disparaissant et réapparaissant sous la peau des prépuces, jusqu'à ce qu'ils aient envoyé de grands jets de sperme sur mon lit et sur le tapis.[72]

La guerre seule a donc fait resurgir en l'homme les traumatismes de l'enfance, de l'histoire intime, personnelle, les a amplifiés même. Elle a permis, autorisé la libération des pulsions sexuelles et mortifères du narrateur, à tel point qu'elles l'ont mené aux frontières de la folie, lui faisant parcourir un véritable voyage à travers le dédale de son psychisme, aussi prégnant que son voyage à travers l'Europe, dévoilant une géographie mentale remplie d'abîmes, de gouffres et d'impasses. Elle a mis le narrateur face à ses contradictions, à ses angoisses et elle lui a laissé croire qu'il verrait s'accomplir son idéal.

Et, en définitive, une phrase de l'Ukrainien Pravdine, avec qui le narrateur a une longue conversation, comme avec le vieux Juif à la légende de l'ange, autre personnage dont il attend une révélation sur lui-même, peut être interprétée à la fois au sens historique et au sens de l'histoire personnelle, intime: «Et chaque fois qu'il y a une réelle rupture dans votre histoire, une vraie chance de sortir de ce cycle infernal pour commencer une *nouvelle histoire*, vous la ratez[73]».

Il se retrouve donc, à la fin du roman, au point de départ, sur les mêmes lieux qui ont vu son destin basculer: il a de nouveau traversé le jardin du Tiergarten («en direction du canal, là où j'allais autrefois, il y a bien longtemps, rôder en quête de plaisir. […] Je passai le canal par le pont où j'avais eu cette curieuse altercation avec Hans P. [74]»), il a tué les deux policiers toujours à ses trousses et il a tué Thomas Hauser, celui qui lui a fait signer ce pacte pour l'enfer, pour prendre un faux nom, pour survivre, accomplissant par la même occasion, en brisant le «cycle infernal», des actes personnels où se manifeste, pour la première fois, la volonté du «Je» de vouloir vivre une *autre* histoire.

Conclusion

Ni prétexte, ni goût pour le sensationnel ou la provocation, l'homosexualité

---
72 *Ibidem*, p. 898.
73 *Ibidem*, p. 571.
74 *Ibidem*, p. 1387.

répond bien à une exigence narrative dans les *Bienveillantes*. Elle est un des fils conducteurs qui tisse au fur et à mesure de cette lecture labyrinthique une réponse à la question centrale du roman: comment un homme ordinaire, sans prédisposition, peut-il être amené à perpétrer des crimes contre l'humanité?

Et en effet l'homosexualité s'intègre totalement à ce questionnement, elle vient les souligner et plus encore, donner les clefs pour mieux tenter de comprendre l'incompréhensible. Ainsi, pour le narrateur, l'homosexualité n'est liée à aucun déterminisme; à l'inverse, elle n'a pas non plus fait l'objet d'un choix personnel, on l'a vu. Ceci renforce l'idée qu'elle n'a pas été voulue, mais imposée, à la suite d'un enchaînement de circonstances, et ce sont les circonstances, inhérentes au hasard, qui l'ont mené aussi à devenir un meurtrier: «Tout est lié, intimement lié», pour reprendre les termes du narrateur.

C'est en replaçant l'homosexualité dans ce contexte, comme la pièce d'un puzzle, qu'elle prend tout son sens. L'ensemble, dans sa trame même, reconstruit et déconstruit sous des formes multiples la même question, restée sans réponse, laissant le fin mot de l'histoire au hasard, à l'instar de *Moby Dick*, de *L'Éducation sentimentale*[75], à l'instar de tous les grands textes qui interrogent le destin de l'homme.

Collège de Verneuil-sur-Avre

---

75 Moby Dick est cité p. 714, *L'Education sentimentale*, p. 1250.

11. La Shoah en flânant?
J. Marina Davies

«"Vous vous promenez?" – "En quelque sorte, oui"[1]». Ainsi répond Max Aue à la question posée par un officier qu'il croise en Ukraine pendant la campagne de Russie, une réponse qui vaut pour le roman *Les Bienveillantes* aussi bien que pour cette promenade dans la ville assiégée de Lemberg. Aue se promène «en quelque sorte» dans son propre récit comme dans la guerre, non seulement par cette activité physique de la promenade, une vraie flânerie, mais aussi par la position qu'il prend vis-à-vis des actions de la SS et de sa propre participation à ces actions, et notamment à la Shoah. Il prend ainsi lui-même le statut de «pont flottant», l'image ambiguë et polyvalente qui ouvre la deuxième partie du roman, les *Allemandes I et II*[2]. De même, le mot de flâneur évoque le double aspect étrange et étranger de ce personnage, sur le plan de l'action du récit, puisque Aue se veut témoin lorsqu'il a le statut officiel et réel de bourreau, sur le plan culturel, puisque Aue reste français «en quelque sorte» malgré son désir ardent de retrouver son Vater(land) dans la SS, ainsi que sur le plan littéraire, puisque l'œuvre s'accorde mal aux conventions génériques du roman historique. Pour comprendre la flânerie d'Aue, il faudra d'abord contextualiser ces ambiguïtés multiples, qui sont en fait profondément liées à sa nature de flâneur. Nous examinerons ensuite plusieurs exemples de la flânerie littellienne, et spécifiquement la double nature du flâneur, à la fois observateur et acteur.

Quelques ambiguïtés perçues par la critique

À sa sortie en 2006, *Les Bienveillantes* a suscité de vifs débats à cause du statut d'Aue. De nombreux lecteurs, tel que Claude Lanzmann, ont reproché

---
1 *Les Bienveillantes*, Paris, Gallimard, 2006, p. 55.
2 *Ibidem*, p. 33.

à Littell le choix d'un personnage principal qui est à la fois bourreau et témoin. Pour Lanzmann, un tel narrateur est invraisemblable, car les vrais exécuteurs de la Shoah prétendaient ne pas avoir de souvenirs, ou du moins refusaient de les raconter, comme il a pu le constater quand il tentait de les interviewer pour son film *Shoah*:

> [...] lors du tournage de *Shoah*, j'ai dû user de mille stratagèmes pour arracher aux nazis leurs mots et leurs images. Je leur offrais de l'argent pour qu'ils acceptent de me rencontrer, je les filmais avec une caméra cachée en prenant les plus grands risques, parfois j'échouais à les faire parler. Or le "héros" de Littell parle torrentiellement pendant 900 pages, cet homme qui ne sait plus ce qu'est un souvenir se souvient absolument de tout. On est en droit de s'interroger: Aue est-il incarné? Aue est-il un homme? Aue existe-t-il?[3]

Témoigner est donc incompatible avec le statut d'ancien bourreau nazi, qui se tait par honte, par culpabilité, ou par refoulement. Si le but de Littell était de présenter un SS tel qu'il aurait pu exister, son projet serait donc voué à l'échec dès le départ, avant le premier mot du récit, à cause de la longueur même de son roman. Ce critère quantitatif est plus indiscutable que les caractéristiques «invraisemblables» qui sont les plus souvent évoquées par des critiques des *Bienveillantes*, pour qui l'intellectualisme d'Aue, sa tendance à philosopher, et ses perversions sexuelles poussées à l'extrême contrastent trop avec le SS historique, un père de famille tout à fait ordinaire dans ses aspirations petites-bourgeoises.

L'aspect français du personnage pose également problème pour beaucoup de critiques, qui considèrent qu'Aue n'est pas suffisamment allemand, et ceci malgré le statut historiquement changeant de l'Alsace-Lorraine, et donc malgré l'existence de beaucoup de communautés franco-allemandes (même si cela n'était pas exactement le profil biographique d'Aue lui-même). Cette absence d'une nature vraiment allemande se verrait par exemple dans les nombreuses fautes de langue allemande dans le texte, qui montreraient que le personnage n'est pas intellectuellement ou spirituellement un Allemand nazi. Par exemple, quand Paul-Éric Blanrue cite les erreurs repérées par Peter Schöttler et par lui-même, il suggère qu'elles «révèlent que l'auteur n'est finalement pas parvenu comme annoncé à entrer dans le cerveau des nazis[4]». On pourrait donc croire

---

[3] «Lanzmann juge Les Bienveillantes», *Le Nouvel Observateur*, le 21 septembre 2006.
[4] Paul-Éric Blanrue, *Les Malveillantes: enquête sur le cas Jonathan Littell*, Paris, Scali, 2006, p. 90.

que ces critiques ne reprochent pas seulement au personnage d'être trop culturellement français, mais de l'être intellectuellement.

Pourtant, la francité et le français d'Aue ne seraient pas convaincants non plus, malgré son enfance passée en France: «[Peter Schöttler note] qu'il est difficile de croire que l'Obersturmbannführer Maximilien Aue peut raconter son histoire dans un français impeccable au prétexte "qu'il a passé son enfance et suivi une partie de ses études en France"[5]». Dans un glissement entre Littell et Aue qui est typique de l'approche critique de Blanrue[6], il trouve que Littell n'est pas assez francophone non plus, malgré son enfance passée entre la France et les États-Unis (où il était scolarisé dans un lycée français). Blanrue essaie de montrer à la fois que le texte est trop anglophone, et qu'il a été réécrit par un éditeur français:

> Si Richard Millet [éditeur chez Gallimard], personnage quelque peu effacé que l'on croise rarement sur les plateaux, démentait catégoriquement être le nègre de Littell [...] il admettait pourtant l'avoir rewrité en partie, ce qui laissait la porte grande ouverte aux suppositions. Car si l'on sait où commence le rewriting, nul ne sait jamais où il s'arrête exactement. [...] Bref, c'est plus qu'il n'en fallait pour qu'on soupçonne *Les Bienveillantes* d'avoir été écrit à quatre mains. [...] Par ailleurs, le nombre d'anglicismes présents dans le livre de Littell nous incite à penser que [Millet] n'a fait son travail qu'à moitié.[7]

Autrement dit, à part quelques anglicismes, le roman serait trop bien écrit pour être le produit de quelqu'un qui ne s'est installé en France qu'à l'âge de trois ans. Le scepticisme de Blanrue est-il dû à un chauvinisme français ou tout simplement à une ignorance des capacités d'acquisition linguistique d'un jeune enfant? De toute façon, ces anglicismes jouent un rôle important dans son jugement du texte. D'ailleurs, Blanrue trouve bizarre que Littell n'explique pas pourquoi il a écrit en français plutôt qu'en anglais[8], sans considérer ni les implications culturelles et historiques de ce choix d'expression française (relatives au rapport entre la France et l'Allemagne avant, pendant, et après la Seconde Guerre mondiale) ni les décalages littéraire, stylistique et autre entre cette expérience racontée en français et en anglais; nombreux sont les romans écrits dans une langue qui

---

5 *Ibidem*, p. 18.
6 Par exemple, il semble reprocher à Littell (et non pas à Aue) une interprétation problématique des idées de Platon sur la sexualité telles qu'Aue l'avance. *Ibidem*, pp. 94-97.
7 *Ibidem*, pp. 22-24.
8 *Ibidem*, p. 45.

n'est pas la langue maternelle de leur auteur pour de pareilles raisons[9], que nous étudierons de plus près pour *Les Bienveillantes*.

À ces remises en question historiques et langagières s'ajoute une question éthique: que ce soit vraisemblable ou non, que son français et son allemand soient impeccables ou non, le bourreau a-t-il le droit de témoigner? Aue, a-t-il le droit de raconter son passé, son expérience de la guerre? Pour certains, cette question est liée à une question ontologique: le bourreau peut-il être témoin? Pendant les deux dernières décennies, des historiens tel que Raul Hilberg et Victoria J. Barnett se sont intéressés au statut complexe du témoin, à la variété de témoins possibles, ainsi qu'à son rôle de facilitateur, et, par extension, d'exécuteur de la Shoah. Il est impossible d'ignorer la différence entre la position éthique et donc narrative de Max Aue, acteur SS dans les programmes d'extermination, et celle de quelqu'un qui assiste à l'arrestation de son voisin juif sans rien faire. Et pourtant, cette dernière réaction, en apparence passive, joue un rôle actif dans l'élaboration du système global d'extermination du Troisième Reich, un système qui ne pourrait pas fonctionner sans sa coopération.

Le système dans lequel Aue travaille met en œuvre les camps de concentration; Aue va justement visiter Auschwitz[10]. Les premiers mémoires concentrationnaires ont été écrits juste après la guerre, dans les années quarante; déjà, des survivants comme Primo Levi et David Rousset tentaient de théoriser la complexité de l'univers concentrationnaire avant que les autres penseurs n'osent en parler, eux qui semblaient même croire que la théorisation impliquait forcément un blasphème, ou au moins un désir de comprendre ce qui était incompréhensible. Mais pour Levi, la description de cet univers exige l'explication du comportement de ses prisonniers, les *Häftlinge*, qui apprennent aussitôt sa loi fondamentale: «"Mange ton pain, et si tu peux celui de ton voisin"[11]». Dans un tel contexte, Levi demande au lecteur de se poser la question suivante: «Que pouvaient bien justifier au Lager des mots comme "bien" et "mal", "juste" et "injuste"? À chacun de se prononcer d'après le tableau que nous avons tracé et les exemples fournis; à chacun de nous dire ce qui pouvait bien subsister de notre monde moral en deçà des barbelés[12]». Il est impossible

---

9   Nous citons à titre d'exemple *Lolita* (1955), écrit en anglais par Vladimir Nabokov, un écrivain d'origine russe, à cause du rôle joué par l'anglais dans le texte; la langue y est un personnage.
10 *Les Bienveillantes, op. cit.*, pp. 556-578.
11 Primo Levi, *Si c'est un homme*, Paris, France Loisirs, 1996, p. 214.
12 *Ibidem*, p. 115.

de poser cette même question pour les SS au *Lager;* même si leur rôle officiel est à certains égards aussi délimité que celui des *Häftlinge*, les SS individus ne sont pas du tout prisonniers. Ceci est d'une évidence mais important à préciser: les SS ne sont pas obligés de rester dans le *Lager* et d'exister sans avoir le choix (ou de n'avoir que des choix plus affreux les uns que les autres). Pourtant, la question de Levi montre que certaines catégories binaires ne fonctionnent pas très bien dans une situation limite comme celle de la Shoah.

La célèbre zone grise de Primo Levi, qui nomme l'espace ambigu entre le bourreau et la victime, existe également entre le bourreau et le témoin. Les choix et donc les enjeux ne sont pas identiques pour le bourreau et le témoin, et sont même parfois incompatibles, mais il existe une vaste gamme de rôles possibles, qui ne sont pas toujours réductibles à l'une des trois catégories de bourreau, de témoin ou de victime.

Le dernier problème lié au statut de flâneur est d'ordre générique. Pour bien des critiques, on peut difficilement qualifier *Les Bienveillantes* de roman historique. Ce genre est assez vague et difficile à définir, et il est vrai que le roman de Littell est historique dans la mesure où la Seconde Guerre mondiale est le moteur principal de son intrigue. Mais il y a encore une fois un problème de vraisemblance; au lieu de nous présenter un personnage qui se trouve de temps en temps impliqué dans un événement historique majeur, Littell insère Aue dans beaucoup d'épisodes importants et déterminants de la Seconde Guerre mondiale. En même temps, la structure des *Bienveillantes* s'écarte du modèle conventionnel du roman historique, notamment en ce qui concerne le rapport entre la vie du personnage principal et les grands événements historiques. Nous verrons cela même lorsque le personnage est visiblement influencé par ces événements et par le rôle qu'il y joue (une influence qui est souvent viscérale chez Aue, vomissements, diarrhée, etc.).

Observer en flânant

Le récit de guerre d'Aue commence pendant la campagne de Russie, après la prise de la ville de Sokal. Après avoir vu pour la première fois le résultat d'un massacre, des corps putrides entassés les uns sur les autres dans un château, Aue trouve refuge dans une passerelle du château, où il commence à fumer: «J'avais l'impression que l'odeur des cadavres putréfiés me collait encore à l'intérieur du nez, je tentai de la chasser en exhalant la fumée par les narines, mais ne réussis qu'à me faire tousser convulsivement. Je regardai la vue. Au fond du fort se découpaient des jardins, de petits potagers avec quelques arbres fruitiers; par-delà le mur je voyais la ville et la boucle du Styr; de ce côté-là il n'y avait pas de fumée, et le soleil brillait sur la campagne. Je fumai tranquillement[13]». Dès le début du récit s'établit une alternance entre la guerre et l'interlude touristique, en l'occurrence la promenade, même si la promenade n'est qu'imaginée dans ce passage. Aue se calme en observant le paysage et en le décrivant, pour mieux s'en distancer. Cette première description prépare un motif récurrent: Aue arrive dans une ville lors d'une bataille ou après la fin d'une bataille, il s'acquitte de certains devoirs professionnels, puis il essaie de s'éloigner physiquement ou spirituellement non seulement d'une ville souvent dévastée (en cherchant ses parties intactes, non touchées par la guerre), mais aussi de lui-même, ou au moins du rôle qu'il joue dans cette dévastation. Cette distanciation sera d'autant plus difficile parce qu'Aue s'identifie avant tout comme un membre de la SS, sa famille adoptive. Mais il est plus important pour lui de ne pas être témoin des atrocités que de faire partie du groupe; il flâne pour ne pas observer l'essentiel.

Le dédoublement de l'individu est typique de la flânerie, cette promenade qui n'a pas de but à par la promenade elle-même, ou plus précisément l'assistance au spectacle mis en scène par la promenade. Le but de la flânerie est aussi de ne pas faire partie du spectacle, ou au moins de se perdre dedans: comme note Alain Montandon, le flâneur «marche pour voir et non pas pour être vu[14]». Le flâneur est un spectateur très particulier; où ce spectacle peut-il avoir lieu?

La ville est le lieu par excellence de la flânerie, et plus particulièrement pour Walter Benjamin, comme pour Charles Baudelaire, le Paris de la deuxième moitié du XIXe siècle, après les travaux d'urbanisme du baron Haussmann: «Avant Haussmann les trottoirs larges étaient rares et les trottoirs étroits ne protégeaient guère des voitures. La flânerie aurait pu difficilement avoir l'importance qu'elle a eue sans les passages [...]. Les passages sont des intermédiaires entre la rue et l'intérieur[15]». La ville se prête à la flânerie pour plusieurs raisons importantes: nouvel espace haussmannien de grands boulevards et de passages, diversité des spectacles humains possibles dans un tel espace, et enfin anonymat de la foule, cette

---
13 *Les Bienveillantes*, op. cit., p. 39.
14 Alain Montandon, *Sociopoétique de la promenade*, Clermont-Ferrand, Presses Universitaires Blaise Pascal, 2000, p. 145.
15 Walter Benjamin, *Charles Baudelaire: un poète lyrique à l'apogée du capitalisme* (1969), Paris, Payot, 1979, traduction: Jean Lacoste, pp. 57-58.

11. La Shoah en flânant? 177

multitude d'êtres humains qui permet paradoxalement au flâneur d'être seul, volontairement à l'écart. Alain Montandon l'explique ainsi: «Ce n'est pas dans le refuge de la nature que l'on peut s'isoler des hommes, mais dans la foule anonyme de la grande cité. Du coup *le flâneur ne peut être qu'artiste ou criminel*, deux formes bien définies de marginalité et d'opposition à la société[16]». Le flâneur cherche à se détacher de ce qu'il regarde et donc de sa propre position dans la scène où il se trouve.

Pourtant, cette flânerie détachée peut avoir lieu en dehors de la ville. Bien que l'on ait tendance à distinguer la promenade romantique en pleine nature (introspective et orientée vers l'intérieur) de la flânerie en pleine ville (spectaculaire et orientée vers l'extérieur), l'histoire littéraire de la flânerie ne confirme pas toujours une telle distinction nette entre les deux. Par exemple, dans *L'Éducation sentimentale*, autre roman historique exceptionnel, Frédéric Moreau, un des plus célèbres flâneurs de la littérature française du XIXe siècle, flâne à Nogent-sur-Seine, où habite sa mère, aussi bien qu'à Paris. Et il n'est pas le seul à flâner dans les petites villes provinciales, comme nous le voyons lors d'une sortie collective à Saint-Cloud: «Un côté de l'horizon commençait à pâlir, tandis que, de l'autre, une large couleur orange s'étalait dans le ciel et était presque empourprée au faîte des collines, devenues complètement noires, Mme Arnoux se tenait assise sur une grosse pierre, ayant cette lueur d'incendie derrière elle. Les autres personnes flânaient, çà et là; Hussonet, au bas de la berge, faisait des ricochets sur l'eau[17]». Ce passage situe cette activité moderne et citadine dans un contexte presque idyllique et certainement romantique, avec un éclairage de contre-jour à la Caspar Friedrich. De plus, nous voyons que l'on peut flâner dans un endroit inconnu, que le flâneur n'est pas obligé de hanter les mêmes endroits. Au contraire, l'endroit est par définition dynamique et changeant, même s'il s'agit d'un seul endroit connu ; la flânerie est l'affrontement toujours renouvelé, le nouveau spectacle, qui fait d'un quartier connu un nouvel endroit étranger à découvrir. La promenade d'un touriste est également une flânerie si le tourisme n'est qu'un prétexte, si le but est le tableau changeant plutôt qu'une certaine destination touristique; souvent chez Aue, ces deux activités seront mêlées.

L'héritage de la flânerie française, notamment de ses cadres et de son langage, s'accorde avec le choix de langue de Littell, et les descriptions que ce choix engendre. Peu après sa crise de nerfs à Sokal, Aue va à Lemberg

---
16 Alain Montandon, *Sociopoétique de la promenade, op.cit.*, p. 149, nous soulignons.
17 Gustave Flaubert, *L'Éducation sentimentale* (1869), Paris, Flammarion, 1985, pp. 135-136.

(Lviv), où il doit attendre deux heures avant un rendez-vous administratif. On lui conseille de visiter la vieille ville, et pendant sa promenade, Aue assiste à la fin d'une émeute: «Mêlés à la foule, comme au carnaval, paradaient encore des hommes affublés de costumes de scène, certains portaient même des masques, amusants, hideux, grotesques[18]». Cette référence explicite au spectacle auquel assiste le flâneur rappelle un passage célèbre de *L'Éducation sentimentale*, dans lequel le personnage principal voit le début de la révolution de 1848: «Frédéric, pris entre deux masses profondes, ne bougeait pas, fasciné d'ailleurs et s'amusant extrêmement. Les blessés tombaient, les morts étendus n'avaient pas l'air de vrais blessés, de vrais morts. Il lui semblait assister à un spectacle[19]». Dans ces deux textes, le rapport qui existe dans un roman historique conventionnel entre personnage et Histoire est bloqué par la flânerie. Aue oscille entre les positions d'artiste (ou plutôt d'intellectuel) et de criminel évoqués ci-dessus par Montandon, et tout comme Frédéric, les prétentions intellectuelles d'Aue sont peu de choses par rapport à sa passivité criminelle, comme nous voyons dans la suite de cette flânerie à Lemberg:

> Je longeai une belle et grande église, certainement catholique; elle était close et personne ne répondit lorsque je frappai. [...] Un peu plus loin, un homme barbu en robe de prêtre surgit d'un portail, au pied d'un haut beffroi ancien; lorsqu'il me vit, il obliqua vers moi: "Herr Offizier! Herr Offizier! Venez, venez, je vous en prie". [...] Il me tira presque de force vers le portail. J'entendais des cris, des hurlements sauvages; dans la cour de l'église, un groupe d'hommes battaient cruellement des Juifs couchés au sol, avec des gourdins et des barres en fer. Certains des corps ne bougeaient plus sous les coups; d'autres tressautaient encore. "Herr Offizier! criait le prêtre, faites quelque chose, je vous en prie! C'est une église, ici". Je restai près du portail, indécis; le prêtre essayait de me tirer par le bras. Je ne sais pas à quoi je pensais.[20]

L'activité et l'impuissance du prêtre, qui ne peut rien contre les voyous meurtriers, contrastent avec la passivité et l'omnipotence d'Aue, qui peut tout mais ne fait rien, restant «indécis». La langue joue un rôle important dans ce passage; Littell emploie souvent une structure paratactique à des moments de crise, et celui-ci ne fait pas exception. La parataxe joue des rôles variés à des différentes époques dans l'histoire de la littérature française; au XXe siècle, chez Albert Camus entre autres, elle évoque souvent le néant, la paralysie, ou la lâcheté. De la même manière, la narration d'Aue

---
18 *Les Bienveillantes, op. cit.*, p. 51.
19 Gustave Flaubert, *L'Éducation sentimentale, op. cit.*, p. 357.
20 *Les Bienveillantes, op. cit.*, pp. 51-52.

déplace le constat de sa responsabilité d'agent et de bourreau, non pas par un relativisme qui voudrait que le bourreau devienne une victime ou un témoin, mais par un regard détaché qui se perd en lui-même. Dans ce passage, le prêtre impuissant persuade les voyous d'arrêter, sans doute en disant (en ukrainien) que telle est la volonté de l'officier allemand, Aue. Nous voyons donc la pure volonté du prêtre (qui est arménien, une allusion oblique à un autre génocide du XXe siècle) s'exercer ici.

Aue aide le prêtre à déplacer les corps des mourants automatiquement, mécaniquement, simplement parce qu'il est encore sous le choc après avoir assisté à cette scène violente et inattendue. Comme dans le château, il fume pour se calmer, et, une fois calmé, il peut lucidement arrêter d'agir, en refusant d'aider le prêtre:

> "Et les morts? me lança-t-il. On ne peut pas les laisser là". Mais je n'avais aucune intention de l'aider; l'idée de toucher un de ces corps inertes me répugnait. Je me dirigeai vers le portail en les contournant et sortis dans la rue. Elle était vide, je pris au hasard vers la gauche. Un peu plus loin, la rue finissait en cul-de-sac; mais sur la droite je débouchai sur une place dominée par une imposante église baroque, aux ornements rococo, dotée d'un haut portail à colonnes et coiffée d'un dôme de cuivre. Je gravis les marches et entrai.[21]

Aue continue tranquillement son chemin. Le massacre dans l'église n'est donc qu'une brève interruption dans la structure narrative et dans la pensée d'Aue, pour autant que le lecteur puisse connaître cette pensée, dans ce récit à la première personne qui semble présenter ses réflexions les plus intimes. Certes, Aue est momentanément perturbé, mais il suffit de quitter l'église pour changer de spectacle et donc de sujet de pensée. Il croise plus tard un officier avant de rentrer pour son rendez-vous, après lequel il croise son vieil ami Thomas.

Aue se promène souvent avec Thomas et, plus tard, avec le linguiste Voss. La flânerie est normalement une activité solitaire, donc il serait difficile de considérer ces promenades amicales comme des flâneries. Mais dans ces promenades aussi, Aue s'écarte de la guerre et de sa participation à la guerre; ce sont des vacances au sens propre, comme par exemple ses promenades en bateau avec Thomas: «Lorsque nous avions du temps libre Thomas et moi sortions de la ville faire de la barque sur le Teterev et nager; ensuite, couchés sous les pommiers, nous buvions du mauvais vin blanc de Bessarabie en croquant un fruit mûr, toujours à portée de main dans l'herbe. À cette époque il n'y avait pas encore de partisans dans la région, c'était

---

21 *Ibidem*, p. 53.

tranquille. Parfois on se lisait à voix haute des passages curieux, comme des étudiants[22]». Leurs lectures sont révélatrices: Thomas lit une brochure française de l'Institut d'études des questions juives, tandis qu'Aue lit la correspondance de Stendhal. Avec Voss, le cadre est similaire mais ils sont moins volubiles: «Nous avions notre coin préféré, une plage au sud de la ville. [...] Les heures passaient sans que nous disions grand-chose. Voss lisait; j'achevais lentement la vodka et me replongeai dans l'eau[23]». Cette différence de ton reflète la différence entre les deux amitiés; Thomas et Aue se sont rencontrés quand ils étaient jeunes et leur amitié garde justement une énergie enthousiaste, tandis que l'amitié entre Voss et Aue est plus posée et plus intellectuelle.

Il existe une autre sorte de circuit qui joue un rôle important dans *Les Bienveillantes*, qui n'est pas une promenade mais qui implique un processus d'observation et de narration: celle de la photographie. D'ailleurs, ce n'est pas une coïncidence que la flânerie et la photographie se développent au même moment au XIXe siècle, et que dans ces deux activités l'on cherche à se détacher de l'objet observé et donc de trouver un intermédiaire entre le monde moderne et l'individu. Dans son célèbre recueil d'essais, *Sur la photographie* (publié en anglais en 1977), Susan Sontag examine le rôle joué par la photographie dans la société contemporaine et suggère que la prolifération des photos violentes provoque la désensibilisation chez celui qui les regarde. Même si Sontag remet en question cette idée dans *Devant la douleur des autres*[24], la position de celui qui regarde la photo reste problématique, surtout lorsque le sujet de cette photo est dans une situation dangereuse (une bataille ou un massacre) tandis que celui qui la tient entre ses mains est dans une situation privilégiée (loin de ces événements, dans un pays en paix). Aue est privilégié même lorsqu'il est à la guerre, ce qui se voit quand il prépare un album de photos pour son rapport sur le massacre organisé par le *Sonderkommando* 4a, à Kiev, à la fin de septembre 1941, lors duquel 33.771 Juifs ont été alignés au bord d'un ravin puis fusillés. Il est

---

22 *Ibidem*, p. 91.
23 *Ibidem*, p. 207.
24 «J'ai soutenu [dans *Sur la photographie*] que, tandis qu'un événement connu grâce aux photos devient certainement plus réel qu'il ne l'aurait été si l'on n'avait jamais vu les photos, il devient moins réel après une exposition répétée. J'ai écrit qu'autant qu'elles créent de la sympathie, les photos assèchent la sympathie. Est-ce vrai? [...] Quelles preuves existe-t-il que les photos ont un impact diminuant, que notre position culturelle de spectateur neutralise la force morale des photos montrant des atrocités?», Susan Sontag, *Regarding the Pain of Others*, New York, Farrar, 2002, p. 105, nous traduisons.

important de noter qu'Aue prépare cet album juste après avoir participé au massacre, au cours duquel il achevait les blessés:

> Pour mon rapport j'avais décidé, plutôt que de livrer des images en vrac, de faire faire un album de présentation. Cela se révéla tout un travail. Un de nos Orpo, photographe amateur, avait pris plusieurs pellicules en couleurs durant les exécutions [...]. Je collectai aussi des photos en noir et blanc, et fis copier tous nos rapports traitant de l'action sur du beau papier [...]. Parmi les *Arbeitsjuden* spécialisés gardés au nouveau Lager de Syters, je dénichai un vieux cordonnier [...] avec une peau de cuir noir prélevée sur les biens confisqués, il me relia les rapports et les planches de photographies, sous une couverture frappée de l'insigne SK 4a en repoussé.[25]

Aue décrit ainsi sans trace d'ironie comment il a obligé un travailleur juif à relier un album qui commémore le meurtre d'autres Juifs; le cordonnier est un simple moyen en vue d'une fin. Juste après ce passage, nous voyons la similarité entre la photographie et la promenade, et comment Aue cherche à les utiliser toutes les deux de la même manière; Aue se promène avec un ingénieur des ponts qui lui montre les débris des ponts détruits par les Soviétiques. L'ingénieur apprécie beaucoup ces ponts disparus et les regrette à haute voix, comme aucun SS ne l'a fait pour les juifs de Kiev: «[...] ça me désole de voir ça. Ce sont de si beaux ouvrages[26]».

Agir en flânant

On sait que l'observation est déjà une action, car la perception de chaque individu est particulière et, au niveau de la cognition, interprétative. Le flâneur est lecteur et interprète; il cherche à «lire la ville-texte[27]». De plus, on sait qu'il est difficile de se séparer physiquement et mentalement d'un paysage dont on fait partie. D'une manière ou d'une autre, le flâneur finit malgré lui par être personnage et acteur. Cette transition à l'action peut se manifester sous diverses formes; chez Baudelaire, elle se fait par la consommation: «Baudelaire savait quelle était la vraie situation de l'écrivain; il se rend au marché en flâneur; il prétend qu'il veut observer mais, en réalité, il cherche déjà un acheteur[28]». Chez Aue, elle se fait souvent par l'hallucination.

Au début de *Courante*, Aue arrive à Stalingrad, où ses flâneries

---

25 *Les Bienveillantes, op. cit.*, pp. 130-131.
26 *Ibidem*, p. 131.
27 Alain Montandon, *Sociopoétique de la promenade, op.cit.*, 155.
28 Walter Benjamin, *Charles Baudelaire, op.cit*, 53-54.

changent de nature. Premièrement, à la différence des flâneries au début du récit, Aue n'est plus du côté des vainqueurs, il sait que les Allemands perdront bientôt Stalingrad; cela change forcément son rapport avec le spectacle cauchemardesque qui l'entoure, qu'il n'observe plus avec l'œil du conquérant. Il n'est pas possible d'ignorer la réalité de la guerre, ou de la mettre de côté provisoirement. Deuxièmement, la flânerie constitue une des premières brèches dans la lucidité mentale d'Aue; s'il s'est déjà montré psychologiquement perturbé dans le récit, ses hallucinations commencent à dominer la narration dans *Courante*, et la désorientation du lecteur s'aggrave. Car s'il est clair qu'Aue est créateur, puisque la narration de ses flâneries comprend ses hallucinations, il est difficile de dire où l'observation «lucide» s'arrête et où la création commence. Cette difficulté existe toujours pour l'observation dans la mesure où toute description est subjective, d'autant plus pour l'observation d'un narrateur qui hallucine, et encore plus pour l'observation d'un lieu comme le Stalingrad assiégé de 1943, qui est hallucinatoire de toute façon dans bien des récits historiques.

Lors de sa première journée à Stalingrad, Aue demande à Thomas, «"On peut se promener?"» malgré le danger apparent d'une telle proposition[29]. Il est trop dangereux de faire une flânerie (solitaire) à Stalingrad, donc Aue sort avec Ivan, un guide:

> La ville paraissait relativement calme; de temps en temps, une détonation assourdie résonnait à travers la neige, même cela me rendait nerveux; je n'hésitai pas à imiter Ivan, qui marchait en longeant les immeubles; je me collai aux murs. Je me sentais effroyablement nu, vulnérable, comme un crabe sorti de sa carapace; je me rendais compte d'une manière aiguë que, depuis dix-huit mois que j'étais en Russie, c'était la première fois que je me trouvais véritablement *au feu;* et une angoisse pénible alourdissait mes membres et engourdissait mes pensées. [...] Pour tenter de me distraire, je regardais les immeubles de l'autre côté de la rue. Plusieurs façades s'étaient effondrées, révélant l'intérieur des appartements, une série de dioramas de la vie ordinaire, saupoudrés de neige et parfois insolites: au troisième étage, un vélo suspendu au mur, au quatrième, du papier peint à fleurs, un miroir intact, et une reproduction encadrée de la hautaine *Inconnue* en bleu de Kramskoï, au cinquième, un divan vert avec un cadavre couché dessus, sa main féminine pendant dans le vide.[30]

Auparavant, Aue flânait pour s'éloigner de la guerre, des activités de la SS, et de la Shoah par balles à laquelle il participait activement. La flânerie permettait la détente et le détachement désinvolte. Dans ce passage,

---
29 *Les Bienveillantes, op. cit.*, p. 331.
30 *Ibidem*, p. 334.

parodie et inversion de la flânerie, Aue essaie de se perdre dans les détails de la scène, mais la série de détails aboutit à une «main féminine pendant dans le vide». Le spectacle sous les yeux d'Aue ne l'aide plus à se séparer de sa situation et de lui-même; au contraire, ces dioramas se terminent par la mort, c'est-à-dire la réalité de sa situation; ils renvoient Aue à sa peur. Il doit donc avoir recours à ses souvenirs: «En marchant, la pensée de ma mère me revint avec violence, se bousculant, se cognant dans ma tête comme une femme ivre. Depuis longtemps, je n'avais pas eu de telles pensées[31]». L'image de la femme ivre rappelle l'humiliation du jeune Aue le soir où sa mère s'est comportée «scandaleusement[32]» dans un café près des docks. Cette flânerie déclenche une introspection fantasmagorique de la sorte, qui devient de plus en plus fréquente à mesure que le récit avance.

Cette évolution se voit dans l'ultime flânerie d'Aue à Stalingrad; fiévreux et froid, souffrant d'une otite qui le rend presque sourd et le désoriente encore plus, il va dehors pour fumer et il commence à se promener:

> Derrière moi, je crus percevoir de l'agitation: je me retournai, Thomas et Ivan me faisaient de grands signes, les autres me regardaient. Je ne savais pas ce qu'ils voulaient, mais *j'avais honte de me faire remarquer ainsi*, je leur fis un petit signe amical et continuai à marcher. Je leur jetai un coup d'œil: Ivan courait vers moi, mais je fus distrait par un léger heurt sur mon front: un morceau de gravier, peut-être, ou un insecte, car lorsque je me tâtai, une petite goutte de sang perlait sur mon doigt. Je l'essuyai et continuai mon chemin vers la Volga, qui devait se trouver de ce côté.[33]

On voit Aue, on le remarque; la flânerie ne fonctionne plus, il ne peut plus se perdre dans le paysage et dans son observation du paysage, et c'est paradoxalement pour cette raison qu'il doit continuer à marcher, comme s'il pouvait accéder de nouveau à la flânerie en faisant semblant de ne pas l'avoir perdue, de ne pas avoir été vu, de ne pas avoir honte. La dernière phrase de ce passage marque le début d'un récit purement hallucinatoire et onirique ; nous apprenons plus tard que le «léger heurt» est en fait une balle qui lui traverse la tête et lui fait perdre connaissance[34]. *Courante* se termine par une flânerie fantaisiste lors de laquelle Aue nage dans la Volga et rencontre un certain Dr. Sardine, un Français qui dirige une expédition sur un kourgane; il n'y a pas que les Allemands qui bâtissent leur empire sur des cadavres. Sardine annonce à Aue qu'il doit faire partie de l'expédition:

---

31 *Ibidem*, p. 342.
32 *Ibidem*, p. 343.
33 *Ibidem*, p. 383, nous soulignons.
34 *Ibidem*, p. 406.

«De toute façon vous allez rester avec nous. Vous, l'Incrédule, vous serez le Témoin[35]». Comme toujours, Aue refuse ce statut de «Témoin»; Aue s'échappe de chez Sardine et voit de loin sa sœur, qu'il poursuit sans jamais la rattraper.

Ses rêves et ses hallucinations créent ainsi une nouvelle sorte de flânerie. Lorsqu'il s'agit des deux policiers détectives qui mènent l'enquête sur la mort de sa mère et de son beau-père, la flânerie devient une poursuite. Si le criminel et le policier constituent deux faces de la même activité, le flâneur et le détective se complètent aussi; comme note Montandon, le flâneur est en fait le précurseur du policier détective dans sa manière de hanter le paysage. Les apparitions de Clemens et Weser rythment le dernier tiers du texte, préparant la série de fuites d'Aue à la fin du texte, et anticipant l'arrivée des Bienveillantes à la dernière page du roman. Mais la flânerie rêvée par Aue quand il visite Auschwitz montre peut-être mieux que cette véritable poursuite quel est son statut dans son propre récit:

> Dans ce rêve je parcourais, mais comme en l'air, à différentes hauteurs, et plutôt comme un pur regard ou même une caméra que comme un être vivant, une cité immense, sans fin visible, d'une topographie monotone et répétitive, divisée en secteurs géométriques, et animée d'une circulation intense. Des milliers d'êtres allaient et venaient, entraient et sortaient de bâtiments identiques [...]. Si je, ou plutôt ce regard que j'étais devenu, descendais dans les allées pour les détailler de près, je constatais que ces hommes et ces femmes ne se distinguaient les uns des autres par aucun trait particulier, tous avaient la même peau blanche, les cheveux clairs, les yeux bleus [...]. Au réveil, il me semblait évident que ces rêves sereins, dépourvus de toute angoisse, figuraient le camp, mais alors un camp parfait, ayant atteint un point de stase impossible, sans violence, autorégule [...]. Mais à y réfléchir plus avant [...] n'était-ce pas une représentation de la vie sociale dans son ensemble?[36]

La perfection qui nous intéresse dans ce passage n'est pas celle de la société, mais celle du regard d'Aue. En créant la flânerie parfaite, il s'est enfin effacé. Il n'existe que par son regard, et il n'est autre que ce regard. Comme les êtres humains parfaits dans son camp parfait, il est sans particularité, et certainement sans âme.

New York University en France

---

35 *Ibidem*, p. 389.
36 *Ibidem*, pp. 571-573.

12. À propos des *Bienveillantes*. Variations autour de la perversion

Patrice Imbaud

Tout ou presque a été écrit sur ce livre… Un fait est certain, il ne s'agit pas d'un livre d'Histoire mais de l'histoire d'un homme, Max Aue. Un officier SS que l'on suit tout au long de son voyage à travers l'Europe en guerre, au gré de ses différentes affectations, chacune d'elles étant l'occasion d'une mission (extermination ou exploitation de la main d'œuvre juive des camps de concentration) mais parallèlement, l'étape d'une introspection réalisant un véritable voyage intérieur. Ce livre, très éprouvant pour le lecteur, comporte de nombreuses facettes permettant autant d'interprétations différentes en fonction de l'éclairage choisi: le voyage initiatique, la tragédie grecque et les rapports entre nazisme et kantisme sont autant de thèmes qui ont pour point commun de mettre en évidence la perversion, morale et psychanalytique, caractéristique majeure du personnage et de sa démarche. Malgré le titre du roman, Max Aue n'est pas Oreste[1], il n'en est qu'une représentation pervertie.

La perversion

La perversion est le mode opératoire de la haine. Max Aue est un pervers, dans ses deux acceptions. La difficulté dans l'emploi du mot pervers vient du fait que nous ne disposons que d'un seul mot pour désigner les sujets relevant de la perversité et ceux relevant de la perversion. La perversion est à l'origine le fait de détourner de l'orientation de base, de la cause commune, des logiques naturelles. D'un point de vue psychanalytique, elle s'applique

---
1   Eschyle, *L'Orestie*, Paris, Flammarion, 2001.

essentiellement au domaine de la sexualité[2] (l'organisation des perversions de l'adulte trouve son explication dans la réapparition de composants de la sexualité infantile); d'un point de vue plus général, l'adulte est dit pervers s'il considère l'Autre comme objet de satisfaction (et non sujet) d'où découlent manipulation et déviation des envies et besoins de l'Autre au profit de soi. La perversité, quant à elle, s'inscrit dans le domaine moral. Elle se définit comme l'attrait et le désir du mal, mais également le plaisir de faire souffrir. Il s'agit d'un choix délibérément immoral dans les règles normatives du comportement.

Le voyage initiatique

Les errances d'Oreste, comme celles de Max, peuvent être assimilées à un voyage initiatique. Au terme de son voyage, Oreste renaîtra dans un héros purifié par le pardon. À l'inverse Max persistera dans l'horreur pour ne trouver une issue que dans la fuite. Cette histoire d'une quête initiatique, est celle d'une initiation pervertie. Cette quête est polymorphe, introspective, érotique, fraternelle ou esthétique, mais quel que soit son but elle ne conduira Max qu'à l'échec, témoignant ainsi de son immaturité, de son impossibilité de s'ouvrir à l'Autre, de son absence de lucidité, de son impossibilité à s'accepter pour accepter les autres et de son retour perpétuel sur lui-même. Ce n'est pas un hasard si Max fait de nombreuses fois référence à *L'Éducation sentimentale* de Flaubert, il existe entre lui et Frédéric de troublantes analogies. *L'Éducation sentimentale* est un roman d'apprentissage et un roman historique. Frédéric, comme Max est un être faible qui admet avec résignation l'écroulement inévitable de tous ses rêves. Tous deux vivent l'histoire à reculons, rythmée par les souvenirs grisâtres sans prise de conscience de l'horrible réalité qui se joue devant eux. Flaubert voulait faire un «livre sur rien», une littérature du silence, loin du monde et de lui-même où n'existeraient plus que la phrase, le style, le rythme, cher à Mallarmé. Littell n'est pas Flaubert, Max n'est ni Oreste ni Frédéric, mais il y a dans sa démarche ce sentiment d'échec permanent, cette apocalypse qui ne révèlera rien, ce chaos sans ordre possible, cette initiation sans renaissance où toute trace d'humain a disparu, et dans Berlin en flammes, ce n'est pas le phœnix qui renaîtra mais un petit boutiquier, marchand de dentelles. Il y a chez Max Aue une quête de l'enfance[3], du paradis perdu, du

---
2 Sigmund Freud, *Névrose, Psychose et perversion*, Paris, PUF, 1973.
3 Jonathan Littell, Richard Millet, «Conversation à Beyrouth», dans *Le Débat*, n° 144, Paris, Gallimard, 2007, pp 4-24.

12. Variations autour de la perversion

paradis de l'enfance, mais en cherchant le paradis, Max sombre dans l'enfer. Cette longue maturation, cet apprentissage, cette initiation, qui par un long travail intérieur devrait lui permettre de devenir adulte, c'est-à-dire un être moral, ouvert à l'autre, ouvert au monde, Max ne la réussira pas, à la différence de sa sœur Una. Il restera prisonnier de cette perversité polymorphe de l'enfant, étant incapable de mettre des bornes à la satisfaction de ses désirs et persistera dans la négation de l'autre. Cependant, il fera l'expérience de l'impossibilité de nier l'autre en totalité. En dehors d'une perversion narcissique, cette impossibilité explique l'acharnement contre cet humain irréductible qui le conduira au comble de l'horreur et de l'acharnement dans le massacre de Baby Yar. Max est un intellectuel, en se remettant à l'appareil nazi, il s'est installé dans la perversion et le refoulement[4] et incarne une figure pleinement tragique. Il est le siège d'une dualité et d'une ambiguïté irréductibles entre la figure de l'intellectuel et celle du bourreau, entre culture et barbarie. Les références à la littérature et à la musique ne sont qu'un leurre et s'intègrent dans un contexte culturel qui n'est, en définitive, qu'une mise en scène. Il y a, finalement, adéquation entre son chaos intérieur et cette monstrueuse orgie sanglante[5]. Son érotisme délirant et forcené n'est qu'une image pervertie de l'amour qui perdurera dans une impossible complétude en refusant le statut de sujet à l'autre. Son esprit est vide de sens mais la matière, bien présente, remonte en vagues lourdes et noires dans une marée macabre. Son délire auto-érotique, sa vision du sexe d'Una, sa coprophilie délirante qui trouve son achèvement dans la fosse de Baby Yar ou dans les toilettes, endroit innommable du logis humain, renforce l'aspect immature du personnage. Sa quête de fraternité («Frères humains») est bien sûr vouée à l'échec, et impossible à réaliser, elle induit une sonorité suicidaire permanente chez Max. Comment accéder à cette fraternité en passant par l'inceste et le meurtre de l'Autre? Sa quête s'est trompée d'objet. Il lui est impossible de retrouver son unité, pétri d'ambivalence, Max éprouve tout à la fois pour les mêmes objets amour et haine, agressivité et culpabilité, désir et dégoût. Le meurtre de Thomas est à cet égard assez symbolique, il correspond tout à la fois à l'élimination du frère infernal, du mauvais compagnon, responsable de son adhésion au parti nazi, mais aussi à celui de l'ami qui lui a sauvé deux fois la vie; et c'est par ce meurtre que Max retrouvera la

---

4 Daniel Bougnoux, «Max Aue, personnage de roman», dans *Le Débat*, n° 144, Paris, Gallimard, 2007, pp 67-69.
5 Georges Nivat, «Les Bienveillantes et les classiques russes», dans *Le Débat*, n° 144, Paris, Gallimard, 2007, pp 56-65.

liberté, en prenant la fuite! Fuite et liberté sans objet car Max restera à jamais prisonnier de son désert intérieur, son vide central, symbolisés par sa blessure frontale. À travers le chaos de la guerre et son chaos personnel, le narrateur erre, à la recherche de son unité perdue. Cette quête initiatique peut également s'identifier à une quête esthétique. La renaissance du peuple allemand et l'extermination des Juifs deviennent alors, dans cette optique perverse, l'équivalent de «l'œuvre d'art totale» chère au romantisme allemand. La guerre, par l'esthétisation de la politique et le transfert de «l'aura», en constitue le modèle idéal dans les régimes fascistes[6]. En effet, dans les régimes fascistes, la reproductibilité de l'œuvre d'art qui entraîne la perte de l' «aura» (l'authenticité) peut se mettre au service d'une religion politique – c'est le cas dans le régime nazi. Le Juif est la figure privilégiée du racisme allemand dont le moteur est la haine de l'Autre et la redéfinition de soi par rapport à l'autre dans une démarche perverse où l'autre n'existe que comme objet de désir ou de répulsion. La quête initiatique s'assimile donc à une quête esthétique dont le bien-fondé apparaît dès le titre (les Euménides); elle utilisera tout au long de l'ouvrage les références au Devoir, au monde des Idées, aux Mythes, ce qui permet au narrateur de maintenir en permanence une distance certaine avec l'affreuse réalité, tout en justifiant la quête pour l'approfondissement de son «Moi». Malgré cette quête introspective la recherche de Max restera un échec car, bien que plus éclairé que l'ensemble de ses collègues, il demeure plein d'aveuglement, de dénégation et de mensonge. Il reste dans le domaine de l'erreur et de l'animalité car, ici toute trace d'humain a disparu. Le roman de Littell s'oppose de ce point de vue à la littérature née de l'expérience des camps (Kertesz[7], Primo-Levi[8], Wiesel[9], Schwartz-Bart[10] et autres...) qui avaient canalisé l'horreur dans le cadre d'une condamnation morale. Ici, point de condamnation morale, car c'est du viol de l'humain par les totalitarismes, par définition pervers, dont il est question. Il y a une sorte de parallèle entre la quête intérieure chaotique de Max (microcosme) et le raz de marée de violence immonde du génocide juif (macrocosme), cette analogie est encore soulignée par l'étonnant miroir (instrument initiatique) que lui tendent les enfants sauvages. Force pour Max de constater la sombre réalité, le chaos

---

6 Walter Benjamin, *L'Œuvre d'art à l'époque de sa reproductibilité technique*, version 1939, Paris, Gallimard, 2000.
7 Imre Kertesz, *Être sans destin*, Paris, Actes Sud, 1998.
8 Primo Levi, *Si c'est un homme*, Paris, Julliard, 1987.
9 Elie Wiesel, *La Nuit*, Paris, Éditions de Minuit, 1958.
10 André Schwartz-Bart, *Le Dernier des justes*, Paris, Seuil, 1959.

12. Variations autour de la perversion

du monde et son chaos intérieur. La continuité de la quête dans le temps est évoquée par les titres des différents chapitres qui rappellent une suite de danses (allemandes, courante, sarabande, gigue…) mais aussi par ses différentes affectations, qui équivalent à des épreuves initiatiques (la terre, l'air, l'eau, le feu, la mort). Le livre est construit comme une suite de Bach. La suite, par son caractère cyclique, induit un temps initiatique qui s'oppose au temps linéaire historique permettant ainsi une double lecture du roman à la fois exo- et ésotérique, intra- et extravertie. Max vit dans le temps de l'affect et celui des horloges mais il sera incapable d'en faire la synthèse et de dépasser la mémoire, il reste prisonnier du souvenir – on retrouve là, un trait psychopathologique essentiel – à l'inverse de sa sœur Una. La structure du roman est pensée suivant deux axes, vertical et horizontal qui peuvent être assimilés à la mélodie et à l'harmonie. La ligne narrative, mélodique est horizontale et correspond au temps historique. Les ajouts nés de l'affect, représentés par des flash-back, allusions aux mythes, au Devoir, aux Idées, forment la ligne verticale harmonique. Plus qu'une traversée de l'histoire, c'est une traversée de lui-même que le narrateur nous impose – le récit à la première personne est, à cet égard, très contraignant, ne laissant au lecteur aucune solution de repli. Par la dualité qui existe entre le réalisme de la description et l'irréalité troublante des personnages faite de rêves et d'hallucinations, ce livre prend parfois des allures de «nouveau roman». Le voyage est prétexte au regroupement de mouvements psychologiques autour de paroles ou d'objets, le temps n'a plus aucun souci de la chronologie et s'échappe dans le temps du désir et de l'affect. Histoire romanesque et histoire tout court sont intimement mêlées. Max Aue ne parviendra pas à retrouver son unité au terme du voyage, il restera à jamais prisonnier des ses démons car il n'est pas de liberté sans morale (nous y reviendrons à propos de Kant). Son voyage se poursuivra, dans la fuite, comme une errance sans fin, après le meurtre de l'ami. Cependant, plusieurs fois, au cours de ses rencontres (le jeune musicien Yakov, le linguiste Voss, le vieux Juif Nahum ben Ibrahim et enfin Hélène), Max aura la possibilité d'entrevoir une nouvelle voie: celle de la rédemption, mais il n'en sera pas conscient et refusera cette dernière possibilité d'exercer son humanité. La figure du sage Nahum ben Ibrahim est, à cet égard, fortement symbolique puisqu'il représente l'image de l'Initié porteur de la mémoire de l'Homme. Max restera insensible à la lumière émanant de cette initiation réussie et sera incapable d'éveiller sa conscience. En définitive, du fait du constant décalage qu'il entretient avec la réalité, Max n'est pas réaliste. Il appartient au monde de la vraisemblance et non de la vérité. Il apparaît comme une image symbolique de la perversion, relevant du domaine du roman et non de l'histoire. Le livre lui-même est un livre pervers qui utilise l'histoire à des fins détournées, romanesques, en nous faisant vivre les massacres, en direct, comme encore aucun historien n'est parvenu, ou n'a souhaité le faire.

La tragédie grecque

La tragédie grecque est omniprésente dans le roman de Littell, à la fois dans la trame narrative et dans le caractère tragique du héros. La tragédie a été pensée dans toute la tradition de l'Idéalisme allemand comme l'art politique par excellence, elle passait pour la représentation idéale de toutes les grandes figures mythiques auxquelles un peuple pouvait s'identifier. Max est, nous l'avons vu, un personnage tragique dans la démesure et l'échec de sa quête. Selon Nietzsche, les Grecs anciens ont su avoir une vision juste de la vie. Dans leur tragédie, ils montrent comment un héros s'accomplit en se soumettant à l'ordre des dieux, en mourant au plan humain afin de renaître au plan divin. Cependant, ce tragique n'est accessible que dans l'amour et non la haine, l'amour qui reconnaît l'autre en tant que sujet, sans désir de retour. Max est ambivalent, marqué plus par Dionysos que par Apollon, son destin est tragique, déchiré, chaotique, mais à l'inverse de Dionysos, il ne renaîtra pas au printemps, il restera ce vieil homme prisonnier de la haine. Sa fuite, de ce point de vue, à la fin du roman, ne peut pas être considérée comme une renaissance tant elle s'inscrit dans un contexte de renoncement total. Max apparaît, une fois de plus comme une figure pervertie, celle d'un Dionysos qui a oublié la vertu de l'amour. Freud a montré tout le mal que la haine de soi pouvait provoquer, sur quels désordres elle pouvait déboucher, tant il est vrai qu'une culpabilité trop forte attise, par réaction, des désirs de transgression permettant le refoulement. Les références à la tragédie sont nombreuses, dans ce livre: le titre fait référence à Eschyle. On peut d'ailleurs retrouver une étrange analogie entre *L'Orestie* et le roman de Littell. La fuite, puis la disparition du père dont la mère est tenue pour responsable est l'équivalent du meurtre d'Agamemnon par Clytemnestre (premier volet de la trilogie). Le matricide et le meurtre de son beau-père correspond au deuxième volet, *Les Choéphores*, où Oreste (Max) ayant retrouvé sa sœur Électre (Una) tue sa mère Clytemnestre et son amant Égisthe. Dans le troisième volet, *Les Euménides*, on assiste à la poursuite de Max par les Érinyes (représentées

12. Variations autour de la perversion 191

par les deux policiers) lors de la chute de Berlin. Grâce au meurtre de son ami Thomas, qui lui permet de changer d'identité et de prendre la fuite, Max peut s'échapper et se placer sous la protection des Bienveillantes (Euménides)! Il s'agit à l'évidence de Bienveillantes perverties et dévoyées, vouées à la protection du meurtrier, qui ont oublié le jugement d'Athéna, les promesses de bonheur, de droit et de justice faites à Oreste et à la cité d'Athènes. Ce roman utilise la tragédie d'Eschyle comme une trame narrative, il s'agit d'un mélange déroutant d'hyperréalisme et de remontées d'inconscient sur une grille de lecture mythologique. Là encore la tragédie est détournée de son but: l'*hubris* (démesure du héros qui outrepasse les limites de son destin, imposées par les dieux) n'entraînera aucune *némésis*, (destruction ou punition) et la *mimesis* (imitation) ne conduira pas à la *catharsis* (purification) qui aurait pu délivrer Max. Il restera prisonnier de sa perversion. Nous sommes, ici, bien loin de la tragédie d'Eschyle. Celle-ci, commençant par la victoire sur les barbares, s'achève sur les deux souhaits d'Athéna: le respect de l'ordre et le refus de la guerre civile, seuls garants de la liberté. «Ni anarchie, ni despotisme, c'est la règle qu'à ma ville, je conseille d'observer avec respect». De tels conseils s'inscrivent dans une actualité politique où l'option politique est avant tout morale. Si cet idéal est humain, il obéit également à la volonté des dieux. Zeus et la colère divine, tant redoutée, sont fondés sur la justice; tôt ou tard les dieux punissent l'*hubris*. Le théâtre d'Eschyle est une affirmation passionnée de la justice divine. Tout désastre ayant un sens, les personnages sont pris dans l'angoisse de bien faire, dans l'horreur d'avoir mal fait et de comprendre trop tard leur erreur. L'homme y est terriblement et totalement responsable de ses actes, sans toutefois être maître de son destin[11]. Nous sommes aux antipodes de Max! Cependant, le rapprochement avec Oreste, donne de l'épaisseur au personnage de Max. Il permet au lecteur de s'identifier, de ne pas être rebuté d'emblée par cette figure de nazi incestueux et matricide. C'est le mythe qui donne de la crédibilité au personnage. Cependant, Max n'est pas Oreste, il n'en est que la face perverse car il n'a été ni jugé, ni pardonné. À la justice exercée par Zeus, «dieu de la parole», s'oppose la parole non libérée de Max, cette parole perdue qu'il ne parviendra jamais à retrouver, marquant ainsi l'échec de sa quête. De plus, le crime de Max n'a pas la légitimité de celui d'Oreste. Le meurtre du père, bourreau lui-même, n'est que symbolique. Si la mère ne peut être tenue comme responsable du meurtre du père, elle est haïe parce qu'elle s'oppose à la réalisation de

---

11   Jacqueline de Romilly, *Précis de littérature grecque*, Paris, PUF, 1980.

l'inceste, elle endosse la figure de l'Érinyes chargée de punir un acte tabou. L'inceste est, pour Max, d'autant plus important, qu'il représente la seule possibilité pour lui de retrouver une pseudo unité, là encore pervertie: tentative désespérée d'être une et non un[12]. Le lecteur ne retrouve pas, dans ce roman, le paradoxe tragique qui le fait osciller entre plaisir et souffrance, car, ici seule la souffrance est présente. La tragédie d'Eschyle, par la violence de son discours et de ses métaphores, semble privilégier les apparences nées de l'affect, mais elle explore constamment le contraste entre la surface et les profondeurs, entre le parler et l'agir, entre le paraître et l'être[13] et nous montre ainsi la voie initiatique. Les poètes tragiques sont les frères spirituels des philosophes qui savent que le monde contient plus d'illusions que de vérités et que c'est cette recherche d'un ordre caché sous le chaos apparent qui doit guider notre chemin.

Nazisme et kantisme

La justification «morale» de Max est un exemple de perversion et de perversité. Le système nazi est une bureaucratie aimantée par un chef charismatique. Tout le monde travaille en direction du *Führer* et avance dans la compétition bureaucratique en fonction de la volonté du *Führer*. L'extermination des Juifs devient une priorité pour tous les nazis parce qu'elle l'est pour le *Führer*. Le *Führerprinzip* apparaît comme une interprétation perverse de l'impératif catégorique kantien. La «justification morale» de Max, par l'intermédiaire de la parole d'Eichmann, lors d'un dialogue entre les deux personnages, se fait par référence à Kant, selon qui, le principe de ma volonté individuelle doit être tel qu'il puisse devenir le principe de la Loi morale. En agissant l'homme légifère. Par une habile perversion, la loi morale s'identifie au *Volk* (entité raciale), d'où par extension on peut déduire le *Führerprinzip*, «agissez de manière que le *Führer*, s'il connaissait votre action, l'approuverait». Cependant il s'agit, à l'évidence d'une justification pervertie, posant le problème des rapports entre légalité et moralité à partir de l'impératif catégorique, et des rapports entre kantisme et nazisme. Eichmann, au sein de la bureaucratie nazie, est une figure classique du fonctionnaire qui a construit toute sa carrière sur l'extermination des Juifs sans être antisémite[14]. Il a probablement lu Kant,

---
12 Florence Mercier-Leca, «Les Bienveillantes et la tragédie grecque», dans *Le Débat*, n° 144, Paris, Gallimard, 2007, pp. 45-55.
13 Jean-Pierre Vernant (dir.), *L'Homme grec*, Paris, Seuil, 1993.
14 Jonathan Littell, Pierre Nora, «conversations sur l'histoire et le roman», dans *Le*

12. Variations autour de la perversion   193

dans sa jeunesse, sur les conseils de son père, mais il l'a assurément mal compris. La morale kantienne est une morale du devoir. En réalité, le but de Kant n'est pas de proposer des devoirs particuliers, mais de dégager la moralité en sa rationalité, en montrant à quels critères doit obéir un acte pour être qualifié de moral. Elle rompt avec l'éthique traditionnelle, fondée sur la notion de bien et prend à rebours les doctrines du sentiment moral. La moralité d'un acte n'est plus déterminée par sa fin, mais uniquement par son principe. Dans *Fondements de la métaphysique des mœurs*[15], Kant détermine sous quelle forme le devoir se présente à nous, il qualifie cette forme d'impératif catégorique, il s'agit d'un jugement synthétique liant la volonté et la loi: «Agis uniquement d'après une maxime telle que tu puisses vouloir en même temps qu'elle devienne une loi universelle». L'autonomie et la liberté qui en découlent sont possibles. À la question de la réalité de la liberté, seule la *Critique de la raison pratique*[16] répondra, en faisant de la conscience de la loi morale un fait universel et indubitable qui révèle une liberté. Ce qui est très particulier à ce raisonnement (et qui par-là peut engendrer quelques déviances...) c'est que Kant n'indique pas que faire; il dit simplement quel examen je dois faire subir à l'agir pour qu'il soit moral. Il faut que la fin de l'impératif catégorique, soumise au critère de l'universalisation, soit une fin en soi, quelque chose qui ait une valeur absolue. Or le seul être qui ne peut jamais être réduit à un moyen, c'est l'homme. La volonté n'est morale que si elle se donne pour motif le respect de celui qui est le porteur de la volonté, l'humanité. L'homme est une personne, il doit toujours être considéré comme une fin et jamais comme un moyen. L'homme devient le principe d'un règne des fins. Cette idée de règne des fins est étroitement liée à celle d'autonomie de la volonté. L'autonomie est le seul principe de la morale. Dès que la volonté cherche ailleurs qu'en elle-même la loi qui doit la déterminer (lorsqu'elle échappe à l'épreuve de l'universalisation), il ya hétéronomie qui est la source de tous les principes illégitimes de la moralité donnant naissance qu'à des impératifs hypothétiques (l'impératif est hypothétique puisque la contrainte qu'il entraîne n'existe que dans l'hypothèse où la fin visée est réalisée). Penser la synthèse de la volonté et de la raison pratique énonçant la loi implique une critique de la raison pratique (conditions de possibilité de l'impératif catégorique). La liberté consiste dans le pouvoir d'agir selon une loi que le

---

Débat, n° 144, Paris, Gallimard, 2007, pp. 25-44.
15 Emmanuel Kant, *Fondements de la métaphysique des mœurs*, Paris, Flammarion, 2006.
16 Emmanuel Kant, *Critique de la raison pratique*, Paris, Flammarion, 2003.

sujet se donne lui-même, elle est synonyme d'autonomie et coïncide avec une liberté soumise à la loi morale. Mais la liberté et la moralité sont des concepts qui s'appellent l'un l'autre. Dans la *Critique de la raison pure*[17], Kant définit la séparation entre les phénomènes et les choses en soi. Ainsi nous nous pensons libres comme membres du monde intelligible, ce qui nous permet de reconnaître l'autonomie et la moralité, mais nous nous concevons comme soumis au devoir en tant que membres du monde sensible. Enfin, en ce qui concerne les rapports de la morale et du droit, Kant définit le droit comme l'ensemble des conditions auxquelles l'arbitre de l'un peut être accordé avec l'arbitre de l'autre d'après une loi universelle de la liberté. La coexistence des libertés implique qu'une certaine contrainte leur soit imposée et que par là, soit fait obstacle à tout ce qui constitue un obstacle à la liberté. Du point de vue politique, le droit ne doit jamais être adapté à la politique, mais c'est la politique qui doit être toujours adaptée au droit.

Les critiques de la morale kantienne sont déjà anciennes. Hegel[18], soulignait le vide du pur devoir, faisant de Kant un tenant de la bonne conscience, qui n'est bonne que par l'absence d'engagement dans la réalité. Pour Schopenhauer[19] la morale kantienne manquerait de contenu, incapable de s'opposer à l'égoïsme fondamental de l'homme. La critique la plus accomplie de la morale kantienne est celle de Nietzsche, il opère une complète dévaluation de la morale qui prélude à l'invention de valeurs éthiques entièrement nouvelles. Pour Nietzsche, l'impératif catégorique est synonyme d'égoïsme car c'est, en effet, ériger son jugement propre en loi universelle[20]. Plus récemment, Adorno constate de façon désabusée l'échec de la rationalité des Lumières devant l'horreur d'Auschwitz et propose un nouvel impératif catégorique: «penser et agir en sorte que Auschwitz ne se répète pas[21]». Habermas propose de reformuler l'impératif catégorique en substituant au test d'universalisation un consensus obtenu par discussion aux conséquences acceptées par tous[22]. Plus récemment encore, Michel Onfray [23] se livre à une virulente critique de la morale de Kant dont il fait un «protonazi». Dans une lecture, plus à la lettre que dans l'esprit, et volontairement provocatrice, Onfray cherche comment la pensée de Kant se révèlerait compatible avec la conduite d'Eichmann? L'absence,

---

17   Emmanuel Kant, *Critique de la raison pure*, Paris, Flammarion, 2006.
18   Georg Wilhelm Friedrich Hegel, *Phénoménologie de l'esprit*, Paris, Gallimard, 1993.
19   Arthur Schopenhauer, *Fondement de la loi morale*, Paris, Le Livre de poche, 1991.
20   Friedrich Nietzsche, *Le gai savoir*, Paris, Gallimard, 1982.
21   Theodore Adorno, *Dialectique négative*, Paris, Payot, 1978.
22   Jürgen Habermas, *De l'éthique de la discussion*, Paris, Cerf, 1992.
23   Michel Onfray, *Le Songe d'Eichmann*, Paris, Galilée, 2008.

chez Kant, d'un droit éthique et politique à la désobéissance et l'absolue nécessité de se conformer à la loi, fourniraient des explications possibles. Hannah Arendt[24] pense qu'Eichmann a perverti la pensée de Kant, car la philosophie morale de Kant est étroitement liée à la faculté humaine de jugement, ce qui exclut l'obéissance aveugle. Quoi qu'il en soit, il paraît assez difficile d'envisager Kant comme un philosophe «protonazi», bien qu'Onfray ait raison de mettre l'accent sur les responsabilités historiques des pensées rationnelles éloignées de la réalité du monde. Plus que la mise en cause de l'homme, puritain et piétiste, c'est peut-être sur le fossé qui sépare «le penser, de l'agir» et sur la «terrible, l'indicible, l'impensable banalité du mal» qu'il convient de méditer. Méfions-nous de la banalisation du mal (ce livre peut en représenter un des aspects en mettant dans la même fosse commune victimes et bourreaux) mais, méfions-nous, plus encore, du climat d'indifférence dans lequel il s'accomplit le plus souvent.

---

24 Hannah Arendt, *Eichmann à Jérusalem, Rapport sur la banalité du mal*, Paris, Gallimard, 2002.

13. Le «curieux exercice»: voyeurisme et conscience du meurtre dans *Les Bienveillantes*

Pauline de Tholozany

«Je veux être précis», déclare le narrateur dans les premières pages des *Bienveillantes* ; il justifie les motifs de sa venue à l'écriture, qu'il présente comme une «recherche de la vérité», destinée à «éclaircir quelques points obscurs[1]», points obscurs qui seront à la fois d'ordre historique et personnel. Le projet d'écriture, fait de précision et d'attention au détail, se présente donc a priori comme une clarification, dont le narrateur, d'emblée, précise pourtant qu'elle n'est pas destinée au lecteur: «En fin de compte, même si je m'adresse à vous, ce n'est pas pour vous que j'écris[2]». Il ne s'agit pas d'un témoignage; l'écriture doit «éclaircir» l'enchaînement des événements et des atrocités des crimes de guerre, certes, mais, aussi et surtout, l'écriture porte un projet d'élucidation de soi. Autrement dit, de son propre aveu, l'écriture sert au narrateur à se donner un point de vue sur lui-même, et à porter un regard extérieur sur ses émotions et ses actions. Il écrit, finalement, par curiosité: «Peut-être est-ce pour cela que je rédige ces souvenirs: pour me remuer le sang, voir si je peux encore ressentir quelque chose, si je sais encore souffrir un peu. Curieux exercice[3]». «Curieux exercice» certes, et à double titre: exercice bizarre et ambigu, bien sûr. Mais si l'exercice est curieux, c'est aussi parce que c'est, en soi, un exercice *de curiosité*. Aue s'observe s'étudie, et cherche à inventorier ses réactions, surpris qu'il est

---

1 *Les Bienveillantes*, Paris, Gallimard, 2006, p. 13.
2 *Ibidem*, p. 16.
3 *Ibidem*, p. 19.

de ne pas réagir davantage aux atrocités dont il est témoin et auxquelles il participe. «Éclaircir» les «points obscurs», et «voir» si la souffrance se manifeste une fois ces souvenirs sur le papier: tel est, au début du roman, l'entreprise annoncée par le narrateur.

Compte tenu du contexte dans lequel l'histoire se déroule, le projet a de quoi choquer: voilà un narrateur SS, assistant aux pires crimes de guerre nazis, parcourant les charniers Ukrainiens et les camps de concentration, les décrivant avec minutie, et qui revendique, et ce à plusieurs reprises, sa *curiosité*. Aue s'interroge longuement sur les chemins de l'intentionnalité et du passage à l'acte qui ont pu mener à ce que l'Histoire juge comme la barbarie suprême, une barbarie d'une ampleur exceptionnelle, mais dont les acteurs étaient pourtant des «hommes ordinaires[4]». Le passage de l'ordinaire à l'exceptionnel, chez lui aussi bien que chez ceux qui l'entourent, voilà ce qui suscite le questionnement du narrateur, et qui met en route le projet du «curieux exercice». Au fond, l'apparente trivialité du mot «curiosité» pour caractériser sa démarche met bien en lumière le paradoxe incompréhensible auquel le narrateur, et avec lui l'historien ou encore le sociologue, sont confrontés: ce qu'Hanna Arendt appelait la «banalité du mal[5]», ne serait-ce pas, finalement, cet inextricable imbrication de l'ordinaire avec l'exceptionnel, de l'homme «comme les autres» avec l'acte de barbarie inouï? La curiosité fonctionne comme un pont entre ces deux concepts que l'on s'obstine à séparer, l'ordinaire et l'exceptionnel. Les deux ne sont pas séparables, l'ordinaire et l'exception ne sont pas confinés chacun dans un territoire distinct. Il n'y a ni limite ni frontière claire entre les deux. Comment un homme ordinaire, «un homme comme les autres, un homme comme vous[6]», s'oriente-t-il dans la situation exceptionnelle qu'est la guerre? Comment l'atrocité surgit-elle, non pas exécutée par des fous ou des pervers, mais bien au contraire, façonnée et réalisée par ces hommes ordinaires? C'est la collision soudain entre l'ordinaire et l'exceptionnel qui suscite l'incompréhension, puis la curiosité du narrateur. Le questionnement que posent «la guerre et le meurtre» est sans fin, car ils forment «une question, une question sans réponse[7]». Le roman de Littell montre une trajectoire particulière, à partir de cette incompréhension initiale. Une trajectoire qui sera celle de la curiosité forcenée et finalement

---
4 *Ibidem*, p. 27.
5 Hannah Arendt, *Eichmann in Jerusalem: a Report on the Banality of Evil*, New York, Penguin Books, 1994.
6 *Les Bienveillantes, op. cit.*, p. 30.
7 *Ibidem*.

voyeuriste d'un narrateur qui cherche obstinément, obsessionnellement, à se comprendre et à comprendre les mécanismes du passage à l'acte chez ceux qui l'entourent. Un narrateur qui cherche à rationaliser cette intersection incompréhensible entre l'ordinaire et l'exceptionnel.

La curiosité, puis le voyeurisme, dans ce roman, remettent en question non seulement une attitude propre à un personnage du texte (le narrateur), mais également une certaine approche de la période noire de l'Histoire européenne. Le roman de Littell, en effet, ne propose pas de l'Histoire une approche circonscrite, fixe, et finie. Ce n'est ni un roman historique, ni un roman réaliste qui chercherait à mettre en scène un personnage complètement cohérent historiquement et psychologiquement. C'est un texte qui met remarquablement en lumière, par contre, la complexité des chemins du passage à l'acte, le jeu des événements avec des individualités par définition fragmentées, et les failles d'un regard totalisant qui chercherait à élucider chaque geste et chaque événement à la lumière d'une utopique intentionnalité transparente. C'est ce regard totalisant que le roman de Littell nous incite à éviter, dans un monde où les chemins du «connais-toi» delphique sont non seulement irrémédiablement brouillés, mais également périlleux.

Le «connais-toi» delphique et la conscience de soi

Dès le début du livre, Aue a une réaction d'incompréhension face à l'horreur des massacres en Ukraine, une réaction que le lecteur est en quelque sorte forcé de partager:

> Mais ce n'était pas au plaisir que j'en avais, […] non c'était sans doute à leur manque effrayant de conscience de soi, cette façon étonnante de ne jamais penser aux choses, les bonnes comme les mauvaises, de se laisser emporter par le courant, de tuer sans comprendre pourquoi et sans souci non plus, de tripoter les femmes parce qu'elles le voulaient bien, de boire sans même chercher à s'absoudre de son corps. Voilà ce que moi, je ne comprenais pas, moi, mais on ne me demandait pas de le comprendre.[8]

Ce «manque de conscience de soi» déconcerte et désoriente Aue, et, en un sens, son insistance à y réfléchir, sa curiosité obsessive, sont des vecteurs de réorientation face à l'incompréhensible. La démarche semble a priori salutaire: mais, face à cette méconnaissance de soi qui caractérise les soldats et qui déconcerte le narrateur, l'approche contraire va pourtant

---

8 *Ibidem*, p. 89.

se révéler dangereuse. Les chemins du «connais-toi» delphique sont pervertis, à une époque où l'homme ordinaire s'est révélé capable des pires atrocités. Là où le «connais-toi toi-même» préconisé par Socrate devait pousser à une réflexion philosophique sur soi et surtout sur ce qui définit l'humain, la curiosité de soi s'organise autour d'un regard forcené sur les horreurs dont le «je» est capable. Et le narrateur, très justement, disqualifie «l'inhumain» comme explication des actes commis. Mettre les massacres sur le compte de l'inhumanité ne résout ni n'explique rien, parce que le concept n'existe pas: «On a beaucoup parlé, après la guerre, de ce qui s'était passé, de l'inhumain. Mais l'inhumain, excusez-moi, cela n'existe pas. Il n'y a que de l'humain et encore de l'humain[9]». Le «connais-toi», censé fonctionner comme un vecteur de réflexion sur ce qui définit l'Homme, s'est transformé en regard voyeur qui plonge au fond de l'horreur, une horreur qu'il reconnaît être humaine, sans jamais pourtant pouvoir parvenir à l'expliquer. Cette horreur incompréhensible fascine du fait même de son insolvabilité. «Je ne comprenais pas», écrit le narrateur; alors qu'il cherche, pourtant, inlassablement, à comprendre.

Tôt dans le roman, Aue s'interroge sur les massacres de civils juifs, et sur le fonctionnement du passage à l'acte chez les soldats allemands. Si certains pervers tuent par «volupté», la plupart le font «par devoir», d'autres encore, considérant les Juifs «comme des bêtes», «les tuaient comme un boucher égorge une vache»:

> Et moi alors? Moi je ne m'identifiais à aucun de ces trois types, mais je n'en savais guère plus, et si l'on m'avait poussé un peu, j'aurais eu du mal à articuler une réponse de bonne foi. Cette réponse, je la cherchais encore. La passion de l'absolu y participait, comme y participait, je m'en rendis compte un jour avec effroi, la curiosité: ici comme pour tant d'autres choses dans ma vie, j'étais curieux, je cherchais à voir quel effet cela aurait sur moi. Je m'observais en permanence: c'était comme si une caméra se trouvait fixée au-dessus de moi, et j'étais à la fois cette caméra, l'homme qu'elle filmait, et l'homme qui ensuite étudiait le film. Cela parfois me renversait, et souvent, la nuit, je ne dormais pas, je fixais le plafond, l'objectif ne me laissait pas en paix. Mais la réponse à ma question continuait à me fuir entre les doigts. [10]

La «curiosité» devient ici un acte de voyeurisme forcené qui s'accompagne d'une mise en spectacle que le narrateur comparera souvent au procédé cinématographique. L'acte est auto-voyeuriste, dans la mesure où Aue cherche à se surprendre lui-même, à s'observer sans être vu, à pénétrer

---
9 *Ibidem*, p. 542.
10 *Ibidem*, pp. 105-106.

13. Voyeurisme et conscience du meurtre 201

par effraction dans l'essence de ses propres sentiments et à en faire un inventaire. À la fois caméra, acteur, et analyste du film qu'il met en scène, le narrateur cherche à multiplier les points de vue sur l'horreur, afin d'en arriver à une compréhension totale et exhaustive. Cette obsession de l'objectif filmique, qu'Aue imagine fixé au dessus de lui, hante ses nuits tout comme la tache de sang au plafond hantait celles de Jacques Lantier dans *La Bête humaine*: et, on le voit, ce n'est plus la trace de la faute ou de la dégénérescence héréditaire du roman de Zola qui préoccupe le héros des *Bienveillantes*, mais bien le regard, le regard froid de l'objectif, dont il fantasme qu'il peut lui donner une explication stable et achevée, un point de vue total qui éluciderait une fois pour toutes le mécanisme du passage à l'acte, et qui restaurerait une conscience de soi platonicienne, transparente à elle même. Et, évidemment, l'objet du regard voyeur et démultiplié se dérobe invariablement à la compréhension totale. La «réponse» à la question «fuit entre les doigts»: «même les boucheries démentielles de la grande guerre […] paraissaient presque propres et justes à côté de ce que nous avions amené au monde. Je trouvais cela extraordinaire. Il me semblait qu'il y avait là quelque chose de crucial, et que si je pouvais le comprendre alors je comprendrais tout et je finirais par me reposer[11]». Cette volonté de comprendre, cet instinct de savoir, ne sont jamais satisfaits par le regard, aussi démultiplié soit-il.

«Comprendre tout»: voilà justement la tâche impossible qu'Aue assigne à ce regard; un regard qui ressemble par beaucoup d'aspects à un regard voyeuriste, et un regard qui se fixe le but utopique de posséder totalement son objet. En un sens, l'objectif filmique qu'Aue imagine sans cesse au-dessus de lui s'apparente à un travail de documentation sur lui-même dont la démarche est finalement proche du travail qu'il exécute pour la SS: Aue inventorie les morts, en donne un acompte et dresse un tableau général des événements dont il est témoin. Son travail est, bien souvent, de documenter les stratégies et les manœuvres sur le terrain. Ce travail de documentation se révèle toujours fragmentaire, et lorsqu'il essaie de le faire porter sur ses propres émotions, il se révèle infaisable. Il se heurte à la difficulté de les classer et de les inventorier, de les nommer une fois pour toutes. En essayant de se surprendre lui-même avec son propre regard, Aue espère finalement pouvoir reconstituer et inventorier le détail de ses réactions. Tâche vaine, car, dès qu'un regard y est porté, l'objet perd son authenticité. C'est le grand paradoxe de la dynamique de ce type de

---
11   *Ibidem*, p. 127.

regard: en cherchant à circonscrire son objet et à le fixer une bonne fois pour toutes, à en définir l'authenticité, à en délimiter la portée, le voyeur se trompe fondamentalement et se condamne à une recherche qui ne sera jamais satisfaite. La psychanalyse apparente le voyeurisme à un instinct scopophile[12], qui serait, au départ de la vie psychique, un instinct de savoir: l'enfant se fait voyeur pour résoudre les problèmes auxquels il n'a pas de réponse, en particulier ceux qui concernent la nature du rapport entre ses parents et de la sexualité en général. Cette phase est dépassée à l'âge adulte, où l'objet de la satisfaction devient alors génital et non plus scopique. Ce que Freud nomme alors voyeurisme, et qu'il classe parmi les perversions, sera alors justement cette fixation sur le regard comme vecteur à la fois de plaisir et de pouvoir sur l'autre. Toujours lié à un instinct de savoir et un besoin de maîtrise, le voyeurisme adulte est une stratégie vouée à l'échec, dans la mesure où le voyeur n'arrive jamais à circonscrire et à fixer durablement son objet. Il ne récolte jamais l'information totale qu'il fantasmait, et jamais non plus ne maîtrise son objet. Le regard voyeur est toujours déçu, parce qu'il n'a pas réellement l'autre pour objet: il est lui-même, finalement, son propre objet, dans la mesure où la jouissance se fait par le regard et non pas par l'interaction avec l'autre. Car le voyeur ne voit, bien entendu, que sans être vu.

Le «pur regard» face à l'Autre

Si le voyeurisme consiste justement à essayer d'éviter le regard de l'autre, s'il s'agit effectivement d'une stratégie palliative de diffraction, l'autre pourtant vient inévitablement hanter le voyeur. La perversion voyeuriste est une tactique que le sujet met en place pour justement contourner l'autre. Mais la perversion en elle-même (et rappelons l'origine du mot, *pervertere*, c'est-à-dire changer de direction, de voie) est un détournement, un détournement qui permet de nier l'autre et de faire sans lui. Cet autre est constamment une menace. Les soldats qu'Aue n'arrive pas à comprendre au début du roman en font l'expérience:

> Si les terribles massacres de l'Est prouvent une chose, c'est bien, paradoxalement, l'affreuse, l'inaltérable solidarité de l'humanité. Aussi brutalisés et accoutumés fussent-ils, aucun de ces hommes ne pouvait tuer une femme juive sans songer à sa femme, sa sœur ou sa mère, aucun ne pouvait tuer un enfant juif sans voir ses propres enfants devant lui dans la fosse. Leurs réactions, leur violence, leur alcoolisme, les dépressions

---
12 Cf. Sigmund Freud, *Trois essais sur la théorie sexuelle*, Paris, Gallimard, 1989.

13. *Voyeurisme et conscience du meurtre*

nerveuses, les suicides, ma propre tristesse, tout cela démontrait que l'autre existe, existe en tant qu'autre, en tant qu'humain, et qu'aucune volonté, aucune idéologie, aucune quantité de bêtise et d'alcool ne peut rompre ce lien, ténu mais indestructible.[13]

Le véritable pervers, le narrateur le dit au début du roman, est rare; la plupart des soldats mettent certainement en place une stratégie perverse afin de continuer à fonctionner, mais l'autre est là, qui continue de les hanter. Quant à Aue, la question de sa perversion ne se pose pas réellement, puisque le roman de Littell ne cherche pas à créer un personnage totalement plausible psychologiquement, ni même représentatif de tel ou tel «type» psychologique. L'enjeu du personnage, par contre, est de se faire le foyer de réflexion par rapport à ces questions. Et son fantasme d'un regard «total», qui expliquerait «tout», qui lui permettrait de se comprendre et de comprendre entièrement comment ces actes de guerres viennent à se produire, comment un homme ordinaire en arrive à les commettre, ce fantasme, donc, de compréhension totale, et le fait qu'il soit métaphorisé tout au long du livre par le trope du regard et par l'attention au détail dont fait preuve le narrateur, porte une signification non pas psychologique ou psychanalytique, mais bien d'ordre théorico-historique. Le roman de Littell, en développant l'approche d'Aue et de son regard forcené, nous invite à un regard sur l'Histoire qui justement doit se passer d'explication totale de ce type.

Aussi, lorsque Aue décrit les cadavres, les plaies, les corps suppliciés, l'attention voyeuriste qu'il porte aux détails n'est pas anodine. Le «je veux être précis» des premières pages du roman ne se démentira pas; les descriptions sont en effet détaillées, comme s'il s'agissait de cerner le sujet morbide de façon exhaustive, de le saisir dans sa totalité, afin de pouvoir enfin le neutraliser. Dans *Le Sec et l'humide*, Littell consacre un paragraphe à la précision descriptive que l'on retrouve dans les récits de guerre de Léon Degrelle, une précision qui procède d'une hantise peut-être assez similaire à celle qui habite le narrateur des *Bienveillantes*: «On a l'impression, à lire tant d'exemples, que cette tentative pour neutraliser la mort du fasciste [...] passe en fin de compte par la précision atroce du détail. Décrivant sa propre mort, le langage du fasciste découpe, décortique, dissèque, et donc classifie, catégorise, quadrille l'horreur qui le rattrape. Il épingle sa mort comme on épingle un papillon, pour éviter que cette mort fuie, s'écoule, et l'engloutisse[14]». Ce qui est vrai du mort nazi l'est aussi des descriptions

---
13 *Les Bienveillantes, op. cit.*, p. 142.
14 Jonathan Littell, *Le Sec et l'humide*, Paris, Gallimard, 2008, p. 64.

de la mort du soviétique ou du civil juif: leur morts sont «épinglées», détaillées, et «décortiquées» par la narration. Elles fascinent le narrateur, et il les décrit en s'appliquant aux détails dans une tentative de neutralisation, d'achèvement et de complétude, qui, une fois aboutie, mettrait enfin de côté le spectre de sa propre mort et de sa propre désintégration. L'épisode de la jeune fille de Kharkov au début du roman n'est pas autre chose que ce fantasme de compréhension totale se heurtant soudainement à l'autre, cet autre qui fait éternellement barrière à ce savoir intégral, fini, et exhaustif vers lequel le narrateur veut tendre. Le regard de cette jeune fille fait littéralement se désintégrer le narrateur:

> Elle me regarda, un regard clair et lumineux, lavé de tout, et je vis qu'elle, elle comprenait tout, elle savait tout, et devant ce savoir si pur j'éclatai en flammes. Mes vêtements crépitaient, la peau de mon ventre se fendait, la graisse grésillait, le feu rugissait dans mes orbites et ma bouche et nettoyait l'intérieur de mon crâne. [...] Je me calcinai, mes restes se transformaient en statue de sel; vite refroidis, les morceaux se détachaient, d'abords une épaule, puis une main, puis la moitié de la tête. Enfin je m'effondrai à ses pieds et le vent balaya ce tas de sel et le dispersa. Déjà l'officier suivant s'approchait, et quand tous furent passés, on la pendit.[15]

Dans ce passage onirique, le regard de l'autre brûle et démembre le corps du narrateur, qui réfléchit pendant plusieurs jours à «cette scène étrange» qui l'obsède: «Des jours durant je réfléchis à cette scène étrange; mais ma réflexion se dressait devant moi comme un miroir et ne me renvoyait jamais que ma propre image, inversée certes, mais fidèle[16]». La formule est symptomatique: le vocabulaire employé («réfléchir», «réflexion»), est à la fois celui de la pensée et celui du reflet, et conduit la phrase de l'un («je réfléchis») à l'autre («ma réflexion» «comme un miroir» de «ma propre image»). La pensée est littéralement brouillée, puis déviée, par le regard diffracté qui, incapable de saisir l'autre, se reporte invariablement sur lui-même. De nouveau, le regard est donc contraint de se pervertir au sens premier du terme, c'est-à-dire de dévier et de se tourner sur le narrateur lui-même, l'autre restant impénétrable. La vision totalisante, quand elle se heurte à ce miroir qu'est l'autre, est inévitablement mise en échec. La description du corps supplicié de l'autre est un palliatif, un substitut de cette totalité dont le fantasme du narrateur voudrait qu'elle habite l'autre («elle comprenait tout, elle savait tout»).

Peu à peu, cette pulsion scopique forcenée ne se donne plus seulement

---
15 *Les Bienveillantes, op. cit.*, p. 171.
16 *Ibidem*, p. 171.

13. Voyeurisme et conscience du meurtre 205

l'attention au détail comme objet; elle devient clairement, après Stalingrad, une sorte de meta-vision capable de voir et de décrire plus que la réalité, au-delà de ce qui est donné à voir. La blessure à Stalingrad ouvre sur le visage du narrateur un «troisième œil», un «œil pinéal, non tourné vers le soleil, capable de contempler la lumière aveuglante du soleil mais dirigé vers les ténèbres, doué du pouvoir de regarder le visage nu de la mort, de le saisir, ce visage, derrière chaque visage de chair[17]»: nouvelle illusion d'une vision totalisante et hyper lucide, l'œil en question a de plus pour effet de travestir la réalité quotidienne berlinoise, de pré-voir les morts, là où le regard ne peut encore que distinguer des vivants.

Et le «pur regard» tant fantasmé va finalement émerger, doué de cette fameuse méta-vision dont nous parlions plus haut; il s'accompagnera des figures récurrentes de la caméra et de l'objectif, lors du passage onirique décrivant le rêve d'Auschwitz:

> Dans ce rêve je parcourais, mais comme en l'air, à différentes hauteurs, et plutôt comme un pur regard ou même une caméra que comme un être vivant, une cité immense, sans fin visible, d'une topographie morne et répétitive, divisée en secteurs géométriques […]. Des milliers d'êtres allaient et venaient, entraient et sortaient de bâtiments identiques, remontaient de longues allées rectilignes […] incessamment et sans but apparent. Si je, ou plutôt ce regard que j'étais devenu, descendais dans les allées pour les détailler de près, je constatais que ces hommes et ces femmes ne se distinguaient par aucun trait particulier […]. Petit à petit, à force de le contempler depuis différents points de vue, une tendance se dégageait de ce grouillement apparemment arbitraire: imperceptiblement, un certain nombre de gens finissaient toujours du même côté, et entraient enfin dans des bâtisses sans fenêtres où ils se couchaient pour mourir sans un mot. […] Et lorsque le point de vue du rêve reprenait de l'altitude, je pouvais distinguer un équilibre à tout cela: la quantité des naissances, dans les dortoirs, égalait le nombre de décès, et la société s'autoreproduisait en un équilibre parfait […]. Au réveil, il me semblait que ces rêves sereins, dépourvus de toute angoisse, figuraient le camp, mais alors un camp parfait, ayant atteint un point de stase impossible […]. Mais en y réfléchissant plus avant, n'était-ce pas une représentation de la vie sociale dans son ensemble? Débarrassée de ses oripeaux et de sa vaine agitation, la vie humaine ne se réduisait à guerre plus que cela […]. Et ainsi je venais à penser: le camp lui-même, avec toute la rigidité de son organisation, sa violence absurde, sa hiérarchie méticuleuse, ne serait-il qu'une métaphore, une *reductio ad absurdum* de la vie de tous les jours?[18]

On retrouve dans ce passage le trope du «pur regard», là encore un

---
17   Ibidem, p. 410.
18   Ibidem, pp. 571-572.

regard cinématographique filtré par la «caméra», qui prend la place du sujet, devenu «regard» pur. Désincarné, sans corps, le rêve procure au personnage ce regard idéal et total qu'il fantasmait tant, un meta-regard explicatif et didactique, qui éclaire et analyse à la fois. Et, en effet, ce regard «pur» du rêve d'Aue comporte des éléments d'élucidation: le camp, espace reterritorialisé par excellence, quadrillé de rails, d'allées, et de bâtiments tous similaires, devient paradoxalement la figure inversée de la société aryenne fantasmée par le nazisme, mettant à jour le rêve inconscient de l'idéologie fasciste, comme projeté dans l'organisation des camps de concentrations voués à détruire les Juifs. Le rêve met en rapport le camp de concentration et son organisation de destruction avec son double, c'est à dire «la vie sociale» fantasmée par le nazisme, dont le but ultime est au contraire la reproduction et «la finalité de l'espèce». Les deux modèles sont au cœur du système de l'inconscient collectif fasciste. Autrement dit, la solution finale, comme de nombreux historiens et sociologues l'ont fait remarquer, procède de bien plus que d'une haine du Juif. Klaus Theweleit l'explique en ces termes: «Il s'agit d'une jalousie fondamentale, une jalousie et une colère contre le statut de "peuple élu" que "l'Allemand" en tant qu' "aryen" revendique évidemment pour lui-même. L'État hitlérien était la superstructure organisatrice de cette permission auto-accordée de tendre vers une totalité corporelle à travers le meurtre des Juifs[19]». Dans ce contexte, le rêve du camp fait ressortir les points communs dans l'inconscient collectif nazi entre l'organisation idéale de la reproduction du Volk aryen et l'organisation tout aussi méthodique de la destruction du peuple juif. Et donc, là encore, le «regard pur» et omniscient se heurte à l'autre, double inversé, figure refoulée que l'idéologie nazie cherche à tout prix à supprimer.

Le regard porté sur l'Autre par l'idéologie nazie est donc loin d'être monolithique. Certes, ce regard est structuré par le langage et le vocabulaire fascistes, qui créent toute une batterie d'oppositions mises à jour par Theweleit et plus récemment commentées par Littell dans *Le Sec et l'humide*: le corps fasciste est construit par opposition à celui de son adversaire, dans une série d'oppositions binaires (le sec et l'humide, le rigide et le mou, le dressé et le couché, etc). Mais les attributs fascistes sont constamment menacés par ceux de l'autre camp, et, dans le cas des Juifs, de façon particulièrement inquiétante, ce qui explique la violence à leur égard. Le centre organisateur de ces oppositions et de ces regards est à chercher dans

---

19 Klaus Theweleit, «Postface», dans *Le sec et l'humide, op. cit.*, p. 125.

13. Voyeurisme et conscience du meurtre 207

l'œil du despote, dont les mots fonctionnent comme un «foyer optique» qui reflêchit et diffracte les mouvements de peur face à l'autre:

> C'est vrai que les insultes que les gens préfèrent, […] révèlent souvent en fin de compte leurs propres défauts cachés, car ils haïssent naturellement ce à quoi ils ressemblent le plus. […] Je pris sur une étagère les discours du führer […] et me mis à feuilleter, cherchant les passages les plus virulents, surtout sur les juifs, et en les lisant je me demandais si […] le Führer, sans le savoir, ne se décrivait pas lui-même. Or cet homme ne parlait jamais en son propre nom, les accidents de sa personnalité comptaient peu: son rôle était presque celui d'un foyer optique, il captait et concentrait la volonté du Volk pour la diriger sur un point, toujours le plus juste. Ainsi, s'il parlait là de lui-même, ne parlait-il pas de nous tous?[20]

Le mot du führer devient loi: c'est la conclusion à laquelle Aue avait amené Eichmann lorsque tous deux discutaient de l'impératif Kantien[21]. Et ce mot devient loi parce que le Führer capte et concentre à la fois les regards, et la volonté du Volk: «Être le maître, c'est voir[22]» écrivait Grosrichard à propos du despote oriental, une figure qui émerge au début du dix-huitième siècle. Et c'est voir, non seulement parce que le regard du despote surveille partout ses sujets, mais aussi et surtout parce qu'il a le pouvoir de diriger leurs regards, et de s'en faire le foyer de réflexion. L'œil du despote est un trope aussi vieux que l'occident, mais la puissance de ce «foyer optique» s'est considérablement accrue. Plus près de nous, et à propos du fascisme, Deleuze et Guattari le montrent bien, conclure simplement que «les masses ont été trompées» n'explique pas le fond du problème: le délire raciste et «paranoïaque-ségrégatif» que véhicule le Führer n'est pas imposé d'en haut, il concentre au contraire cet «investissement inconscient réactionnaire»

---

20 *Les Bienveillantes, op. cit.*, p. 636.
21 Ce passage s'inspire d'ailleurs largement du témoignage d'Eichmann lui-même lors de son procès, et des commentaires qu'en fait Hannah Arendt dans *Eichmann in Jerusalem: a Report on the Banality of Evil, op. cit.*, pp. 135-138. En effet, ce dernier avait invoqué pendant son procès la formule Kantienne de l'impératif catégorique (c'est-à-dire la règle selon laquelle il me faut «agir de telle façon que je puisse vouloir aussi que ma maxime devienne une loi universelle») et la distorsion qu'il en avait faite à cause de l'état d'exception qu'était la guerre. Eichmann dit alors avoir réglé sa conduite sur la reformulation que fait Hans Frank de l'impératif («Agissez de manière que le Führer, s'il connaissait votre action, l'approuverait», cité par Hannah Arendt, *Ibidem*, p. 136). Cette dernière phrase est d'ailleurs retranscrite mot pour mot et en italiques dans *Les Bienveillantes:* Aue la cite lors de la conversation qu'il a avec Eichmann à ce sujet.
22 Alain Grosrichard, *Structure du sérail. La fiction du despotisme asiatique dans l'occident classique*, Paris, Seuil, 1979, p. 73.

qui veut croire que «*je suis de la race supérieure*[23]». Car le Führer n'est pas le despote forçant le regard de ses sujets, il est au contraire lui-même ce regard, un regard qui dirige et qui guide le faisceau de «la volonté du Volk».

Le visible et l'invisible: le canevas orestien et l'angle mort de la perspective narrative

Voilà donc un narrateur précis dans ses descriptions, et attaché à décrire les détails morbides et les exécutions de masse, les blessures de guerre, les membres amputés et les corps mutilés. Logiquement, le voyeurisme de l'écriture du narrateur se fait le relais de scènes très graphiques où sont exhibées les atrocités de la guerre et de la solution finale. C'est, ultimement, l'aboutissement du voyeurisme que cette écriture exhibitionniste. L'hypervisibilité, au sein de la narration, de ces meurtres et de ces scènes atroces contraste donc bizarrement avec l'invisibilité du matricide «Orestien» commis par le narrateur, qui tue sa mère et son beau-père: à aucun moment le crime, pourtant d'une violence inouïe d'après les traces qui en restent, n'est décrit ou même commenté, puisque Aue n'admet jamais qu'il l'a commis. Le lecteur lui-même ne peut que reconstituer l'événement après-coup, lorsque Aue se réveille et découvre le corps de Moreau lacéré à la hache, et celui de sa mère, étranglée. Mais du moment du crime, on ne saura rien de plus que ce qui peut être deviné à partir des cadavres.

Ce roman met donc en contraste deux façons très différentes d'aborder le meurtre: on a d'une part une description minutieuse des actes de guerre, commis par Aue et par les autres personnages, description choquante et qui met rudement à l'épreuve le lecteur. Et, alors que sur ce fonds historique se greffe une réécriture de *L'Orestie*, le moment du crime familial et l'apogée du tragique est curieusement dérobé au lecteur, en même temps qu'au narrateur. La majorité des meurtres narrés dans le livre est donc d'une visibilité maximale, alors que le crime familial, lui, n'est ni montré ni commenté. Il est l'angle mort de la vision totalisante d'Aue. À aucun moment il ne s'interrogera sur ce crime, dont tout prouve pourtant qu'il l'a commis. En un sens, le crime orestien n'est pas pour autant complètement occulté par le regard narratif, puisqu'en subsistent les traces, traces décrites d'abords par Aue (les deux corps, leurs positions, le sang) puis par les deux policiers (le costume allemand souillé, les traces de pas).

---
23 Gilles Deleuze et Félix Guattari, *Capitalisme et schizophrénie. L'anti-Œdipe*, Paris, Éditions de Minuit, 1972, p. 125.

13. Voyeurisme et conscience du meurtre

Le canevas de la tragédie grecque se greffe donc dans le roman de façon très particulière, puisque le point de vue narratif qui s'y rapporte change radicalement par rapport à celui qui prévaut pour tous les autres crimes décrits si abondamment par le narrateur. La tragédie Orestienne a une place particulière dans la pensée occidentale, qui explique pourquoi elle tient un rôle si singulier dans le roman, surtout en ce qui concerne le regard, soudainement myope, du narrateur. Comparé à Œdipe qui constitue la clef de voûte de toute la psychanalyse, Oreste est une figure beaucoup moins présente. Freud ne s'y est pas intéressé (dans toute son œuvre, il n'est mentionné qu'une seule fois, dans les *Trois essais*[24], et encore est-ce à propos d'Électre, sa sœur, censée être la contrepartie féminine d'Œdipe). Oreste est souvent décrit comme un double inversé d'Œdipe. De fait, Oreste et Œdipe sont deux figures complémentaires en plusieurs points. Rappelons le canevas de la tragédie: dans la pièce d'Eschyle et dans les autres versions du mythe, Oreste venge son père Agamemnon en tuant Égisthe, l'amant de sa mère. Or, Égisthe est un personnage qui se trouve lui-même dans une position œdipienne: lié à Agamemnon (père d'Oreste) par des liens de sang, il complote sa mort, et une fois l'assassinat du patriarche perpétré il revendique sa place dans le lit de sa femme Clytemnestre. En l'assassinant, Oreste supprime donc en quelque sorte une version à peine altérée d'Œdipe[25]. D'autre part, de façon plus évidente, si Œdipe tue son père, Oreste commet le meurtre inverse en se rendant coupable de matricide. Là où Œdipe est puni et se crève les yeux, Oreste est par contre acquitté, de façon significative, par Athéna (déesse qui déclare justement, dans *L'Orestie* d'Eschyle, ne pas avoir de mère, puisqu'elle est née adulte de la tête de Zeus: c'est donc elle qui finalement tranche le procès et pardonne le matricide). À l'inverse d'Œdipe, donc, Oreste conserve la vue. Et, loin d'être ostracisé, il est au contraire soutenu par le chœur, qui représente dans les pièces grecques la communauté et l'opinion publique.

Beaucoup de psychanalystes contemporains se sont penchés sur la figure d'Oreste, qui est souvent analysé comme un Œdipe homosexuel (notamment dans sa relation avec Pylade, son compagnon dans la pièce d'Eschyle). On a aussi commenté Oreste comme une métaphore de la psyché humaine alors qu'elle sort et se libère du complexe d'Œdipe: le matricide est alors vu comme une libération métaphorique[26]. Le rôle d'Oreste, tenu par

---
24 Sigmund Freud, *Trois essais sur la théorie sexuelle, op. cit.*
25 Cf. Joel Friedman et Sylvia Gassel, «Orestes – a Psychoanalytic Approach», dans *The Psychoanalytic Quarterly*, n° 20, 1951, pp. 423-433.
26 Herbert Fingarette, «Orestes: Paradigm Hero and Central Motif of Contemporary

Aue dans *Les Bienveillantes*, est donc loin d'être neutre: il est la face cachée de toute la réflexion occidentale sur Œdipe, dont il est le double inversé. Il est, en un sens, l' «anti-Œdipe»: face à Œdipe qui a structuré toute la théorie psychanalytique, Oreste est une figure qui au contraire la remet en question, par les deux crime anti-œdipiens qu'il commet (le matricide au lieu du parricide d'une part, et le meurtre de la figure œdipienne d'Égisthe de l'autre) et également à cause des interprétations contradictoires qui en ont été données en psychanalyse.

Dans *L'Orestie* d'Eschyle, quatre meurtres sont commis: c'est, tout d'abord, Agamemnon, assassiné par sa femme Clytemnestre, qui le supprime dans son bain à l'aide d'une hache (et on reconnaît là l'arme qu'Aue manie peu de temps avant la découverte du cadavre de son beau père). Ce premier meurtre dans la tragédie se passe hors scène, en accord avec les règles dramaturgiques grecques. Après quoi, c'est Cassandre, compagne Troyenne d'Agamemnon, qui trouve la mort. Les deux meurtres suivants seront commis par Oreste, qui venge son père avec le soutien d'Apollon, du chœur, et de sa sœur Électre: c'est le meurtre d'Égisthe, puis celui de Clytemnestre, tous les deux tués à l'épée. De la même façon, ces crimes se déroulent hors scène, même si dans le cas de Clytemnestre la longue discussion entre Oreste l'épée à la main et sa mère tentant de le raisonner est longuement représentée. Au dernier moment cependant, le meurtre sera dérobé au public et aura lieu hors scène.

Dans *Les Bienveillantes*, le meurtre de la figure d'Agamemnon, autrement dit de la figure paternelle, est métaphorique («assassiné avec du papier. Quelle ignominie[27]!» s'exclame Aue), et se passe également hors de l'action décrite dans le roman. On ne sait pas grand-chose, en effet, de ce père disparu, et encore moins des raisons de sa disparition. La responsabilité de la mère d'Aue n'est pas vraiment définie, même si pour Aue elle endosse clairement le rôle de l'homicide Clytemnestre. Mais on ne sait en fait rien de sûr à propos des modalités de cette disparition. Le meurtre du beau-père Moreau (qui serait, dans le roman, la figure de l'amant illégitime de la mère, c'est-à-dire Égisthe) comporte de nombreux parallèles avec celui d'Agamemnon dans l'*Orestie*: l'arme du crime (la hache, donc) est la même, et Moreau gît sur un tapis ensanglanté qui rappelle le pourpre de celui que Clytemnestre fait hypocritement installer pour Agamemnon. Mais qu'on ne s'y trompe pas, Moreau n'endosse pas pour autant le rôle du patriarche;

Ego Psychology», dans *The Psychoanalytic Review*, n° 50, 1963, pp. 87-111.
27 *Les Bienveillantes, op. cit.*, p. 487.

13. Voyeurisme et conscience du meurtre

au contraire, les similarités dans les modalités des deux crimes tendraient plutôt à faire voir le meurtre de Moreau comme une rétribution de celui de la figure paternelle, celle du père d'Aue «assassiné avec du papier». La hache signe donc l'acte de vengeance: c'est avec une hache qu'Agamemnon a été tué, c'est avec la même arme que Moreau, la figure d'Égisthe, est assassiné dans le roman. Comme dans la tragédie Grecque, la figure de l'époux illégitime est supprimée avant celle de Clytemnestre: «Elle avait des marques rouges sur son cou décharné», dit le narrateur à la découverte du cadavre de sa mère. Ce à quoi il ajoute: «Il y avait des taches de sang; l'assassin avait dû d'abord tuer Moreau, puis monter[28]». Les deux cadavres sont décrits amplement, et les traces laissées par l'assassin permettent de reconstituer le déroulement des deux crimes, mais à aucun moment les meurtres eux-mêmes ne seront décrits, et ils restent d'autant plus hors champ de la narration que le narrateur ne semble pas avoir conscience de les avoir commis.

Le roman, en un sens, suit donc les conventions grecques en ce qui concerne le déroulement de l'histoire familiale orestienne: des meurtres, on ne verra que les cadavres, le crime en lui-même se fait hors scène. Comme si, soudainement, la narration empruntait au genre de la tragédie Grecque sa reluctance à représenter le crime. Pire, contrairement à Oreste, Aue n'endosse jamais la culpabilité du crime. Son acte, comme celui d'Oreste, reste impuni. Reste qu'à l'inverse du héros de la tragédie Grecque, Aue ne bénéficie pas d'un acquittement, mais plutôt du hasard, qui conduit à la disparition des deux policiers: Weber est tué d'une balle russe alors qu'il s'apprête à exécuter le narrateur; Clemens sera quant à lui supprimé opportunément par Thomas, là encore au moment où il se prépare à fusiller Aue.

La tâche forcenée d'autoanalyse que le narrateur s'était assignée fait donc place à un mode de vision qui relève d'un autre genre littéraire, celui de la tragédie grecque. Dans ce cas, le crime qu'il ne voit pas étant précisément celui qui est le plus proche de lui et de son intimité, on peut donc comprendre cette absence (absence de narration, absence de vision, et également absence de conscience apparente du crime) comme un trope qui met en garde le lecteur sur la vision voyeuriste que propose Aue de ce qui l'entoure. L'angle de vision grec, s'il occultait la représentation du meurtre, n'en abolissait pas pour autant la conscience: Oreste endosse ses crimes et les place sous le regards des juges, les Érinyes deviennent bienveillantes

---

28 *Ibidem*, p. 489.

à l'injonction d'Athéna. La vision d'Aue est finalement beaucoup plus incomplète, puisque lui manque la conscience du crime familial. Et s'il est absous, il l'est finalement par le hasard, et certainement pas par le jugement des autres, à commencer par celui du lecteur.

«Je connais une femme qui marche assez bien, mais qui boite dès qu'on la regarde[29]», écrivait Montesquieu, en préambule à un texte entièrement préoccupé par le voyeurisme. L'objet du regard forcené change à son contact. Et, au fond, entre la vision qui nous est donnée du crime familial, et celles, détaillées, de scènes de guerre et de corps torturés, la différence n'est pas à chercher dans leurs degrés respectifs de «vérité» ou de refoulé. De même que différencier un inconscient qui serait de l'ordre du familial, et une structure similaire qui serait collective et politique est une démarche faussée. Deleuze et Guattari ont raison de remarquer que la famille n'est pas un intérieur: «Les familles sont coupées de coupures qui ne sont pas familiales: la Commune, l'affaire Dreyfus, la religion et l'athéisme, la guerre d'Espagne, la montée du fascisme… Tout cela forme les complexes de l'inconscient, plus efficace qu'Œdipe sempiternel[30]». L'Œdipe sempiternel, voilà justement ce que le roman refuse de mettre en scène, non seulement parce que le personnage principal est une figure orestienne et non pas œdipienne, mais aussi et surtout, parce qu'il n'est pas une figure psychologique sensée «représenter» un type ou une personnalité cohérente. Ce roman n'est pas un roman psychologique qui se construirait autour d'un narrateur cohérent et vraisemblable psychologiquement, un narrateur et une histoire qui, autrement dit, «auraient pu exister» tels quels. Par contre, cette figure orestienne, acquittée par le hasard là où son modèle grec l'était par la justice des dieux, se fait le foyer de réflexion sur les barbaries de l'époque moderne, sur ce qu'on peut en comprendre à force de les regarder. Le regard forcené du narrateur, et l'écriture qui essaie de figer et de neutraliser une fois pour toute la mort de l'autre, la stratégie du détail, en quelque sorte, se révèlent vains, car il faut bien rester «seul […] avec la cruauté […] de [la] mort encore à venir[31]».

Brown University

---

29 Montesquieu, *Lettres persanes*, Paris, Flammarion, 1995, p. 37.
30 Gilles Deleuze et Félix Gattari, *Capitalisme et schizophrénie, op. cit.*, p. 116.
31 *Les Bienveillantes, op. cit.*, p. 894.

14. Lieux réels et lieux imaginaires dans *Les Bienveillantes*

Peter Tame

Isotopies

«Frères humains, laissez-moi vous raconter comment ça s'est passé». Cette allusion intertextuelle qui commence le roman *Les Bienveillantes* rappelle immédiatement deux textes de la littérature française: d'abord le poème de François Villon, «Frères humains, qui d'après nous vivez…», et l'apostrophe baudelairienne «– Hypocrite lecteur, – mon semblable, – mon frère![1]». Mais, bien qu'il rentre dans ces deux registres des poètes du péché, du crime et du Mal, Jonathan Littell adopte souvent un ton plus familier et goguenard, qui ressemble plutôt à celui de Louis-Ferdinand Céline commençant son *Voyage au bout de la nuit*, autre grand roman d'une autre guerre, pour continuer son récit d'une aventure de la Deuxième Guerre mondiale et s'entretenir avec le lecteur tout au long du roman[2]. Littell fait ainsi entrer ses personnages, et surtout son personnage principal, Maximilien Aue, dans la lignée des personnages fictifs, pénitents et impénitents, de la littérature.

C'est par ces clins d'œil méchants, espiègles et intelligents que Littell, ou plutôt son narrateur Max Aue, nous invite tout de suite à entrer dans son récit ahurissant et satanique de la guerre en Russie soviétique telle qu'il l'a éprouvée. Le récit ne charme pas, il fascine. Le personnage principal surtout

---
1 François Villon, "Frères humains, qui après nous vivez…", "L'Épitaphe Villon" (1463); Charles Baudelaire, «Au lecteur», *Les Fleurs du mal* (1857).
2 «Ça a débuté comme ça». Louis-Ferdinand Céline, *Voyage au bout de la nuit*, Paris, Gallimard, 1932, p. 15. Comme Céline aussi, avec sa «petite musique» et son roman *Rigodon*, Littell adopte des termes empruntés au monde de la musique pour les titres des sections des *Bienveillantes*.

fascine. Comment le romancier arrive-t-il à rendre Max Aue «humain»? Nous découvrons rapidement que c'est un assassin, un «serial-killer» comme on le dirait aujourd'hui, un parricide, un antisémite, un incestueux. Et pourtant, le lecteur est pris dès les premières lignes dans ce réseau labyrinthique de crimes et de meurtres, mené par un narrateur qui ne fait pas de concessions et qui se comporte comme un Dante démoniaque dans cet enfer guerrier. Comment le romancier réalise-t-il cette complicité entre son personnage et le lecteur?

Deux moyens nous paraissent de puissants moteurs de complicité: les rapports d'Aue avec les autres personnages et ses rapports avec les lieux par lesquels il passe au cours des neuf cent pages du récit. Ses rapports avec les autres personnages étant trop nombreux pour être traités dans un seul article, nous proposons d'examiner ici les espaces imaginaires ainsi que les espaces réels dans le roman qui nous paraissent comme autant de scènes théâtrales pour les crimes et les méfaits d'Aue. Ce qui nous préoccupera surtout seront les «isotopies» et les «microtopies», les mondes imaginaires dans lesquels Max Aue vit et tue.

L'isotopie est le terme que nous employons pour désigner le monde imaginaire – ou les mondes imaginaires – que crée le romancier au sein de son œuvre. Elle agit comme l'isotope dans le domaine de la science, en tant que parallèle et double de l'élément original. Mais l'isotope représente aussi une variation de cet élément original. De même, en littérature, l'isotopie n'est pas une image reflétée de la réalité. Elle est «autre», car elle appartient au domaine de l'imagination créatrice de l'auteur. Il peut y avoir plusieurs mondes de ce type dans un roman, par exemple le monde du rêve («onirotopie»), le monde d'un personnage en particulier («psychotopie»), le monde de la mort («thanatopie»), un monde idéalisé sur le plan politique («utopie»), ou une société cauchemardesque qui a mal tourné («dystopie»), et ainsi de suite. Ce concept s'avère particulièrement utile dans l'interprétation des fantasmes, des fantaisies et de l'idéologie politique de l'auteur. Plus précisément, dans le cas des *Bienveillantes*, il nous aide à comprendre les fantasmes, les fantaisies et la pensée idéologique du narrateur intradiégétique. En suivant cette méthodologie interprétative, nous nous rapprochons de la méthodologie symptomale proposée par Louis Althusser[3]. C'est souvent ainsi par les absences dans le texte ou par le biais de l'inconscient que l'auteur nous livre son «paysage intérieur» (ou

---

3 Louis Althusser, *Reading Capital*, trad. Ben Brewster, London, NLB, 1970, p. 28. Orig. *Lire le Capital*, Paris, François Maspero, 1968.

celui de son personnage principal) qu'il mêle savamment avec les paysages extérieurs qu'il décrit. D'un autre côté, à travers la conscience de l'auteur, ce sont surtout les paysages intérieurs, les rêves, et les aspirations de ses personnages qui se découvrent et qui se confirment par une sorte d'osmose avec les paysages extérieurs. Nous allons examiner de plus près le texte, d'abord pour analyser ces différents types de paysages, deuxièmement pour démontrer la «polyphonie» des isotopies tant intérieures qu'extérieures, dont les exemples s'imbriquent et se répondent tout au long du roman, et troisièmement pour montrer la façon dont leur description sert à éclaircir la pensée et l'idéologie de Max Aue ainsi qu'à identifier une éventuelle éthique de la part de Jonathan Littell.

Ukraine

Arrivant en Ukraine à l'automne de 1941, Max Aue se voit confier par ses supérieurs nazis la tâche de surveiller l'extermination des Juifs. Son récit n'est pas motivé par une volonté de se justifier ni de justifier ses actes atroces et inhumains. Au contraire, il les assume totalement; il n'invoque pas la «*Befehlnotstand*, [sic] la contrainte par les ordres si prisée par nos bons avocats allemands[4]». C'est un homme qui ne regrette rien. Il s'agissait de rendre «*judenrein*» ou «*judenfrei*» les territoires de l'*Ostland*. Les nationaux-socialistes allemands qui comptaient nettoyer la région de toute influence juive ont pu rêver de fonder une utopie en Ukraine. De tous les autres points de vue, ces régions devenaient vite un enfer, une dystopie, dans laquelle Aue semble se débattre avec sa conscience, car, contrairement aux apparences, il en a une, en faisant massacrer le plus grand nombre de Juifs ukrainiens afin de remplir les exigences statistiques des *Einsatzgruppen* (groupes d'action SS chargés de la sécurité militaire dans les pays occupés par l'armée allemande).

Ce livre raconte une histoire mais en même temps, c'est de l'Histoire racontée. Il n'est donc pas Histoire uniquement, mais il révèle par la fiction ce dont l'historiographie n'arrive pas tout à fait à rendre compte, notamment comment un acteur de ces temps-là aurait pu penser, agir et, surtout, sentir. Le roman, c'est le domaine du possible par lequel passe une vérité qui n'est ni tout à fait historique ni complètement fictive. C'est ce que Michael Riffaterre appelle la «vérité fictive[5]». Littell lui-même ne disait pas autre

---
4   *Les Bienveillantes*, Paris, Gallimard, 2006, p. 24.
5   Michael Riffaterre, *Fictional Truth*, Baltimore/London, The John Hopkins University Press, 1990.

chose en constatant, dans une interview donnée à Samuel Blumenfeld, que la «[…] vérité romanesque est d'un autre ordre que la vérité historique ou sociologique[6]». *Les Bienveillantes* constituent donc une œuvre hybride. Il est inutile d'y chercher la vérité historique sur l'extermination systématique des populations juives en Ukraine, comme ont tenté de le faire certains critiques, mais on y trouve des vérités, surtout émotionnelles, subjectives, et personnelles concernant l'être humain en temps de crise et de guerre[7].

Un des aspects les plus importants de la séduction du lecteur réside dans la puissance descriptive des lieux que déploie Littell. Comme nous le soulignions plus haut, ces lieux réels inspirent des mondes imaginés par l'auteur et par ses personnages. La réalité des lieux se mêle à leur représentation fictive dans un des premiers portraits de la steppe ukrainienne lorsque les *Einsatzgruppen*, dont Aue fait partie, y arrivent dans le sillage de l'invasion des armées allemandes engagées dans l'opération Barberousse: «Nos cartes se révélaient entièrement inadéquates: les routes signalées n'existaient pas ou disparaissaient ; au contraire, là où se trouvait indiquée une steppe vide, nos patrouilles découvraient des kolkhozes et de vastes champs de coton, de melons, de betteraves; les minuscules municipalités étaient devenues des centres industriels développés[8]». L'Ukraine imaginée par les Allemands conquérants ne ressemblait pas du tout à la réalité. C'était une Ukraine isotopique qu'ils avaient construite dans leur imagination à partir de cartes périmées.

Avec une ironie à peine perceptible, Aue décrit la visite de Heinrich Himmler, *Reichsführer*, qui «gratifie» les officiers du *Sonderkommando* – dont Aue – de sa vision pour l'avenir de cette région. Avec une société spartiate, «une *Slavland* croupion» au-delà des Ourals [sic], des villes de vacances remplaçant les affreuses villes industrielles russes, le tout relié par des voies de train express géantes, le rêve de Himmler est comparée aux «fantastiques utopies d'un Jules Verne». C'était, selon Aue, un «*objectif final*» qui se construirait sur la «solution finale[9]». Cette «onirotopie» (ou paysage de rêve) paraît démesurée, un produit de la *hubris* du Reich tentaculaire, démesurée mais non pas incroyable puisqu'elle semble être à l'échelle de la

---

6 Marc Lemonier, *Les Bienveillantes décryptées: carnet de notes*, Paris, Le Pré aux clercs, 2007, p. 30.
7 Cf. Michel Teretschenko, par exemple, historien et auteur d'*Un si fragile vernis d'humanité: banalité du mal, banalité du bien*, Paris, Éditions de La Découverte, 2005, sur France Culture, 23 décembre 2006, s'exprimant devant Alain Finkielkraut et Nathalie Crom («Répliques»: «*Les Bienveillantes*: retour sur un événement littéraire»).
8 *Les Bienveillantes, op. cit.*, p. 80.
9 *Ibidem*, p. 129.

14. Lieux réels et lieux imaginaires 217

plupart des plans grandioses et mégalomanes d'Adolf Hitler.

Aue lui-même rêve et raconte beaucoup de ses rêves au cours de cette histoire. D'ailleurs, on ne sait souvent pas si ce qu'il raconte est rêve ou réalité. Si, par exemple, on prenait pour la réalité tous ses cauchemars d'auto-destruction qui se confondent à s'y méprendre avec ses aventures, il aurait cessé depuis longtemps d'exister en tant que narrateur. Devant une jeune partisane que les compatriotes d'Aue se préparent à pendre, il se trouve tout à coup démuni. Au travail de bourreau, il ne trouve plus «ce choc initial» qui le stimulait mais «une excitation morne et angoissante». Alors que ses camarades l'embrassent à tour de rôle, Aue s'arrête:

> Lorsque vint mon tour, elle me regarda, un regard clair et lumineux, lavé de tout, et je vis qu'elle, elle comprenait tout, savait tout, et devant ce savoir si pur j'éclatai en flammes. Mes vêtements crépitaient, la peau de mon ventre se fendait, la graisse grésillait, le feu rugissait dans mes orbites et ma bouche et nettoyait l'intérieur de mon crâne. L'embrasement était si intense qu'elle dut détourner la tête. Je me calcinai, mes restes se transformaient en statue de sel; vite refroidis, des morceaux se détachaient, d'abord une épaule, puis une main, puis la moitié de la tête. Enfin je m'effondrai entièrement à ses pieds et le vent balaya ce tas de sel et le dispersa. Déjà l'officier suivant s'avançait, et quand tous furent passés, on la pendit[10].

Il paraît que c'était une photographie d'une jeune partisane russe trouvée dans la neige, le cou brisé, la tête encore tordue par la corde qui l'avait pendue, proclamée par la suite héroïne de l'Union soviétique par Staline, qui avait déclenché chez Littell le désir d'écrire un roman sur la guerre de 1941 à 1945 sur le front de l'Est[11].

Dans un tout autre registre, comique celui-là, l'on pense aux personnages du *Candide* de Voltaire qui périssent plusieurs fois de suite au cours de l'histoire, pour être ensuite ressuscités dans un nouvel épisode. Nous nous trouvons tout de même dans le contexte de la guerre et de la cruauté de l'homme envers d'autres hommes. L'énigmatique camarade débrouillard et protecteur d'Aue, Thomas, reçoit un obus d'artillerie dans le ventre à Stalingrad – «Thomas, je le vis, restait couché dans la neige, son long manteau éclaboussé de sang mêlé à des débris de terre; ses intestins se répandaient de son ventre en de longs serpents gluants, glissants, fumants[12]». Comme un personnage de *Candide*, Thomas se remet vite, trop vite, de cette blessure apparemment mortelle, en renfonçant ses

---
10 *Ibidem*, pp. 170-71.
11 Marc Lemonier, *Les Bienveillantes décryptées: carnet de notes, op. cit.*, p. 13. Voir également Nathalie Crom, «Le Bourreau bureaucrate», dans *Télérama*, 26 août 2006.
12 *Les Bienveillantes, op. cit.*, p. 379.

propres entrailles dans son ventre et marchant, appuyé sur un Aue livide et vert, à l'Univermag, leurs quartiers. La «guérison rapide», pour ne pas dire miraculeuse, de Thomas reste un mystère inexplicable et inexpliqué pour Aue et pour nous. Voilà comment Littell joue ainsi un peu de la même façon que Voltaire sur les attentes du lecteur. Nous ne pouvons être sûrs de rien dans cette histoire. La distinction entre le monde des rêves personnels d'Aue et la représentation du monde extérieur s'estompe constamment.

Max Aue est un marginal. Ce n'est pas un fasciste orthodoxe. C'est d'ailleurs ce qui nous intéresse chez lui. Il incarne «le héros problématique», type héroïque de Georg Lukács, en lutte avec lui-même et avec la société[13]. Littell nous fournit des raisons plus ou moins convaincantes. Dès la petite enfance, il semble avoir été constamment en voyage, sa vie semble éternellement cahotée, et il habite souvent des lieux qui se prêtent à la marginalisation pour des raisons différentes: l'Alsace, Kiel, l'île de Sylt. Si ses souvenirs d'enfance sont hantés par de mauvais actes et de mauvaises pensées, il en garde en même temps des images très belles et poétiques. Le train qu'il prenait, enfant, pour aller à Sylt suivait une «voie entourée d'eau, on avait l'impression de rouler sur la mer, les vagues montaient jusqu'aux roues, battaient les moyeux! La nuit, au-dessus de mon lit, des trains électriques fusaient à travers le ciel étoilé de mes rêves[14]». La beauté de ce monde imaginaire et personnel de l'enfant revient fréquemment tout au long du récit, notamment en rêve, et contraste singulièrement avec les nombreuses et insoutenables images de guerre.

Homosexuel, Aue s'attire les foudres du destin sous la forme des «Bienveillantes». Lorsqu'il était enfant, le père d'un de ses camarades homosexuels lui disait que «les homosexuels allaient en enfer[15]». Tout le roman raconte l'enfer d'Aue. Cet enfer est la «psychotopie» ou «microtopie» dans laquelle il vit. Ces «Bienveillantes», Euménides du XXe siècle, poursuivent notre héros avec un acharnement hallucinant, que ce soit sous les formes extériorisées des deux policiers, Clemens et Weser, qui cherchent à prouver son parricide ou la «horde de fillettes sauvages et impudiques» qui sort d'on ne sait où au milieu de la bataille de Stalingrad[16], ou sous la forme intériorisée du souvenir doux-amer de ses rapports plus ou moins

---

13 Georg Lukács, *The Theory of the Novel: a historico-philosophical essay on the forms of great epic littérature (1920)*, London, Merlin Press, 1978, trad. Anna Bostock. Le concept du «héros problématique» a été repris par Lucien Goldmann dans *Pour une sociologie du roman*, Paris, Gallimard, 1964.
14 *Les Bienveillantes, op. cit.*, p. 181.
15 *Ibidem*, p. 185.
16 *Ibidem*, p. 377.

incestueux avec sa sœur, Una. La poursuite de leur proie culpabilisée à l'infini est évoquée dans des scènes oniriques et métaphoriques.

Poursuivi par ces Furies, Aue, comme Oreste avec qui il s'identifie, se déplace beaucoup: c'est-à-dire qu'il passe par beaucoup d'isotopies au cours de son récit. Son nom de famille est une anagramme du mot «eau», élément fluide, protéiforme et actif qui va partout, qui coule et qui pénètre tout[17]. D'ailleurs, l'eau joue un rôle très important dans le récit en tant que *leitmotiv*, que ce soit sous la forme de l'eau des multiples salles de bains visitées par Aue – on se rappelle que la légende des Atrides, qui fonctionne en sous-texte à ce récit, veut qu'Agamemnon fût assassiné, à son retour de Troie, par sa femme Clytemnestre et son amant Egisthe dans sa propre salle de bains – ou dans la plaine enneigée autour de Stalingrad[18]. En outre, un narrateur qui passe par autant d'étapes en se métamorphosant chaque fois paraît souvent peu fiable au lecteur averti, surtout dans la distinction, ou manque de distinction, qu'il fait entre la représentation du réel et du virtuel. Dans *Les Bienveillantes*, on n'est jamais très sûr de ce qui est censé être vrai ou réel d'une part et de ce qui est illusion, fantasme, onirisme d'autre part. Les deux dimensions s'interpénètrent, laissant le lecteur souvent incertain. Cela fait partie d'ailleurs de la fascination du livre. Et les paysages, les endroits, les lieux représentés par le narrateur concourent à ce mélange fantasmagorique de réalité et de rêves qui, associés à l'eau, font l'objet de l'analyse classique de Gaston Bachelard, *L'Eau et les rêves* (1942).

Caucase

Après l'Ukraine, Aue entre avec sa compagnie dans le Caucase, «cette région fascinante», qui lui paraît marginale, réflexion de lui-même et de sa propre situation, dans le sens que cette région montagneuse se trouve, selon certains géographes, entre les deux continents de l'Europe et de l'Asie[19].

---

17 En allemand, «*Aue*» signifie «pré», «prairie», ou «champs» au bord de l'eau. Il peut aussi signifier «brebis». Il n'échappera pas au lecteur, d'ailleurs, que de multiples connotations du nom sont possibles, par exemple sa prononciation française qui donne «eau» ou «O».

18 Jonathan Littell analyse le rôle de l'eau («l'humide») comme représentation de l'informe, du féminin, de l'ennemi en opposition au «sec», au droit, au rigide qui seraient des éléments-clés propres à la structure mentale du «fasciste», dans son étude d'inspiration structuraliste des textes de Léon Degrelle, qui sert en partie de modèle pour Aue, *Le Sec et l'humide,* Paris, Gallimard, 2008. Nous ne le suivons qu'à moitié sur ce terrain glissant.

19 *Les Bienveillantes, op. cit.,* p. 198.

Aliéné sur le plan géographique, il se sent également isolé sur le plan socio-professionnel parmi les ambitieux SS qui «[...] semblaient considérer le travail d'extermination comme allant de soi [...]. Au milieu de ces hommes-là, je faisais figure d'intellectuel un peu compliqué, et je restais assez isolé[20].

Ce repli sur soi-même ne se montre jamais aussi fort que dans les multiples évocations de la mort. Celle-ci se représente souvent comme un pays ou un endroit «d'où l'on ne revient pas», faisant encore écho à Hamlet, comme lorsque la mort menace de tuer l'ami du narrateur, Voss, ou lorsque le narrateur sent lui-même la mort rôder autour de lui à Stalingrad en 1942. Il s'agit d'un «endroit privé, fermé [...], ce pays que connaissent bien les enfants [...]». Ces «thanatopies» reviennent avec une régularité hallucinante, fréquemment liées à l'enfance d'Aue[21].

Le thème double de l'enfance et de la mort reparaît d'ailleurs tout au long de ce roman qui est marqué, comme un de ces prédécesseurs, *Le Roi des Aulnes* de Michel Tournier, par la gémellité. Civilisation-barbarie, frère-sœur, beauté-cruauté figurent parmi les thèmes-jumeaux qui montrent les deux faces d'un même phénomène. Après la mort de Voss, Aue se sent de plus en plus seul. Dans ses déplacements, il se trouve à un moment donné devant un paysage caucasien qui illustre ce principe de la gémellité, indiquant mystérieusement l'existence de deux mondes bien distincts.

> Le soir tombait. Un givre épais recouvrait tout: les branches tordues des arbres, les fils et les poteaux des clôtures, l'herbe drue, la terre des champs presque nus. C'était comme un monde d'horribles formes blanches, angoissantes, féeriques, un univers cristallin d'où la vie semblait bannie. Je regardai les montagnes: le vaste mur bleu barrait l'horizon, gardien d'un autre monde, caché celui-là. [...] C'était d'une beauté cruelle, à vous ravir le souffle, presque humaine mais en même temps au-delà de tout souci humain. [...] Les arbres incrustés de givre apparaissaient dans les cônes de nos phares comme des créatures en plein mouvement. J'aurais pu me croire passé de l'autre côté, dans ce pays que connaissent bien les enfants, d'où l'on ne revient pas.[22]

Nous sommes encore dans l'indéterminé car nous ne savons pas s'il est

---

20 *Ibidem*, p. 223.
21 *Ibidem*, pp. 295, 310.
22 *Ibidem*, p. 310. Dans *L'Anti-Œdipe* de Deleuze et Guattari, ouvrage qui a marqué Jonathan Littell et *Les Bienveillantes*, les auteurs citent le philosophe Clément Rosset qui, dans sa *Logique du pire*, caractérise ce type de monde caché comme un lieu alternatif qui satisferait à un désir en comblant un «manque». Gilles Deleuze et Félix Guattari, *Anti-Œdipus: capitalism and schizophrenia*, trad. Robert Hurley, Mark Seem et Helen R. Lane, London, The Athlone Press, 1990. Orig. *L'Anti-Œdipe*, Paris, Editions de minuit, 1972.

vraiment passé de l'autre côté des montagnes. L'usage du conditionnel au passé – «J'aurais pu me croire [...]» nous convainc seulement de la force onirique de ce passage. Il rêve apparemment d'un autre monde, plus beau, moins cruel et moins barbare, de l'autre côté des montagnes. Mais serait-ce un monde de beauté ou celui de la mort, encore une thanatopie, qui le trouble comme, en enfer, le supplice de désirs irréalisables torturait le pauvre Tantale? En tout cas, ce désir d'un monde associé avec la mort et l'innocence pourrait être qualifié de néo-romantisme, car il rappelle les mêmes désirs inassouvis qui assaillaient les Romantiques du XIXe siècle.

Stalingrad

Bombardé pendant la bataille de Stalingrad, Aue se laisse «[...] envahir par le sentiment que tout ceci était un vaste jeu d'enfants, un terrain d'aventure formidable comme on en rêve à huit ans, avec des bruitages, des effets, des passages mystérieux, et j'en riais presque de plaisir, pris que j'étais dans cette idée qui me ramenait à mes jeux les plus anciens [...][23]». Ce terrain de jeu d'enfants évoque un souvenir plus ancien chez Aue qui est celui de la lecture des livres sur Tarzan de E. R. Burroughs et des jeux de «cow-boys» et d'Indiens. Enfant, il se glissait dans le monde fictif de Tarzan et des Indiens: «[...] dans la forêt, comme mon héros, je me mettais tout nu et me glissais parmi les arbres, entre les grandes fougères, je me couchais sur les lits d'aiguilles de pin séchées, jouissant des petites piqûres sur ma peau [...] trop jeune» pour que ces jeux fussent «explicitement érotiques», il n'en reste pas moins qu'ils lui transformaient toutes les forêts en «terrain érogène», en une «érotopie[24]». Plus tard, il joue à se pendre à un arbre avec sa ceinture. La sensation de panique encourue ainsi par le risque de se tuer lui procurait le plus «vif plaisir». La mort et l'enfance restent ainsi indissolublement liées à un érotisme masochiste (et sadique) tout au long de cette histoire.

Le rôle que joue Aue dans le roman rappelle souvent celui de Hamlet ou d'Oreste dans les tragédies de Shakespeare et d'Eschyle. Sa mère se remarie, avant d'avoir la confirmation de la mort de son premier mari, le père de Maximilien Aue. À cause de ce qu'il considère comme une trahison, Maximilien voue à sa mère ainsi qu'à son nouveau compagnon une haine inextinguible. Comme Oreste, il s'imagine être la proie des «Bienveillantes»

---
23 *Ibidem*, p. 336.
24 *Ibidem*, p. 108.

qui le poussent à prendre sa revanche sur le couple coupable. Des fantasmes le hantent constamment, tout au moins après le mariage de sa mère. Il se livre à des jeux érotiques, inspirés «par les romans martiens de Burroughs (l'auteur du *Tarzan* de mon enfance), que je dévorais avec la même passion que les classiques grecs, je m'enfermais dans la grande salle de bains du haut, faisant couler l'eau pour ne pas attirer l'attention, et créais des mises en scène extravagantes de mon monde imaginaire». Celui-ci est un «micromonde», une «psychotopie», qu'il semble traîner partout où il va dans le roman, qui présente une succession d'images du présent – que ce soit en Ukraine ou au Caucase – alternant avec d'autres qui ressurgissent dans sa conscience de façon plus ou moins instinctive de son passé.

La récurrence de cette microtopie intérieure contribue à la fascination du lecteur tout au long du roman.

> [...] un monde qui n'était pas celui des hommes et du travail de tous les jours, un monde habituellement clos mais dont la guerre, elle, pouvait subitement jeter ouvertes toutes les portes, libérant en un cri rauque et inarticulé de sauvage sa béance, un marécage pestilentiel, renversant l'ordre établi, les coutumes et les lois, forçant les hommes à se tuer les uns les autres, les replaçant sous le joug dont ils s'étaient si péniblement affranchis, le poids de ce qu'il y avait avant.[25]

À l'instar du jeune héros immoral ou amoral de Radiguet dans *Le Diable au corps*, le jeune Aue profite de la guerre et du renversement de l'ordre social. Mais lui est soldat alors que l'adultère François restait civil. Le soldat Aue souffre et, afin de se consoler, il s'abreuve de ses souvenirs d'enfance passée avec sa sœur Una. «Séparés, nous rêvions l'un de l'autre, nous attendions le moment qui nous réunirait. Nous avions notre vie publique, vécue ouvertement comme celle de tous les enfants, et notre vie privée, qui n'appartenait qu'à nous seuls, un espace plus vaste que le monde, limité seulement par les possibilités de nos esprits unis[26]».

La bataille dans la ville de Stalingrad prend la forme d'un *Rattenkrieg*, «guerre des rats [...] où l'on perdait toute notion du temps et de l'espace et où la guerre devenait presque un jeu d'échec abstrait, à trois dimensions[27]». Par la suite, l'armée allemande de von Paulus vaincue, Aue erre dans le Caucase désert. Au bord de la Volga, il trouve un dirigeable. Cet épisode reste dans l'esprit du lecteur comme un des plus mémorables. Pourquoi? D'abord parce que la scène est surréelle à la façon d'un film de Fellini. On

---

25 *Ibidem*, p. 346.
26 *Ibidem*, p. 375.
27 *Ibidem*, p. 360.

ne sait pas pourquoi ce dirigeable paraît tout d'un coup aux alentours d'un des plus grands champs de bataille de la Seconde Guerre mondiale. Espionne-t-il ? Peu vraisemblable lorsque l'on considère les passagers étranges et pacifiques qui l'habitent. Ces dernières pages de la section intitulée *Courante* – musicale certes, mais également encore une allusion à l'eau et à la fluidité – sont marquées par la fièvre dont souffre Aue. Il vient aussi d'avoir la tête traversée par une balle. Peut-être donc délire-t-il. Le docteur Sardine est capitaine du vaisseau, personnage digne de Jules Verne. Après un dialogue fortement imprégné du style célinien – on se souvient du dirigeable, invention de Courtial de Pereires, l'oncle farfelu du narrateur, dans *Mort à crédit* – l'aéronef disparaît de façon aussi imprévisible qu'elle s'était manifestée, abandonnant Aue à sa steppe caucasienne.

Après un court séjour en France où il retrouve ses amis collaborateurs, Aue rend visite à sa mère, Héloïse, dans le Midi. Quelques heures après son passage, les cadavres déchiquetés de sa mère et de son beau-père, Aristide, sont retrouvés. Les aurait-il assassinés ? L'incertitude dure jusqu'à la fin du roman.

Auschwitz

De retour à Berlin, il est envoyé à Auschwitz pour y recueillir des statistiques, une véritable obsession pour Aue comme pour les nazis. Et voilà qu'en tant que narrateur il nous livre des pages presque insoutenables dans leur lecture. Sa conscience semble se diviser, peut-être dans une tentative schizophrène de supporter de telles horreurs, en une conscience d'officier nazi responsable pendant la journée et une autre conscience, celle du Mal qui lui révèle dans des cauchemars la vie sociale représentée par la vie quotidienne, réglementée des *Häftlinge*, les détenus de « cette géhenne[28] ». Dans son rêve, Aue devient « un pur regard » pour survoler le camp d'Auschwitz. C'est « un rêve obscur et difficile à décrire, sans aucun sens narratif, mais qui se déployait selon une logique spatiale ». La « cité immense » dont il rêve est d'une « topographie monotone et répétitive ». Les milliers d'êtres qui y circulent rappellent les êtres humains quasi-robotiques du film *Metropolis* de Fritz Lang, metteur en scène visionnaire qui avait fui sa patrie nazifiée pour s'installer à Hollywood. Contrastant avec la vision d'avenir radieux qu'avait Himmler pour cette ville, « communauté modèle de l'Est allemand », ce rêve relèverait plutôt de la schizophrénie collective

---

28   *Ibidem*, p. 568.

dans l'idéologie nationale-socialiste car, avec l'intensification de la guerre, composante pourtant intégrée du fascisme, «ces projets avaient été mis de côté, et cela restait une bourgade triste et plate, presque oubliée entre le camp et l'usine, un appendice superflu[29]».

Les détenus, obligés de travailler dans des mines à proximité, paraissent comme des squelettes dans un tableau de l'enfer peint par Jérôme Bosch, tant certaines de ces descriptions sont pénibles pour le lecteur[30]. Le sadisme et la cruauté des kapos, du Kommandant et de ses officiers rivalisent avec les calculs inhumains des responsables nazis et des scientifiques. Aue est affecté par la suite à Cracovie qui reste sous la domination du gouverneur Hans Frank qui, de son côté, établit un zoo humain, un *Menschengarten*, un jardin anthropologique, que pourront visiter les écoliers allemands pour s'instruire sur la mode de vie des Juifs de Galicie, de Mazurie, et de l'Ukraine. Cette microtopie extérieure et extériorisée aurait donc un but pédagogique et scientifique[31]. Les «spécimens» sont des Juifs «de conserve», non pas voués à l'extermination mais plutôt à l'instruction des bons Aryens. Dans un calembour douteux, un des collègues d'Aue lui demande ce qu'il fait au «Frank-Reich».

Berlin

Lorsque Berlin commence à subir des bombardements importants, l'isotopie urbaine et cauchemardesque du récit rappelle celle de Céline dans sa *Trilogie* sur l'Allemagne de la fin de la guerre. C'est à Berlin qu'Aue rencontre Thomas, rescapé miraculeux de Stalingrad, qui lui montre sa grande cicatrice au ventre. Alors, le narrateur n'est plus sûr de rien, car il avoue avoir rangé ce souvenir de l'accident de Thomas à Stalingrad «au grenier des hallucinations et des rêves[32]». Ensuite, accompagné d'Albert Speer, son nouveau patron, Aue visite un site souterrain, *Mittelbau*, en zone interdite au Harz où l'on construit en secret des armes, des moteurs d'avion, la nouvelle fusée A-4 qui devait permettre aux Allemands de gagner la guerre, à l'aide de captifs de tous genres, «rouges» de tous les pays d'Europe, républicains espagnols et autres. La scène évoque celles de

---
29 *Ibidem*, p. 570.
30 On pense au triptyque «Le jardin des délices terrestres» (1503-1504) ou à la «Table des Sept Péchés Capitaux» (c. 1480).
31 Nous employons le mot «extériorisée» ici parce qu'il représente la réalisation d'un rêve aberrant, relevant de l'idéologie nazie.
32 *Les Bienveillantes, op. cit.*, p. 637.

14. Lieux réels et lieux imaginaires

L'*Enfer* de Dante, comme le dit un des assistants de Speer. Dans un décor digne d'un film de James Bond ou d'Indiana Jones, les *Häftlinge*, maigres et sales, accomplissent des travaux herculéens. Cette «armée de fourmis», véritables *Niebelungen*, creusent des galeries, évacuent des pierres sur des bennes montées sur des rails, et meurent par douzaines de dysenterie, de tuberculose et de typhus. Speer reste de marbre pendant toute la visite, explosant de colère contenue seulement à la sortie du tunnel. Cette isotopie souterraine, dont l'efficacité a été sévèrement réduite par la pénurie d'une Allemagne surmenée par la guerre, puise sa force de description dans tous les mythes chtoniens, en allant de Pluton à Wagner, et dans un des quatre éléments de la Nature établis comme archétypes par Carl Jung, et développés par Gaston Bachelard et Northrop Frye entre autres[33].

Vers la fin du récit, en mi-1944, Aue rentre encore une fois à Berlin qu'il trouve comme un «paysage de fin du monde[34]». Lorsqu'il se laisse glisser dans un rêve fiévreux, l'horreur de la situation extérieure se reflète à l'intérieur de son esprit, envahi par «une âcre envie de mourir vite pour y mettre fin[35]». Le monde des rêves fusionne avec celui de la mort, onirotopie et thanatopie se rejoignent.

Aue se réfugie dans ses lectures de jeunesse, notamment E. R. Burroughs et ses histoires de science-fiction dans lesquelles il retrouve un modèle de société utopique pour l'après-guerre. Il rédige même un rapport mi-ironique mi-sérieux à ce sujet et l'envoie au *Reichsführer* Himmler qui répond de façon positive, concluant que Burroughs est un «auteur visionnaire». Aue se souvient du discours de Himmler sur l'avenir réservé à l'*Ostland* au début de l'invasion allemande de la Russie où le *Reichsführer* avait développé devant l'élite de la troupe SS rassemblée à Kiev en 1941 un rêve vernien. Ainsi les isotopies des romanciers, Verne et Burroughs, bien que très différentes l'une de l'autre, se rejoignent dans l'esprit biscornu d'un Nazi mégalomane.

Aue se réfugie également dans ses rêves. Mais là, sa conscience le hante comme elle hante les mauvaises consciences des personnages de Shakespeare. Les deux détectives, Clémens et Weser, lui sautent «à pieds joints» sur son sommeil. Dans son angoisse, il en vient à croire que «ces deux clowns» ont raison et qu'en devenant fou il avait en effet assassiné sa mère[36]. C'est d'ailleurs ostensiblement pour cela qu'ils le poursuivent,

---

33   Northrop Frye, *Anatomy of Criticism: Four Essays*, New York, Atheneum, 1969.
34   *Les Bienveillantes, op. cit.*, p. 739.
35   *Ibidem*, p. 747.
36   *Ibidem*, p. 759. Cette accusation de matricide n'est jamais prouvée dans le

comme les Euménides poursuivent Oreste, assassin de sa mère dans la tragédie grecque d'Eschyle sur la famille royale des Atrides.

Prusse orientale

Après maints déplacements plus ou moins cahotés, Aue arrive en Prusse Orientale où il espère s'abriter chez sa sœur et son beau-frère dont il est jaloux. Non seulement sa fuite semble paradoxale, puisque les Russes, l'ennemi, s'avancent sur toute la ligne vers Berlin et menacent de le prendre, mais le récit marque ici une ambivalence qui désoriente: il offre deux versions de la «vérité» en racontant d'abord la vie quotidienne d'Aue dans une maison vide, suivie d'une autre version dans laquelle il imagine qu'Una, sa sœur, et Üxküll, son mari, le reçoivent dans la maison. Nous citerons le début de ce passage pour montrer le glissement curieux des temps des verbes qui reflète celui du réel à l'illusoire. C'est d'ailleurs une caractéristique significative du style de ce récit, fortement imprégné de l'influence du nouveau roman:

> J'ai longtemps pensé que ma sœur devait se trouver là quand je suis arrivé, qu'elle m'attendait près de l'entrée de la maison dans une robe sombre, ses longs cheveux noirs et lourds se confondant avec les mailles d'un épais châle noir entourant ses épaules. Nous avions parlé, debout dans la neige, je voulais qu'elle parte avec moi, mais elle ne voulait pas, même lorsque je lui expliquais que les Rouges arrivaient, que c'était une question de semaines, voire de jours, elle refusait […][37].

À quelle version faut-il ajouter foi? Comme souvent dans la lecture de ce texte, nous hésitons entre la réalité et le rêve. Mais laquelle est réalité et laquelle est rêve? Il s'avère un peu plus tard qu'Una n'est là que dans son imagination enflammée de désir et de nostalgie. Il l'imagine marchant avec lui, lui parlant. Entre deux «vérités» – on pourrait même dire qu'il nage entre deux «eaux» – Aue se marginalise encore une fois, dans un paysage de forêts de pins, d'eaux immobiles, «un royaume au-delà de la vie, mais néanmoins encore en deçà de la mort, une terre d'entre les deux». La légende de la ville d'Ys, ville engloutie dans la Baltique, lui vient à l'esprit. Encore un monde disparu, marginal, fluide. Aue se trouve ainsi à l'antichambre de la mort, dans une thanatopie liminaire.

En proie aux «Bienveillantes» qui le hantent depuis toujours, Aue s'imagine avec Una dans la maison, se livre à des rêves obscènes, roman.

37 *Ibidem*, p. 798.

pornographiques, voire coprophagiques. Il se souvient des accouplements sexuels, interdits mais réguliers, des détenus à Auschwitz. Comme eux, il est prisonnier dans un «camp de concentration», mais dans son cas il s'y est volontairement enfermé. Les Russes avancent autour de lui. Est-ce pour se punir qu'il reste là, risquant d'être pris par l'Armée Rouge? L'amour et la mort se rejoignent dans ce ballet grotesque; deux imaginaires, «érotopie» et «thanatopie» – Aue donne à cette dernière le nom de «*thanatisme*» – lui révèlent que «tout amour est tourné inéluctablement vers la mort», que ce sont «ces imaginaires, ces jeux de hantises ressassés, et non pas la chose en elle-même, qui sont les moteurs effrénés de notre soif de vie, de savoir, d'écartèlement de soi[38]». Il rend ainsi hommage à la primauté de l'imagination humaine qui arrive à embellir la vie, même si elle ment en déformant «la chose» (l'amour). La «fantasmagorie saisissante» d'Aue consiste à rêver qu'il restera «enfermé seul dans ce manoir avec Una, isolé du monde, à tout jamais[39]».

En outre, au lieu d'Una qu'il voudrait dans son lit, toutes sortes de «chimères» viennent s'y lover. Elles «étaient têtues, elles revenaient par là où je m'y attendais le moins, comme les petites sauvageonnes impudiques de Stalingrad […][40]». Il rêve même qu'il fait l'amour avec elles. Ce séjour en Prusse Orientale est donc marqué par une érotopie prolongée, inspirée par les fantasmes de cet homme vaincu et obsédé, qui couche avec les «Furies». Enfin, les Russes arrivent. «Lentement, au pas des chevaux, l'Est allemand se vidait[41]». Accompagné de Thomas, son camarade venu de Berlin pour le retrouver, et de son aide, Piontek, Aue quitte son «isotopie» de plus en plus déserte pour rejoindre le flux des réfugiés allemands qui cèdent devant l'avance des Russes qui occupent le vide au fur et à mesure.

Gigue finale à Berlin

De retour à Berlin, Aue descend dans le métro où il se trouve confronté aux deux détectives malveillants, Clemens et Weser. Ils ont fini par le rattraper, comme les Euménides rattrapent Oreste. Leur jugement semble ne pas avoir de fondement juridique: au contraire, pour eux, les juges qui ont depuis longtemps clos le dossier d'instruction du «cas Aue» sont traités de «corrompus, malhonnêtes». En outre, ils sont morts ou partis de

---
38   *Ibidem*, p. 810.
39   *Ibidem*, p. 812.
40   *Ibidem*, p. 823.
41   *Ibidem*, p. 843.

Berlin[42]. Les méthodes d'interrogation des deux policiers frisent celles de l'Inquisition. C'est Thomas, son camarade, qui le sauve en tirant sur les policiers. À son tour, Thomas est abattu par… Aue, qui s'empare de ses faux papiers de travailleur français au s.t.o. Des animaux libérés du zoo de Berlin bombardé s'approchent de lui dans le tunnel du métro. Même si Aue a trouvé une identité de rechange avec laquelle il pourra échapper d'une situation difficile, la tristesse et la peine du souvenir, la cruauté de son existence et de sa mort l'angoissent. Le roman se termine sur un dernier constat du malheureux Aue: les «Bienveillantes avaient retrouvé ma trace[43]».

Conclusion

Cette étude a analysé un certain nombre d'espaces géographiques et mentaux tout en cherchant à démontrer l'utilité du concept de l'isotopie dans la compréhension de l'idéologie personnelle de Maximilien Aue et de ses rapports avec l'idéologie nazie. On voit que Littell profite de l'existence des utopies plus ou moins néfastes envisagées par les hauts responsables nazis pendant l'occupation de l'Est de l'Europe pour y en glisser les siennes, ou celles de son héros, qui relèvent également d'un caractère schizophrène. Certaines ont leur origine dans les fantasmes et les rêves personnels de son personnage Aue alors que d'autres représentent les ambitions d'un nationalisme effréné, puisées dans l'imaginaire collectif de l'Allemagne entière à l'époque. La fusion des «psychotopies» de l'individu Aue avec celles des Nationaux-Socialistes, tout comme la fusion de l'Histoire et de la fiction dans le roman, sont sans aucun doute problématiques. Utopies ou dystopies, tout dépend de quel point de vue on regarde une société hypothétique: il va sans dire que l'*Ostland* prévu par l'Allemagne nazie en tant qu'utopie représentait au contraire une dystopie pour les Juifs et pour tous ceux qui se trouvaient pour une raison ou une autre proscrits par le *Reich*. Ce que peint Littell dans *Les Bienveillantes*, c'est donc le portrait double des deux faces d'une même *hubris*, ou démesure, exhibée par les nazis dans leurs ambitions.

Les images et les scènes qu'imagine le romancier sont dignes de Dante, de Milton, ou de Bosch. Littell excelle à traiter l'espace et à décrire des lieux, réels et fictifs. Il a un sens aigu des lieux de mémoire et de guerre qu'il

---

42 *Ibidem*, pp. 885, 888.
43 *Ibidem*, p. 874.

arrive à transmettre avec une grande puissance évocatrice ainsi qu'un talent extraordinaire pour les «mises en scène». Mais il y a plus: Littell parvient à rapprocher les paysages extérieurs qu'il excelle à décrire du paysage intérieur de son narrateur de sorte que les deux «décors» dominent le roman tout en s'enchevêtrant comme deux types d'images superposées l'une sur l'autre ou, pour emprunter un concept musical comme Littell le fait pour les titres de ses chapitres, comme des voix de fugue qui s'alignent, se séparent, et puis se retrouvent. L'intérieur du personnage principal, Aue, et l'extérieur, les décors plus ou moins fantasmagoriques qu'il traverse comme un Candide du xxe siècle, correspondent donc de sorte que, bien que le roman soit rempli d'horreurs et d'atrocités, la structuration et la symétrie restent impressionnantes, la psychologie des personnages nous interpelle et nous fascine, et surtout l'imaginaire épouse le réel dans une puissante écriture des lieux isotopiques inoubliables.

L'espace de ce roman est donc frappé du signe de l'ambivalence et du dédoublement. Cette ambivalence, caractéristique du roman en général, pose un problème éthique dans le cas des *Bienveillantes* à cause de son sujet. Une telle alerte au potentiel monstrueux pour la cruauté chez l'être humain peut-elle s'avérer efficace sur le plan éthique? Les scènes les plus inoubliables et les plus atroces sont sûrement celles qui montrent l'extermination des Juifs en Ukraine dans les fosses communes où, même s'il ne tue pas beaucoup lui-même, Aue se trouve fortement impliqué dans les actes de génocide.

Il est possible que l'ambivalence, le doute et l'incertitude qui marquent ce livre œuvrent en faveur d'une indulgence déplacée, voire immorale, de la part du lecteur, surtout en ce qui concerne le personnage principal, Maximilien Aue. Présente-t-il, avec Littell, des scènes qui pourraient être considérées comme étant instructives sur le plan moral, des leçons pour l'humanité en quelque sorte, ou s'agit-il plutôt d'«obscénités» dans le sens le plus littéral du mot, c'est-à-dire de démonstrations et d'illustrations dont les détails sont si horribles qu'ils menacent d'obscurcir toute vision humanitaire possible? Dire l'indicible? «Écrire après Auschwitz?». Certes, la question reste actuelle. Mais les exemples d'«écriture après Auschwitz», de Camus à Littell, semblent nous répondre dans l'affirmatif[44], car, en ce qui concerne les lieux de massacres, de sacrifices et d'horreur présentés dans

---

44 *La Peste* (1947) d'Albert Camus traite le sujet du Mal dans le contexte de la Deuxième Guerre mondiale d'une façon allégorique. Mais sa tentative de représentation de la réalité du Mal a évidemment préparé le terrain pour le roman de Jonathan Littell.

Les Bienveillantes, qu'ils aient des contours précis du réel ou des formes plus floues de rêves hallucinatoires, ils participent tous d'une démonstration efficace de l'universalité de crimes contre l'humanité, inspirant chez le lecteur une «horreur sacrée» qui ne saurait être qu'un avertissement salutaire.

Queen's University Belfast

15. Un langage impossible
Serge Zenkine

Le héros des *Bienveillantes,* docteur en droit et officier SS Max Aue, est un lettré, qui dans sa jeunesse souhaitait «avant tout étudier la littérature et la philosophie[1]» et qui a en effet beaucoup lu[2]. En sa qualité de narrateur, il met systématiquement en contraste ses lectures raffinées et les épouvantables choses et personnages qu'il côtoie:

> En feuilletant mon Platon, j'avais retrouvé le passage de *La République* auquel m'avait fait songer ma réaction devant les cadavres de la forteresse de Lutsk [...].[3]

> Et l'Impératif kantien? À vrai dire, je n'en savais trop rien, j'avais raconté un peu n'importe quoi à ce pauvre Eichmann [...].[4]

> Je dormis quelques heures sur des aiguilles de pin et ensuite lus mon livre [...] trompant ma faim grâce à la description somptueuse des banquets de la monarchie bourgeoise [...].[5]

Cet intellectuel cosmopolite admire bien d'autres auteurs de divers pays, souvent des pays ennemis de l'Allemagne, comme le poète anglais Coventry Patmore dont il cite les vers: «*The truth is great, and shall prevail* [...]»[6]; ou l'Américain E. R. Burroughs, dont les romans d' «aventures martiennes» l'inspirent dans un projet grotesque des «réformes sociales en

---
1 *Les Bienveillantes*, Gallimard, 2006, p. 17.
2 Un thème connexe est sa passion de la musique, son goût de Bach et Couperin, qui se traduit entre autres par la structure de son récit autobiographique, dont les parties ont des titres «musicaux». Mais ce thème-là rejoint un stéréotype déjà bien connu, celui d'un nazi sentimental et mélomane.
3 *Les Bienveillantes, op. cit.*, p. 97.
4 *Ibidem*, p. 525. Il s'agit bien d'Adolf Eichmann, le maître d'œuvre de la «solution finale» que les nazis ont voulu apporter à la «question juive».
5 *Ibidem,* p. 857. Il s'agit de *l'Éducation sentimentale*, dont Aue se délecte dans une situation périlleuse, en se cachant dans les bois derrière la ligne du front russe.
6 *Ibidem*, p. 699.

profondeur que la SS se devra d'envisager après la guerre[7]»; ou le jeune essayiste français Maurice Blanchot dont le recueil *Faux pas* lui donne «un grand plaisir [de se] plonger dans ce monde autre, tout de lumière et de pensée[8]»; ou bien le romantique russe Mikhaïl Lermontov... L'histoire et le discours de son autobiographie abondent de réminiscences littéraires et philosophiques. Néanmoins, même si l'on ajoute aux lectures d'un jeune officier SS celles, plus tardives, d'un discret cadre moyen dans l'industrie dentellière en France (c'est sous cette fausse identité que Max Aue se cache après la guerre, ayant su échapper à la justice), ces réminiscences débordent ses compétences propres et ne peuvent relever que de celles du romancier contemporain Jonathan Littell.

Certains indices de ce trop-plein auctorial sont très discrets et visibles seulement à un œil critique. Soit par exemple l'expression *le pas au-delà*, mise en relief par des italiques dans le texte du roman[9], et qui est le titre d'un autre recueil de Maurice Blanchot, très postérieur à la guerre (1973); à la rigueur le narrateur pourrait-il en avoir connaissance au moment où il rédige son récit[10], mais cette expression apparaît au cours d'une scène datant de 1942, dans la réplique d'un personnage!

Soit encore la discussion sur Kant avec Eichmann, mentionnée plus haut. «L'Impératif, tel que je le comprends, dit: Le principe de ma volonté individuelle doit être tel qu'il puisse devenir le principe de la Loi morale. En agissant, l'homme légifère[11]». L'interprétation n'est pas abusive: du moins la première phrase suit d'assez près *La Critique de la raison pratique*. Or, la deuxième phrase, «en agissant, l'homme légifère», ne renvoie plus directement à Kant, mais à un autre philosophe, et c'est... Jean-Paul Sartre, qui radicalisait l'impératif kantien en 1946, ce que d'aucune manière ne pouvait savoir en 1943 Adolf Eichmann – censé prononcer cette phrase-là chez Littell...[12]

---
7   *Ibidem*, p. 755.
8   *Ibidem*, p. 546.
9   *Ibidem*, p. 177.
10 L'époque de son écriture n'est pas précisée, mais elle se situe probablement dans les années 1970; en tout cas, le narrateur se réfère (*Les Bienveillantes*, p. 20) à l'historien français Henri Landemer dont l'ouvrage *La Waffen SS* a paru en 1972.
11 *Les Bienveillantes, op. cit.*, p. 521.
12 Kant se contente d'affirmer que le *motif conscient* d'une action individuelle doit être apprécié selon sa capacité de se poser en loi pour tous: «Il faut qu'on *puisse vouloir* que la maxime de notre action soit une loi universelle [...]» (Emmanuel Kant, *Critique de la raison pratique* (1788), Paris, Librairie philosophique de Ladrange, 1848, p. 62, traduction: J. Barni). Sartre, lui, pousse cette réflexion plus loin du côté existentialiste: quel que soit son motif conscient, et qu'il le veuille ou non, dans ces

15. Un langage impossible 233

Soit enfin toute une série de réminiscences, disséminées dans les discours de divers personnages des *Bienveillantes* et renvoyant à Georges Bataille. Cet auteur n'est jamais nommé dans le roman; il serait peu vraisemblable que le nazi Max Aue s'y intéresse et qu'il puisse connaître, même de source indirecte, les premiers textes de celui-ci[13]. Et pourtant les thèmes principaux de ces textes sont là: celui de sacrifice et de gaspillage inutile (on y reviendra), ou celui de l'œil pinéal imaginé par Max Aue à la suite de sa blessure à la tête: «J'avais le sentiment que le trou dans mon front s'était ouvert sur un troisième œil, un œil pinéal, non tourné vers le soleil, capable de contempler la lumière aveuglante du soleil, mais dirigé vers les ténèbres, doué du pouvoir de regarder le visage nu de la mort...[14]».

Plus tard, dans une scène de délire érotique, ce thème en rejoint un autre, celui de l'œil vaginal, provenant de l'épisode narratif final de l'*Histoire de l'Œil* de Bataille (1928): «Alors j'eus une idée: je retirai mon doigt et, me tirant par les avant-bras, poussai mon front contre cette vulve, appuyant ma cicatrice contre le trou. Maintenant, c'était moi qui regardais à l'intérieur, fouillais les profondeurs de ce corps de mon troisième œil rayonnant, tandis que son œil unique à elle rayonnait sur moi et que nous nous aveuglions ainsi mutuellement [...][15]».

De telles réminiscences, plus ou moins anachroniques mais le plus souvent imperceptibles sans une analyse spéciale, se rencontrent dans tout roman historique, et leur présence dans *Les Bienveillantes* n'aurait rien de surprenant si elles n'entraient pas en résonance avec d'autres effets, plus spectaculaires.

On connaît la précision documentaire du récit de Littell, plein de détails, de noms, de chiffres et de dates: depuis trois ans passés après la publication du roman, les critiques les plus exigeants n'y ont révélé que quelques petites

---

actes les plus banals l'homme se pose en modèle pour tous, et devient responsable non seulement pour lui-même mais aussi pour les autres – c'est bien cela qu'on peut résumer par «légiférer en agissant»: «je suis responsable pour moi-même et pour tous, et je crée une certaine image de l'homme que je choisis; en me choisissant, je choisis l'homme» (Jean-Paul Sartre, *L'Existentialisme est un humanisme*, Nagel, 1946, p. 27).

13 Par contre sa passion de Blanchot est parfaitement motivée, car cet auteur, avant la guerre, était un publiciste d'extrême droite, bien connu dans le milieu de «protofascistes parisiens» (*Les Bienveillantes*, p. 473) qu'Aue fréquentait pendant ses visites en France.

14 *Les Bienveillantes*, p. 410. Sur le thème obsessionnel d'œil pinéal chez Bataille, voir un dossier dans le volume II de ses *Œuvres complètes* (Gallimard, 1970); ces textes n'ont jamais paru du vivant de l'auteur.

15 *Ibidem*, p. 832.

erreurs factuelles sans conséquence. Il est d'autant plus frappant que ce récit, de temps en temps, semble rompre non simplement avec l'exactitude historique mais avec la vraisemblance romanesque: sans aucune transition, il glisse de l'histoire vers le délire (quelquefois on reste à jamais perplexe: telle scène est-elle un fantasme ou la réalité?), le mythe (celui d'Oreste – qui a été aussi un sujet favori chez Bataille, par exemple dans *La Haine de la poésie*, 1947, intitulé plus tard *L'Impossible*), ou la transcription libre des œuvres littéraires, spécialement celles de la littérature russe. On a déjà bien signalé la scène entre un officier nazi et un bolchevik russe prisonnier à Stalingrad, qui imite le roman de Vassili Grossman *Vie et destin*[16]. On aperçoit aussi sans peine des réminiscences de Dostoïevski, même si Littell tend à les dénier[17]: pareil à celui de *Crime et châtiment*, le héros des *Bienveillantes* commet un double meurtre à la hache, souffre de fièvre et de délire, agit dans un état inconscient... Mais c'est Mikhaïl Lermontov, poète et romancier russe de l'époque romantique, qui fournit à Littell la matière pour des emprunts et développements particulièrement vertigineux. À la différence de Bataille ou Grossman, il est bien nommé dans *Les Bienveillantes:* amené par son service militaire au Caucase où se passait l'action de son roman *Un Héros de notre temps* (1840), Max Aue lui voue un véritable culte. Ayant appris le russe pendant la guerre, il relit le roman dans l'original, il fait des pèlerinages au musée Lermontov à Piatigorsk et aux endroits liés à la vie et l'œuvre de l'écrivain; et, chose la plus surprenante, sa propre vie commence à imiter celle de Petchorine, le héros de Lermontov! Comme par miracle, il voit apparaître auprès de lui un ami, un médecin allemand sceptique et sympathique – dans *Un Héros de notre temps,* un personnage semblable portait le nom de Werner, d'origine germanique – avec qui il échange des citations poétiques de Lermontov (*Jizn takaïa poustaïa i gloupaïa choutka* – «la vie est une blague vide et idiote[18]»). À la suite d'une querelle avec un autre officier SS, Aue provoque celui-ci en duel, exactement comme l'avait fait Petchorine («Lermontov vous est décidément monté à la tête», commente son ami le docteur[19]) et avec les mêmes conditions que ce dernier: «Le mort, on le mettra sur le compte des partisans qui rôdent par là-bas[20]»; du temps de Lermontov, le duelliste malheureux était mis sur le compte des

---

16   Voir Georges Nivat, «Les Érinyes de Littell», *Le Temps*, 6 novembre 2006. Inutile de dire que le roman de Grossman, publié dans les années 1980, ne pouvait guère être connu au narrateur des *Bienveillantes*.
17   Voir Assaf Uni, «The executioner's song», *Haaretz*, June 21, 2008.
18   *Les Bienveillantes, op. cit.*, p. 267.
19   *Ibidem*, p. 268.
20   *Ibidem*.

montagnards rebelles... Souffrant de son affreux travail d'extermination (qui somme toute n'est pas sans ressemblance avec la répression sanglante du Caucase par l'armée russe dont faisait partie l'auteur d'*Un Héros de notre temps*[21]), il s'identifie de nouveau à Lermontov, cette fois par l'intermédiaire d'une autre citation littéraire russe, se rapportant à Alexandre Pouchkine: «*Ce n'est pas la balle de Dantès qui l'a tué, c'est le manque d'air.* Moi aussi, je manquais d'air [...]»[22]. Un effet étrange se produit: en pleine guerre mondiale, entre les batailles militaires et les opérations d'extermination des Juifs, «un pays des fées perverti[23]» semble se former où Max Aue devient une sorte de héros littéraire; comme s'il entrait consciemment dans une fiction romantique et y subissait des aventures initiatiques[24].

Un fait qu'il faut mettre en valeur, c'est que ce glissement entre le réel et l'imaginaire passe par *la littérature*, une littérature certes connue du personnage mais dont l'effet dépasse les propres possibilités de celui-ci et ne peut se produire qu'avec une complicité narrative de l'auteur. S'agit-il bien de l'auteur, ou d'un «narrateur non fiable» (*unreliable narrator*)? Ce dernier terme n'a de sens qu'au cas où la non-véracité d'un récit se manifeste par des irrégularités narratives, des perturbations verbales, des aveux involontaires – autrement le narrateur non fiable ne se distinguerait en rien de l'auteur même. Or le narrateur des *Bienveillantes*, quoiqu'il se présente comme le double du protagoniste et qu'en tant que tel il ait un intérêt évident à déformer et à blanchir son passé, ne se laisse jamais prendre en flagrant délit de mensonge. Si, bien souvent, il délire dans ses images, il n'en reste pas moins lucide dans son discours; il remarque par exemple, au bout d'une scène d'une horreur onirique: «Tout ceci est réel, croyez-le[25]». Force est de voir dans le mélange de vraisemblable et d'invraisemblable

---

21 Cf. L'assassinat par les nazis d'un enfant nouveau-né en Ukraine (*ibidem*, p. 149), épisode qui fait penser à une autre œuvre littéraire russe consacrée à la guerre du Caucase, *Les Cosaques* de Léon Tolstoï: «Sans doute, ce sont vos diables de soldats qui sont venus à l'aoul, ont enlevé les femmes tchétchènes, et un de ces sauvages a tué un petit enfant: il l'a pris par les jambes, et vlan, contre un mur! C'est bien comme ça qu'ils font!» (Tolstoï, *Les Cosaques*, Gallimard, 1938, p. 86, traduction: Pierre Pascal).
22 *Ibidem*, p. 249. La phrase en italiques est librement citée d'après Alexandre Blok, qui l'a dite en 1921 dans le discours «De la destination du poète», à l'occasion d'un anniversaire de Pouchkine. Assimiler Pouchkine et Lermontov, morts tous les deux en duel, est un lieu commun en Russie.
23 «C'était donc cela, la guerre, un pays de fées perverti [...]» (*Ibidem*, p. 127).
24 On pense surtout à sa rencontre avec un vieux «juif de montagne», un sage insoumis qui se fait tuer délibérément devant l'officier allemand stupéfait. Voir *ibidem*, p. 261-266.
25 *Les Bienveillantes, op.cit.*, p. 377.

qui caractérise sa narration, un effet de l'auteur même, d'un auteur pour qui représenter des faits réels n'est peut-être pas le souci unique.

Le «pays de fées perverti» d'intertextualité, hanté par l'Autre/l'Auteur, a une affinité profonde avec *l'espace littéraire,* dont l'ambiguïté ontologique est un thème constant chez Maurice Blanchot. Jonathan Littell, qui en est bien averti, se réfère à cet auteur dans un entretien: «Plus profondément, il y a cette notion d'espace littéraire élaborée par Maurice Blanchot. Quand on est dedans, on ne sait jamais si on y est vraiment. On peut être sûr de faire de la "littérature", mais, en fait, rester en deçà, tout comme on peut être rongé de doutes, alors que depuis bien longtemps déjà la littérature est là...[26]»

De même qu'un écrivain n'est jamais sûr de demeurer dans l'espace littéraire, le récit des *Bienveillantes* semble osciller entre la réalité terrible de la guerre et du génocide, et les illusions parfois horribles aussi, et parfois captivantes, des fantasmes et des fictions littéraires. L'intertextualité n'est qu'une forme parmi d'autres qui manifestent la coopération de l'auteur et du personnage dans la création d'un monde fictionnel[27]. Une autre forme en est l'esthétisme évident des nombreuses scènes de violence. Souvent les SS eux-mêmes cherchent à transformer leurs atrocités en spectacles: des soldats curieux viennent regarder les exécutions des Juifs («ils appellent ça *Exekution-Tourismus*[28]»), et après les massacres de Baby Yar, à Kiev, Max Aue est chargé d'en faire un album de photographies qui, relié avec luxe, sera offert au commandement supérieur. Mais encore plus souvent un grotesque macabre semble se produire spontanément, par la «fascination mauvaise[29]» du héros narrateur qui aperçoit partout des effets «artistiques». Ainsi un pendu, dans une rue de Kharkov, semble prendre place parmi les ornements architecturaux («un corps tressaillait encore entre [des] cariatides impassibles[30]»), un autre corps pend grotesquement «par une longue corde de la main tendue de Lénine[31]»; et à Stalingrad, après les combats dans un bâtiment de théâtre, «sur un balcon, deux cadavres russes, que personne ne s'était fatigué à descendre, restaient affalés sur des fauteuils, comme s'ils

---

26   *Le Monde des livres,* 16 novembre 2006.
27   Voir Mikhail Bakhtine, *L'Auteur et le héros,* ouvrage rédigé au début des années 1920 et publié pour la première fois dans le recueil de Bakhtine *L'Esthétique de la création verbale,* Moscou, Iskousstvo, 1984.
28   *Les Bienveillantes, op. cit.,* p. 94.
29   *Ibidem,* p. 161.
30   *Ibidem,* p. 160.
31   *Ibidem,* p. 163. Il s'agit d'un monument sur la place centrale de la ville.

15. Un langage impossible 237

attendaient le début d'une pièce sans cesse remise[32]». L'effet traumatique de ces tableaux[33] tient à ce que la violence semble s'arranger toute seule pour se donner une apparence «artistique»: il se produit donc moins par un témoignage «naïf» du héros narrateur que par une activité formatrice intelligente qui ne peut être que celle de l'auteur, ce dernier reconnaissant par ailleurs que la première impulsion pour faire son roman avait été une *atroce et belle* image de guerre, une photo de Zoïa Kosmodemianskaïa, la jeune partisane soviétique pendue par les Allemands en 1941: «À l'époque, ça m'avait beaucoup travaillé: le décalage entre la beauté de la fille et l'horreur de la scène, de ce cadavre dans la neige, déchiré par les chiens. C'est une photo atroce, mais qui est belle...[34]».

De cette activité formatrice résulte un langage impossible, un discours qui n'appartient à personne, qui vient on ne sait d'où. L'ambiguïté ontologique – est-ce la réalité, ou du délire, ou bien des textes littéraires rapportés? – produit et accrédite une parole ambiguë dont la responsabilité tend à s'estomper. Le thème de langage ambigu se répète plus d'une fois dans le texte des *Bienveillantes*. C'est ainsi qu'un ami explique à Max Aue le fonctionnement de la bureaucratie hitlérienne: «Que les ordres restent toujours vagues, c'est normal, c'est même délibéré, et cela découle de la logique même du *Führerprinzip*. C'est au destinataire de reconnaître les intentions du distributeur et d'agir en conséquence[35]».

Et un autre ami, un philologue allemand jouissant «sensuellement[36]» de ses connaissances linguistiques – au moment de mourir d'une blessure il émet un langage vraiment impossible, décrit avec les termes manifestement empruntés à Blanchot: «... les sons étranges, effrayants, comme autoformés, continuaient à émaner de sa bouche qui travaillait convulsivement. Une voix ancienne, venue du fond des âges; mais *si c'était bien un langage, il ne disait rien, et n'exprimait que sa propre disparition*[37]».

---

32 *Ibidem*, p. 373. L'image de ces spectateurs morts a-t-elle pu être inspirée par celles de la salle d'un théâtre musical de Moscou, après la liquidation des terroristes tchétchènes qui s'en étaient emparés en octobre 2002?
33 Surtout, bien entendu, pour des lecteurs appartenant aux peuples victimes des crimes nazis représentés dans ces pages – les Juifs, les Russes...
34 *Le Figaro Magazine*, 29 décembre 2006.
35 *Les Bienveillantes*, p. 505. Cf. le passage sur la séduction des euphémismes dont les ss désignaient leurs actes (par exemple *Endlösung*, «solution finale»); leurs tournures impersonnelles faisaient croire que «les choses se faisaient toutes seules, personne ne faisait jamais rien, personne n'agissait, c'étaient des actes sans acteurs, ce qui est toujours rassurant...» (*ibidem*, p. 581).
36 *Ibidem*, p. 205.
37 *Ibidem*, pp. 295-296, c'est moi qui souligne. Cf. un autre passage marqué par la

Le langage impossible des *Bienveillantes*, qui semble se produire tout seul, «autoformé» et sans sujet, un peu comme *l'écriture* impersonnelle prônée par Barthes et Derrida dans les années 1960-70, résulte en réalité d'une singulière complicité entre deux personnes, l'une fictive et l'autre réelle: le bourreau nazi Max Aue et l'écrivain Jonathan Littell qui, au cours de sa carrière d'agent humanitaire, a vu de près toutes sortes de bourreaux[38]. D'où l'effet étrange de ce roman: l'auteur semble jouer le jeu du personnage, l'assister dans son récit, lui prêter des thèmes, des termes et des idées que celui-ci ne serait pas en mesure de formuler ni même, quelquefois, de connaître.

Pour le romancier, ce serait le seul moyen de faire parler *réellement* un homme comme Max Aue.

> Je peux répondre, – explique Littell, – par la citation de Georges Bataille: "Les bourreaux n'ont pas de parole, ou alors, s'ils parlent, c'est avec la parole de l'État". Les bourreaux parlent, il y en a même qui pissent de la copie. Ils racontent même des choses exactes en termes factuels. [...] Mais, plus j'avançais dans la lecture des textes de bourreaux, plus je réalisais qu'il n'y avait rien. Je n'allais jamais pouvoir avancer en restant sur le registre de la recréation fictionnelle classique avec l'auteur omniscient, à la Tolstoï, qui arbitre entre le bien et le mal. Le seul moyen était de se mettre dans la peau du bourreau.[39]

Tel est le projet des *Bienveillantes* selon Littell: le romancier se met dans la peau d'un bourreau[40] pour en faire une sorte d'outil narratif, au moyen duquel il cherchera à révéler l'horrible vérité, à représenter certaines réalités particulièrement rétives à la littérature: «[...] un nazi sociologiquement

---

pensée et la phraséologie blanchotiennes: «Mourants, nous sommes peut-être déjà morts, mais nous ne mourons jamais, ce moment-là n'arrive jamais, ou plutôt il n'en finit jamais d'arriver, le voilà, il arrive, et puis il arrive encore, et puis il est déjà passé, sans être jamais arrivé» (*ibidem*, pp. 162-163).

38 «Dans mon travail, j'ai souvent été obligé de dealer avec des gens semblables à lui [à Max Aue]: des assassins serbes, rwandais, tchétchènes, russes, afghans... Je leur serrais la main avec un grand sourire. C'est une question professionnelle: on est là pour obtenir ce qu'on veut d'eux, point. On ne les juge pas» (*Le Figaro Magazine*, 29 décembre 2006).

39 *Le Monde des livres*, 16 novembre 2006. La phrase de Bataille, dont l'auteur des *Bienveillantes* dit avoir fait la découverte «après avoir terminé [s]on livre» (*ibidem*), se trouve dans *L'Érotisme* (1957): «[...] le bourreau parle à ses semblables, s'il s'en occupe, le langage de l'État. Et s'il est sous l'empire de la passion, le silence sournois où il se complaît lui donne le seul plaisir qui lui convienne» (Georges Bataille, *Œuvres complètes*, t. X, Gallimard, 1987, p. 186).

40 Dans un autre entretien, il n'hésite pas à appliquer à ce «sale type» la fameuse phrase flaubertienne: «Je pourrais dire que c'est moi» (*Le Figaro Magazine*, 29 décembre 2006).

15. Un langage impossible 239

crédible n'aurait jamais pu s'exprimer comme mon narrateur. Ce dernier n'aurait jamais été en mesure d'apporter cet éclairage sur les hommes qui l'entourent. [...] Max Aue est un rayon x qui balaye, un scanner. Il n'est effectivement pas un personnage vraisemblable. Je ne recherchais pas la vraisemblance, mais la vérité[41]».

On n'a aucune raison de mettre en doute la sincérité de l'écrivain: c'est bien dans cette perspective-là qu'il envisage théoriquement, interrogé par des journalistes, l'articulation de ses fins et moyens romanesques. Et pourtant il est curieux de voir un romancier d'aujourd'hui, nourri de Bataille et de Blanchot, citer indirectement, pour rendre compte de sa propre esthétique, des formules datées relevant d'une esthétique de représentation – tantôt Flaubert («Emma, c'est moi»), et tantôt Boileau («Le vrai peut quelquefois n'être pas vraisemblable»). Or, il se peut que la pratique se distingue de la théorie, que les moyens dépassent les fins, et que dans la structure réelle du roman, une autre perspective esthétique s'esquisse: à travers la connivence narrative entre un auteur et un personnage, il s'agit de mettre en question celle, plus profonde, entre la littérature et la pensée radicale. Radicale au sens d'aller au-delà des convenances humanistes et réalistes et d'explorer les régions les plus inquiétantes de l'esprit humain, quitte à se voir isolée et marginalisée dans le ghetto de «l'avant-garde» – comme l'a été (l'est encore?) la pensée de Bataille et Blanchot.

En effet, le discours autobiographique de Max Aue a deux traits singuliers. D'abord, il *raconte* les horreurs du génocide avec une franchise dont les bourreaux réels seraient incapables – ceux-là, on vient de le dire, soit se taisent soit se dissimulent derrière «le langage de l'État», le jargon d'un pouvoir technocratique[42]. Et puis, ce qui n'est pas moins important, il énonce une *théorie* de ces horreurs, laquelle n'est pas exactement celle qui était en cours en Allemagne nazie. On peut dire plus: si Jonathan Littell a fait un effort remarquable pour reconstituer fidèlement le côté factuel du régime hitlérien – les noms, les grades, les nominations bureaucratiques,

---

41 *Le Monde des livres*, 16 novembre 2006.
42 Ce langage est bien présent dans *Les Bienveillantes*, mais pour être dénoncé: ainsi, parmi les détails «techniques» sur le fonctionnement du camp d'Auschwitz, on peut bien trouver (dans un discours rapporté de Höss, le commandant du camp) le rendement de son entreprise de destruction qui «arrivait à une moyenne de six mille unités par jour»; mais cette notation délibérément neutre est suivie immédiatement par une image des «unités» en question, les cadavres des gazés: «C'était effroyable, la fumée et les flammes des tranchées, alimentées au pétrole et avec la graisse des corps, devaient se voir à des kilomètres à la ronde [...]» (*Les Bienveillantes*, p. 727).

les mouvements militaires, les statistiques concentrationnaires – il n'a pas fait de même avec la vie culturelle et intellectuelle du pays. Il tend à «dégermaniser» paradoxalement le nazisme, en mettant dans l'ombre presque toute la tradition idéologique allemande qui appuyait ce régime. Son narrateur ne mentionne guère les intellectuels les plus connus qui, à des degrés différents, s'étaient impliqués dans le nazisme: Alfred Rosenberg, Carl Schmitt, Martin Heidegger[43]. En revanche, on trouve dans son récit des emprunts d'une grande importance aux théoriciens qui n'étaient ni nazis ni Allemands – surtout à des penseurs français. Cette étrange substitution ne peut pas s'expliquer par le simple fait que l'écrivain lui-même a vécu longtemps en France, car il puise aussi abondamment à la littérature russe.

La référence théorique majeure de son ouvrage est toujours Georges Bataille, dont il cite sans guillemets la théorie de sacrifice et de dépense improductive. C'est en ces termes-là que Max Aue cherche à justifier la politique de génocide, qu'il contribue à mettre en œuvre: «Le meurtre des Juifs, au fond, ne sert à rien. [...] Ça n'a aucune utilité économique ou politique, ça n'a aucune finalité d'ordre pratique. Au contraire c'est une rupture d'avec le monde de l'économie et de la politique. C'est le gaspillage, la perte pure. C'est tout. Et donc ça ne peut avoir qu'un sens: celui d'un sacrifice définitif, qui nous lie définitivement, nous empêche une fois pour toutes de revenir en arrière[44]».

Comparer le génocide des Juifs à un sacrifice est un thème bien rebattu; on ne se souvient que trop du fameux terme d' «Holocauste». Mais la manière de comprendre le sacrifice est, ici, très particulière et différente de l'idéologie nazie: il n'est pas question de rédemption, ni de purification raciale qui aurait pu légitimer le sacrifice. Celui-ci est traité comme un pur «gaspillage» improductif, une rupture radicale d'avec la logique d'échange économique, selon laquelle on «sacrifie» quelque chose pour obtenir quelque avantage. Cette rupture a été théorisée par Bataille dans ses articles «La notion de dépense» (1933) et «La structure psychologique du fascisme» (1933-1934): le sacrifice ne sert à rien et ne produit rien, sauf une communauté «hétérogène», liée précisément par son caractère improductif. Au niveau des fictions romanesques, un antécédent peut se trouver dans

---

43 Il y a bien Ernst Jünger dont la figure se profile furtivement dans quelques scènes du roman. Mais précisément Jünger n'était pas nazi, et puis ses apparitions restent trop épisodiques. On a l'impression que le romancier n'a fait là que marquer un sujet à élaborer, et nous retrouverons peut-être Jünger dans une autre œuvre qu'il écrira.
44 *Les Bienveillantes, op. cit.*, p. 137.

15. Un langage impossible   241

Les Démons de Dostoïevski: de même que les terroristes russes cherchaient à consolider leur groupe par un meurtre collectif, les nazis tenteraient de «lier» leur nation par le sang «sacrificiel» des Juifs; et évidemment, il faut beaucoup de sang pour lier toute une nation... Ici et là, le crime sacrificiel ne se commet pas en vue d'un profit quelconque, mais uniquement pour que les criminels eux-mêmes se confirment dans leur sacralité exceptionnelle.

L'idée de «perte» et de «gaspillage» a un rôle si important dans l'idéologie des nazis représentés (ou inventés) par Littell, qu'elle sera évoquée encore une fois dans son roman, pour expliquer une transformation des Juifs, leur résistance croissante dans les camps et les ghettos. L'ami à qui Max Aue parlait en 1941 du «sacrifice définitif» reprend le débat quelques années plus tard: «À Kiev tu disais que le meurtre des Juifs était un gaspillage. Eh bien justement, en gaspillant leurs vies comme on jette du riz à un mariage, on leur a enseigné la dépense, on leur a appris la guerre [...] c'est les Juifs qui redeviennent des guerriers, qui deviennent cruels, qui deviennent eux aussi des tueurs. Je trouve ça très beau. On en a refait un ennemi digne de nous[45]». Voilà encore un exemple de connivence obscure entre l'auteur et ses personnages (en l'occurrence, Thomas Hauser, l'ami du héros principal): tout se passe comme s'il leur prêtait la connaissance, non seulement des idées bataillennes sur la «dépense», déjà publiés avant la guerre, mais aussi, par anticipation, de l'histoire guerrière de l'État futur d'Israël – l'allusion aux «Juifs qui redeviennent des guerriers» semble assez claire... Un certain détachement esthétique, l'admiration désintéressée de ses ennemis («je trouve ça très beau»), sert d'embrayeur structurel court-circuitant les perspectives du personnage et de l'auteur, qui semblent partager tous les deux un point de vue «artistique».

Mais revenons à la pensée radicale, la pensée du sacré. De même que la nation allemande, Max Aue se considère lui-même comme un être exceptionnel, et c'est précisément ce qui fait de lui un nazi:

> Depuis mon enfance, j'étais hanté par la passion de l'absolu et du dépassement des limites; maintenant, cette passion m'avait mené au bord des fosses communes de l'Ukraine. Ma pensée, je l'avais toujours voulue radicale; or l'État, la Nation avaient aussi choisi le radical et l'absolu [...]. Et si la radicalité, c'était la radicalité de l'abîme, et si l'absolu se révélait être le mauvais absolu, il fallait néanmoins, de cela au moins j'étais intimement persuadé, les suivre jusqu'au bout, les yeux grands ouverts.[46]

Ceci pour sa pensée consciente. Dans son délire, il s'imagine tantôt un

---
45   *Ibidem*, p. 667.
46   *Ibidem*, p. 95.

héros romantique de Lermontov, tantôt un voyant pourvu d'un œil pinéal magique et d'un charbon ardent ou lieu de la langue[47], tantôt un «Témoin[48]» d'une vérité à venir. Et sa vie «réelle» est jalonnée de traits de destin, de prémonitions et de tournants fatals. Telle est la figure énigmatique de Thomas Hauser, déjà mentionné plus haut. Cet officier SS enrôle Max dans son organisation redoutable et prestigieuse, devient son ami, appuie sa carrière et lui sauve plus d'une fois la vie; mais en même temps il semble détenir (pour s'en servir un jour?) le dangereux secret de son homosexualité, et c'est lui qui l'entraîne dans l'aventure atroce de la «solution finale». Ce séducteur sympathique, Pylade et Méphistophélès à la fois[49], est l'incarnation même de la fatalité qui pèse sur Aue et dont ce dernier cherche désespérément à se défaire[50]. Venant de nulle part comme le langage du roman, ce policier miraculeux qui arrange tout se présente comme une figure de la toute-puissance auctoriale, et alors le geste ultime du héros, qui tue son ami ambigu, se lit comme une révolte du personnage contre l'auteur – faisant cesser immédiatement le récit.

D'autres signes du destin viennent s'inscrire dans le corps même du héros. Ils sont bien détaillés tout au long du roman: des cauchemars, des troubles psychosomatiques, des crises de délire, l'impossibilité de l'amour. Remarquablement, Max Aue ne se considère jamais comme malade, ne tente jamais de consulter un médecin – comme s'il se rendait obscurément compte que ses malaises n'étaient pas naturels, qu'il n'était pas un homme comme les autres mais un être en dehors de l'humanité, souillé de péché et donc *sacré* dans toute l'ambivalence du terme. Moralement, il ne se repent pas, même bien après la guerre, au moment de rédiger son récit; c'est son corps qui «se repent» à sa place, et son statut exceptionnel de criminel et de «Témoin» se transcrit par les souffrances physiques – qui rappellent les convulsions d'un shaman ou la suffocation, «le manque d'air» d'un

---

47 «L'ange ouvrait la porte de mon bureau et entrait, porteur du charbon ardent qui brûle tous les péchés; mais au lieu d'en toucher mes lèvres, il l'enfonçait entier dans ma bouche [...]» (*ibidem*, p. 376). Il s'agit sans doute d'une réminiscence biblique (Isaïe, 6, 6); des motifs semblables se trouvent dans un poème célèbre de Pouchkine, «Le prophète»; et on en rencontre souvent dans les récits d'initiation shamanique.
48 «Vous, l'Incrédule, vous serez le Témoin» (*ibidem*, p. 389).
49 Voir Antoine Compagnon, «Nazisme, histoire et féerie: retour sur *Les Bienveillantes*», *Critique*, 2007, n° 726, pp. 881-896.
50 Après sa blessure à Stalingrad, Aue voudrait en finir avec les horreurs de la «solution finale» et se cherche un emploi plus propre, diplomatique par exemple. Mais toutes ses démarches se soldent fatalement par l'échec, et lorsque, vaincu, il se résigne finalement à prendre un poste dans le système concentrationnaire, c'est bien Thomas Hauser qui lui apporte la lettre de sa nomination.

grand poète. Un assassin à grande échelle peut être rangé à côté de ceux-ci: l'hétérogénéité sacrée, positive ou négative, se répand sur eux tous.

On connaît l'explication de Littell (dans le roman même, et puis dans une interview au *Figaro Magazine*), évoquant la conception grecque: la culpabilité ne dépend pas de l'intention, Œdipe est coupable de parricide et d'inceste, même s'il ne voulait commettre ni l'un ni l'autre. Or, dans le «pays des fées perverti» où évolue Max Aue, l'intention est accompagnée et même dépassée par la prédestination; l'auteur aménage à son personnage ce niveau supplémentaire, immoral et supra-moral, d'explication et de justification. La pensée «absolue» du personnage entre en résonance, d'une part, avec le projet politique de l'Allemagne nazie qui a prétendu être une nation d'exception autorisée à mettre entre parenthèses les normes humaines, et d'autre part avec l'indétermination de «l'espace littéraire» suspendant lui aussi les normes de la morale humaine.

Jonathan Littell a tenté une expérience extraordinaire et qui donne à réfléchir. La littérature met souvent en scène de grands pécheurs et des criminels; il arrive qu'elle les montre intelligents, sensibles, supérieurs à leur entourage. Mais dans *Les Bienveillantes,* un héros de ce type n'agit pas à ses risques et périls mais comme un soldat du *Reich,* en assumant tous les crimes de celui-ci: une responsabilité qui dépasse infiniment celle d'un malfaiteur individuel. Ses crimes font partie de ceux de son État, ils s'appuient sur une idéologie «radicale», qui prétend à appréhender le monde en sa totalité et qui mélange des notions rationnelles et politiques avec ceux du sacré. Un tel système peut être un fort rival de l'éthique humaniste, et certaines de ces valeurs – «la dépense», «le sacrifice» – se rapprochent de celles qui sont à la base de l'œuvre littéraire. L'auteur semble l'assumer comme une hypothèse de travail: supposons que la morale universelle n'existe pas, que l'impératif de Kant se réduise à l'exécution des ordres du *Führer,* que la justice se fonde sur la force et que le fort définit à sa guise le juste et l'injuste. C'est sur ce terrain d'immoralisme esthétique, dans l'indétermination de l'espace littéraire qu'il situe les motifs, les actes et les conséquences des actes de son personnage. Or, une conclusion inattendue s'impose au bout de l'expérience: une telle hypothèse n'est réalisable, n'est *énonçable* qu'en littérature, dans le langage impossible que cette dernière met en place. Les bourreaux n'ont pas de parole propre, et l'idéologie de leur État, même la plus sanguinaire, n'ira jamais à un tel degré de franchise. Ces idées-là ne tiennent que dans l'écriture romanesque, soutenues par des réminiscences livresques et donc conventionnelles; là où finit la littérature, ces idées s'écroulent, perdent leur consistance, et cèdent la place soit au crime brut qui n'a pas de langage, soit au langage muet d'un corps souffrant. La littérature est radicale par nature – c'est pourquoi elle constitue le seul milieu où l'immoralisme peut vraiment *prendre la parole.* Ainsi, le roman de Littell peut se lire – et même doit se lire, si l'on veut comprendre toute sa complexité – comme une «autocritique» du discours radical/littéraire, faite avec les moyens propres de la littérature.

Université des Sciences humaines, Moscou

16. Max Aue manufacture de la dentelle. La lecture dans *Les Bienveillantes*

Yolanda Viñas del Palacio

«J'aurai passé ma vie à me manufacturer des souvenirs, même si l'on me paye plutôt, maintenant, pour manufacturer de la dentelle[1]», écrit Maximilien Aue, et l'on comprend que le récit qu'il livre tient de la manufacture. Le passé y est traité, en effet, comme une matière première qu'il faut transformer pour obtenir une «ravissante et harmonieuse création[2]» élaborée comme le précieux tissu. L'ancien officier SS chargé de rédiger des rapports, ne manque pas de souligner lors de la campagne d'Ukraine: «Je pensais à ma vie, au rapport qu'il pouvait bien y avoir entre cette vie que j'avais vécue [...] et ce qui se passait ici[3]». Des rapports, il n'y en a probablement pas, mais il est possible d'en fabriquer, comme on fabrique de la dentelle. Ce tissu sans trame ni chaîne n'est-il pas à l'image d'une vie vouée au non-sens et dont il faudrait entrelacer les fils? L'indication du narrateur est d'autant plus précieuse qu'elle oriente la lecture vers la production de sens, le lecteur devant reproduire le travail qui a présidé à la création. Lire, dans cette perspective, comporte un acte mimétique qui n'est pas sans rendre égaux Aue et quiconque approche de son récit. La possibilité d'opter pour le non-sens existe, certes, mais elle exige la destruction, ce qui ne va pas sans affirmer les liens avec le bourreau. L'on ne sort pas indemne de la lecture des *Bienveillantes*. La lecture entretient-elle une trouble alliance avec le meurtre et le crime?

---

1 *Les Bienveillantes*, Paris, Gallimard, coll. Folio, 2006, p. 14.
2 *Ibidem*, p. 25.
3 *Ibidem*, pp. 143-144.

Le piège de l'écriture

Maximilien Aue n'a pas besoin, comme certains de ses collègues, d'écrire des mémoires à fin de justification ou de contrition. Il admet avoir forcé la limite, mais ajoute: «je n'étais plus tout à fait moi-même[4]». Parfois il est hanté par des pensées amères qui lui rappellent ce qui n'a pas eu lieu et ce qu'il est devenu, mais sa plainte témoigne de son renoncement. «J'avais accompli, pour ma nation et mon peuple et au nom de ce service des choses pénibles, affreuses, contraires à moi-même[5]». Ce service qui engage tout l'être et a des exigences terribles, Ohlendorf le compare au service divin: «Nous devons accepter notre devoir de la même manière qu'Abraham accepte le sacrifice inimaginable de son fils Isaac exigé par Dieu[6]».

Ohlendorf rappelle que quiconque a reçu la lourde charge de servir le peuple est contraint à la règle de l'obéissance. «L'obéissance, dit-il en citant saint Joseph de Cupertino, est le couteau qui égorge la volonté de l'homme[7]». Que ta volonté soit faite: ainsi parlent le Christ et Maximilien Aue. Pour celui-ci, l'obéissance n'entraîne nullement la morne et bête soumission, mais la compréhension, au sens premier, étymologique. Il ne s'agit pas de se soumettre aveuglément, mais de *prehendere cum*, c'est-à-dire d'examiner de manière critique les ordres pour en pénétrer la nécessité intime. Comprendre en soi-même: telle doit être la devise des serviteurs du Volk, comme elle l'est de ses ennemis: «Le Juif, lui, lorsqu'il se soumettait à la Loi, sentait que cette Loi vivait en lui, et plus elle était terrible, dure, exigeante, plus il l'adorait. Le national-socialisme devait être cela aussi: une Loi vivante[8]».

Pour Aue, le national-socialisme n'est pas en effet une simple opinion politique, mais bien plutôt un mode de vie radical qui mêle une capacité d'analyse objective à une aptitude à agir. Ce mode de vie est tout en dépassement. De là la nécessité de vaincre ses passions et de résister à la tentation d'être humain. Notre mission s'accorde-t-elle avec l'impératif Kantien? demande Eichmann à Aue, qui répond: «Nous servons le Volk et devons le servir comme le sert le Führer, avec une abnégation totale. C'est pourquoi, confronté à des tâches douloureuses, il faut s'incliner, et les accomplir avec fermeté[9]».

---
4   *Les Bienveillantes, op. cit.*, p. 15.
5   *Ibidem*, p. 489.
6   *Ibidem*, p. 327.
7   *Ibidem*, p. 326.
8   *Ibidem*, p. 154.
9   *Ibidem*, p. 810.

16. Max Aue manufacture de la dentelle 247

«J'ai fait mon travail, voilà tout[10]», déclare Aue dont la seule responsabilité est d'avoir été là où il ne fallait pas. Il argue que le binôme opération militaire/atrocité est arbitraire parce que leur différence, si différence il y a, repose sur «un phantasme consolateur du vainqueur[11]». La ligne de partage entre le héros et le criminel de guerre s'estompe, ainsi que celle qui distingue l'innocent et le coupable selon le principe grec «le crime se réfère à l'acte, non pas à la volonté[12]» qui inspira les tribunaux de l'après-guerre. Les hommes furent ainsi jugés pour leurs actions concrètes, ce qui fait conclure au docteur en droit: «comme celui qui n'était pas jugé considérait celui qui l'était comme une victime de la malchance, il l'absolvait, et du même coup s'absolvait[13]».

Paradoxalement, Aue, qui a pour lui l'apanage de la malchance, s'acharne à détruire une logique dont il pourrait tirer profit. «On tue des gens[14]», avoue-t-il à Hélène Anders, moins pour enfreindre la règle du secret qui les empêche de se rapprocher, que pour souiller l'obscène et inadmissible bonté de la jeune veuve. «Tu es la complice d'assassins[15]», l'incrimine Aue. Avec la même rage et pareille franchise, il s'adresse à son lecteur. «Ça vous concerne[16]», s'écrie-t-il, sans doute pour briser toute illusion d'innocence, comme le laisse entendre la réponse «on ne veut pas le savoir[17]» qu'il lui prête. Et pourtant, des liens se tissent autour de ce savoir et de la parole qui le manifeste. Si parler, c'est s'approcher, voir engage la responsabilité. «Je considère que regarder engage autant ma responsabilité que faire[18]», avoue Max à sa sœur.

«Concerner», outre son sens premier, dit «voir» et «examiner». En forçant un peu l'étymologie, on pourrait dire que la stratégie de Max Aue consiste à faire que le lecteur regarde avec lui, pour qu'il ne puisse se croire meilleur et qu'ainsi il devienne son substitut. L'hypothèse est plausible puisque, dans son récit, les amours masculines viennent à la place du désir d'être femme, l'écoute de la musique remplace le piano, le Führer se confond avec le père et la dentelle comble le désir des choses belles et harmonieuses. D'ailleurs, le pacte de lecture passe par le témoignage, exactement comme

---

10 *Ibidem*, p. 15.
11 *Ibidem*, p. 33.
12 *Ibidem*, p. 84.
13 *Ibidem*, p. 847.
14 *Ibidem*, p. 1167.
15 *Ibidem*.
16 *Ibidem*, p. 13.
17 *Ibidem*.
18 *Ibidem*, p. 445.

la foi, de sorte que ce qui a été vu et entendu unit, comme le veut encore «*concernere*», le vous et le moi. En ce sens, le témoignage d'Aue est pervers. Il utilise l'identification projective pour impliquer la communauté surgie de la lecture, quitte à la dévaloriser ou même à la détruire en l'empêchant de s'absoudre et d'absoudre. Au-delà ou en deçà de sa valeur pénale et religieuse, «absoudre» dit premièrement «délier», exactement comme «absolu», dont on analysera le sens et la valeur, et rappelle ainsi la séparation. «Puisque je vous dis que je suis comme vous!¹⁹», insiste Aue, et l'on comprend que c'est cet «être comme» qui est en jeu dans son récit.

Sous le signe de Méduse

Aux dires de Jonathan Littell, son héros «n'est pas tant un personnage qu'une voix, un ton, un regard. Il y a une distance, une disjonction entre ce que Max décrit, puisqu'il voit tous les autres de manière extrêmement lucide, et lui-même, comme s'il n'était pas le narrateur, en quelque sorte[20]». Max voit-il plus que les autres, mieux que les autres?

«Mes yeux étaient un appareil de Roetgen[21]», avoue-t-il, et l'on devine que son regard n'est pas contemplatif. Il perce, jusqu'à les dénuer, les êtres et les choses pour nourrir une méditation récurrente et obsessive sur la place du moi dans l'horreur. Les soldats et les officiers chargés d'éliminer la population juive sont attentivement scrutés et classés dans une typologie des tempéraments, préalablement établie, qui veut que l'on tue avec volupté, par devoir ou selon les humeurs ou la disposition. Ni le crime, ni l'amour de l'ordre, ni la besogne ne sauraient inspirer Max, mais la curiosité: «je cherchais à voir quel effet tout cela aurait sur moi. Je m'observais en permanence[22]».

Aue est son seul spectacle et son seul spectateur. Il se mire dans l'attente vaine d'un regard qui ne viendra: voilà la «terreur pure», l'«arrêt sans appel[23]». Si châtiment il y a, il a partie liée avec l'impossibilité de retrouver Una: «Depuis que je l'avais perdue, je ne cessais de me regarder avec un regard qui se confondait en pensée avec le sien mais restait, sans échappatoire aucune, le mien[24]». Le regard confond, pour les rendre indiscernables, le

19 *Les Bienveillantes, op. cit.*, p. 43.
20 «Jonathan Littell, Pierre Nora: Conversation à Beyrouth», dans *Le Débat*, nº 144, 2007, p. 29.
21 *Les Bienveillantes, op. cit.*, p. 18.
22 *Ibidem*, p. 161.
23 *Ibidem*, p. 641.
24 *Ibidem*, p. 640.

16. Max Aue manufacture de la dentelle 249

toi et le moi, sans pour autant réussir la fusion. Le mélange se désagrège, comme s'effondre le rêve d'être un avec Una et, avec lui, le moi: «Sans toi, je ne suis pas moi[25]». Aue incarne cette privation. «Sans» est la pâte dont il est pétri et dont vibre son écriture délibérément décharnée pour traduire l'impossible transport de l'autre en moi. Aussi n'est-elle pas métaphorique, qui se doit de scander l'éloignement de la sœur et l'effondrement du rêve d'être comme elle, d'être elle.

Aue se contemple, tandis qu'autour de lui, devant lui, des milliers d'innocents périssent. «Vous continuez à assassiner de pauvres gens sans défense[26]?», lui demande le docteur Hohenegg. Froissé, moins sans doute par la question que par le «vous», Aue se défend: «J'observe et je ne fais rien, c'est ma posture préférée[27]». Il ajoute, pour marquer la distance, que parmi ses «chers collègues» il y en a de «parfaits salauds». Entre leur comportement immoral et le sien se dresse l'abîme de l'observation. Il connaît le tiraillement de Léonte, partagé qu'il est entre le désir de voir les corps morts et le dégoût qu'ils lui inspirent. Autour de lui, personne n'est en proie au même déchirement: «les soldats semblaient rarement éprouver l'angoisse de Léonte, seulement son désir, et ce devait être cela qui dérangeait la hiérarchie, l'idée que les hommes pussent prendre du plaisir à ces actions[28]». Aue se plie, par contre, aux consignes de discrétion, d'efficacité et de propreté. Aussi peut-il dire avec fierté: «j'observe».

Aue observe et choisit les meilleures photographies des exécutions avec un arrière-goût désagréable qui lui empêche de porter son regard ailleurs. Il en est médusé. Cet accident apparemment mineur s'éclaire par trois autres qui se révèlent décisifs. Dans un parc enneigé, les Allemands s'attroupent pour assister à l'exécution d'une jeune partisane russe. Soldats et officiers défilent devant elle et l'embrassent sur la bouche. Chastement les uns; brutalement, les autres. Lorsque vient le tour d'Aue, leurs regards se croisent. «Je me calcinai, mes restes se transformaient en statue de sel[29]», se souvient-il. Max reste figé dans une insoutenable tension entre l'avant et l'après comme la femme de Lot au passé dévasté et à l'avenir incertain; il est immobile comme quiconque a rencontré le regard de Méduse, car elle est Méduse, cette jeune fille. Notre-Dame-des-Neiges l'appelle Aue.

Narcissique et médusé, le regard d'Aue est également en proie à une

---

25 *Ibidem*, p. 367.
26 *Ibidem*.
27 *Ibidem*.
28 *Ibidem*, 148.
29 *Ibidem*, p. 263.

«fascination mauvaise[30]» qui le remplit d'angoisse devant les visages des pendus. Leur balancement calme lui fait songer à des chrysalides somnolentes attendant la métamorphose et au jeune Jean R., pendu à la poutre de l'affreux pensionnat français où il fut enfermé suite à une «transgression». Revenu de l'Est et de passage à Paris, il admire avec la même fascination la beauté calme et inhumaine d'un Apollon citharède dont le regard perdu dans le vide de son éternité lui est impossible à capter. «Je me sentis pris de désir, de l'envie de le lécher, et lui se décomposait devant moi avec une lenteur tranquille et infinie[31]».

Le regard fixe à travers une photo, une jeune fille, une statue et des pendus, une scène primordiale. Les cadavres et le souvenir du jeune homme qui leur est associé évoquent l'entrée dans le temps et la chute qui en découle. Max raisonne: «on rampe sur cette terre comme une chenille, dans l'attente du papillon splendide et diaphane que l'on porte en soi. Et puis le temps passe, la nymphose ne vient pas, on reste larve, constat affligeant, qu'en faire[32]?». L'observation, aussi pénible soit-elle, est sans effet tant qu'elle reste un simple constat que tout homme pourrait souscrire. L'affliction, la vraie, celle qui est supplice et tourment a trait à l'impossible métamorphose. Si Aue pleure la nymphe qu'il n'est pas devenu, ce n'est sans doute pas parce qu'il voit des pendus, mais parce que, par un glissement imperceptible opéré par la métaphore, ils peuvent refléter et renvoyer l'image de cette incomplétude, tout comme la statue du Louvre.

Le manque, on l'a signalé, clame la perte de la sœur. Max essaie de réunir le toi et le moi pour obtenir un nous qui efface leur mélange intime dans une seule chair. Deux voies s'ouvrent alors. La première passe par la migration de l'autre en moi; la deuxième, par l'incorporation. À l'internat, le jeune Aue dans le rôle d'Électre se regarde dans un miroir. «Je crus voir Una, commente-il, et faillis m'évanouir[33]». Dans le corps de sa jeune sœur, il disparaît; dans le sien, Una ne saurait faire demeure, sauf par un acte de violence. C'est cette résistance d'Una qu'il contemple chez la jeune partisane russe. Dans la scène, la pétrification, sort réservé à ceux qui osent regarder Méduse, se double d'une allusion au récit biblique, de sorte que le châtiment reste lié à un geste. Aue regarde en arrière comme la femme de Lot, mais aussi comme Orphée, dont il possède bien des traits. N'est-il pas un «*orphnos*» (sombre, obscur) et un «*orphanos*» (orphelin) dont

---

30 *Ibidem*, p. 247.
31 *Ibidem*, p. 716.
32 *Ibidem*, p. 13.
33 *Ibidem*, p. 590.

les aventures gravitent autour d'un leitmotiv permanent et obsédant: la nostalgie?

Orphée devra accomplir l'exploit de Persée et approcher Méduse à reculons ajustant ses pas aux formes inversées que lui renvoie l'égide d'Athéna. «Des jours durant, écrit Aue, je réfléchis à cette scène étrange; mais ma réflexion se dressait devant moi comme un miroir, et ne me renvoyait jamais que ma propre image, inversée certes, mais fidèle[34]». Comme Persée, Aue se sauve et rend l'autre inoffensif. Dépourvue du maléfice de la féminité, la Méduse qu'est Una[35] peut désormais devenir objet de culte: «Elle me semblait fabuleusement belle, habitant la mort comme une idole, Notre-Dame-des-Neiges[36]».

Un fil ténu relie les apparitions d'Una aux exécutions. Aue y assiste mais se détourne pour s'enfoncer dans la forêt, terrain jadis érogène. Alors la pensée de la sœur remonte, comme remontent la nourriture et l'odeur des cadavres. Una ne signifie que par ces corps morts et grâce à eux. De là qu'Aue n'en détache pas les yeux et qu'il refuse d'être transféré. Sous l'apparence du devoir, il retourne aux exécutions de son propre chef, sans tirer, juste pour étudier les hommes devenus insensibles à leur travail de bourreau. En s'infligeant ce spectacle, Aue, au comble de son cynisme, vise à ne pas user le scandale, c'est-à-dire le sentiment insurmontable d'une transgression, d'une violation monstrueuse: «ce que je cherchais, désespérément mais en vain, à recouvrer, c'était bien ce choc initial, cette sensation d'une rupture, d'un ébranlement infini de tout mon être[37]».

Bien des années plus tard, pour ébranler le calme d'une vie sans horizon et sans intérêt, Aue se met à écrire. «Pour me remuer le sang, voir si je peux encore ressentir quelque chose, si je sais encore souffrir un peu. Curieux exercice[38]». Écrire et tuer ne se séparent pas, qui partagent le douteux privilège d'être des exercices curieux qui suscitent l'envie de voir et agissent comme objets fascinants. De là le défi lancé au lecteur: «vous disposez d'un pouvoir sans appel, celui de fermer le livre et le jeter à la poubelle, ultime recours contre lequel je ne peux rien, ainsi, je ne vois pas pourquoi je prendrais des gants[39]». Fermer le livre ou éviter de sombrer sous le regard fascinant revient au même, selon la logique d'Aue. Si la

---
34 *Ibidem*, p. 263.
35 La confusion entre Una et la jeune partisane est évidente dans «Air».
36 *Les Bienveillantes, op. cit.*, p. 263.
37 *Ibidem*, p. 262.
38 *Ibidem*, p. 26.
39 *Ibidem*, p. 1120.

lecture est envoûtement, lecteur et narrateur deviennent des semblables, des frères. Entre-temps, celui-là sera, comme Una, mis en position de ne pas nuire.

Vaincre Polyphème et sauver Éurydice

Aue ne cesse de tisser des liens entre son expérience comme SS et le souvenir lancinant de son passé. Quand il tourne et retourne la question insoluble de sa présence au cœur de l'horreur, il ne trouve qu'une réponse: la passion de l'absolu. Loin de renvoyer à un au-delà ou à un idéal, elle désigne tout d'abord la souffrance provoquée par l'absolu, «*absolutus*» se disant de l'être ou de la chose qui est sans rapport. Cette passion mène au bord des fosses communes en Ukraine. Comme celui de l'État, celui de Max est le «mauvais absolu[40]» qu'il faut suivre «les yeux grands ouverts[41]». C'est jusqu'au meurtre qu'il faut arriver pour mettre fin au problème des Allemands. Aue l'assimile au sien: «C'était le même que le mien; eux aussi peinaient à s'extraire d'un passé douloureux, à en faire table rase pour pouvoir commencer des choses nouvelles[42]». Il se tient ce discours à Antibes, la hache à la main, en songeant au regard de sa mère. Le malaise remonte: «J'éprouvais à quel point je peinais sous le poids du passé, des blessures reçues ou imaginées, des fautes irréparables, de l'irrémédiabilité du temps[43]».

Les meurtres des Juifs et de la mère ne se séparent pas. Ils constituent, bien au contraire, une seule et même action dictée par une logique implacable fondée sur des rapports d'inclusion dont Aue devine les suites épouvantables lors de la «Grosse Aktion» du lundi 29 septembre 1941: «Comme au Moyen Âge, nous raisonnions par syllogismes, qui se prouvaient les uns les autres. Et ces preuves nous conduisaient sur un chemin sans retour[44]». Par «syllogismes», terme qui, par son origine, dit «assembler», le destin d'Aue croise celui du peuple allemand et celui de la mère se confond avec celui du peuple élu.

De la passion de l'absolu au mauvais absolu: tel pourrait être l'itinéraire d'Aue. Tout commence avec l'expulsion du paradis. Max, qui est un être de retour, associe naissance et châtiment et prête à l'archange qui barre la

---

40 *Ibidem*, p. 144.
41 *Ibidem*.
42 *Ibidem*, p. 751.
43 *Ibidem*.
44 *Ibidem*, p. 181.

16. Max Aue manufacture de la dentelle 253

route de l'espoir les traits hideux de la mère, seule responsable de la chute: «Se pouvait-il que je ne lui eusse jamais pardonné le fait de ma naissance, ce droit d'une arrogance insensée qu'elle s'était arrogé de me mettre au monde?[45]». Vint ensuite la séparation d'Una, infligée, elle aussi, par la mère. Aue rejoint l'absolu et en est effrayé. Aussi s'installe-t-il dans le temps sans temps qu'est l'avant, jusqu'à ce que la mère et la sœur l'en expulsent.

De cet avant lié à la fusion parfaite de deux visages et de deux corps, Una le chasse, en effet, avec des mots qui brisent l'espoir: «Déjà avant ce n'était pas comme avant. Avant, ça n'a jamais existé[46]». C'est encore la sœur qui se charge de dissoudre l'illusion du nous: «Le nous dont tu parles, ça n'existe pas, ça n'existe plus, ça s'est défait[47]». Pour qu'aucun doute ne subsiste, Una emploie «défait». Elle devine que Max avait imaginé que «nous» tenait de son homonyme («noue») et qu'il désignait deux corps égaux unis par un lien serré. L'ironie veut que Tristan et Orlando affirment qu'il n'y a pas de différence entre eux. «Les identités sont très importantes[48]», rétorque Aue sans les corriger, sa remarque plaidant pour la ressemblance parfaite et l'accord harmonieux.

Aue devra s'extraire de ce passé douloureux, en répétant par un acte volontaire l'arrachement premier. Ainsi atteindra-t-il l'absolu, terme qui, devenu «*ab solutum*», pointe l'élan, le mouvement voire la tendance pour parvenir au vide, à cet état de purification qui prive le moi de lui-même. Démuni, dessaisi et annihilé, celui-ci s'abîme dans le nous qu'est l'État. L'État possède une nature gémellaire. Il est ce corps sans différences qui accueille la parfaite communion d'un toi et un moi devenus interchangeables: «Dans un État comme le nôtre, les rôles étaient assignés à tous: Toi, la victime, et Toi, le bourreau, et personne n'avait le choix, on ne demandait le consentement de personne, car tous étaient interchangeables, les victimes comme les bourreaux[49]».

Dans cette perspective, Aue accomplit sa promesse de livrer au lecteur une «histoire sombre, mais édifiante[50]», ce qu'il narre n'étant rien d'autre que la mise en place de l'État national-socialiste. «Construire» revient comme un leitmotiv sous sa plume, soit pour traduire la vive émotion qui le saisit à l'idée de participer à cette œuvre, soit pour dire l'échec de ses

---

45 *Ibidem*, p. 530.
46 *Ibidem*, p. 701.
47 *Ibidem*, p. 699.
48 *Ibidem*, p. 740.
49 *Ibidem*, pp. 152-153.
50 *Ibidem*, p. 13.

tentatives d'édification, le *Volk*, tel qu'il le conçoit, se devant d'allier l'aspect matériel et l'exigence spirituelle. L'impossibilité de leur accord, comme jadis l'impossible union parfaite avec Una, fait le malheur d'Aue. Rien ne l'illustre mieux que le passage où il se voit confier la tâche de diriger un groupe de travail pour résoudre le problème de l'alimentation dans les camps. La responsabilité de faire avancer les choses et de contribuer à l'effort de la victoire autrement que par le meurtre et la destruction l'exalte, mais l'enthousiasme initial est vite déçu, noyé dans des discussions sans fin et des détails inutiles.

Le *Volk* se désagrège, comme s'était autrefois défait le nous formé avec Una. Peut-être l'unité idéale n'existe-t-elle que dans la guerre et par elle, comme le soutient le Dr Best, supérieur et mentor d'Aue au SD: «Si individu est la négation de l'État, alors la guerre est la négation de cette négation. La guerre est le moment de la socialisation absolue de l'existence collective du peuple, du Volk[51]». La socialisation réclame le meurtre des éléments jugés étrangers et par là même dangereux? L'entretien avec Pradine lui montre à quel point la fiction de l'ennemi est un mirage: «Pour les Russes, comme pour nous, l'homme ne comptait pour rien, la Nation, l'État étaient tout, et dans ce sens nous nous renvoyions notre image l'un à l'autre[52]».

C'est pourtant Una qui associe étroitement rassembler et tuer: «nous avons voulu nous tuer nous mêmes, tuer le Juif en nous, tuer ce qui en nous ressemblait à l'idée que nous nous faisons du Juif[53]». Dans le meurtre, il n'est pas question de l'Autre en tant qu'Autre, mais du même en tant qu'autre. Le Juif et le Russe n'agissent en effet que comme des miroirs renvoyant aux Allemands une image inversée mais fidèle. «Si Juif, poursuit Una, de nos jours, veut encore dire quelque chose, cela veut dire Autre, un Autre et un Autrement peut-être impossibles, mais nécessaires[54]».

Max est-il prêt à accepter la leçon d'Una? Leçon, oui, parce que tout en évoquant la question juive, ses paroles disent la fin du rêve fusionnel de son frère. Una montre la voie de la construction du nous: du nous, non pas comme accord indestructible, mais comme séparation entre un moi et l'Autre absolument Autre qu'est le toi. Ainsi jaillit le désir, et le désir est le contraire de la fascination.

Max, qui a eu une fugace mais intense expérience du désir devant une statue, devra devenir insensible au regard d'Una. La scène a lieu en

---

51 *Ibidem*, pp. 85-86.
52 *Ibidem*, p. 153.
53 *Ibidem*, p. 1247.
54 *Ibidem*, p. 1248.

Poméranie. Médusé par la «tête de Gorgone» et le «cyclope immobile» au regard menaçant qu'est le sexe de la sœur, Aue perd sa force virile et ne peut combattre ce «Polyphème» qui lui rend Personne. «Je poussai mon front contre cette vulve, appuyant ma cicatrice contre le trou[55]», raconte-t-il. Avec ce geste qui aveugle le sexe/œil et l'aveugle en retour, le regard triomphe de l'œil: «mes yeux s'ouvraient enfin, s'éclairaient et voyaient tout[56]». Pour priver l'autre de son pouvoir de fascination, Aue s'interdit de regarder. Il s'aveugle et peut ainsi faire son chemin les yeux grands ouverts. L'absolu est à ce prix, qui exige également de ne pas regarder en arrière et d'accepter de perdre définitivement Una-Éurydice: «Je ne pensais plus du tout au passé, je n'étais plus du tout maintenant tenté de me retourner pour regarder Éurydice, je gardais les yeux fixement devant moi sur ce présent inacceptable qui se dilatait sans fin sur les innombrables objets qui le meublaient, et je savais, avec une confiance sans faille, qu'elle me suivait pas à pas, comme mon ombre[57]».

Aue-Orphée ne se retourne pas pour ne pas perdre Una-Éurydice. L'écriture est le tombeau et l'Hadès qui la préserve de la décomposition. Aussi exige-t-elle l'ombre pour être, tout comme la dentelle. «La dentelle est fragile, elle craint la lumière[58]», avoue Aue. L'écriture révèle ainsi sa parenté avec la mort, le désastre et le désir, c'est-à-dire avec la perte de l'astre. Si fasciner, c'est trouver de quoi fusionner, «désastre» pointe la perte de l'autre incorporé et la cruauté de la séparation. Selon Pascal Quignard, «la fascination inhibe le fasciné. En se défascinant l'homme a libéré le meurtre du congénère, a permis la guerre, a désidéré la perversion. A déverrouillé toutes les atrocités qui après coup pussent être imaginées[59]». Écrire et lire ne se séparent pas. Répéter le geste d'Una pour défaire la malsaine communauté du nous, préserver le mystère, comme le fait Aue, ou aller vers la lumière: autant de prérogatives accordées au lecteur pour lui signifier que son travail est œuvre de destruction et de mort.

Des mots, rien que des mots

«Il n'y aurait eu aucune idée, aucune logique, aucune cohérence[60]?»,

---

55 *Ibidem*, p. 1296.
56 *Ibidem*.
57 *Ibidem*, p. 1277.
58 *Ibidem*, p. 21.
59 *Vie secrète*, Paris Gallimard, 1999, p. 175.
60 *Les Bienveillantes*, op. cit., p. 901.

s'interroge Aue avant de conclure qu'il n'y a réellement que les mots et le poids des mots. Il est des mots dont l' «inévitabilité» entraîne et séduit la volonté. Parmi eux, «*Endlösung*», devenu synonyme d'extermination sans ruptures ni impositions, comme si ce sens définitif avait toujours vécu en lui et, avec lui, la chose. Le massacre des Juifs échappe à l'emprise des concepts et des idées, pas à l'irrésistible beauté d'un mot. L'assassinat de la mère et le viol réel et fantasmé de la sœur obéissent, eux aussi, au pouvoir séducteur de «dégénéré» et d'«inceste», prononcés par la mère et la sœur. Pas de préméditation, même si la haine et les reproches sont là. Rien n'est plus facile que le crime lorsque les motifs viennent à l'appui et que, par un raisonnement sans failles, on arrive à se convaincre que la vie est bâtie sur le meurtre et qu'il est normal que «chaque groupe humain veuille exterminer ceux qui lui contestent la terre, l'eau, l'air[61]». Aue ne succombe pas à l'accablante vérité du lieu commun darwinien, dont la justesse ne manque pas toutefois de le frapper. «Mes raisonnements, je devais les élaborer moi-même[62]», avoue-t-il. Or, les élaborations concernant l'union avec la sœur et la suppression de la mère restent des simples produits de l'esprit ne déterminant nullement le passage à l'acte. Ce qui s'est passé relève d'un «malentendu monstrueux[63]», comme le dit très bien Aue, qui reconnaît ainsi son crime, tout en se défendant des accusations des détectives de la Kripo.

Plus les preuves l'accusent, plus Aue nie leur validité. Ni les vêtements maculés de sang, ni les billets de train pour Antibes, ne détiennent aucune vérité. Ce sont des simples écorces vides dont le sens dépend d'un travail de reconstruction. Ce travail, qui est celui de la lecture, ou d'une certaine lecture, est caricaturé à travers les personnages de Clemens et Weser. D'après Marc Lemonier, les Dupond et Dupont allemands que sont Weser et Clemens «matérialisent surtout cette menace qui plane sur la tête de chaque assassin et qui hante particulièrement les matricides, ce sont eux les Érinyes, divinités vengeresses… Et ce n'est pas l'éloquence d'Athéna qui en débarrasse Max, mais deux balles bien ajustées[64]».

Il nous semble, au contraire, que la fin tragique des policiers suppose le triomphe de Max et du non-sens qu'il représente, la justice et la vengeance relevant précisément de l'ordre du sens. Or, cet ordre, Max l'a respecté à sa manière, en imaginant que la barbarie obéissait à une logique autre que celle de l'absurde et l'arbitraire. Max a voulu saisir l'incompréhensible et le

---

61 *Ibidem*, p. 1156.
62 *Ibidem*, p. 152.
63 *Ibidem*, p. 1182.
64 *Les Bienveillantes décryptées. Carnet de notes*, Paris, Pocket, 2007.

16. Max Aue manufacture de la dentelle

mal est entré dans sa vie. Son histoire sombre acquiert ainsi une dimension édifiante, puisqu'elle montre l'échec irrémédiable de toute tentative d'expliquer ce qui ne peut l'être. «Vous ne valez pas mieux que moi[65]», dit-il aux détectives, coupables, eux aussi, d'avoir essayé d'attraper l'horreur dans l'enchaînement logique de la déduction.

L'intromission du policier dans la trame narrative n'a donc pas comme fonction d'ébranler des certitudes acquises par la présence du mythe d'Oreste, comme le croit Mercier-Leca, qui affirme: «Et si Aue nous avait entraînés sur une fausse piste en s'assimilant à Oreste? Si c'était vrai qu'il n'était pas coupable de ce meurtre-là? Qui a vraiment tué la mère?[66]». Aue nous met, au contraire, sur la piste du Blanchot qui écrit à propos de *Moby Dick* que ce livre impossible «garde le caractère ironique d'une énigme et ne se révèle que par l'interrogation qu'elle propose[67]». Le meurtre d'Héloïse propose aussi des interrogations autres que celles qui mènent à la découverte du criminel et de ses motifs, car les motifs, pour acquérir un sens, précisent de la volonté. Aussi Aue ne peut-il qu'approuver le jugement sévère de Blanchot sur l'Oreste de Sartre: «Ce dernier avait apparemment écrit une pièce où il se servait de la figure du malheureux parricide pour exposer ses idées sur la liberté de l'homme dans le crime[68]».

Ni la volonté, ni l'intelligence n'interviennent dans un crime qui tient du malentendu, qui est, à proprement parler, un «mal entendu». Le mal qui a été entendu rappelle la monstruosité, la conformation vicieuse, contre nature, d'Aue. «Inceste» introduit dans l'idéal de l'union parfaite la tâche de l'interdit primordial, tout en rappelant, avec sa particule privative, l'absence de pureté. Max, qui ne se méprend pas sur le sens du mot, songe avec amertume que depuis toujours sa famille s'obstine à «détruire toute trace d'amour dans ma vie[69]». En écoutant sa sœur, il ne peut s'empêcher de penser qu'elle a rejoint le camp de la mère et que, par conséquent, elle prononce un «arrêt sans appel» qu'il ne mérite pas. Ne s'est-il pas acharné à construire une histoire d'amour à la hauteur de la légende?[70]

---

65 *Les Bienveillantes, op. cit.,* p. 1381.
66 «*Les Bienveillantes* et la tragédie grecque. Une suite macabre à *L'Orestie* d'Eschyle», dans *Le Débat,* art. cit., p. 49.
67 *Les Bienveillantes, op. cit.,* p. 714.
68 *Ibidem.*
69 *Ibidem,* p. 704.
70 En mer, deux enfants se regardent tels Tristan et Yseut: «Nous nous regardions l'un l'autre, et à travers ce regard, par l'amertume de notre enfance et le grondement souverain de la mer, il se passa quelque chose d'irrémédiable: l'amour, doux-amer, jusqu'à la mort». Moreau d'abord et von Üxküll, ensuite jouent à merveille le rôle du roi Marc. Hélène, pour sa part, brille dans celui d'Yseut aux Blanches Mains.

La mère l'avait traité de «dégénéré» en découvrant la liaison avec Una. Le mot fait planer le doute de la bâtardise. Lorsque Nahum ben Ibrahim lui demande son identité, Aue semble ne pas comprendre le sens de la question. «Comment veux-tu que je sache à qui je m'adresse si je ne connais pas ton père[71]?», répond, non sans ironie, le vieux Juif. Aue est ainsi confronté à l'illégitimité de sa naissance.

Parti comme Télémaque à la recherche d'un père qui tarde à rentrer pour tenir tête au prétendant de la mère, Aue découvre les devoirs de la filiation grâce aux soins de Mandelbrod: «Tu te dois de lui faire honneur, à sa race et à la tienne. Il n'y a de place sur cette terre que pour un seul peuple choisi, appelé à dominer les autres[72]». Aue se retrouve ainsi dégénéré. Le stigmate est en lui, ineffaçable, irréparable, souillant toute action noble. Une cruelle ironie veut que ce qui était une faute contre l'interdit de l'inceste, dise désormais l'essence de l'être. Aue l'homosexuel circoncis est exclu, au nom de la pureté de la race, du rang des élus. Et pourtant, la «scorie» dont le destin est la fosse commune ou le camp de concentration, participe de manière systématique, efficiente et raisonnée à la construction d'une véritable société nationale-socialiste et est acquittée du meurtre de sa mère. Himmler, qui n'apprécie pas chez Aue la moindre trace de tare morale, plaide innocent: «Racialement, vous êtes un spécimen nordique parfait, avec peut-être seulement une touche de sang alpin. Il n'y a que des nations racialement dégénérées, des Polonais, de Tsiganes, pour commettre un matricide[73]»

Ridicule et tragique, en même temps, la scène est rejouée au cours d'une de ces nuits où Aue ressasse ses problèmes avant d'être tourmenté par des rêves angoissants. Dans un de ces rêves, lui, le spécialiste des Affaires juives, est reçu par un Reichsführer désireux d'apprendre certaines choses. «Je suis un homme mort[74]», songe Aue. La surprise est grande lorsque Himmler le prend par la main et le rassure. «Je ne comprends pas pourquoi il veut protéger le *Judelein*, le petit Juif que je suis[75]», s'étonne-t-il. La dégénération ne se déclare pas; elle se dit autrement. Ici, à travers le rêve; ailleurs, avec des mots qui donnent le change pour que la chose perde son

---

«Jamais vous ne m'avez touchée si haut», dit-elle comme son aïeule à Tristan-Aue quand une goutte d'eau l'éclabousse jusqu'à la cuisse.
71   *Les Bienveillantes, op. cit.*, p. 404.
72   *Ibidem*, p. 652.
73   *Ibidem*, p. 1077.
74   *Ibidem*, p. 1135.
75   *Ibidem*.

horreur originelle[76]. Le matricide et l'inceste ne révoltent que lorsqu'ils sont nommés, tout comme le massacre des Juifs. C'est parce que les mots sont obscènes, immondes, indécents et dégoûtants, qu'il faut s'en débarrasser, comme on se débarrasse des peuples dégénérés. Aue retranche des mots du corps du langage. Ce faisant, il le purifie, comme est purifié son corps circoncis et, par là même, infâme.

«Tu es circoncis[77]?», demande Partenau à son amant, qui répond: «Oh, ce n'est rien. Une infection d'adolescence, ça arrive assez fréquemment[78]». La surprise du jeune homme et la rougeur de son visage ne laissent planer aucun doute sur la portée de sa question. Aussi Aue ne se méprend-il pas. En utilisant «infection», il rassure son interlocuteur dont il aura pourtant confirmé les soupçons. La corruption morale, métaphoriquement désignée par le terme, rappelle sans ambages la tare congénitale et héréditaire du Juif qu'il est. Aue infecte Partenau, dont la rigueur et l'enthousiasme national-socialiste ne sauraient questionner l'ordre du Führer qui punit de mort tout SS se permettant un «comportement indécent» avec un autre homme. Il sait, l'expérience à l'appui, que «l'inversion en tant que telle n'existe pas», sauf dans la rhétorique. Si l'affaire avec son camarade conclut comme il le souhaite, c'est parce qu'il manie habilement le procédé, de sorte que le préjugé national-socialiste retombe sur l'«idéologie juive[79]» et la «superstition juive[80]».

L'allusion finale aux Euménides pourrait s'expliquer par la même figure rhétorique. En évoquant leur côté moins terrible, Aue prive les forces de la vengeance de leur effroyable pouvoir et évite, comme les Anciens, leur colère. Le retournement paraît d'autant plus logique qu'il consonne avec la nécessité d'annuler l'autre que l'on a déjà vue à l'œuvre à propos d'Una. «Les Bienveillantes avaient retrouvé ma trace[81]», écrit Aue, et il est possible d'imaginer que vengeance et châtiment s'ensuivent. Et pourtant, le pardon est là, qui clame à travers le visage bienfaiteur des trois implacables persécutrices. Les Bienveillantes faudrait les appeler sans euphémisme

---

76   La mort d'Héloïse ne se dit pas, mais clame dans «se débattre ne servait à rien» (p. 751) qui clôt le raisonnement d'Aue en proie au regard maternel lors de sa visite à Antibes. Avec une aveuglante ambiguïté, «débattre» montre son sort ainsi que l'inutilité de ces coups qui ne tranchent rien, parce que le crime, loin d'être la solution au cercle vicieux des éternelles questions sans réponse ouvre de nouveaux abîmes.
77   *Les Bienveillantes, op. cit.*, p. 291.
78   *Ibidem.*
79   *Ibidem,* p. 286.
80   *Ibidem,* p. 287.
81   *Ibidem,* p. 1390.

et sans antiphrase, qui se sont acharnées à retrouver Aue. À le retrouver, parce qu'il était perdu. S'il en est ainsi, ce qui s'est passé peut être envisagé comme «un véritable conte moral[82]». Il était une fois un jeune homme qui, parti à la recherche de son père, a délaissé sa mère, dont il aura causé la mort: voici la trame de l'histoire sombre d'Aue, dont le destin rejoint ainsi celui de Perceval.

Face au rien

L'ancien officier nazi Maximilien Aue, devenu industriel de la dentelle, se met à écrire pour atteindre le détachement total de Jérôme Nadal. Quelques-uns de ses souvenirs sont, comme des milliers de gens, partis en fumée, car la tête de cet homme que ses collègues considèrent «calme, posé et réfléchi[83]» rugit dans la journée comme un «four crématoire[84]». D'autres l'assaillent la nuit laissant au réveil une «fine couche âcre et humide[85]» qui rappelle l'odeur des fosses communes. Il est des souvenirs qui asphyxient; il en est qui remontent en vagues lourdes et noires, comme remontent, depuis 1941, les repas: «sans raison, comme ça[86]». Étant de ceux qui croient que «les seules choses indispensables à la vie humaine sont l'air, le manger, le boire et l'excrétion, et la recherche de la vérité[87]», Aue se décide à consigner par écrit son passé. Le geste est ascétique, et l'on aurait tort de négliger cet aspect, la complexité, la folie, le cynisme ou la mauvaise foi du personnage exigeant de tenir compte de l'ambigüité dont il entoure ses paroles et ses actions. Ayant donc fait sienne la devise «n'incliner à rien, si ce n'est de n'incliner à rien[88]» et n'aspirant qu'à l'indispensable, Aue prend la plume pour se vider de lui-même. L'écriture est le dernier acte d'une vie sans fissures, malgré ses nombreux avatars, car tout ce qu'Aue a accompli a un seul but et un unique objectif: l'absolu. Le dénuement qu'il réclame explique les crimes commis et conforme les pages écrites. Le plaisir y est pour rien. On écrit comme on tue: par obéissance non exempte de dégoût. Le tiraillement est terrible, mais le service est à ce prix, qui exige de vaincre les obstacles extérieurs et intérieurs et triompher de soi-même. En ce sens, l'écriture est un exercice spirituel qui dépouille le moi jusqu'au dénuement.

82 *Ibidem*, p.13.
83 *Ibidem*, p. 17.
84 *Ibidem*.
85 *Ibidem*, p. 19.
86 *Ibidem*, p. 16.
87 *Ibidem*, p. 17.
88 *Ibidem*, pp. 25-26.

16. Max Aue manufacture de la dentelle

La pureté reste inatteignable par l'effraction que l'Autre y introduit. De là qu'en prenant la plume, Aue esquive le regard du lecteur et insiste qu'il n'écrit que pour lui et pour «tuer le temps[89]». La formule doit être dépourvue de sa banalité. Il s'agit de parer l'inéluctable, de l'empêcher de mener à bout son œuvre de destruction. Pour ce faire, il faut la violence de l'écriture. «Je suis un homme occupé[90]», dit Max, en parlant de son activité dans l'usine de dentelle, et l'on devine que l'écriture ne relève pas de l'art, mais d'une opération militaire.

Dilettante, Aue ne manifeste aucune inquiétude esthétique. Son expérience de l'organisation l'emportant, il fait de son mieux pour «rester clair[91]», la rédaction des souvenirs s'inspirant de celle des rapports des exécutions et des conditions des camps. Revenu de Birkenau et d'Auschwitz, il rédige à l'intention d'Himmler un compte rendu: «Je rédigeai mon rapport en peu de temps; j'avais déjà synthétisé mes notes en cours de route, il ne me restait plus qu'à organiser les chapitres et taper le tout, l'affaire de quelques jours. Je soignai ma prose ainsi que la logique de mon argumentation[92]». Pour écrire ses souvenirs, Aue se sert de la même méthode. Il compile, condense et organise l'information et la modèle avec un style soigné et une argumentation rigoureuse. Entre la mission au sein des SS et l'occupation que constitue la narration des événements et des circonstances qui expliquent ce qui s'est passé, pas de rupture.

Exercice spirituel et d'hygiène faite à l'image des rapports sur la «question juive», la narration d'Aue tient aussi de la dentelle. Il faut qu' «aussi» prenne de l'ampleur, car ce récit ascétique et scatologique qui affiche sa parenté avec le froid, objectif et terrible constat fuit l'essence pour dire la relation. Il appartient au domaine de l' «et», non à celui de l'être, de sorte qu'il emprunte toutes les formes, résiste à toute catégorisation et se présente ajouré comme la dentelle. «Arachnéenne, troublante sous sa couche de graphite[93]»: ainsi apparaît le beau tissu, et ainsi surgit le texte d'Aue, l'ancien SS qui finit dans la dentelle et fait dans la dentelle pour que l'horreur s'empare de nous. De nous, parce qu'Aue se tient à l'écart, à distance et gardant les distances. «Je ne m'en approche pas pour ne pas me salir[94]» remarque-t-il à propos des métiers. La propreté, l'obsession de

---

89 *Ibidem*, p. 14.
90 *Ibidem*.
91 *Ibidem*, p. 15.
92 *Ibidem*, p. 899.
93 *Ibidem*, p. 21.
94 *Ibidem*.

la propreté, l'avait jadis empêché d'approcher des fosses communes. C'est de loin qu'il a regardé le crime, et c'est au loin qu'il entend le battement métallique, monotone et syncopé des machines Leavers. «Je me laisse bercer[95]», soupire Aue confronté au mystère de la vie et de la mort. C'est le bruit des métiers/mitraillettes que le lecteur entend sous les sublimes accords de la fugue qu'est le récit de Maximilien Aue. Cette fugue ou «suite de variations sérielles en forme de fugue[96]», selon les mots de von Üxküll, s'inspire, en effet, de celle projetée par le beau-frère. Aue lui avait demandé quel en serait le thème. Avec une moue de mépris, il avait répondu: «Ce n'est pas de la musique romantique. Il n'y a pas de thème[97]».

La composition d'Aue ressasse les mêmes motifs et les mêmes thèmes en les soumettant à toutes les variations possibles. Il en résulte un effet de mouvement et de mouvance dont la lecture se doit de rendre compte non sans risque. Que l'on aille vers le sens ou vers le non-sens, la mort guette, qui dit l'échec de toute tentative de reconstruire ce qui s'est passé et dénonce la vanité, voire l'horreur de la compréhension. Aue s'installe et nous installe face au rien, car tel une Parque, il tisse avec son écriture-dentelle la portion de destin qui nous est assignée.

Université de Salamanca

---

95 *Ibidem*, p. 20.
96 *Ibidem*, p. 1258.
97 *Ibidem*.

17. *Les Bienveillantes*: Le National-socialisme comme mal métaphysique
Youssef Ferdjani

1. Écrire le Mal

L'intertexte

Dans le roman de Jonathan Littell il y a de nombreuses références intertextuelles qui évoquent ceux qui ont écrit sur la violence et le mal. Dès la première page, le livre est décrit comme un «conte moral[1]». Les premiers mots, «frères humains» et un peu plus loin «ça vous concerne[2]», sont inspirés par l'épitaphe de Villon en forme de ballade, appelée couramment *Ballade des pendus*, qui commence par ces mêmes mots. L'œuvre est donc placée sous le signe de la mort et Aue, le narrateur créé par Littell demande à ses lecteurs, comme Villon, de faire preuve d'indulgence et de compassion. Il leur demande de ne pas juger mais de comprendre. Dans la première phrase, le narrateur dit: «Laissez-moi vous raconter comment ça s'est passé». Cela rappelle les premiers mots d'un autre grand roman qui analyse la question du mal, *Voyage au bout de la nuit* de Louis-Ferdinand Céline: «Ça a débuté comme ça[3]». Il y a aussi de nombreux points communs avec *L'Orestie* d'Eschyle. La référence à la culture grecque permet au nazi cultivé de neutraliser une donnée historique gênante, l'origine juive du

---
1 *Les Bienveillantes*, Paris, Gallimard, 2006, p. 13.
2 *Ibidem*.
3 Louis-Ferdinand Céline, *Voyage au bout de la nuit* (1932), Paris, Gallimard, 1952, p. 15.

christianisme et donc de la civilisation occidentale. Aue s'identifie à Électre et pour lui le sang dans le palais des Atrides est le sang dans sa propre maison. Aue, comme Oreste, coupable de matricide, est poursuivi par les Érynies ou malveillantes, déesses vengeresses (Clemens et Weser), qui se transforment en Euménides, en bienveillantes.

La littérature russe est également une source importante pour Littell. En effet, la discussion entre Maximilien Aue et l'officier russe à Stalingrad est une relecture de *Vie et destin* de Vassili Grossman. En outre, il emprunte à Dostoïevski une des questions posées par le roman, le bourreau et la victime sont-ils interchangeables? Cette interrogation était déjà présente dans les *Souvenirs de la maison des morts*.

Les meurtres présents dans *Les Bienveillantes* sont là depuis toujours, depuis les Atrides, depuis Abel et Caïn. Et concernant cette dernière référence, on a souvent fait remarquer qu'elle symbolisait la rivalité, le conflit, la guerre qui est en germe dans toutes les relations humaines. Mais un autre élément semble plus important. Celui qui tue, tue avant tout son frère, son semblable. Et c'est sur ce point là que l'auteur insiste tout au long du roman.

La narration

Jonathan Littell a fait de la guerre et du génocide des sujets littéraires. Peu d'auteurs ont fait ce choix car c'est une démarche qui est difficile à faire accepter. D'ailleurs pour beaucoup de critiques, le fait que le narrateur soit un criminel de guerre est un problème. Ils pensent que le lecteur est susceptible d'éprouver de l'empathie pour Maximilien Aue, officier nazi. On a également reproché à Littell sa volonté de comprendre le fonctionnement des institutions national-socialistes sous le prétexte que comprendre était une façon d'admettre l'inadmissible. On a été jusqu'à affirmer que pour se mettre dans la peau d'un nazi il fallait en être un soi-même.

Heureusement, d'autres critiques ont remarqué que Aue est comme un filtre à travers lequel on peut observer la barbarie. Ce qui explique également qu'il lui arrive autant de choses et qu'il rencontre un si grand nombre de personnes qui ont joué un rôle important pendant la guerre. «Ce n'est pas tant un personnage, qu'une voix, un ton, un regard», nous dit l'auteur[4]. Car Aue est un personnage descripteur, c'est un témoin avant

---
4 Jonathan Littell, Pierre Nora, «Conversation sur l'histoire et le roman», dans *Le Débat*, n° 144, 2007, p. 29.

17. Le National-socialisme comme mal métaphysique

tout motivé par la curiosité, tout comme Bardamu dans *Voyage au bout de la nuit*. C'est ainsi qu'il se décrit lui-même: «Je ne suis plus qu'un officier de liaison, ce qui me convient. J'observe et je ne fais rien, c'est ma posture préférée[5]». Pour justifier sa démarche, l'auteur établit une distinction entre la vérité et la vraisemblance. Il dit qu'il n'a pas cherché la vraisemblance mais une vérité[6].

Pour bien comprendre l'œuvre il est possible d'utiliser le concept de «personnage problématique», utilisé par Lukács et Goldmann pour décrire le héros romanesque. Quant au roman, il est défini de la manière suivante: «Le roman est l'histoire d'une recherche dégradée (que Lukács appelle "démoniaque"), recherche de valeurs authentiques dans un monde dégradé lui aussi mais à un niveau autrement avancé et sur un mode différent[7]».

Cela correspond bien à Maximilien Aue, qui semble vouloir trouver des explications, des justifications pour les événements terribles qui sont en train de se dérouler. Il y a une tension entre ce qu'on lui demande de faire et ce qu'il pense devoir faire. Cette tension est une des caractéristiques du genre romanesque[8].

---

5 *Les Bienveillantes*, op. cit. p. 367.
6 Jonathan Littell, Pierre Nora, «Conversation sur l'histoire et le roman», art. cit., p. 30.
7 Lucien Goldmann, *Pour une sociologie du roman*, Paris, Gallimard, 1964, p. 23.
8 «Le roman étant un genre épique caractérisé, contrairement à l'épopée ou au conte, par la rupture insurmontable entre le héros et le monde, il y a chez Lukács une analyse de la nature des deux dégradations (celle du héros et celle du monde) qui doivent engendrer à la fois une opposition constitutive, fondement de cette rupture insurmontable et une communauté suffisante pour permettre l'existence d'une forme épique. La rupture radicale seule aurait en effet abouti à la poésie ou à la poésie lyrique, l'absence de rupture ou l'existence d'une rupture seulement accidentelle aurait conduit à l'épopée ou au conte. Situé entre les deux, le roman a une nature dialectique dans la mesure où il tient précisément, d'une part de la communauté fondamentale du héros et du monde que suppose toute forme épique et, d'autre part, de leur rupture insurmontable; la communauté du héros et du monde résultant du fait qu'ils sont l'un et l'autre dégradés par rapport aux valeurs authentiques, l'opposition résultant de la différence de nature entre chacune de ces deux dégradations. Le héros démoniaque du roman est un fou ou un criminel, en tout cas, comme nous l'avons dit, un personnage problématique dont la recherche dégradée, et par là même inauthentique, de valeurs authentiques dans un monde de conformisme et de convention, constitue le contenu de ce nouveau genre littéraire que les écrivains ont créé dans la société individualiste et qu'on a appelé roman», *ibidem*, pp. 24-25.

2. Le problème des critères

Relativité du bien et du mal

Dans le roman, Aue affirme qu'il est difficile de savoir si une chose est juste ou non car chaque peuple définit la vérité à sa manière[9]. Par exemple, certains gradés sont choqués par le traitement réservé aux prisonniers allemands, mais pas par les exécutions massives de Juifs. Nous assistons même à une véritable inversion des rôles au moment où Himmler qualifie les anglais de monstres parce qu'ils bombardent des villes allemandes. Il ajoute qu'après la guerre des procès pour crimes de guerre devront être organisés afin que les responsables répondent de leurs crimes[10].

Le bien et le mal sont donc placés sous le signe de la relativité dans l'œuvre de Littell. Aue pense même que si l'Allemagne avait gagné la guerre, ce sont les Russes qui auraient été perçus comme les méchants car Staline a plus tué qu'Hitler[11]. L'auteur nous propose l'exemple de Döll, conducteur de camions à gaz. S'il était né en France ou aux États-Unis, on l'aurait appelé patriote, alors qu'il aurait fait la même chose, obéir aux ordres. En outre, le mot «doll» en anglais signifie «poupée», ce qui sous-entend que l'homme est une marionnette placée entre les mains du destin et que sa marge de manœuvre est très limitée. Cette interprétation est valable si l'on adopte le point de vue judéo-chrétien qui accorde une place importante au hasard. Par contre, si l'on prend pour référence la culture grecque, les choses sont différentes car le hasard ne diminue pas la responsabilité de celui qui commet un meurtre, comme le montre l'exemple d'Œdipe. Toutes ces considérations se trouvent dans un long passage qui se situe au milieu de l'œuvre, comme pour en indiquer l'importance. La conclusion de l'auteur est que l'homme n'est ni naturellement bon, ni naturellement mauvais, et que le bien et le mal sont des catégories inadaptées pour juger Döll[12].

Aue prétend que le colonialisme allemand n'est pas différent des autres. Il évoque en particulier les massacres qui ont eu lieu dans les colonies britanniques. Pour lui, c'est une preuve supplémentaire qu'il n'y a pas une si grande différence entre l'Allemagne et les autres pays occidentaux.

---

9   *Les Bienveillantes, op. cit.*, p. 237.
10 *Ibidem*, p. 771.
11 *Ibidem*, p. 954.
12 *Ibidem*, pp. 842-848.

17. *Le National-socialisme comme mal métaphysique* 267

Cette ambivalence du bien et du mal se retrouve même dans sa vie sexuelle. Au cours de sa première expérience homosexuelle, les deux notions se confondent et surtout, les sentiments qu'il éprouve à l'égard de sa sœur sont à la fois ce qu'il a connu de meilleur tout en étant la plus condamnable des transgressions.

Les références traditionnelles: la loi et la religion

Le livre démontre une chose: les garde-fous que les hommes érigent pour neutraliser la violence intrinsèque à l'être humain volent en éclat en temps de guerre. La justice avec ses lois et la morale avec ses commandements sont totalement impuissantes. Ou pire, elles peuvent servir de caution à des actes criminels. C'est le cas en Ukraine, où les nazis estiment que le droit international ne s'applique pas parce que les Soviétiques ont refusé de signer les conventions de La Haye. De plus, comme nous l'avons vu, tout était relatif pendant cette période et être un bon Allemand, obéir à la loi, c'était obéir au Führer.

La religion et les valeurs qu'elle est censée transmettre semble également absente. Par exemple, en Ukraine, pendant les massacres, la porte d'une église catholique est close et les Juifs sont aidés par un prêtre arménien. Nous savons que les Arméniens furent les premiers à adopter le christianisme comme religion officielle et cet épisode est sans doute là pour rappeler que l'église s'est éloignée de ce qui la caractérisait à l'origine, venir en aide aux opprimés. Ainsi, celui qui aide les Juifs est un représentant de cette église des premiers temps du christianisme[13].

Pour signifier de manière encore plus claire que la religion ne joue pas son rôle, le narrateur indique que les motifs présents sur une croix derrière une cathédrale, un crâne et des tibias croisés, ressemblent à l'emblème cousu à son calot[14]. Non seulement l'église ne défend pas les victimes, mais en plus elle protège les bourreaux, en les cachant par exemple comme le propose Thomas à Maximilien à la fin du roman: «Les meilleures filières sont en Italie. À Rome. L'église n'abandonne pas ses agneaux dans la détresse[15]». Le choix de Rome non plus n'est pas innocent, il symbolise l'église en tant qu'institution, qui a manqué à ses devoirs pendant la guerre.

Les nazis, de leur côté, ont procédé à une relecture des textes bibliques pour trouver des justifications aux actes de barbarie qu'ils commettaient.

---
13 *Ibidem*, pp. 75-76.
14 *Ibidem*, p. 80.
15 *Ibidem*, p. 1356.

Par exemple, ils expliquent que la solution finale, tout en étant une chose terrible est presque comme un ordre de Dieu qui se trouverait dans l'Ancien Testament, plus précisément dans le premier livre de Samuel, qui est cité par Ohlendorf. Il conçoit l'extermination des Juifs comme un devoir qu'il faut accepter et qu'il compare au sacrifice que Dieu demande à Abraham[16]. Pour les nazis comme pour Abraham, la foi est donc un élément central et Littell décrit bien cela. Le Troisième Reich procède à une inversion des valeurs et parvient à faire en sorte que tout le monde participe à ce nouveau projet de civilisation. Car même Maximilien, qui pourtant est capable d'avoir un regard critique, croit sincèrement en ce projet. Tout se passe comme si les anciennes croyances avaient été remplacées par de nouvelles, dont le but ne sont pas la promotion de la vie, mais sa négation.

3. La négation de la vie

Malgré une organisation complexe caractérisée par la lourdeur administrative, le régime hitlérien s'apparente à une jungle dans laquelle, comme dans le monde animal, tel qu'il est décrit par Darwin, seuls les plus forts ou les plus rusés peuvent survivre. Ainsi, l'ennemi, le paria, ici le Juif, est animalisé. Car si dans la civilisation humaine, les plus faibles doivent être protégés, ce n'est plus le cas pendant les années de pouvoir national-socialiste. Les Juifs sont comparés à des cafards, à du bétail, à des microbes.

Pour définir le bien et le mal, on peut dire que le bien est favorable à la promotion de la vie, tandis que le mal en est la négation. Aue participe à cette entreprise de destruction de la vie, dans la mesure où il tue lui-même à plusieurs reprises. Cependant, il est présenté de manière complexe, et comme nous l'avons dit précédemment, c'est un personnage problématique. Par exemple, le vieux Nahum Ben Ibrahim dit à Maximilien que c'est un bon garçon parce qu'il accepte de le tuer[17]. Ou encore, en Ukraine, Aue emmène avec lui le souffre-douleur du bataillon pour éviter qu'il ne soit tué[18]. D'une manière générale, Aue essaie de faire son travail le mieux possible et il est sincèrement heureux quand il voit les gens sourire dans le tramway. Il a l'impression de faire partie de la communauté humaine, de travailler pour les autres et qu'en faisant ce qu'on lui demande il contribue

---

16   *Ibidem*, pp. 326-327.
17   *Ibidem*, p. 411.
18   *Ibidem*, p. 234.

17. Le National-socialisme comme mal métaphysique

au bon fonctionnement du régime[19]. Et quand Himmler lui demande de diriger un groupe de travail interdépartemental pour résoudre le problème de l'alimentation dans les camps, Maximilien est ravi car il pense pouvoir faire avancer les choses autrement que par le meurtre et la destruction[20].

Par ailleurs, concernant l'extermination des Juifs, même s'il est d'accord avec l'idéologie qui sous-tend cette démarche, il ne comprend pas que cet objectif demeure prioritaire au moment où les alliés remportent des victoires décisives pour la suite du conflit. Contrairement aux autres nazis, sa fonction d'officier de liaison et les différentes tâches qui lui sont confiées lui permettent d'avoir une vue d'ensemble. Il n'est pas, comme la plupart des gradés, concentré sur une seule activité déconnectée du schéma global. L'auteur entend démontrer ici que ce qui a fait la force du régime, son aspect tentaculaire, a paradoxalement constitué une faiblesse. En effet, le fait que le travail soit divisé de manière aussi efficace a eu pour conséquence que la portée de ses actes échappait à chaque exécutant.

Ce qui est particulier dans ce roman est le fait que la négation de la vie, même si elle est mise en pratique concrètement par les nazis, est avant tout le fait d'un régime politique, le corrélat objectif d'une idéologie.

4. La banalité du mal

Ce qui intéresse Littell est l'aspect bureaucratique du processus d'extermination, analyser le rôle de la bureaucratie en tant qu'acteur du génocide. Pour les nazis, il y avait des problèmes à résoudre et des solutions à ces problèmes. La solution finale entre dans ce cadre là[21]. De plus, il replace l'antisémitisme dans son contexte historique et fait dire à son narrateur qu'en Europe, en temps de crise, il est habituel de se retourner contre les Juifs[22]. Et surtout, il décrit la répartition des tâches, la fonction

---

19 *Ibidem*, p. 998.
20 *Ibidem*, p. 911.
21 Aue, au cours d'un échange avec son beau-frère le formule de la manière suivante: – «"Vous vous trompez si vous croyez qu'il ne s'agit que des Juifs, disais-je calmement. Les Juifs ne sont qu'une catégorie d'ennemis. Nous détruisons tous nos ennemis, qui et où qu'ils soient." – "Oui, mais avouez que, pour les Juifs, vous y avez mis une obstination particulière." – "Je ne le pense pas. Le Führer, en effet, a peut-être des raisons personnelles de haïr les Juifs. Mais au SD, nous ne haïssons personne, nous poursuivons objectivement des ennemis. Les choix que nous faisons sont rationnels"», *Les Bienveillantes, op. cit.*, p. 1247.
22 *Ibidem*, p. 960.

assignée à chacun, le fait que personne n'avait le choix. L'auteur utilise le concept marxiste d'aliénation du travail et l'adapte à la situation qu'il décrit, c'est l'aliénation du meurtre pour le bourreau. Comme le montre le cas des handicapés exécutés massivement, il y a une dilution des responsabilités qui a pour conséquence que nul ne se sent réellement responsable[23]. La langue joue elle aussi un rôle important: «Les tournures passives dominaient […] et ainsi les choses se faisaient toutes seules, personne ne faisait jamais rien, personne n'agissait, c'étaient des actes sans acteurs[24]».

Par ailleurs, Aue est surpris de constater que les camps de concentration sont situés près de petites villes, que les gens passent devant, sentent les odeurs, bavardent et racontent des blagues juste à côté. En fait, malgré la guerre, la vie semble continuer. Il y a des réceptions, des histoires d'amour, alors que les Juifs sont en train de se faire exterminer. Un épisode résume bien la situation. Pendant une fête, Maximilien se baigne dans une piscine et voit passer deux détenus Juifs qui vont être exécutés. Il compare les deux coups de feu au «pop! pop!» de bouteilles de champagne qu'on débouche. Non seulement le massacre continue pendant la fête, mais en plus, les deux semblent mêlés[25]. Certains officiers visitent des musées, des maisons d'écrivains, s'intéressent aux cultures locales alors que dans le même temps ils planifient des massacres. Culture et barbarie sont indissociables. Et dans le cas de l'Allemagne, la culture n'a pas réussi à empêcher l'avènement d'Hitler.

Évidemment, la banalité du mal est incarnée dans le roman par Eichmann. Le roman le décrit comme un bureaucrate de grand talent, qui ne pense qu'à faire une brillante carrière. Il ne serait devenu antisémite qu'à la fin de la guerre et d'ailleurs, l'extermination des Juifs n'était pour lui qu'un moyen de gravir les échelons. Il aurait été aussi heureux et tout aussi efficace si son travail avait été d'acheter et d'acheminer des objets plutôt que d'évacuer et de concentrer des millions d'êtres humains pour les faire disparaître.

---

23   *Ibidem*, p. 35.
24   *Ibidem*, p. 902.
25   *Ibidem*, p. 860.

5. Les différentes catégories de mal

Le mal physique et le mal moral

Dans *Les Bienveillantes*, le mal physique c'est avant tout ce qu'on inflige aux Juifs. Face aux exécutions, le narrateur nous montre que les réactions sont diverses. Certains se réfugient dans le silence tandis que d'autres sombrent dans la folie ou se suicident. Ceux qui éprouvent du plaisir sont peu nombreux. Aue, quant à lui est un criminel de guerre qui somatise comme l'attestent les diarrhées et les vomissements qui sont presque toujours liés aux massacres de Juifs. Il éprouve constamment du dégoût pour ce qu'ils sont en train de faire.

Mais les deux formes de mal sont liées dans le roman de Littell. En effet, si le plus grand des maux physiques est la mort, le plus grand des maux moraux est la guerre. Et avec la conscription, l'homme perd le droit de vivre et surtout de ne pas tuer[26]. Pour les soldats, la frontière entre le bien et le mal devient floue et l'auteur fait dire à un de ses personnages, le général major Thomas, psychiatre qui s'inquiète des troubles psychologiques dont souffrent les soldats et les officiers, qu'il est impossible pour un homme sain d'esprit de participer à des atrocités sans qu'il y ait de graves séquelles[27]. Les soldats subissent une véritable torture morale; on leur demande de résister à la tentation d'être humains et de bannir tout sentiment de pitié. Cela a pour effet de transformer les hommes en véritables monstres, comme l'explique le docteur Wirths à Auschwitz. Les gardes deviennent sadiques, la violence envers les détenus s'explique par le fait que les soldats les frappent pour essayer de faire disparaître leur humanité commune, quand ils découvrent que les Juifs ne sont pas des non-humains comme on le leur a appris[28].

Le mal moral a une autre dimension, c'est la rationalisation. Il y a plusieurs théoriciens dans le roman. L'un d'eux est Mandelbrod qui explique à Maximilien que les Juifs sont les pires ennemis des Nazis parce que ce sont les seuls qui valent la peine d'être haïs[29]. Ici, l'abjection morale réside dans le fait que de nombreuses références savantes sont convoquées pour justifier le génocide. Mais il y a pire, c'est tout simplement l'inversion

---
26 *Ibidem*, p. 33.
27 *Ibidem*, p. 198.
28 *Ibidem*, pp. 890-892.
29 *Ibidem*, p. 651.

des rôles. Après un massacre en Ukraine, Aue qui est chargé d'établir un rapport se renseigne sur le nombre des victimes et sur leur origine. Surpris que les Juifs ne soient pas mentionnés il interroge un officier qui lui répond que ce sont les Juifs qui ont commis les meurtres[30]. À ce propos, Maximilien, qui est caractérisé par son honnêteté intellectuelle, estime que la trahison des Juifs par le Reich est une injustice. En Ukraine, on le voit à un moment se laver dans un *shtetl* chez des Juifs, comme pour se purifier[31].

La guerre est un mal moral parce qu'elle engendre la haine de soi, la haine de la vie. Aue est un homme brisé qui ne peut plus voir une forêt sans penser à une fosse commune. L'épisode de la petite fille Juive dans la fosse est très révélateur. Maximilien lui donne la main, lui caresse les cheveux et demande au SS chargé de l'exécution d'être gentil avec elle. Puis il s'enfonce dans la forêt, symbole de l'inconscient, et il se remémore une partie de son enfance; l'époque où, imitant Tarzan, il se mettait tout nu, ce qui évoque un retour à la préhistoire, à l'innocence. À ce moment-là, il dit qu'il épiait «les *autres*, les humains», comme s'il ne faisait plus partie de la communauté des hommes[32].

Le mal métaphysique

Pour Aue, la guerre a une dimension diabolique et il est horrifié quand on leur annonce qu'ils devront tuer tous les Juifs, y compris les femmes et les enfants. D'ailleurs, si le meurtre d'un nourrisson est décrit dans le roman, c'est bien pour signifier que c'est la vie elle-même, en tant que possibilité, que l'on attaque.

Il est confronté à des questions difficiles, essentielles, qui sont liées à la place de l'homme dans l'univers et il s'y confronte même s'il est parfois tenté de s'en éloigner[33]. Ainsi, il a conscience de vivre une expérience nouvelle à côté de quoi la guerre semblait propre et juste. La solution finale est définie comme un «trou noir de l'esprit[34]». Le corrélat objectif de ce trou noir est la

---

30 Ibidem, p. 57.
31 Ibidem, p. 162.
32 Les Bienveillantes, op. cit., p. 163.
33 «Je voulais fermer les yeux, ou mettre la main sur mes yeux, et en même temps je voulais regarder tout mon saoul et essayer de comprendre par le regard cette chose incompréhensible, là, devant moi, ce vide pour la pensée humaine. Désemparé, je me tournai vers l'officier de l'Abwehr: "Avez-vous lu Platon?" Il me regarda, interloqué: "Quoi?" – "Non, ce n'est rien"», Les Bienveillantes, op. cit., pp. 56-57.
34 Les Bienveillantes, op. cit., p. 901.

17. Le National-socialisme comme mal métaphysique

blessure de Maximilien, le trou frontal qui symbolise le vide central, une béance pour l'esprit et la description que nous donne le narrateur de sa blessure a une dimension à la fois nihiliste et métaphysique[35].

Aue se rend vite compte que la défaite est proche et que par conséquent le meurtre des Juifs est inutile. Il y a donc une dimension absurde que le narrateur fait très bien remarquer quand il décrit le travail que l'on demande aux Ukrainiens, porter un uniforme allemand et exécuter des gens qui ne leur ont rien fait[36].

En faisant ce qu'ils font, les Nazis commettent donc un crime contre la vie et détruisent même les fondations de la civilisation humaine. En effet, Maximilien constate que personne n'est là pour pleurer tous les Juifs qui ont été tués, pour porter leur deuil. Or, nous savons que c'est une des caractéristiques du genre humain, un des éléments qui différencient l'homme des autres créatures. Cependant, même si l'auteur décrit en détail la barbarie des Nazis, il indique également que si le Juif le pouvait il ferait de même. Car pour lui, les hommes sont tous les mêmes. Une idée que l'on retrouvait déjà chez Céline. L'imperfection des hommes et des actes, ce que la religion chrétienne appelle péché originel n'épargne personne. Certaines images présentes dans le livre confirment cette idée. Quand Aue dit que le monde entier se tord de douleur[37], ou encore lorsque pendant des exécutions publiques en Ukraine, les Nazis clouent des panneaux expliquant la condamnation, cela fait penser au martyre du Christ, mort pour les péchés de tous les hommes[38]. Le mal est donc métaphysique parce qu'il concerne tout le monde et semble être consubstantiel à l'homme. À la fin du livre, alors qu'il fuit, Maximilien croise le chemin d'un groupe d'enfants soldats qui sont aussi brutaux et impitoyables que des adultes[39].

---

35 «J'avais le sentiment que le trou dans mon front s'était ouvert sur un troisième œil, un œil pinéal, non tourné vers le soleil, capable de contempler la lumière aveuglante du soleil, mais dirigé vers les ténèbres, doué du pouvoir de regarder le visage nu de la mort, et de le saisir, ce visage, derrière chaque visage de chair, sous les sourires, à travers les peaux les plus blanches et les plus saines, les yeux les plus rieurs. Le désastre était déjà là et ils ne s'en rendaient pas compte, car le désastre, c'est l'idée même du désastre à venir, qui ruine tout bien avant l'échéance. Au fond, me répétai-je avec une vaine amertume, il n'y a que les neuf premiers mois où l'on est tranquille, et après l'archange à l'épée de feu vous chasse à tout jamais par la porte marquée *Lasciate ogni speranza*, et l'on ne voudrait plus qu'une chose, revenir en arrière, alors que le temps continue à vous pousser impitoyablement et qu'au bout il n'y a rien, strictement rien», *Les Bienveillantes, op. cit.*, p. 634.
36 *Les Bienveillantes, op. cit.*, p. 130.
37 *Ibidem*, p. 638.
38 *Ibidem*, p. 142.
39 *Ibidem*, pp. 1340-1341.

Ce qui montre que le problème du mal, tel qu'il est présenté dans le roman de Jonathan Littell, dépasse l'expérience du National-socialisme.

Dès le début, le narrateur nous dit que le mal est un problème universel qui ne concerne pas seulement les Allemands et les Juifs. Il invite chacun des lecteurs à se demander ce qu'il aurait fait dans la même situation. D'ailleurs, les mots «ça vous concerne» sont présents à la première page. Un peu plus loin, il continue de s'adresser au lecteur pour lui dire que ce qu'il a fait, le lecteur, n'étant pas meilleur, l'aurait fait aussi. Car malgré les événements exceptionnels qu'il est amené à vivre, il affirme être un homme comme les autres. Il affirme même que si le lecteur n'est pas convaincu de cette ressemblance, de cette proximité, il est inutile de lire le livre. Il pose donc comme préalable le fait que les hommes sont semblables, c'est comme s'il proposait un miroir, ce qui a gêné beaucoup de lecteurs. Concernant la haine des Juifs, Aue propose une interprétation intéressante. Il se demande si dans ses discours antisémites Hitler ne se décrit pas lui-même. En outre, dans ses rêves, il arrive à Maximilien de voir le führer porter le châle de prière des rabbins. Ce qui voudrait dire que parlant de lui, il parle de tous. Bourreau et victimes se confondent. Pour justifier sa curiosité et son désir d'assister aux exécutions, Maximilien cite longuement un passage de *La République* de Platon, dans lequel est décrite cette envie de voir des corps morts[40]. Cette mise en abyme, qui est également valable pour le lecteur, confirme que le propos de Jonathan Littell n'est pas uniquement d'ordre littéraire.

6. Un roman philosophique

La philosophie a une grande importance dans le travail du texte, ce qui au niveau de la narration apparaît dans le fait que dès le début, on nous indique que Maximilien souhaitait étudier la littérature et la philosophie. Il dit aussi que sa démarche s'apparente à la recherche de la vérité, qui est une des définitions de la philosophie. Vers la fin du roman il dira que le National-socialisme était pour lui la recherche de la vérité[41]. La quête du sens est donc particulièrement importante pour Aue qui admet se rendre complice des exécutions par «passion de l'absolu et du dépassement des

---

40   *Ibidem*, pp. 147-148.
41   *Ibidem*, p. 1088.

17. Le National-socialisme comme mal métaphysique

limites[42]». Par exemple, après avoir décrit les trois attitudes possibles face aux meurtres de masse, il explique qu'il ne peut être classé dans aucune catégorie. Ce qui l'intéresse, c'est le sens qui se dérobe. Le fait qu'il éprouve de la curiosité, un certain étonnement signifie qu'il se comporte en philosophe. Ce qui le rapproche une fois de plus de Ferdinand Bardamu, le personnage de *Voyage au bout de la nuit,* qui lui aussi a décidé de poursuivre sa quête les yeux ouverts, prêt à affronter la noirceur de l'âme humaine[43].

Tous ces éléments font que Maximilien a une vision particulière du conflit. Qu'il soit avec les commandos de l'arrière ou au front, il a une approche très théorique. La mort par exemple, même si il y est confronté quotidiennement, a pour lui une dimension abstraite, elle est la preuve que la vie est absurde. Et la mort des personnes dont il se sent proche, comme celle de Voss, lui confirme que sa solitude est existentielle, ontologique. Il a l'impression que son problème, c'est la vie elle-même. Tout au long du roman, il parlera de la vie comme une malédiction, et qu'il aurait préféré en être dispensé, enviant parfois les morts.

Dès la première page, le narrateur compare l'homme à une chenille qui attend le papillon qui est en elle. Mais la métamorphose n'a pas lieu et l'être humain reste à l'état de larve, une potentialité, une déception. Cette tonalité nihiliste est présente jusqu'à la fin. La seule solution envisagée pour les survivants est d'oublier tout ce qui s'est passé car les questions soulevées par la barbarie de l'homme ne semblent pas avoir de réponse. Pour le personnage principal, le roman s'achève en compagnie des animaux du zoo qui vient d'être bombardé. Ce qui rappelle un passage de l'Ecclésiaste qui se trouve dans le chapitre 3, consacré à la mort, au verset 19: «Car le sort de l'homme et le sort de la bête sont un sort identique: comme meurt l'un, ainsi meurt l'autre, et c'est un même souffle qu'ils ont tous les deux. La supériorité de l'homme sur la bête est nulle, car tout est vanité». À la fin, Maximilien se retrouve seul avec les animaux et il n'a plus qu'à attendre la mort.

Université Paris III

---

42 *Ibidem,* p. 144.
43 *Ibidem,* pp. 160-161.

18. *Les Bienveillantes*: une position ironique

Yves Boisseleau

Le comique est sans doute l'aspect le plus inattendu comme le moins remarqué des *Bienveillantes*. Pourtant le goût de la plaisanterie, disposition bien réelle chez le narrateur, y est évident. Il signale lui-même qu'enfant, il était déjà «sarcastique et pince sans rire[1]». Or s'il est un sujet avec lequel il était difficile de faire rire, c'était bien la Shoah. Quantitativement, certes, la part du comique à proprement parler est relativement faible dans ce livre de près de mille pages. Pourtant, dans cet espace réduit, le narrateur manque rarement l'occasion de tourner en dérision ceux qu'il a choisis pour cibles. Il le fait en jouant de tous les registres du comique et en utilisant les procédés classiques les plus éprouvés.

Mais, au-delà de ces marques ponctuelles du comique, c'est plus encore l'attitude générale adoptée par Littell, dès le titre, puis par le narrateur dans le récit lui-même, qu'on peut qualifier d'ironique. Nous le constaterons souvent dans *Les Bienveillantes* et nous espérons montrer qu'on peut légitimement voir dans le projet didactique de Littell une position ironique, au sens socratique du terme.

Pour écarter toute ambiguïté quant aux intentions de l'auteur, commençons par repérer ses cibles. Une première évidence s'impose: Littell ne vise jamais, ce qui serait insupportable, les victimes de la Shoah, comme feignent de le croire les adversaires d'un livre dédié au contraire à la mémoire des morts[2]. C'est aux bourreaux qu'il s'en prend toujours, à commencer par son narrateur. Ainsi dénonce-t-il ironiquement la médiocrité intellectuelle de la SS: à la fin d'un exposé très ennuyeux de Max et d'une discussion spécieuse sur les races, Köstring, usant avec perfidie

---
1 *Les Bienveillantes*, Paris, Gallimard, 2006, p. 361.
2 *Ibidem*, p. 7.

d'une antiphrase assassine déclare «onctueusement»: «Nous sommes tous très impressionnés par l'érudition déployée par les spécialistes de la SS[3]». Himmler de même, après l'accident de Max, lui avait écrit très sérieusement: «Très cher Doktor Aue […] je suis heureux de savoir que vous allez mieux et que vous consacrez votre convalescence à des recherches utiles[4]», alors que Max est plongé dans des lectures sur … les «Martiens rouges» et les «Martiens verts», citant Burroughs comme un modèle «pour des réformes sociales en profondeur que la SS se devra d'envisager après la guerre[5]»! Comment dénoncer plus ironiquement l'inanité de l'idéologie nazie, ainsi assimilée à de la science-fiction! Hitler lui-même disait en 1939: «J'ai toujours été prophète, et la plupart du temps on m'a tourné en dérision[6]». Il semble bien que Littell continue.

La Wehrmacht n'est pas mieux lotie et ses cadres ne semblent pas des aigles, malgré l'emblème national allemand. La saignée de Stalingrad, où la déroute est déjà complète, commence seulement à réveiller l'État Major: «Il était temps!» ironise Voss, qui juge «fort comique[7]» cette lourdeur d'esprit des officiers découvrant en 1942 que l'Allemagne va à sa perte par la faute d'Hitler. Mais «comme c'est un génie, il doit avoir une solution![8]» ricane un gradé de l'Abwehr en risquant publiquement cette dangereuse et ironique antiphrase.

Moins risible que cette incurie, la grossière hypocrisie de la Wehrmacht. On sait maintenant que l'Armée et la SS ont fait le même travail et Littell insiste sur l'unité d'action des deux corps. Mais la Wehrmacht ferme les yeux et abandonne aux nazis les plus sales besognes, celle des «nettoyeurs»; «on pendait quasiment n'importe qui[9]», admet le narrateur dans un éclair de lucidité; la Wehrmacht cherche en vain à dissimuler sa complicité et prétend «garder les mains propres[10]» dans ses délicats gants gris. Son faux honneur se trouve ainsi démystifié et un premier tabou, l'honneur de la Wehrmacht, est ainsi levé. Quand on en parle à Blöbel, presque toujours ivre, l'exaspération le jette dans une de ces crises de fureur où le déchaînement de la violence verbale, le dispute à l'hystérie, le transformant en terrible bouffon éthylique.

---

3   *Ibidem*, p. 306.
4   *Ibidem*, p. 756.
5   *Ibidem*, p. 755.
6   Marc Lemonier, *Les Bienveillantes décryptées*, Paris, Le Pré aux clercs, 2007, p. 7.
7   *Les Bienveillantes, op. cit.*, p. 245.
8   *Ibidem*, p. 231.
9   *Ibidem*, p. 163.
10 *Ibidem*, p. 172.

18. Une position ironique 279

La police rejoint la SS et la Wehrmacht sur la scène de ce jeu de massacre. Les deux officiers de police judiciaire, Clémens et Weser qui n'apparaissent qu'à la fin du livre dans ses pages les plus noires, créent une sorte de contrepoint bouffon à l'horreur qui se répand partout. Caricatures de détectives privés, leurs interventions répétées sont drolatiques: comme doués d'ubiquité, ils suivent le narrateur à la trace, surgissent toujours à l'improviste pour l'interroger dans les circonstances les plus incongrues: sur le front de Stalingrad aussi bien que dans son bureau de Berlin; dans les ruines du métro, ou dans un château désert du fond de la Poméranie. Littell use d'un mécanisme comique classique, dit du *diable à ressort* qui surgit toujours de sa boîte malgré les efforts qu'on fait pour l'y enfoncer de nouveau.

Ainsi les deux commissaires ressortent-ils onze fois de la boîte où différentes autorités politiques ou judiciaires les ont pourtant renfoncés, entêtés dans leur projet de persécution de Max. Ce conflit de deux obstinations est une forme du comique de répétition. La «caricature», car c'est par ce mot que Max les désigne[11], prend le relais pour faire de Clémens et Weser «une paire de flics de films américains[12]», puis «deux marionnettes animées, mal taillées et mal peintes[13]» qu'achève la métaphore classique du «dogue», ou du «bouledogue[14]» qui «aboie[15]». Littell s'amuse même à les affubler de «longs manteaux gris[16]», clin d'œil amusé au lieutenant Columbo. Max les compare encore à Laurel et Hardy[17]. Ils saluent en même temps[18], et s'ils parlent «à tour de rôle[19]» c'est pour répéter ce que l'autre vient juste de dire comme les Dupont d'Hergé. Le discours stéréotypé, l'air supérieur du détective qui a tout compris, l'ironie grinçante et permanente du propos, l'arrogance du tutoiement, font d'eux de véritables bouffons de comédie.

Jusque-là l'ironie de Littell s'exerce aux dépens de ce que le lecteur exècre ou méprise le plus. C'est un peu différent lorsqu'il fait rire de la culture allemande. Car ce sont surtout les Allemands qui font les frais d'une moquerie, qui pour être traditionnelle en France, n'en repose pas moins sur

---

11 *Ibidem*, p. 677.
12 *Ibidem*, p. 675.
13 *Ibidem*, p. 759.
14 *Ibidem*, p. 735.
15 *Ibidem*, p. 815.
16 *Ibidem*, p. 674.
17 *Ibidem*, p. 693.
18 *Ibidem*, p. 674.
19 *Ibidem*, p. 675.

des malentendus culturels qui confinent parfois à la germanophobie.

Ainsi Peter Schöttler qui ne trouve pas drôles les plaisanteries de Littell, a tout de suite émis les plus vives réserves sur l'utilisation de la langue allemande dans *Les Bienveillantes*[20], au motif que l'auteur, «qui apparemment ne maîtrise pas l'allemand», commettrait nombre d'erreurs grossières. La plupart des termes germaniques dont il a parsemé son texte seraient en effet «tordus, fautifs ou de pure invention». Il est vrai que l'allemand employé par les personnages de Littell caricature assez facilement parfois une langue où les mots s'agglutinent pour former de longs conglomérats indéchiffrables. Ainsi le narrateur demande-t-il un jour à Kehring s'il peut lui parler. «De quoi?» demande Kehrig. Du *Führervernichtungsbefehl* répond Max sans rire. Et Kehring: «Il n'y a rien à discuter[21]». Heureusement pour le lecteur qui aurait peut-être eu du mal à entrer dans l'intelligence d'un concept dont la formulation ne demandait pas moins de vingt-quatre lettres mais qui, pour être une «pure invention», selon Peter Schöttler[22], n'en est pas moins une invention amusante. Reprocherait-on à Voltaire d'avoir inventé un nom de vingt-six lettres, «Valdberghofftrarbkdikdorff», pour désigner le village où arrive Candide après sa désertion[23]? On comprend tout de suite qu'il s'agit d'une raillerie.

Mais il faut dire aussi que de tels mots existent, par exemple: «Reichsicherheitshauptamt[24]», que Peter Schöttler ne dénonce pas comme une pure invention et qui, par le hérissement de ses consonnes, amuse le lecteur.

Un autre aspect de la langue allemande excite volontiers la moquerie des français: il s'agit de ces mots que la guerre leur a rendus sinistrement familiers et qu'ils n'ont pas oubliés. C'est volontairement que Littell, qui écrit pourtant directement en français, ne les traduit pas. C'est le cas entre autres de «*Verboten*». Le mot appartient en effet à ce vocabulaire allemand dont on se moque en affectant de croire que la langue allemande se réduit à une demi-douzaine de vocables comminatoires (*Schnell*, *Achtung*, *Kaputt*, ou *Rauss*), trop entendus dans les pays occupés, ces mots exprimant, bien entendu, un caporalisme qui serait le fond du caractère allemand, défini comme discipliné, dominateur, brutal et borné. C'est évidemment aussi

---
20 Peter Schöttler, «Tom Ripley au pays de la Shoah», dans *Le Monde* du 14 octobre 2006, p. 19.
21 *Les Bienveillantes, op. cit.*, p. 102.
22 Peter Schöttler, art. cit.
23 Voltaire, *Candide, Œuvres complètes*, tome 34, Éditions de l'Imprimerie de la Société littéraire Typographique, 1784, p. 226.
24 *Les Bienveillantes, op. cit.*, p. 638.

18. Une position ironique 281

puéril que le raisonnement de Figaro expliquant au Comte que «God-dam» est «le fond de la langue anglaise[25]». Mais ce champ lexical minimaliste excite toujours en France les plaisanteries germanophobes. Vrai lieu de mémoire civique, il permet d'éprouver avec une bonne humeur vengeresse, la force du lien national. C'est aussi facile qu'efficace et comme on finit toujours par penser ce qu'on a envie de croire c'est en prenant des airs supérieurs qu'on rira d'une langue aussi barbare.

D'autres traits de la culture allemande sont aussi tournés en ridicule dans *Les Bienveillantes*. Par exemple la manie réputée germanique, de la qualité, qu'elle soit nobiliaire ou universitaire. Littell n'est pas le premier à s'être moqué des titres de noblesse allemands. Il suffit pour s'en convaincre de relire le premier chapitre de *Candide* où Voltaire se moque de l'insuffisance des soixante et onze quartiers de noblesse du prétendant de Cunégonde. Littell démystifie à nouveau cette fascination en tournant en dérision l'étalage de la particule nobiliaire *von*. Il nous montre Blöbel, éructant contre tous «ces von aristocrates» qui, après la guerre «retourneront à leurs von manoirs confortables et écriront leurs von mémoires en se donnant des claques dans le dos les uns les autres pour avoir été des von soldats si décents et honorables[26]». Chez ces guerriers aux poitrines pavées de décorations et aux épaules estampillées d'écussons, la prétention d'appartenir à une caste supérieure assimile alors le préjugé nobiliaire à un avatar de la ridicule idéologie de la race des seigneurs.

La même démangeaison d'amour-propre qui travaille le moi surdimensionné de la noblesse se retrouve dans un autre Gotha: celui de l'Université. On change seulement d'ordre pour passer de l'ordre biologique de la race à l'ordre intellectuel du savoir. Il semble, si l'on en croit Littell, qu'on soit *Doktor* à peu de frais en Allemagne. Comme par affinité magnétique, le titre de docteur s'agglutine même au patronyme; ainsi Max fait-il remarquer au lecteur, que «les lettres Dr. Jur. font légalement partie de [son] nom[27]». Ce qui n'est qu'une simple qualité acquise se substitue alors à l'identité et devient caractère essentiel. Cette représentation boursouflée des titres figurerait assez bien chez La Bruyère au chapitre des réputations usurpées, chez le Voltaire de *Micromégas* ou parmi les réflexions que Pascal consacre à l'amour-propre.

C'est avec le même entraînement jubilatoire que Littell s'acharne sur

---

25 Beaumarchais, *Mariage de Figaro*, III, 5. Œuvres, Paris, Gallimard, Bibliothèque de la Pléiade, 1988, p. 433.
26 *Les Bienveillantes, op. cit.*, p. 173.
27 *Ibidem*, p. 17.

d'autres ridicules supposés de la nation allemande. Ainsi le goût de la précision ferait-il rire si le sujet n'était pas aussi grave, puisqu'il s'agit de vies humaines. Se livrant à une comptabilité aussi précise que macabre[28] des victimes du nazisme, Max ironise sur cette précision «pédantesque[29]» allemande, et sur «l'officiel et germaniquement précis chiffre de 6 172 373 morts[30]». On a envie d'ajouter, comme Rabelais[31] le fait à l'occasion du décompte des victimes de la guerre picrocholine: «sans les femmes et petits enfants, cela s'entend toujours». Le contraste entre l'incertitude de ces dénombrements invérifiables et l'assurance scientifique de tel «statisticien maussade[32]» fait évidemment sourire même si l'ironie est amère.

Amère également l'ironie de Littell quand, s'agissant du sens de l'organisation, autre vertu réputée allemande, Max évoque «l'expérience appréciable [qu'il a] en ce domaine[33]». Appréciable, certes, puisque c'est celle des Einzatzgruppen! Car rien ne fut plus organisé que l'action de ces groupes d'assassins professionnels. Dans ce contexte de barbarie bureaucratique, l'ironie, celle de l'auteur, Max n'étant pas conscient du mauvais goût de sa réplique, se fait alors bien macabre.

Autre thème récurrent de la satire anti-germanique, la sensibilité allemande. Ainsi la liquidation des Juifs pose un douloureux problème de bienséance aux bourreaux. On s'interroge gravement: le gaz ou le peloton d'exécution? Le Dr. Widmann pense que «le gaz est un moyen plus élégant[34]». Le Dr. Müller (toujours des docteurs!) explique qu'il n'aime pas le camion à gaz, mais trouve «l'exécution par pelotons beaucoup plus gemütlich[35]». Puis, alors que 150.000 Juifs sont parqués dans Kiev et qu'il est question, dans un premier temps d'en fusiller 50.000, la Wehrmacht objecte que ce «n'est pas gemütlich[36]» non plus. On est dans ce que Max, dans un de ses rares éclairs de lucidité, appelle le «sentimentalisme putréfié [...] des auteurs allemands[37]» de l'époque. L'horreur de la guerre, pleurnichent-ils, «nous serait à l'occasion pénible et notre sensibilité et notre délicatesse

---

28 *Ibidem*, p. 20 *sqq.*
29 *Ibidem*, p. 22.
30 *Ibidem*, p. 21.
31 Rabelais, *Gargantua*, dans *Œuvres de Rabelais*, chapitre XXVII, Paris, Éditions Garnier, 1956, t. I, p. 80.
32 *Les Bienveillantes, op. cit.*, p. 504.
33 *Ibidem*, p. 18.
34 *Ibidem*, p. 142.
35 *Ibidem*, p. 241.
36 *Ibidem*, p. 118.
37 *Ibidem*, p. 20.

18. Une position ironique

d'hommes et d'Allemands en souffriraient[38]».

Mais ils vont souffrir bien davantage lorsqu'un grave cas de conscience va mettre à l'épreuve et leur sensibilité et leur logique dévoyée : l'anthropophagie aux armées. Voilà que la race des seigneurs sombre dans le cannibalisme! Quand «la famine les eut décidés à ce recours», on se posa «en haut lieu» la question de savoir s'il valait mieux «manger un russe ou un allemand». On pourrait, certes, manger «un Untermensch bolchevique», mais ce serait au risque de «corrompre (les) estomacs allemands»; par ailleurs «manger un camarade mort serait déshonorant[39]»; sans parler du sacrilège qu'il y aurait à manger un aryen! Ce grave débat idéologique s'achève sur la décision du casuiste nazi de service qui résout habilement le terrible dilemme: ils mangeront «un de leurs Hiwi[40]». Ils en tuent donc un qu'ils font dépecer par un ancien boucher de Mannheim. Le caractère à la fois absurde et monstrueux d'un tel débat provoquera bien sûr une réaction d'horreur indignée chez le lecteur. Seul un ricanement douloureux pourra l'en libérer un instant. Même si la position ironique de Littell n'est pas la même, une commune thématique fait penser à la macabre argumentation de Swift dans sa *Modeste Proposition*. Pour autant, ni chez Swift, ni chez Littell il n'y a d'insulte à la misère du monde et l'ironie de Littell ne vise pas les victimes mais l'insupportable discours des bourreaux. Laissons donc à d'autres ce reproche sans objet et saluons plutôt la salutaire indignation de Littell stigmatisant ainsi la macabre chimère des Allemands et la nature pathologique du nazisme. On a bien compris la position adoptée par l'auteur: elle rejoint parfois celle de Chaplin. Et personne n'a songé à critiquer *Le Dictateur* au motif que les pitreries du barbier pouvaient constituer une insulte à la mémoire des Juifs persécutés. Il s'agit d'une position évidemment ironique. Au sens philosophique.

Cette disposition permanente à la dérision prend bientôt un tour inattendu. Par une sorte de pastiche inconscient (et un peu déplacé) de Montaigne, le narrateur prend avec le lecteur des libertés qui ne sont pas sans rappeler *l'Avertissement* déconcertant que l'auteur des *Essais* plaçait au seuil de son ouvrage.

Dans un autre registre de langage, plus burlesque, on retrouve le même pacte de lecture dissuasif: «Vous disposez d'un pouvoir sans appel», dit Max à son lecteur, «celui de fermer ce livre et de le jeter à la poubelle, ultime

---

[38] *Ibidem*, p. 36.
[39] *Ibidem*, p. 349.
[40] *Ibidem*, p. 349. Les Hilfswillige étaient des auxiliaires russes volontaires.

recours contre lequel je ne peux rien[41]». Mais Littell pousse encore plus loin la familiarité et la raillerie en jouant avec la patience de son lecteur. Ainsi le prévenir au début d'un récit qui comportera presque neuf cent pages que «ça risque d'être un peu long», relève évidemment de l'ironie. «Si ça se trouve», ajoute le narrateur, «vous n'êtes pas trop pressés, avec un peu de chance, vous avez le temps[42]». Qu'en pensera ledit lecteur quand, englué plusieurs centaines de pages plus loin dans la logorrhée de Max, il se rappellera l'effort qu'on lui avait demandé au début du récit: «Prenez donc un peu patience et accordez-moi votre attention[43]». Peut-être arrivera-t-il à la fin de la confession de Max: «Vous devez penser: Ah, cette histoire est enfin finie. Mais non, elle continue encore[44]».

Mais, par un juste retour des choses, il arrive que notre bonimenteur se trouve à son tour cruellement victime de cette ironie qu'il manie si bien. Et ce n'est pas sans malice que l'auteur, vers la fin du roman, fait dire aux deux policiers venus lui expliquer les circonstances du meurtre de sa mère, meurtre dont il est probablement l'auteur: «On va te raconter comment ça s'est passé[45]», ironique mise en écho du fameux «laissez-moi vous raconter comment ça s'est passé[46]» de Max au tout début. En passant ainsi du vouvoiement policé du narrateur au tutoiement policier de ces burlesques Érinyes, le récit fournit un bon exemple d'ironie dramatique.

Mais Max est capable aussi d'autodérision. Il contemple parfois sa vie avec une «ironie[47]» qui explique la question faussement candide qu'il pose au lecteur: «Vous vous demandez peut-être comment j'ai fini dans la dentelle?[48]». En effet! La réponse est fournie par une comparaison militaire inattendue: avatar des chars d'assaut, «les métiers [à tisser] m'impressionnent toujours», dit-il, «ils sont en fonte, on les a peints en vert, et chacun pèse dix tonnes[49]». La plaisanterie est sinistrement comique. On pense au capitaine Conan de Roger Vercel qui, son travail de nettoyeur de tranchées terminé, revient à son métier … la mercerie.

Si l'on envisage maintenant de classer les occurrences comiques des *Bienveillantes*, en fonction des différents registres de langage utilisés, on

---

41 *Ibidem*, p. 720.
42 *Ibidem*, p. 11.
43 *Ibidem*, p. 20.
44 *Ibidem*, p. 837.
45 *Ibidem*, p. 886.
46 *Ibidem*, p. 11.
47 *Ibidem*, p. 19.
48 *Ibidem*, p. 17.
49 *Ibidem*, p. 16.

constate que Littell joue sur les registres les plus traditionnels du bouffon, du burlesque et du grotesque qu'il utilise comme de puissants leviers comiques. Leur mode de fonctionnement, on le verra, est soit ironique soit humoristique.

Généralement sarcastique, l'ironie du désespoir donne volontiers dans l'aphorisme. C'est elle qui donne au commissaire soviétique Semionovitch, menacé du peloton d'exécution[50], la force de renvoyer à la tête de Max une paradoxale formule empruntée au *Journal* de Stendhal: «Je ne vois que la condamnation à mort qui distingue un homme, c'est la seule chose qui ne s'achète pas». À ces mots Max est pris «d'un ricanement irrésistible» et amer. L'humour de Semionovitch se retranche ainsi avec panache dans une position haute: celle du sarcasme où les Grecs voyaient déjà l'affirmation de la liberté.

Il y a aussi l'ironie du sort; elle s'exprime dans un genre littéraire, si c'en est un, qui est celui de la «bonne blague». C'est la spécialité du joyeux Thomas qui raconte qu'après un raid, «on avait trouvé le juge Freisler raide-mort», un dossier «à la main, la tête écrasée, disait-on, par le buste en bronze du Führer qui trônait derrière lui lors de ses réquisitions passionnées[51]». Autre bonne blague, celle de la mort de Gerlatch, ou l'art de le dire avec des fleurs, secret de bonne éducation connu des seuls Anglais mais que ne semblent pas apprécier les Allemands: il a été tué «à Hambourg, lors d'un bombardement anglais», dit Himmler. «Il ne s'est pas mis à l'abri à temps et il a reçu un pot de fleurs sur la tête. Des bégonias, je crois. Ou des tulipes. Il est mort sur le coup. Ces Anglais sont des monstres![52]».

L'ironie macabre enfin semble être une trouvaille slave pour mieux saper le moral des Allemands. À Stalingrad les Russes «passent un enregistrement avec le tic, toc, tic, toc d'une horloge, très fort, puis une voix sépulcrale qui annonce en allemand: "toutes les secondes un allemand meurt en Russie". Puis le tic, toc qui reprend. Ils mettent ça pendant des heures. C'est saisissant», commente Hohenegg[53], mais il faut reconnaître que ce raffinement sadique n'est drôle que pour les Russes.

Ce goût du narrateur pour la moquerie, le conduit à des mises en scène de situations souvent bouffonnes. Ainsi avec l'épisode des enfants sauvages[54] téléphonant au Führer, on est à la fois dans le tragique et dans

---

50 *Ibidem*, p. 370: «Je sais parfaitement que je serai fusillé tout à l'heure».
51 *Ibidem*, p. 791.
52 *Ibidem*, p. 497.
53 *Ibidem*, p. 353.
54 *Ibidem*, p. 858 *sqq*.

la bouffonnerie. Dans le tragique parce que ces enfants rendus à la vie sauvage sont devenus des assassins de métier; dans la bouffonnerie parce que l'épisode procède de l'irréalité et de la fantaisie la plus débridée. Ces enfants perdus du nazisme, jouent le jeu comme des enfants qu'ils sont aussi et croient que, du fond de la Poméranie, leur téléphone de campagne (qui n'est qu'une boîte de conserve munie d'un fil de fer) leur permet de parler directement à Hitler dans son bunker de Berlin.

D'autres mises en scène sont … plus fortes. Dans un état de conscience semi-hallucinatoire, Max se représente le risque de «déflagration d'un véhicule bourré d'explosifs». Il croit voir des «paquets de chair collés au mur ou projetés à travers les croisées pour atterrir dans la soupe dominicale[55]». Comment le spectacle insoutenable de ce dernier détail peut-il ainsi devenir un objet comique? Le scandale est évité par l'extrême improbabilité de la mise en scène; on peut donc en rire comme on rit au spectacle des cervelles «écrabouillées» dans la désopilante boucherie du combat de Frères Jean des Entommeures[56]. Et personne n'a songé à ce jour à frapper Rabelais d'indignité au motif qu'il se serait ainsi moqué des victimes de la guerre. Chez Littell, la scène est présentée comme un produit de l'imagination; aussi ne heurte-t-elle ni la sensibilité ni le sens moral à cause de son caractère hallucinatoire et de son excès d'invraisemblance.

Quant au burlesque, il apparaît souvent dans Les Bienveillantes. Le Generalfeldmarschall von Reichenau en fera les frais dans un portrait qui relève du burlesque descendant: son titre ronflant, la noblesse de son nom, son monocle distingué contrastent évidemment avec une tenue pour le moins incongrue sur le front puisqu'il est en maillot de bain!: «Von Reichenau claqua ses talons nus et leva le bras: Heil Hitler![57]». Cette incohérence de registre rend burlesques son agitation et surtout son salut militaire puisqu'il est pratiquement nu.

Le grotesque enfin peut aller jusqu'à une outrance répugnante dans laquelle Littell ne craint pas de tomber. Ainsi la monstruosité comique de Mandelbrod, goitreux et pétomane, est-elle peinte complaisamment. Un goitre affreux pend sur sa cravate, et ses yeux sont noyés dans d'écœurants plis graisseux. Toujours entouré de ses trois parodiques amazones blondes[58],

---

55 Ibidem, p. 14.
56 Rabelais, Gargantua, op. cit., chap. XXVII.
57 Les Bienveillantes, op. cit. p. 35.
58 Ibidem, p. 418: Hilde, Helga et Hedwig, qui ne sont pas sans rappeler les trois dactylos du tyran dans Le Dictateur de Chaplin.

18. Une position ironique

il accorde à Max un entretien qu'il ouvre au son d'une «énorme flatulence[59]» et qu'il conclut de la même sonore façon[60]. Notons encore, dans le genre scatologique, la complaisance de Max à parler de sa constipation et de ses diarrhées avec un sérieux qui n'est pas sans rappeler Humphrey Clinker studieusement penché sur son vase de nuit dans le roman de Smolett.

Mais l'ironie n'est pas le seul mode de fonctionnement du comique dans *Les Bienveillantes*. Quand la raillerie se dissimule sous un air sérieux, la mise à distance par l'humour libère un rire heureusement plus fin. Anodin souvent, il prend ses thèmes dans les scènes de la vie quotidienne.

Tantôt il joue de la naïveté amusante d'un tableau comme dans ce passage où l'humour de Max l'amène à se représenter lui-même de façon cocasse, rentrant en ville avec Voss, tous deux en uniforme, au milieu d'un «troupeau d'oies[61]». Le même procédé où l'on retrouve un effet de burlesque descendant avait été spirituellement utilisé par Chateaubriand, dans cette page où, allant faire sa cour à Charles x déchu, il fait son entrée dans Prague au milieu des dindons[62]. Ce même humour consiste ailleurs à prêter sérieusement une mauvaise volonté, systématique et obstinée, aux choses ou aux animaux appliqués à contrarier le narrateur. Ainsi sa femme lui impose-t-elle un chat capricieux et diabolique qui fait systématiquement le contraire de ce qu'on attend de lui. La mécanique répétitive des actions du chat entraîne un effet comique assuré[63]. Dans ces deux exemples, et au contraire de Sémionovitch, Max adopte une position basse, mélange de dévalorisation de soi et de gémissement comique, pour faire rire à ses dépens.

L'humour noir, lui, est moins léger. Il procède par suspension du sens moral ou du jugement affectif. L'horreur, la pitié ou la peur de la mort sont alors momentanément oblitérés. Il permet par exemple d'escamoter le scrupule moral derrière des considérations pratiques dont l'urgence et la nécessité s'imposeraient avant tout.

Tantôt ce sont les sanglantes conséquences d'un suicide à la grenade qui sont ramenées à un problème de nettoyage: «Aux femmes de ménage de

---

59 *Ibidem*, p. 417.
60 *Ibidem*, p. 422.
61 *Ibidem*, p. 207.
62 Chateaubriand, *Mémoires d'Outre-tombe*, 24-25 septembre 1833, éd. Biré, vol. 6, Paris, Garnier: «Je rencontrais […] des dindons en cage se rendant à Prague comme moi pour la majorité de Henri V».
63 *Les Bienveillantes*, *op. cit.*, p. 13: «Quand je tentais de le caresser […] il filait […] mais si je cherchais à le prendre dans mes bras, il me griffait […] et me fixait de ses yeux jaunes […]. La nuit, au contraire, il venait se coucher sur ma poitrine.»

nettoyer, elles sont payées pour ça, tant pis pour elles![64]». Ailleurs l'effrayant problème des massacres de masse se trouve réduit à un problème de rangement que la langue du Troisième Reich résout en désignant les fosses communes par un euphémisme (*Sardinenpackung*) qui se prétend drôle. Pire encore, c'est benoîtement et avec esprit croit-il, que le Dr. Hohenegg déplore les aléas de la décongélation des cadavres sur lesquels il travaille: «J'ai à ma disposition autant de corps que je pourrais souhaiter, parfaitement conservés, même si justement il est parfois un peu difficile de les dégeler». Et de raconter la «plaisante» mésaventure survenue à l'un de ses assistants qui a ainsi laissé rôtir un cadavre près du poêle[65].

Il est évident que dans tous ces exemples, ce n'est pas le malheur des victimes qui est tourné en dérision mais la lecture faite de l'événement par les nazis.

Non moins efficace l'utilisation du non-sens, dont l'effet de surprise, bousculant notre logique, déclenche mécaniquement le rire: «Vous connaissez nos traditions», dit Honehegg, «nous n'évacuons que lorsque tout le monde s'est fait tuer[66]». Cette logique dévoyée, d'une consternante absurdité, n'est pas sans rappeler, encore une fois, les facéties de Voltaire conteur. Max qui est juriste de la ss, se demande aussi quel sens il peut bien y avoir à sélectionner «des juristes pour assassiner des gens sans procès [67]». Mais la nouvelle justice allemande, justement parce qu'elle repose sur un déni de justice, se trouve ainsi prisonnière d'un non-sens qui fournit à Max, dans ce bref éclair de lucidité, l'occasion d'exercer son ironie la plus caustique.

Il nous faut maintenant parler des principaux procédés comiques retenus par Littell. C'est d'abord le comique de caractères. Le regard malicieux de son narrateur repère vite les travers humains et réduit la complexité humaine d'un personnage pour en faire un type comique. D'un coup de crayon il épingle ses victimes et accroche ainsi dans sa galerie de personnages risibles une série de portraits bien enlevés.

On y reconnaît d'abord les agités dont le comportement décalé décrédibilise la fonction: on en trouverait plusieurs exemples sur ce théâtre d'ombres chinoises frénétiques: c'est Häffner qui «lançait des ordres inutiles pour se donner une contenance[68]» ou von Radetzky qui «avait toujours l'air

---

64 *Ibidem*, p. 11.
65 *Ibidem*, p. 355.
66 *Ibidem*, p. 322.
67 *Ibidem*, p. 63.
68 *Ibidem*, p. 114.

18. Une position ironique

de savoir ce qu'il faisait même quand il ne faisait rien[69]».

La perfidie, elle, excelle dans le discours parallèle et l'insinuation en donnant systématiquement un double sens à tous les mots employés. Max, soupçonné d'homosexualité et qui vit dans la crainte d'être démasqué, fait ainsi publiquement les frais de l'ironie de Prill qui connaît bien ce mécanisme archaïque de domination par dévalorisation de l'autre: «Vous avez dû passer trop de temps à discuter avec votre ami le Leutnant Voss. On dirait qu'il a influencé votre jugement[70]».

La veulerie et la bêtise sont également stigmatisées en la personne d'un ingénieur «souabe, épais et suant» à qui Max fait remarquer qu'on ne peut pas continuer à faire travailler les Juifs les pieds dans les excréments et la pourriture. Le Souabe partit d'un gros éclat de rire: «De toutes façons, les juifs, c'est comme la venaison, c'est meilleur quand c'est un peu faisandé[71]». Ce trait d'esprit sans appel révolte enfin Max qui commence à comprendre, nouvel éclair de lucidité, que «tout ceci prenait l'aspect d'une farce pénible[72]».

La peinture des caractères comiques est donc souvent poussée jusqu'à une schématisation drastique qui réduit le personnage à un seul trait de caractère. C'est pourquoi elle élit volontiers des genres littéraires simplificateurs comme la caricature et la parodie.

Pour exceller dans la caricature il faut être obstinément subjectif. Nombre de petits portraits relèvent de ce parti-pris: c'est Schulz «le foireux, avec une petite moustache ridicule[73]», ou encore Himmler, réduit à «son pince-nez, [à] sa petite moustache grotesque, [et à] ses doigts gras et courts aux ongles sales[74]».

Littell utilise aussi la métaphore animale. On pense à ces portraits où Grandville semble avoir surpris son modèle à mi-chemin d'un processus de métamorphose en cours. Ainsi les SS trop décorés deviennent-ils des «faisans dorés[75]» sous le crayon satirique du narrateur, Bierkamp, une «loutre[76]», Blöbel un «vautour[77]», Eichmann «un petit oiseau de proie»

---

69 *Ibidem*, p. 37.
70 *Ibidem*, p. 298.
71 *Ibidem*, p. 568 *sq.*
72 *Ibidem*, p. 351.
73 *Ibidem*, p. 425.
74 *Ibidem*, p. 402.
75 *Ibidem*, p. 243.
76 *Ibidem*, p. 527.
77 *Ibidem*, p. 37.

puis «un petit coq[78]». Cette rapide transformation à vue, cette succession de clichés en cascade ramènent à leur juste proportion d'insignifiants personnages qui ne se prenaient pourtant pas pour rien. En faisant ainsi grimacer les modèles, on les amène à révéler leur nature pour mieux les démasquer.

Mais lorsque des personnages inspirent une sorte d'horreur sacrée, (c'est le cas de Staline ou d'Hitler), le trait devient plus féroce. C'est ce qu'on observe dans la description d'un graffiti de latrines que Max qualifie «d'excellente caricature[79]» ou l'on voit Hitler et Staline forniquant sous les yeux de Churchill et de Roosevelt transformés en voyeurs en train de se masturber. L'obscénité directe et crue de cette caricature désacralise quatre géants de la politique, voire la politique elle-même, ainsi ravalée à une forme de bestialité choquante et comique à la fois. En réduisant les tractations de ces grands à des formes de sexualité dégradée, le dessinateur anonyme insinue que leurs préoccupations sont obscènes et nous libère du tabou politique.

Si la caricature assimile les hommes à des animaux, la parodie amène certains animaux à se comporter comme des humains: ainsi le chien de Maustein, dans une reproduction comique de la gesticulation nazie lève-t-il la patte toutes les fois qu'on crie Heil Hitler[80]. Il semblerait pourtant qu'il n'y ait «pas de comique en dehors de ce qui est proprement humain[81]». Mais justement si l'on rit du chien de Maustein c'est parce qu'on lui a appris, par dressage, une attitude humaine. Dans ce cas, le rire n'est pas gratuit et ce chien au fond n'est plus amusant du tout: n'a-t-on pas ainsi dressé le peuple allemand invité à voir dans ce chien son propre portrait? Ici le rire réveillera peut-être les consciences en dénonçant les dangers du culte de la personnalité.

On trouve aussi dans *Les Bienveillantes* des scènes de comédie où le comique est essentiellement un comique de situation.

Elles peuvent revêtir la forme d'un canular comme celui dont est victime Oberländer. Mené en bateau par Max, Oberländer ne comprend pas pourquoi Max et Voss sont pris de fou rire toutes les fois qu'on prononce le nom des Oubykhs, peuple dont la langue intéresse Voss qui cherche en vain un interprète[82]. Aussi lorsque Oberländer arrive, la tête pleine d'un autre

---

78 Ibidem, p. 140.
79 Ibidem, p. 335.
80 Ibidem, p. 172.
81 Bergson, *Le Rire*, Presses Universitaires de France, Paris, 1961, p. 2.
82 *Les Bienveillantes, op. cit.*, p. 251 *sqq*.

18. Une position ironique 291

sujet, Max lui demande avec malice, car c'est hautement improbable, s'il n'a pas d'Oubykhs parmi ses hommes[83]. «Fou-rire incontrôlable de Voss[84]». Au bout de quelques minutes de ce petit jeu «Oberländer commençant à s'énerver[85]», Voss ne trouvera d'autre issue honorable que celle de quitter la pièce. Il en résulte non pas une situation comique mais deux, Max réussissant un coup double: exaspérer Oberländer qui ne comprend pas pourquoi on se moque de lui et mettre Voss, qui n'en peut mais, dans un cruel embarras. C'est le schéma dit du pantin à ficelles, Voss et Oberländer n'étant plus que des marionnettes entre les mains de Max qui tire les ficelles et reste jusqu'au bout le maître du jeu. Dans ce canular de collégien le lecteur reconnaîtra le goût ancien de Max pour mettre «en scène des farces travaillées[86]». D'autres situations sont comiques par réification du sujet, Max en l'occurrence, capable d'humour et d'auto dérision à ses heures. Inconscient après une grave blessure, transporté inerte à l'hôpital et transformé en objet médical[87], il ne comprend pas pourquoi les infirmières, à son réveil, le manipulent comme un mannequin. Il lui faudra trois pages d'un comique «labeur d'interprétation[88]» pour comprendre qu'il est à l'hôpital et que le comportement du personnel qu'il trouve désinvolte est simplement professionnel.

Par une sorte d'effet ping-pong, d'objet médical il devient ensuite objet politique quand Himmler en personne vient lui remettre la Croix de Fer sur son lit d'hôpital. «Je n'avais aucune idée de ce que j'avais bien pu faire pour mériter cela[89]». Étranger à l'agitation qui règne autour de son lit, il subit la cérémonie plus qu'il n'y participe et comme Candide il «ne démêlait pas encore bien comment il était un héros[90]». Le comique de la situation est augmenté d'un gag aléatoire produit par le salut allemand qu'il esquisse depuis son lit de grand blessé au moment où les assistants sont précisément sur le point de quitter la chambre. Dans un même mouvement de pantins mécaniques les officiers se retournent alors comme un seul homme vers la porte de la chambre que le salut de Max semble ainsi leur désigner et sortent comme s'ils étaient congédiés par Max! La simultanéité des deux actions est une petite trouvaille dont l'ambiguïté comique n'eût pas été

---

83 *Ibidem*, p. 254.
84 *Ibidem*, p. 256.
85 *Ibidem*, p. 255.
86 *Ibidem*, p. 361.
87 *Ibidem*, p. 402: «j'avais été livré dans un fourgon».
88 *Ibidem*, p. 400.
89 *Ibidem*, p. 405.
90 Voltaire, *Candide*, chapitre 2, *op. cit.*, p. 228.

désavouée par Chaplin.

Autre schéma comique classique: celui de l'arroseur arrosé. Ce sont des anecdotes cocasses généralement brèves comme celle où l'on voit le gros Göring entreprendre une cure d'amaigrissement civique. Pris d'un accès de zèle et pour faire taire les «mensonges grossiers» sur l'insuffisance du ravitaillement des troupes, Göring avait décidé de se faire servir «la même ration que les soldats de la sixième armée». Mais devant son amaigrissement rapide, «le Führer avait dû l'obliger à cesser "ces démonstrations maladives"[91]». Là encore peut-être, Littell s'est-il souvenu de la séquence du *Dictateur* où Chaplin nous montrait Hering resserrant sa ceinture d'un cran en écoutant Hynkel annoncer des sacrifices aux Allemands.

Une autre anecdote constitue une situation hautement invraisemblable malgré de laborieuses précautions oratoires qui ne manquent pas d'humour, celle où l'on voit Max pincer le nez d'Hitler, dans son bunker de Berlin, «lui secouant doucement la tête, comme on fait à un enfant qui s'est mal conduit» au moment où celui-ci va le décorer[92]. Certes on est ici dans le phantasme le plus bouffon mais l'image d'Hitler explosant de rage et tordu de douleur est aussi irrésistible que la séquence du *Dictateur* où l'on voit Hynkel bousculé d'un coup de postérieur par Hering et tomber dans l'escalier qu'il s'apprêtait à descendre solennellement. La fonction du rire est ici évidente: désacraliser le monstre en le jetant à bas de son piédestal.

Si le comique de caractères et le comique de situations permettent des effets spectaculaires, le comique de mots n'est pas en reste. Ainsi le délire verbal qui s'empare de Max au réveil d'une intervention chirurgicale, illustre une recette facile mais éprouvée du comique de mots. L'accumulation inattendue de termes orduriers auxquels Max ne nous avait pas habitués jusque-là mais que le déverrouillage du surmoi a soudain libérés, l'amène à insulter le chirurgien: «cochon, ordure, salope, puant juif, enculé!» hurle Max. Sous cette bordée d'amabilités soldatesques «les médecins hochaient gravement la tête[93]». Ce flegme professionnel et surtout l'adverbe «gravement» font évidemment rire.

Autre forme d'excès verbal, mais solennel celui-ci, l'emphase est une caractéristique des régimes politiques donnant dans l'enflure, qu'elle s'applique à l'architecture ou au langage. Max constate que dans les restaurants berlinois de la guerre elle contamine même la carte où les

---

91 *Les Bienveillantes, op. cit.*, p. 412.
92 *Ibidem*, p. 881.
93 *Ibidem*, p. 401.

18. Une position ironique

plats sont «affublés de noms patriotiques idiots[94]». On retrouvera ce style boursouflé dans la littérature de propagande de Voss se flattant d'avoir rédigé lui-même un tract «très drôle»: «Montagnards, vous aviez tout, mais le pouvoir soviétique vous a tout pris! Accueillez vos frères allemands qui ont volé comme des aigles par-dessus les montagnes pour vous libérer. Je pouffai avec lui[95]», ajoute Max.

À l'opposé de ce procédé, qui est un procédé d'exagération, il y a les façons de parler *a minima* que les nazis, mais eux seuls, trouvent très spirituelles. Ainsi la langue nouvelle du Reich, les «Sprachregelungen[96]», cette *Lengua Tertii Imperii* dont parle Klemperer, utilise-t-elle «beaucoup de jolis euphémismes[97]» comme dit Max. Elle dira «solution finale» plutôt qu'extermination, «dépoussiérage[98]» plutôt que gazage; d'un détenu passé à tabac et dont le visage est encore sanglant, on dira avec esprit qu'il est «rasé de frais[99]» pour signifier qu'il est écorché vif, on ne déporte pas, on «évacue[100]»; on ne bat pas en retraite, on procède à «un raccourcissement volontaire du front[101]».

Avec l'antiphrase, autre façon de dire *a minima*, l'effet comique devient sinistre. C'est sans doute l'humour nazi qui inspire à Max cette plaisanterie sur les murs de son bureau «décorés[102]» de lambeaux de chair après l'explosion d'une grenade; ailleurs c'est l'horrible maladresse des fusillers de la police qui est qualifiée ironiquement de «performance[103]» ; c'est Max encore qui pense que le programme des opérations militaires de 1942, leur promettait un Noël «joyeux[104]»; mais il y a pire dans le mauvais goût: une étude soi-disant médicale sur la malnutrition devient une «fascinante étude[105]» et l'utilisation du gaz des camions pour asphyxier les Juifs est une idée qu'on ne craint pas de qualifier de «brillante[106]».

Malgré l'atroce mauvais goût de ces plaisanteries et contrairement à ce

---

94   *Ibidem*, p. 411.
95   *Ibidem*, p. 235.
96   *Ibidem*, p. 612. Règles de langage permettant aux nazis, par une pratique de la *restriction mentale* digne des jésuites de Pascal, de nier leurs crimes.
97   *Ibidem*, p. 316.
98   *Ibidem*, p. 538.
99   *Ibidem*, p. 362.
100 *Ibidem*, p. 717.
101 *Ibidem*, p. 495.
102 Ibidem, p. 11
103 *Ibidem*, p. 168.
104 *Ibidem*, p. 333.
105 *Ibidem*, p. 321.
106 *Ibidem*, p. 143.

qu'on a pu affirmer[107], ces beaux officiers allemands, qui sont surtout des monstres, plaisantent souvent d'eux-mêmes et parfois avec esprit. Humour noir, jeux de mots, saillies, traits d'esprit, blagues, foisonnent dans le livre de Littell. Il y a les blagues anti-parti, recueillies chez les concierges ou les femmes de ménage[108] et colportées par Berndt en particulier qui rebaptise le «Völkische Beobachter[109]» du nom de «Verblödungsblat[110]». Il y a le flegme de Honehegg dont l'abri est bombardé chaque jour à la même heure par les Russes: «C'est très pratique pour travailler», dit-il à Max, «le seul problème […] c'est qu'ils ne visent jamais tout à fait au même endroit». L'humour ainsi exercé en position haute fonctionne comme un dissolvant de l'angoisse et constitue une bonne défense immunitaire. Il permet de rester moralement au-dessus de la situation et d'affronter l'horreur du monde avec dignité.

Mais on aurait tort de réduire l'ironie des *Bienveillantes* à un corpus de mots, de traits d'esprit, ou de situations plus ou moins drôles. Nous avons parlé à plusieurs reprises de la position ironique de Littell dans son livre. Elle est générale et l'on a justement remarqué que «Littell parsème son roman de plaisanteries parfois quasiment subliminales[111]». Cette position ironique s'observe dès le début du livre quand le lecteur se croit encore étranger à l'histoire que Max a entrepris de lui raconter. «Ça vous concerne», lui dit pourtant le narrateur, «vous verrez bien que ça vous concerne[112]». Mis mal à l'aise par ce harcèlement indiscret, le lecteur s'aperçoit bientôt que le narrateur a décidé d'adopter à son endroit une position ironique. Une ironie socratique s'entend, celle qu'une habile maïeutique va mettre en scène sous la forme d'un questionnement piégeur.

La chose est rendue possible par le dédoublement de Max, à la fois acteur principal et narrateur. Il y a en effet deux voix dans ce personnage: celle du triste héros, dangereux psychopathe qui abat son ami Thomas, assassine sauvagement sa propre mère et participe sans états d'âme au nettoyage ethnique des Einsatzgruppen; et parallèlement, il y a celle du narrateur, à la fois esthète délicat et belle âme émue au spectacle de la nature, capable à

---

107 Peter Schöttler, art cit.
108 *Les Bienveillantes, op. cit.*, p. 196.
109 Journal Officiel des nazis, puis du Troisième Reich.
110 «la Feuille d'abrutissement». *Les Bienveillantes, op. cit.*, p. 448.
111 Marc Lemonier, *Les Bienveillantes décryptées, op. cit.*, p. 10.
112 *Les Bienveillantes, op. cit.*, p. 11.

18. Une position ironique   295

l'occasion de pitié[113], de honte[114], de tristesse[115], d'horreur[116] ou d'émotions musicales rares, comme de lucidité[117], de détestation de soi[118] voire de mysticisme.[119] Cette deuxième voix, celle du «monstre séduisant[120]», représente la part lucide de la conscience du personnage. La scénarisation de ce questionnement socratique prendra comme on pouvait s'y attendre la forme littéraire de courts dialogues.

Entre Una et son frère d'abord. Une première fois, pensant ébranler les convictions nazies de Max, Una lui déclare, en usant d'une prudente litote: «Je ne suis pas certaine de partager ton enthousiasme pour cet Hitler». Mais elle ajoute maladroitement: «Il me semble névrosé, bourrelé de complexes non résolus, de frustrations et de ressentiments dangereux[121]». Comme il était prévisible, cette attaque frontale n'aboutit pas au résultat escompté et Max lui répond en prononçant un vibrant panégyrique du tyran.

Plus habilement, elle essayera ensuite, par un rapide échange de répliques, d'amener son frère dans une aporie, position dont il ressent d'abord le ridicule: alors qu'il vient de condamner les bombardements de Cologne où les Anglais «tuent des femmes et des enfants», elle lui réplique avec douceur: «Nous aussi nous tuons des femmes et des enfants. […] Ses paroles me firent honte», avoue-t-il, «mais immédiatement ma honte se mua en colère[122]». Una marque pourtant un premier point dans la mesure où la colère de Max se retourne enfin contre lui-même.

Mais ce n'est encore qu'une blessure d'amour-propre. À son tour, et non sans méchanceté, il tente de déciller les yeux de sa sœur. Il lui explique les progrès des Alliés et la situation bientôt désespérée de l'Allemagne pour la conduire ainsi à une question, mi-angoissée, mi-scandalisée: «Tu ne crois tout de même pas, dit-elle à son frère, qu'ils vont arriver jusqu'en Allemagne?[123]», ce qui représenterait pour elle a la fois un déni de justice et un comble. Ce que l'Allemagne a fait en envahissant ses voisins, devient sur le tard un objet de scandale à ses yeux quand il s'agit de l'invasion

---

113 *Ibidem*, p.107.
114 *Ibidem*, p.19.
115 *Ibidem*, p. 142.
116 *Ibidem*, p. 125.
117 «Je n'avais pas demandé à être un assassin», dit-il à la page 28 quand il découvre avec horreur l'ampleur des massacres qu'il organise.
118 *Ibidem*, p. 19.
119 *Ibidem*.
120 Marc Lemonier, *Les Bienveillantes décryptées, op. cit.*, p 32.
121 *Les Bienveillantes, op. cit.*, p. 449.
122 *Ibidem*, p. 448.
123 *Ibidem*, p. 444.

de son pays. Mais «tout est possible», lui répond cruellement son frère, la laissant ainsi au seuil de la vérité.

De même, il tente de déciller les yeux de la candide Grete, secrétaire d'Hitler, en lui laissant prononcer un éloge d'Hitler qu'un contexte ubuesque dément. «Je la fis parler», confie-t-il au lecteur. Mais Grete s'obstine: «Bien entendu», dit-elle à Max, «c'est un génie, le sauveur de l'Allemagne![124]». Et Max lui fait «une description féroce et grinçante[125]» de l'enfer de Stalingrad d'où il revient et où «le génie» de l'Allemagne les a tous précipités. Le rire nerveux provoqué chez Grete par l'horreur de ce tableau dégénère alors en sanglots amers.

En les conduisant avec ironie au seuil de l'insoutenable, Max pousse Grete et Una à un déni du réel qui les amènera peut-être à se poser les bonnes questions. Bien sûr le lecteur eût aimé que Max se les pose à lui-même mais s'il se rend compte parfois, dans les brefs éclairs de lucidité que nous avons signalés au passage, de l'inconséquence de sa pensée, il reste finalement prisonnier des sophismes énoncés au tout début du livre et dans lesquels il voulait nous engluer. Il se plaindra même, pourtant muni de faux papiers du STO, d'avoir été fraîchement accueilli en France à la Libération: «Ils nous ont relâchés», ajoute-t-il dans un comble d'ironie cynique, «pas de Lutetia pour nous, mais la liberté![126]».

C'est le mélange de ces deux voix qui a choqué certains lecteurs. Il est pourtant évident que le narrateur n'est pas l'auteur, même si les éclairs de lucidité de Max constituent des intrusions fugaces de l'auteur dans le pré carré du narrateur. Il est de mauvaise méthode de confondre ainsi ces deux instances narratives, première erreur, méthodologique, où certains sont complaisamment tombés pour mieux se débarrasser peut-être d'un livre gênant. Deuxième erreur: il n'y a pas insulte à la mémoire des victimes, sauf à voir dans la dédicace[127] une provocation monstrueuse, bien éloignée, est-il besoin de le dire, des intentions de l'auteur. Il n'est pas injurieux pour les victimes de la Shoah de raconter ce qui s'est passé et de montrer la nature véritable d'un régime dont la monstruosité est à l'origine de tant de malheurs. Il n'est pas davantage injurieux pour la nation allemande de rappeler que le «mégalomane étriqué[128]» à qui elle a eu le malheur de se

---
124 *Ibidem*, p. 412.
125 *Ibidem*.
126 *Ibidem*, p. 18.
127 *Ibidem*, p. 7: «pour les morts».
128 François Furet, «Le Mégalomane étriqué», dans Le Nouvel Observateur du 15 octobre 197, p. 56.

18. Une position ironique

donner l'a conduite, à la lueur des flambeaux de Nuremberg et au rythme des carnavals politiques nazis, à l'un des plus grand désastre du siècle.

Chez les tenants, souvent passionnés de ces jugements rapides qui les amènent à affirmer le contraire, il y a eu, soit contre-sens complet, soit procès d'intention intellectuellement bien malhonnête. Le châtiment de l'Allemagne, d'une grande cruauté certes, aura été à la mesure de son crime contre l'humanité. Ainsi l'attitude souvent ironique de Littell n'est ni immorale, ni choquante. Elle fonde au contraire une pédagogie de la vérité en exprimant une exigence morale supérieure.

Que signifie le rire? À qui s'adresse-t-il et quelle est sa fonction dans le roman de Littell? «Le rire s'adresse à l'intelligence pure». Libérateur, il est à la fois moral et social: il dénonce, déconsidère, disqualifie, démystifie mais à la condition qu'on joue le jeu et qu'on suspende un temps le jugement affectif autant que le jugement moral. Car «l'insensibilité accompagne d'ordinaire le rire, l'indifférence est son milieu naturel[129]». Pour autant, nous l'avons dit, on ne peut pas rire de tout, et si l'on ne rit jamais des victimes dans *Les Bienveillantes*, les bourreaux en revanche sont souvent ridiculisés. Littell utilise tous les registres du comique et ses procédés les plus éprouvés. Son livre l'inscrit dans la tradition des grands moralistes. Il épouse les pas des meilleurs modèles: Rabelais, Swift, Voltaire ou Chaplin. Ainsi traitée en mascarade, la «grosse Aktion» des Allemands, apparaît surtout comme une farce criminelle autant que stupide[130]. Certains lecteurs ne l'acceptent pas à cause du caractère trouble de ces «vénéneuses fleurs du mal» pour reprendre l'expression de Lanzmann. C'est ainsi que le livre a donné lieu aux réactions les moins mesurées, en particulier en Allemagne où règne le consensus dès qu'il s'agit d'éviter les polémiques liées au passé récent du pays. Mais en inspirant l'horreur physique et morale du nazisme le livre de Littell a du moins eu le mérite d'attirer l'attention sur la quête inlassable du père Patrick Desbois qui emploie toute son énergie à l'identification des victimes des Einsatzgruppen en Ukraine. Aussi faut-il être reconnaissant à Littell d'avoir stigmatisé l'entreprise de mort qui a conduit l'Allemagne à sa perte et a contribué à dégrader durablement son image dans le monde. Son livre rend désormais difficile toute tentative d'explication *bienveillante* de ce chapitre de l'histoire: l'intimidation du lecteur, la relativisation des responsabilités, la minimisation des faits voire leur négation, ne fonctionnent plus.

---

129 Bergson, *Le Rire*, Paris, Presses universitaires de France, 1961, p. 3.
130 *Les Bienveillantes* ,*op. cit.*, p. 51.

Dans ce livre hors du commun, le regard ironique et froid de Littell guette le surgissement du mal au sein même de la normalité et l'abominable dérèglement de l'histoire qu'il a entraîné. Si l'on avait bien voulu prendre en compte la part d'ironie didactique de ce terrible «conte moral[131]» peut-être la réception des *Bienveillantes* en eût été plus sereine et surtout plus féconde.

---

131 *Ibidem*, p. 11.

19. Max Aue, un nazi peu typique? L'abjection comme moteur de la Shoah: une lecture kristevienne des *Bienveillantes*

Helena Duffy

Confronté par la question pourquoi, pour parler de l'Holocauste, il a crée un personnage si complexe, voire pervers, Jonathan Littell répond à Daniel Cohn-Bendit qu'il avait besoin de quelqu'un «qui puisse être lucide, donc détaché, donc distancié par rapport à tous les autres[1]» ou de quelqu'un, comme le dit le narrateur des *Bienveillantes* lui-même, dont «la vie troublée, divisée entre deux pays, [le] pla[ce] à l'écart des autres hommes[2]». Rappelons que ce Franco-Allemand névrotique et dépressif est un homosexuel dominé par le désir d'être femme et notamment sa sœur jumelle dont il est éperdument épris. Juriste cultivé et mélomane amoureux de Bach, de Couperin et de Rameau, Maximilien Aue est pourtant un national-socialiste de conviction et, par conséquent, un antisémite, ce qui n'empêche qu'il soit circoncis, quoique ce soit apparemment pour des raisons médicales. Finalement, le narrateur, qui lors d'une partie de chasse avoue qu'il n'aime pas tuer, est auteur de plusieurs meurtres «ciblés», y compris le matricide ou l'assassinat de son meilleur ami, sans mentionner

---
[1] Interview réalisée par Daniel Cohn-Bendit « *Les Bienveillantes*, l'Allemagne et sa mémoire», *Le Figaro*, 3.03. 2008.
[2] Jonathan Littell, *Les Bienveillantes*, Paris, Gallimard, 2006, p. 699.

l'exécution d'un vieux *Berjude* ou les coups de grâce qu'il donne pendant les *Aktions*.

Cette apparente incongruité aurait pu tourner ce piètre joueur de football qui, enfant, marque un but contre sa propre équipe, en phagocyteur du nazisme. Au contraire, Max reste fidèle aux idéaux nationaux-socialistes jusqu'au bout, ce qui, d'après beaucoup de critiques, le rend invraisemblable. Or, en parlant de Léon Degrelle dont la vie fait le sujet d'un de ses ouvrages plus récents[3], l'auteur lui-même acquiesce que «[h]omosexualité et fascisme ne vont pas de pair[4]». Conscient de ce «point faible» des *Bienveillantes*, Littell explique que Aue est «un nazi hors norme, peu réaliste et pas forcément crédible», parce qu'«un nazi sociologiquement crédible n'aurait jamais pu s'expliquer comme [le] narrateur[5]». En s'interrogeant sur le décalage entre la vie privée du narrateur et son attachement au national-socialisme, Klaus Theweleit, constate que «Littell a besoin de son "Aue" pour qu'il puisse montrer autant de faces des pays nazis, des guerres, de la SS, du camp d'extermination, de la violence nue, de la violence sexuelle et de la bureaucratie que possible[6]». Le philosophe allemand précise que la nature contradictoire du narrateur est due aux multiples fonctions qu'il doit remplir dans le texte. De même, en repoussant les accusations de l'incrédibilité du personnage, Daniel Bougnoux observe que «la psychopathologie prêtée à Max Aue s'avère fort éclairante» en le transformant en «une figure pleinement tragique[7]», tandis que les meurtres qu'il commet sont censés le libérer de la fraternité imposée par l'irrémédiable manque du père, et lui permettre d'accéder à la *fraternité humaine* dont parle l'ouverture du récit.

Tout en remettant en question l'écart entre les convictions politiques du narrateur et son érudition, son esprit tordu, les pulsions perverses qui torturent son corps et les crimes dont il se souille au cours du roman, dans la présente étude, nous essayerons d'établir un lien entre les troubles à la fois psychiques et somatiques qui affligent Max Aue et l'antisémitisme virulent des Allemands. Dans ce qui suit, il s'agira alors de chercher un rapprochement entre le matricide commis par le narrateur et l'*Endlösung der Judenfrage*, la solution finale de la question juive. En postulant que les deux crimes ont leur source dans l'abjection, nous nous appuierons sur les

---
3   Jonathan Littell, *Le Sec et l'humide*, Paris, Gallimard, 2008.
4   Johan Gulbenkian, «Degrelle sous la plume de Jonathan Littell», *ResistancesS*, 04.05.2008.
5   Interview réalisée par Samuel Blumenfeld, *Le Monde des livres*, 16.11. 2006.
6   «Wem gehört der SS-Mann?», TAZ, 28.02.2008, notre traduction.
7   «Max Aue, personage de roman», *Le Débat*, dossier «*Les Bienveillantes* de Jonathan Littell», n° 144, mars-avril 2007, pp. 66-69, p. 67.

écrits de Julia Kristeva qui y voit une révolte contre tout ce qui se place à la frontière entre la familiarité et l'étrangeté, c'est-à-dire contre tout ce qui occupe la position du mixte, de l'entre-deux et de l'ambigu, et qui à la fois fascine et inquiète le sujet. Cette horreur est suscitée, entre autres, par l'étranger[8], ce qui veut dire aussi par le Juif, comme Kristeva le relève en se penchant sur les pamphlets antisémites de Louis Ferdinand Céline[9]. Qu'elle soit provoquée par l'Autre, par l'excrément, par la peau à la surface du lait, par la lèpre, par les menstrues ou par le cadavre – le zénith de l'abject – la peur dont le sujet se protège par l'exclusion de la pollution venue du dehors ou du dedans (d'où les vomissements et les diarrhées du narrateur) remonte, selon Kristeva, à l'union archaïque avec la mère. C'est le besoin d'accomplir la séparation du maternel conçu comme impur, qui est nécessaire pour la construction de l'identité autonome du sujet parlant et du sujet à la loi paternelle, qui, comme nous le montrerons dans la deuxième partie de cet article, incite Max à la violence envers celle qui le menace de l'ambiguïté sexuelle et peut-être aussi raciale, comme les Juifs menacent les Allemands engagés sur la voie de la purification et de l'assainissement du *Volk*. Cependant, quand le meurtre ne s'avère pas le remède efficace contre l'abjection, il reste toujours à Max la littérature et, paradoxalement, sa langue *maternelle*, qui lui offrent l'espoir de se forger une identité «propre» en évacuant son passé abominable, et de redresser les frontières fragiles de son *je*.

Les Juifs ne sont-ils pas les jumeaux des Allemands?

Sans apparemment essayer de justifier ou même de faire comprendre la Shoah car, influencé par la pensée grecque, Aue dissocie la culpabilité de l'intention du malfaiteur, cet intellectuel dont l'esprit rigoureux n'accepte pas qu'il y ait un effet sans cause, ne peut s'empêcher d'analyser la haine qui pousse ses compatriotes à l'extermination des Juifs. En contemplant l'antisémitisme des Allemands ou en en discutant avec ses amis, ses confrères ou sa sœur, Max s'aperçoit de plusieurs parallèles, voire d'une gémellité, entre ses compatriotes et les Juifs. Il observe aussi qu'en leur tenant le miroir, ces derniers renvoient aux Allemands une image négative, ou plutôt, en se plaçant à la fois dedans et dehors la nation avec leurs coutumes, leurs habits ou leurs interdictions alimentaires, bref, avec leur

---
8 Cf. Julia Kristeva, *Étrangers à nous-mêmes*, Paris, Flammarion, 1991.
9 *Pouvoirs de l'horreur*, Paris, Seuil, 1980.

désir de rester à part, les Juifs sont devenus le déversoir de tout ce que les Allemands désirent extérioriser: l'impureté, la souillure, l'abomination. Dans une conversation que Max imagine avoir avec sa sœur, Una proclame que les Allemands tuent les Juifs pour anéantir «ce qui en nous ressembl[e] à l'idée que nous nous faisons du Juif», c'est-à-dire au « bourgeois pansu qui compte ses sous, qui court après les honneurs et rêve de pouvoir», et pour devenir Allemands, ce qui en réalité veut dire devenir Juifs: «purs, indestructibles, fidèles à une Loi, différents de tous et sous la main de Dieu[10]». Ces ruminations sont confortées par la représentation de l'abjection comme une crise narcissique qui trouble les eaux paisibles du lac, dans lequel se mire le dieu grec[11], tel un Max Aue qui brise la glace d'où le visage de sa mère chasse celui de sa sœur, avec qui le narrateur est en train de s'identifier par un acte de sodomie. D'après nous, c'est le moment clé du roman et nous allons y revenir en détail.

La confusion identitaire entre les Juifs et les Allemands s'incarne en plusieurs personnages secondaires, et notamment en le Dr. Mandelbrod, un homme mystérieux, omniscient et tout puissant, un être sans âge et à l'apparence d'un bouddha obèse, entouré de belles femmes, mais baignant dans l'odeur immonde de ses flatulences qui inspire un dégoût profond au narrateur. En jouant le rôle du protecteur du régime nazi, de sa voix mélodieuse, Mandelbrod souffle des conseils à l'oreille des dignitaires du Parti, y compris Hitler lui-même. Antisémite ardent, dont le nom a pourtant une consonance juive, Mandelbrod proclame que les Juifs et les Allemands se ressemblent dans leur sentiment fort de la communauté et qu'il n'y a rien de plus *völkisch* que le Sionisme, une idéologie inventée d'ailleurs par un Israélite. Celle-ci, tout comme le national-socialisme, repose, comme le dit Mandelbrod, sur les notions de la pureté de sang et du peuple choisi et, comme il ne peut être qu'un seul peuple élu, les Juifs doivent disparaître. À la même croisée des contraires se trouve Turek, l'officier dont la brutalité envers les Juifs – «aux exécutions […] il se gaussait des verges circoncises des condamnés, et faisait mettre des femmes nues pour leur dire que *jamais plus leurs vagins juifs ne produiraient d'enfants*[12]» – contraste avec ses cheveux noirs et frisés, son nez proéminent et ses lèvres sensuelles qui l'«afflig[ent] d'un physique remarquablement juif[13]». Son cas semble alors soutenir l'hypothèse de Max que les insultes que les gens préfèrent révèlent

---
10   *Les Bienveillantes, op. cit.*, p. 802.
11   Julia Kristeva, *Pouvoirs de l'horreur, op. cit.*, p. 22.
12   *Les Bienveillantes, op. cit.*, p. 227.
13   *Ibidem*, p. 227.

leurs propres défauts cachés, car «ils haïssent naturellement ce à quoi il ressemblent le plus[14]».

De plus en plus obsédé par la dichotomie juif/allemand, Max croit voir Hitler en rabbin. Blâmant ses hallucinations sur la blessure à la tête qui l'a doté d'«un troisième œil» et qui lui permet, paraît-il, de voir «à travers l'opacité des choses[15]», Max imagine le Führer portant un châle rayé bleu et blanc, des papillotes, les phylactères et le tefillin. Aussi troublante qu'elle soit, cette vision semble logique, vu l'analogie que le narrateur observe entre le *Führervernichtungsbefehl* et l'ordre que Saül reçoit de Dieu[16], ou celui donné – mais puis retiré – par Yahvé à Abraham. «[N]ous devons accepter», dit Max à propos du massacre des Juifs, «notre devoir de la même manière qu'Abraham accepte le sacrifice inimaginable de son fils Isaac exigé par Dieu. [...] Nous devons *consommer* le sacrifice d'Abraham[17]». Représenté en termes d'immolation, l'*Endlösung*, dont la signification, en renversant le mouvement biblique du sacrifice vers l'interdiction[18], a glissé de l'exil ou de l'exclusion de la vie économique ou publique vers l'abîme[19], est supposée cimenter la nation allemande, touchée par une crise économique, sociale et politique à la suite de la défaite de 1918. Comme l'assassinat du chef de la horde primaire, plus tard sublimé comme la mise à mort et la dévoration de l'animal totémique dans le but d'unir les membres du clan fraternel dans le sentiment de culpabilité, l'extermination des Juifs donnera naissance à une société bâtie sur le «sacrifice définitif», comme Max le constate en faisant appel à l'hypothèse controversée de Sigmund Freud[20]: «nous sommes liés maintenant, liés à l'issu de cette guerre par des actes commis en commun[21]».

Puisque le narrateur imagine son père aux côtés ou même à la place de Hitler et, en plus, retrouve une figure du père dans le Dr. Mandelbrod, l'ambiguïté identitaire touche par extension le père de Max, un nazi avant l'heure et un criminel de guerre, au nom de qui le narrateur intègre le NSDAP, assiste aux exécutions de Juifs et, finalement, assassine sa mère. Par conséquent, l'identité de Max lui-même invite des spéculations.

14   *Ibidem*, p. 636.
15   *Ibidem*, p. 434.
16   «Et Samuel dit à Saül: [...] Va maintenant, et frappe Amalek, et vous détruirez entièrement tout ce qui est à lui, et tu ne l'épargneras pas, mais tu feras mourir les hommes et les femmes, les enfants et ceux qui tètent, les bœufs et les moutons, les chameaux et les ânes», Sam 15: 1-3.
17   *Les Bienveillantes, op. cit.*, p. 211, c'est nous qui soulignons.
18   Julia Kristeva, *Pouvoirs de l'horreur, op. cit.*, p. 129.
19   *Les Bienveillantes, op. cit.*, p. 580.
20   *Totem et tabou* (1912), Paris, Payot, 2004.
21   *Les Bienveillantes, op. cit.*, p. 137.

Circoncis, châtain et à l'imagination nourrie par le judaïsme, dans un de ses cauchemars, le narrateur s'imagine en *Judelein*, un enfant juif, protégé par Himmler. En plus, lui et sa sœur s'unissent dans un mariage mystique et monstrueux signifié par le verre que Max fait casser le soir où il engrosse Una[22], ce qui évoque la noce juive, comme le confirme d'ailleurs la citation de *Jean Santeuil* de Marcel Proust que le narrateur prononce au moment de l'incident[23]. Dernièrement, d'après Paul-Eric Blanrue, il est possible que le personnage des *Bienveillantes* dérive son nom de Max Aub, écrivain né d'une mère française et d'un père allemand dans une famille juive[24]. Le remplacement de la consonne finale par une voyelle pourrait s'expliquer comme l'accomplissement du vœu de Max, qui croit que le *e* final des adjectifs et des participes passés «rend les femmes si terriblement femelles[25]», de changer de sexe au moins au niveau du langage.

L'expulsion du corps étranger

Bien que Max aperçoive aussi une symétrie entre le communisme et le fascisme, ce ne sont que les Juifs ainsi que – mais dans une plus faible mesure – les handicapés, les fous, les homosexuels et les tuberculeux à qui ce rapprochement confère le statut de l'abject. Car, contrairement aux bolcheviks, les groupes destinés à l'extermination par les nazis perturbent l'identité nationale que les Allemands se façonnent et le système social qu'ils sont en train d'installer. La société idéale à laquelle les nationaux-socialistes songent est marquée surtout par l'homogénéité, dont l'entourage féminin de Mandelbrod est un modèle réduit. Belles, soignées, cultivées et savantes, ses assistantes portent toutes un prénom commençant par la même consonne et, habillées d'uniformes identiques, se ressemblent à un tel point que Max ne cesse de les confondre, bien qu'elles ne soient pas jumelles, comme il le précise. Il convient de souligner que ces «amazones» ne suscitent aucun désir chez Max qui trouve leur beauté trop abstraite, leurs corps trop parfaits et leurs services sexuels, qu'elles lui offrent

---

22 Dans la tradition hébraïque, briser un verre signifie qu'aucune joie ne peut être parfaite depuis la destruction du Temple de Jérusalem et qu'ainsi le couple s'identifie avec le destin tragique de leur peuple.
23 Écœuré par l'iniquité de ses parents, Jean brise le verre de Venise que sa mère lui a offert. Au lieu de se fâcher, la mère accorde son pardon: «Ça sera comme au temple le symbole de l'indestructible union» (Alain Roger, *L'Art d'aimer ou la fascination de la féminité*, Paris, Éditions Champ Vallon, 1995, p. 168).
24 *Les Malveillantes. Enquête sur le cas Jonathan Littell*, Paris, Scali, 2006.
25 *Les Bienveillantes, op. cit.*, p. 822.

sans ménagements, peu intéressants, vu que leur seul motivation est la propagation de la race aryenne. En outre, la nouvelle Allemagne se déclare dans un cauchemar que Max fait lors de son second séjour à Auschwitz. Comme Helga, Hilde et Hedwig, les membres de cette société parfaitement réglée «ne se distinguaient les uns des autres par aucun trait particulier, tous avaient la peau blanche, les cheveux clairs, les yeux bleus, pâles, perdus, les yeux de Höss [le comandant du camp], les yeux de mon ancienne ordonnance Hanika[26]». En répétant la gémellité paradoxale des Allemands et des Juifs, cette société utopique et l'univers infernal d'un camp de concentration, qui sert par ailleurs à la réalisation du rêve d'homogénéité, d'égalité et d'ordre, se confondent dans l'esprit du narrateur, qui finit par se demander si le camp n'est qu' «une métaphore, une *réduction ad absurdum*, de la vie de tous les jours[27]».

Pour aboutir à la pureté raciale du *Volk*, il faut purger tout *Fremdkörper* – corps étranger – qui gêne et nuit au corps porteur, telle une écharde entrée inaperçue dans les doigts de Max lors d'une *Aktion*. «[L]es criminels, en prison, les malades, à l'hôpital, les fous, à l'asile[28]», remarque le narrateur en pensant aux dispositifs d'autoprotection inventés par les sociétés depuis l'antiquité. Pour justifier l'anéantissement des Juifs et d'autres éléments jugés comme *Fremdkörper*, ceux-ci sont représentés précisément en menace à la santé du corps social et en éléments *marginaux* ou, comme on le dirait aujourd'hui, en *borderlines*. Dangereux, inhumains (*Untermensch*), impurs (*Mischling*) ou malpropres, ils risquent de polluer et de gangrener le *Volksgemeinschaft*. D'où les euphémismes de l'*Endlösung* comme «le nettoyage» ou «l'hygiène politique[29]». Ce n'est pas par hasard non plus qu'on mène les Juifs vers les chambres à gaz sous le prétexte de la désinfection.

Un bon coup de pine au cul[30]

Ce qui encourage Kristeva de ranger le Juif parmi les sources de l'abjection sont les pamphlets que l'auteur du *Voyage au bout de la nuit* fait éditer pendant

---

26 *Ibidem*, p. 571.
27 *Ibidem*, p. 572.
28 *Ibidem*, p. 617.
29 *Ibidem*, p. 20.
30 En parlant de la tonalité homo-érotique des récits de guerre de Léon Degrelle, Littell dit que ce qui manquait au «Beau Léon» pour devenir un être humain était «un bon coup de pine au cul». Johan Gulbenkian, «Degrelle sous la plume de Jonathan Littell», art. cit..

les années trente et quarante[31]. Max Aue y fait aussi allusion explicitement[32] et implicitement, en traitant, par exemple, un médecin d'«ordure, salope, puant, Juif, enculé[33]», ce qui rappelle justement l'antisémitisme délirant de Céline. Or, les écrits de ce dernier abondent en excréments, gangrène, épilepsie, vérole et cadavres, qui sont tous, selon Kristeva, des entités abjectes car elles mettent en danger la santé, voire la vie du sujet, et qui, pour Céline, sont tous équivalents du Juif. Les péchés principaux de ces «hybrides afro-asiatiques, quart, demi nègres et proches orientaux[34]», comme Céline appelle les Juifs, sont leur inhérente hétérogénéité et leur «mimétisme imbécile[35]», ce qui leur permet de pénétrer sournoisement dans tous les milieux pour les contaminer, «négrifier», «enjuiver[36]». Une telle rhétorique trahit clairement la crainte d'absorption de l'autre par soi et, par là, de la souillure ou d'une maladie qui rongera l'être de l'intérieur. «[L]es farcissures, [l]es impostures, [l]es saloperies» doivent être alors immédiatement expulsés, la démarche que Céline décrit en termes de «désinfection» et de «nettoyage[37]», envoyant – ironiquement – les Juifs «[a]ux douches![38]».

Pour Céline, en tant qu'un antisémite fanatique, cette infiltration dont le sujet masculin a tellement peur, se passe par voie sexuelle et, par conséquent, se lie à l'érotisme anal; alors que le Juif est représenté en fornicateur déchaîné et sadique[39], le sujet sodomisé assume la position féminine et masochiste: «Les Youtres te déplaquent dans le trou de cul[40]» ou «On se

---

31 Il s'agit de *Bagatelles pour un massacre* (1937), de *L'École de cadavres* (1938) et des *Beaux Draps* (1941). Entre février 1941 et avril 1944, Céline envoie également plusieurs lettres à caractère antisémite à la Presse de Paris, et notamment aux journaux *Je suis partout* ou *La Gerbe*. Voir Philippe Alméras, «Quatre Lettres de Louis Ferdinand Céline aux Journaux d'Occupation», *The French Review*, vol. 44, n° 5, avril 1971, pp. 831-838. Il faut ajouter que les écrits antisémites de Céline s'inscrivent dans un vaste corpus de la littérature anti-juive publiée en France dans les années trente et quarante. Comme les trois pamphlets en question, celle-ci est aussi dominée par les thèmes de l'envahissement, de la pollution et de la contagion. Voir Evelyne Woestelandt, «Une Certaine Rhétorique antisémite: les années trente», *Modern Language Studies*, vol. 21, n° 3, 1991, pp. 57-64.
32 *Les Bienveillantes, op. cit.*, p. 59 et p. 466.
33 *Ibidem*, p. 401.
34 *L'École de cadavres*, Paris, Denoël, 1938, p. 215.
35 *Bagatelles pour un massacre*, Denoël, 1937, p. 119.
36 *Ibidem*, p. 219.
37 *Ibidem*, p. 215.
38 *Ibidem*, p. 216.
39 *L'École de cadavres, op. cit.*, p. 215.
40 *Ibidem*, p. 17.

19. Max Aue, un nazi peu typique ?   307

croit enculé d'un petit centimètre, on l'est déjà de plusieurs mètres[41]». Et encore, à propos de l'envahissement de tous les domaines de l'art par des Juifs: «On encule au millimètre, le premier centimètre c'est le plus dur, le plus coûteux... pour les suivants ça va tout seul! [...] N'importe quel trou de cul peut devenir bien enculé de publicité, un immense n'importe quoi, l'objet d'un culte [...], un film dantesque, une pâte à rasoir cosmique[42]». Chez Céline, le Juif devient alors, comme l'affirme Kristeva, «la conjonction du déchet et de l'objet de désir, du cadavre et de la vie, de la fécalité et du plaisir, de l'agressivité meurtrière et du pouvoir le plus neutralisant. [...] Et moi qui m'identifie à lui, qui désire avec lui cette embrassade fraternelle et mortelle où je perds mes limites, je me trouve réduit à la même abjection, pourriture fécalisée, féminisée, passivée[43]».

Ainsi l'horreur de l'Autre se mêle-t-elle à celle de l'homosexualité, considérée par les nationaux-socialistes comme une abomination et comme une maladie héréditaire et contagieuse qu'un inverti peut transmettre aux dizaines d'hommes en les perdant pour la race[44]. Dans ce contexte, il semble ironique que c'est avec «le cul encore plein de sperme[45]» que Max intègre le SD pour continuer tout au long de sa carrière à fréquenter des hommes, dont au moins un officier SS. Il est nécessaire aussi de souligner que son penchant pour la sodomie passive n'est qu'un moyen d'accéder à une féminité tellement recherchée, pendant que dans les rangs de la SS ou même au sein de la Wehrmacht, la pire insulte est «femmelette» ou «fillette[46]». En donnant libre cours à ses fantasmes, Max se veut soit une «femme nue, sur le dos, les jambes écartées, écrasée sous le poids d'un homme[47]» soit une dentellière de Vermeer, douce, patiente et silencieuse, exposée au regard pénétrant de l'homme pendant qu'elle s'applique au travail considéré traditionnellement comme réservé aux femmes[48]. Son désir se voit partiellement réaliser vers la fin de sa vie, quand, étant retombé dans la bourgeoisie française, Max devient propriétaire d'une usine de dentelle qui, en «conna[issant] une stricte ségrégation entre hommes et femmes[49]» fait penser à un camp de concentration ou, plus généralement,

---

41 *Bagatelles pour un massacre, op. cit.,*. p. 123.
42 *Ibidem,* p. 123.
43 *Pouvoirs de l'horreur, op. cit.,* pp. 217-218.
44 *Les Bienveillantes, op. cit.,* p. 74.
45 *Ibidem,* p. 75.
46 *Ibidem,* p. 124.
47 *Ibidem,* p. 29.
48 *Ibidem,* p. 673.
49 *Ibidem,* p. 17.

à l'économie de séparations qui, comme nous le démontrerons plus bas, protège le sujet contre l'abject. Voici alors une autre référence à Céline, fils d'une réparatrice de dentelles anciennes, chez qui, comme chez Littell, le tissage devient métaphore de l'écriture. Tel un récit de Max, composé d'atrocités et de faits refoulés (le matricide, sa paternité des jumeaux), la dentelle sort des métiers toute saillie et pleine de trous, mais toutefois belle dans sa fragilité et dans la complexité de son dessein, pour tout recouvrir – «le plancher, les machines et les hommes qui les surveillent[50]» – comme la poussière vomie par les crématoriums recouvre la neige vierge autour du camp d'extermination

Una: répétition sinistre du Même

L'homosexualité et le transvestisme du narrateur cessent pourtant de sembler paradoxaux si l'on se rappelle qu'ils traduisent le souhait de Max de faire un avec sa sœur, ce qui, d'une part, correspond au rêve d'une nation homogène et narcissique, et, d'autre part, peut être métaphore de la convention du peuple juif avec le Dieu Un, le fil que nous reprendrons plus bas. C'est par la sodomie, qu'il pratiquait jadis avec Una, que Max croit s'unir avec sa sœur: «je préfère me faire vriller le cul par des garçons inconnus [...] cela me rapproche encore d'elle[51]». En se donnant à un mâle pour la première fois, le narrateur trouve un contrepoids à la douleur et à l'humiliation qu'il subit dans la pensée qu'ainsi il partage l'expérience d'Una. Cependant le miracle ne se produit que bien des années plus tard, quand Max, en se regardant dans une glace pendant qu'il se fait sodomiser par un amant de fortune, voit le visage de sa sœur.

Cet épisode ainsi que celui où Max, déguisé en Électre à l'occasion d'une représentation de la pièce de Sophocle, croit apercevoir Una dans un miroir, renvoient au mythe de Narcisse qui, comme le fait le narrateur des *Bienveillantes*, repousse celles qui sont amoureuses de lui, pour désespérer de ne pouvoir jamais posséder l'objet de son désir: sa propre image. Le motif du miroir parsème d'ailleurs les souvenirs de Max qui se rappelle avec tendresse et amertume les temps quand son corps se mirait dans celui de sa sœur, autrement dit, quand les jumeaux étaient «indissociables, ni l'un ni l'autre spécifiquement la fille ou le garçon, mais un couple de serpents entrelacés[52]». Ce sont les substances provenant des orifices du corps – les

---
50 *Ibidem*, p. 16.
51 *Ibidem*, p. 701.
52 *Ibidem*, p. 375.

19. Max Aue, un nazi peu typique ?

éjaculations de l'un et les règles de l'autre – qui engendrent la séparation des jumeaux et leur expulsion de leur paradis désormais perdu, dont la violence s'exprime par la séquestration de Max et d'Una dans des collèges unisexes. Même si le sperme n'a pas valeur de pollution et ne provoque pas l'abomination[53], les menstrues d'Una, qui lui confèrent le statut du corps fécondable, suffisent pour la rendre – au moins dans le cadre du judaïsme – impure, comme l'aurait également rendu l'enfantement. En s'identifiant avec sa sœur, Max ressent la peur que doivent provoquer chez une femme les règles ainsi que la pénétration de son corps par le sexe d'homme, suivie de l'envahissement de ce corps par le fœtus: «Ça pousse, ça pousse dans le ventre, un corps étranger à l'intérieur de soi, qui s'agite et qui pompe toutes les forces du corps, et l'on sait que ça doit sortir, même si ça vous tue ça doit sortir, quelle horreur[54]». Épouvanté par la douleur et le sang qui accompagnent l'accouchement, Max préfère croire à une césarienne. Cette incision non seulement anticipe le découpage du cordon ombilical, qui séparera le bébé des entrailles maternelles, du sang et de la souillure, mais aussi fait office de la circoncision qui, selon Kristeva, marque la différence entre les sexes et tient lieu du sacrifice. Ce dernier établit à son tour l'alliance entre homme et Dieu Unique, séparant le monothéisme des paganismes et de leurs cultes maternels par une série d'interdictions orales, corporelles et relatives à la mère, y compris la circoncision, que l'homme doit s'imposer pour devenir et rester sujet de la Loi[55]. Que l'on puisse interpréter la césarienne comme circoncision devient évident quand au lieu de rendre impropre le corps de sa sœur, comme l'aurait fait tout autre entaille[56], l'image de la cicatrice barrant l'estomac d'Una hantera les phantasmes érotiques du narrateur, l'aidant à abolir la différence entre lui et celle dont le prénom renvoi à l'idée du Dieu Un. Pour accomplir cette indifférenciation, dans une des divagations qui germinent dans son esprit lors de son séjour chez les von Üxküll, le narrateur se rase le sexe et rase celui de sa sœur. Ensuite, il met une robe tandis qu'Una revêt l'uniforme de son frère, avant que les jumeaux ne s'engagent dans des jeux sexuels les plus pervers ou ne consomment leurs propres excréments dans des couverts en argent. Par conséquent, contrairement à ce que Max imagine en cherchant une fusion avec sa sœur, sa relation incestueuse, qu'elle

---

53 Julia Kristeva, *Pouvoirs de l'horreur, op. cit.*, p. 86.
54 *Les Bienveillantes, op. cit.*, p. 816.
55 Julia Kristeva, *Pouvoirs de l'horreur, op. cit.*, p. 113.
56 «Et vous ne ferez point d'incisions dans votre chair pour un mort, et vous ne vous ferez pas de tatouages», Lev 19: 27-8.

soit réelle ou imaginée, n'entraîne que le brouillement de toutes les frontières et avec ceci l'ambiguïté et la confusion. La destruction de toute différence entre frère et sœur, que les jumeaux mettent à l'œuvre pendant leur réunion à Zurich et qui résulte dans un enfantement diabolique, est une abomination en elle-même. Car, comme l'aurait dit René Girard, qui analyse l'indifférenciation provoquée par Œdipe, elle «se ramène à un dédoublement informe, à une répétition sinistre du Même, à un mélange impur de choses innommables[57]». D'autant plus que chez Littell, il s'agit du dédoublement encore dédoublé sous la forme des jumeaux dont les noms – Orlando et Tristan – les prédestinent à l'androgynéité et à la passion funeste déjà connues par leur père.

Et même ta mère!

Cependant, tandis que la double transgression d'Œdipe consiste dans l'inceste et le parricide qui abolissent toute différence au sein de la famille, chez Max, dont l'histoire s'inspire d'une autre tragédie grecque, et notamment de celle d'Oreste, le matricide est censé achever le processus de la séparation entre mère et fils. Que le meurtre d'Héloïse Moreau soit l'*Endlösung* en filigrane est affirmé par Max lui-même qui proclame qu'en assassinant sa mère, il peinait, juste comme la nation allemande, «à s'extraire d'un passé douloureux, à en faire table rase pour pouvoir commencer des choses neuves[58]». Il ne nous reste maintenant qu'à démontrer que, comme la Shoah, le crime de Max s'inspire dans un désir de se constituer une identité «propre», séparée de tout ce qui est abject.

Il est significatif que Max se décide à tuer cette «chienne odieuse[59]», comme il appelle sa mère, au moment où les traits d'Héloïse Moreau s'imposent sur ceux d'Una dans le miroir, le sang maculant la main du narrateur blessée par les éclats de la glace présageant le matricide à venir. Alors que dans les termes de Kristeva cette scène signifie l'irruption de l'abject dans l'économie de l'autosuffisance et de l'autocontemplation propre au narcissisme, le crime qui s'ensuit est une tentative de la part de Max de se séparer du maternel souillé et d'ôter son hétérogénéité polymorphe pour se ranger définitivement du côté du Père, de la Loi et de l'ordre symbolique.

Une telle relecture des *Bienveillantes* s'appuie sur plusieurs indices éloquents, en commençant par la nostalgie du narrateur pour la fusion

---
57 René Girard, *La Violence et le sacré*, Paris, Grasset, 1972, p. 112.
58 *Les Bienveillantes, op. cit.*, p. 485.
59 *Ibidem*, p. 474.

19. Max Aue, un nazi peu typique ?

archaïque avec la mère, qui précède le besoin de s'en démarquer, un processus décrit par Kristeva comme «violent et maladroit, toujours guetté par la rechute dans la dépendance d'un pouvoir aussi sécurisant qu'étouffant[60]». De même, dans l'imagination de Max, qui aime se mettre à nu et qui, dans les moments de détresse, se roule en boule comme dans «ce ventre d'où [il] avai[t] été un jour si cruellement expulsé[61]» ou songe aux bains à fluide amniotique, sa naissance se présente comme un acte d'extrême brutalité: «il n'y a que les neuf premiers mois où on est tranquille, et après l'archange à l'épée de feu vous chasse à tout jamais [...] et l'on ne voudrait plus qu'une chose, revenir en arrière[62]». La violence de sa naissance se répète dans d'autres épisodes, y compris la césarienne qu'un officier effectue pour sortir un bébé le ventre d'une paysanne ukrainienne qui vient d'être tuée, ou dans la scène où Max se rend chez un coiffeur berlinois durant sa convalescence. En se regardant dans un miroir et en écoutant le bruit fait par les ciseaux, qui semble lui rappeler la double séparation de la mère, le narrateur est tout d'un coup envahi par la peur: «mon cœur battait la chamade, mes entrailles sombraient dans un froid humide, la panique noyait mon corps entier, le bout de mes doigts picotait[63]». Une pareille angoisse saisit Max pendant l'anniversaire de Globocnick. Flottant dans une piscine comme dans le ventre de sa mère, il sera aussitôt chassé de sa lassitude bienheureuse par la double exécution des détenus juifs. Il semble que les deux coups de feu lui fassent revivre son accouchement qui est aussi celui de sa sœur: «je ressentais une tension très forte, mon angoisse ne faisait que croître. [...] [L]'eau me semblait maintenant une chape pesante, étouffante[64]». En outre, la blessure que Thomas reçoit à Stalingrad au moment où Max s'obstine à entrer dans le métro – les intestins de la ville – par un trou béant qui est à la fois la bouche et l'anus, exprime le fantasme d'auto-accouchement. Atteint par un obus, Thomas ramasse ses entrailles éparpillées dans la neige et, les ayant repoussées dans son ventre, il enroule une écharpe autour de sa taille pour la nouer à l'instar du cordon ombilical. Cependant, comme le remarque Kristeva, un tel «fœtus» est à priori abject, car il est signifié par des intestins, même s'il s'agit des siens[65]. Il paraît alors que dans la scène où Max fait exécuter le vieux *Bergjude*, nous avons

---

60 *Pouvoirs de l'horreur*, op. cit., p. 20.
61 *Les Bienveillantes*, op. cit., p. 316.
62 *Ibidem*, p. 410. I
63 bidem.
64 *Les Bienveillantes*, op. cit., p. 554.
65 *Pouvoirs de l'horreur*, op. cit., p. 120.

affaire à un refoulement secondaire d'un souvenir douloureux et gênant par un acte violent qui remplit le rôle du sacrifice. Car, avant de s'écrouler dans la tombe «aussi confortable que le ventre de [sa] mère[66]», Nahum ben Ibrahim rappelle à Max l'absence de son père, l'union parfaite avec sa mère («l'enfant [des Petits Midraschim] mange de tout ce que mange la mère [...] et n'élimine pas d'excrément[67]») et, enfin, la brutalité de la séparation où le coup sur le nez que l'archange donne à l'enfant pour lui sceller les lèvres signifie la circoncision.

Un autre détail important est la relation orale troublée: s'étant montré allergique au lait maternel dont le passage du sein à la bouche aurait remis en jeu le démarquage accompli par la section du cordon ombilical et l'ablation du prépuce, le narrateur éprouve un dégoût alimentaire inhabituel[68]. À la question de Kristeva ce qui se passe si «l'institution symbolique légale, phallique, langagière n'exerce pas la séparation de manière radicale[69]», on trouve la réponse dans la haine et le dégoût que Max ressent vis-à-vis de sa mère. Dès la disparition de son mari, Héloïse Moreau se lie à l'impureté (elle se conduit mal, puis épouse un étranger), telle une Marie Arnaud, une figure maternelle par excellence, si celle-ci s'était jamais donnée au héros de *L'Education sentimentale* avec qui Max partage le nom de famille. Pis, comme le substantif désignant un corps inanimé dérive du verbe latin *cadere*, tomber[70], on pourrait dire qu'en tombant dans une flaque, ce qui matérialise sa chute morale[71], la mère du narrateur s'apparente à un cadavre. Alors, puisque «[l]e matricide est notre nécessité vitale, condition *sine qua non* de notre individuation[72]», comme le constate Kristeva en métaphorisant ainsi la violence de notre séparation d'avec la mère, le crime commis par Max contre celle qui l'a mis au monde ainsi que contre son compagnon est censé accomplir l'indispensable rupture, comme si une double naissance exigeait une double séparation.

Cependant l'identification avec le père évanoui dans la nature que Max essaye de réussir en s'identifiant avec l'Allemagne, qui est pourtant sur le point de perdre une autre guerre, et avec l'idéologie dont son père était précurseur mais qui s'expose comme force motrice d'un crime immense,

---

66   *Les Bienveillantes, op. cit.*, p. 265.
67   *Ibidem*, p. 262.
68   Bien que le lait maternel ne sépare, mais unisse, il n'est pas interdit pour des raisons pratiques. Julia Kristeva, *Pouvoirs de l'horreur, op. cit.*, pp. 123-4.
69   *Ibidem*, p. 87.
70   *Ibidem.*, p. 11.
71   *Les Bienveillantes, op. cit.*, p. 343.
72   *Soleil noir. Dépression et mélancolie*, Paris, Gallimard, 1987, p. 38.

insensé et vain, devient de plus en plus dérisoire. L'identité du père est remise en question pour de bon par la photo que le narrateur reçoit – significativement – du juge chargé du dossier de l'assassinat d'Héloïse Moreau et qui montre un groupe de cavaliers aux traits flous. La mauvaise qualité de ce cliché pris pendant la Grande Guerre rend méconnaissable l'homme supposé être le père du narrateur, ce qui fait ressurgir avec une extrême violence les troubles psychiques et physiques dont Max souffrait à la suite des exécutions en masse, pendant ses visites aux camps et en confrontation avec des cadavres pourris, couverts d'excréments ou rongés par des vers. Baigné de sueur, Max se vide par tous les orifices de son corps et, faisant de fortes poussées de fièvre, hallucine à propos des bestialités auxquelles il a assisté sur le front de l'Est.

Il est clair que ni l'extermination des Juifs ni le matricide ne se montre efficace dans la lutte contre l'abjection, ce dont Max se doutait même avant d'assassiner sa mère, comme il questionnait l'utilité de l'*Endlösung der Judenfrage*[73]. Par conséquent, ayant défié l'autorité de Hitler et ayant assassiné Thomas, qui l'a initié à la SS et qui a toujours fait avancer sa carrière, au moment de la débâcle Max met l'uniforme d'un S.T.O., ainsi endossant de nouveau l'identité française. Ensuite, il regagne le pays natal de sa mère, où, en devenant époux, père et commerçant, il réintègre la bourgeoisie détestée, avant qu'il n'embrasse sa langue *maternelle* comme sa langue d'expression littéraire.

Le cadavre et d'autres déchets: l'abjection abjectée

Paradoxalement, comme le montre l'histoire de Max Aue, le crime-sacrifice censé aider à construire une identité sain(t)e et pure, devient lui-même abject et, par là, provoque l'horreur et/ou le dégoût. Car tout crime, comme le postule Kristeva, fragilise l'ordre établi, et le crime sournois, prémédité ou motivé par vengeance, comme l'on pourrait facilement décrire le matricide signé par Max, est particulièrement abominable parce qu'il «rédoubl[e] cette exhibition de la fragilité légale[74]». Pour Kristeva, l'abjection connaît son apogée avec la Shoah qui a mis au service de la mort ce qui normalement, comme la science et l'enfance, sauve la vie[75]. À la liste dressée par Kristeva, le récit de Littell ajoute les juristes qu'on recrute pour assassiner des gens innocents sans procès, le travail dont le but est la destruction de l'ouvrier

---
73 *Les Bienveillantes, op. cit.*, p. 485.
74 *Pouvoirs de l'horreur, op. cit.*, p. 12.
75 *Ibidem*, p. 12.

(*Vernichtung durch Arbeit*) ou la blouse blanche du médecin chargé de la sélection des détenus arrivés à Auschwitz, conduisant des expériences médicales sur les prisonniers ou inspectant les camps de concentration sous l'égide de la Croix-Rouge.

«Avant la guerre, je ne vomissais jamais[76]», avoue Max Aue, comme s'il voulait assurer le lecteur que ce sont les atrocités auxquelles il assiste en tant qu'officier SS qui provoquent ses haut-le-cœur violents, ses vomissements déchirants, ses coups d'angoisse, ses diarrhées douloureuses et ses cauchemars remplis – eux aussi – d'excréments et de cadavres. C'est à Lutsk en Ukraine que Max voit des corps inertes pour la première fois et ce spectacle le répugne car, posé sur la frontière entre l'animé et l'inorganique, c'est-à-dire occupant la position de matière en transition et, à ce titre, de souillure, le cadavre est ce qu'on écarte en permanence pour vivre: «Ces déchets chutent pour que je vive, jusqu'à ce que, de perte en perte, il ne m'en reste rien, et que mon corps tombe tout entier au-delà de la limite, *cadere*, cadavre[77]». Désormais, dans les yeux de Max, la mort infestera la vie. Dans la douce chair de Partenau, son amant de la Crimée, le narrateur verra «une masse sanguinolente et carbonisée[78]» tandis que sa bouche, grande ouverte au moment de la jouissance, devient le trou noir, tel un anus, en transformant l'amoureux de Max en un corps abject: «un corps pris par son dedans, refusant ainsi la rencontre de l'Autre[79]». De même, comme si elles étaient transpercées par des rayons x, les femmes ukrainiennes que les collègues de Max font venir à la caserne et dont les corps dégoûtent le narrateur, se transforment en cadavres, leurs bouches remplies déjà de terre[80].

Il convient d'ajouter que les morts de Lutsk épouvantent Max autant qu'ils le fascinent, et ce fait lui ramène à l'esprit les pages de *La République* portant sur le mélange du désir de regarder les cadavres et du dégoût, éprouvé par Léonte. D'ailleurs, Max n'est pas le seul à avoir des sentiments contradictoires vis-à-vis des barbaries dont il témoigne. Pendant les *Aktions*, beaucoup de ses collègues ainsi que de simples soldats vomissent, ce qui ne les empêche pas de photographier les exécutions. Pourtant, toucher un mourant ne remplit Max que d'horreur, comme si sa sensibilité était pétrie de l'interdiction biblique de venir en contact avec le cadavre sous menace

---

76 *Les Bienveillantes*, op. cit., p. 159.
77 *Pouvoirs de l'horreur*, op. cit., p.11.
78 *Les Bienveillantes*, op. cit., p. 193.
79 Julia Kristeva, *Pouvoirs de l'horreur*, op. cit., p. 127.
80 *Les Bienveillantes*, op. cit., p. 89.

19. Max Aue, un nazi peu typique ? 315

de la souillure. En plus, comme s'il croyait pouvoir s'en purifier, chaque fois qu'il assiste à des exécutions ou qu'il s'en charge lui-même, le narrateur prend des bains très chauds, voire brûlants[81]. Par exemple, après avoir fusillé le vieux *Bergjude*, Max se rend directement aux bains Pouchkine pour plonger dans des eaux sulfureuses, ou, après une *Aktion*, il visite le *shtelt* tout juste vidé de ses habitants où, dans une maison abandonnée, il se coule un bain et se lave soigneusement, bien qu'il sache parfaitement bien qu'aucun bain, aucune piscine ne suffira à le laver d'une telle abomination[82].

Malgré ces rites de purification, Max devient de plus en plus obsédé par l'idée d'hygiène et il voit de la saleté partout: une tache sur son pantalon le trouble, des traces de boue imaginaires le font apostropher son ordonnance: «Tous mes uniformes me paraissaient d'une propreté douteuse, cela me mettait hors de moi[83]». En même temps, sa santé empire ; ses haut-le-cœur et ses problèmes intestinaux deviennent de plus en plus fréquents et de plus en plus brutaux, s'accompagnant de la sensation qu'il y a quelque chose de lourd bloqué au niveau de son diaphragme[84]. Ces expériences renvoient Max à son enfance troublée déjà par l'abjection: les victimes de la grande *Aktion* de Kiev lui font autant horreur que la masse grouillante de cafards d'une latrine espagnole, tandis que les gouttes de salive tombant des bouches ouvertes des pendus lui rappellent le dégoût qu'il éprouvait devant le corps de Jean R. qui a tenté de se suicider, pour échapper à la molestation sexuelle au pensionnat. À son malaise se rejoignent les cauchemars dans lesquels Max défèque ou, incapable d'arrêter le flot interminable de la merde ou de se salir les mains, tente d'essuyer les excréments qui jaillissent d'autres corps.

Dans les termes de Kristeva, les symptômes qui se produisent chez Max ont le pouvoir de le protéger de l'abject: «Répulsion, haut-le-cœur […] m'écarte et me détourne de la souillure, du cloaque, de l'immonde. Ignominie de la compromission, de l'entre-deux, de la traîtrise. Sursaut fasciné […] m'y conduit et m'en sépare[85]». Cependant, au moment de l'énonciation, c'est-à-dire plusieurs années après la guerre, Max continue

---

81 «Celui qui aura touché un mort, un cadavre d'homme quelconque, sera impur sept jours. […] Quiconque aura touché un mort, le cadavre d'un homme qui est mort, et ne se sera pas purifié, a rendu impur le tabernacle de l'Éternel; et cette âme sera retranchée d'Israël, car l'eau de séparation n'a pas été répandue sur elle; elle sera impure, son impureté est encore sur elle», Nombres 19: 11-14.
82 *Les Bienveillantes, op. cit.*, p. 754.
83 *Ibidem*, p. 176.
84 *Ibidem*, p. 137.
85 *Pouvoirs de l'horreur, op. cit.*, p. 10.

à vomir, bien que ses diarrhées se soient arrêtées. Constipé, il se met à écrire, en trouvant un équivalent de l'excrétion dans «la recherche de la vérité[86]». Tissée de mots appartenant à la langue de sa mère, la dentelle de son écriture ne peut faire autrement que se recouvrir de merde, telle une nappe en tissu ajouré dont Max se sert chez les von Üxküll pour nettoyer les surfaces tachées de ses excrétions. C'est comme cela alors que l'abject s'écrit: «La grande littérature moderne», proclame Kristeva, «se déploie sur ce terrain-là: Dostoïevski, Lautréamont, Proust, Artaud, Kafka, Céline...[87]». Et bien sûr Jonathan Littell, écrivain juif qui flirte dangereusement avec l'abject en se mettant dans la conscience d'un nazi pour étaler devant les yeux de son lecteur un spectacle qui à la fois attire et dégoûte, mais qui, on espère bien, aidera à reconnaître, à contempler, à comprendre et, par conséquent, à expulser la peur de l'Autre qui est au fond de nous.

Université de Wrocław

---

86 *Les Bienveillantes, op. cit.*, p. 13 et p. 720.
87 *Pouvoirs de l'horreur, op. cit.*, p. 25.

20. À propos des corps liquides
Sabine van Wesemael

Les Bienveillantes de Jonathan Littell est un livre très construit. Littell a étudié les archives, les actes des procès, des ouvrages sur la Shoah et le front de l'Est, il s'est inspiré de ses auteurs favoris tels que Blanchot, Genet et Sade, il s'appuie sur les théories sur la banalité du mal de Hannah Arendt mais pour la caractérisation de son protagoniste il s'est avant tout basé sur les analyses de Klaus Theweleit et plus particulièrement sur son ouvrage *Männerphantasien* (les fantaisies des mâles), paru en 1977, et dans lequel Theweleit essaye de définir la structure mentale d'une personnalité fasciste[1]. Littell utilise également l'analyse de Theweleit dans *Le Sec et l'humide* pour étudier le livre de Léon Degrelle *La Campagne de Russie* rédigé au lendemain de la guerre d'Espagne. *Le Sec et l'humide* est d'ailleurs augmenté d'une postface de Theweleit. Littell a certes travaillé à la crédibilité de son personnage, le je dans le roman est un peu artificiel, mais il a aussi pris ses libertés; le fossé entre Theweleit et Littell est parfois immense. À la lecture des *Bienveillantes* on repère néanmoins tout de suite certaines des images et des figures dégagées par Theweleit. Nous analyserons surtout celles qui illustrent la dialectique du sec et de l'humide.

Selon Theweleit, le fasciste ne peut être compris en termes de psychanalyse freudienne parce qu'il n'a jamais achevé sa séparation d'avec la mère et ne s'est jamais constitué un Moi au sens freudien du terme[2]. Il est resté bloque

---
1 Klaus Theweleit, *Männerphantasien*, teil I und teil II, Frankfurt am Main, Verlag Roter Stern, 1977.
2 *Ibidem*, teil I, p. 253: «Vorgänge, wie die Auflösung der Personengrenzen und die damit verbundenen Störungen der Objektbeziehungen lassen sich mit den Begriffe der Psychoanalyse auf dem Stand Freuds schwer beschreiben. Dass hat seinen grund darin, dass Freud, je alter er wurde, die Frage nach der Entstehung und Funktion des "Ich" als einer psychischen Instanz immer mehr ins Zentrum seiner theoretischen Überlegungen stellte. Freud legte damit des Grundstein für die später als Ich-Psychologie bekannt gewordenen Forschungsrichtungen und wies damit der Psychoanalysen einen anderen Weg, als erforderlich gewesen wäre, die hier zur Diskussion stehenden Phänomene zu analysieren und zu behandeln,

dans son développement, il est un «Nicht-zuende-Geborene», un «pas encore complètement né». Par le truchement de la discipline, du dressage, des exercices physiques, de la soumission à l'idéologie, le fasciste tente de se construire une carapace, une image de lui-même qui est rigide, droite et sèche[3]. Dans *Les Bienveillantes*, Littell revient sans cesse sur cette nécessité inconsciente du fasciste de structurer et de renforcer son Moi extériorisé. Max Aue cherche sans cesse son unité. Parmi les opérations de maintenance il y a tout d'abord l'exaltation de la nation et du *Volk*, la communauté de culture et l'homicide; le fasciste tue tous ceux qui menacent sa carapace: les bolchéviques, les Juifs et les femmes érotiques. Max Aue, qui doit écrire des rapports sur le moral et le comportement de la Wehrmacht, se dit souvent heureux de pouvoir participer de manière concrète à l'édification du national-socialisme qui convient parfaitement à sa passion de l'absolu et du dépassement des limites. En effet, c'est en magnifiant l'État, la nation et l'armée que le fasciste tente de se protéger contre la désintégration. Tout fasciste adhère au culte du *Volk* qui est au centre du national-socialisme même s'il réalise que la radicalité de ce culte est une radicalité de l'abîme: «En principe, le national-socialisme était fondé sur la réalité de la valeur de la vie de l'humain individuel et du Volk en son ensemble; ainsi l'État était subordonné aux exigences du *Volk*. Sous le fascisme, les gens n'avaient aucune valeur en eux-mêmes, ils étaient des objets de l'État, et la seule réalité dominante était l'État lui-même[4]». Le fascisme repose sur l'exaltation de la nation et du *Volk*, la communauté de culture et c'est pourquoi les Juifs sont ses ennemis privilégiés; les Juifs ont également ce sentiment fort de la communauté, du Volk. Le national-socialisme est une philosophie entière, totale, une *Weltanschauung* qui exalte les intérêts de la collectivité et nie ceux de l'individu. Et c'est cette négation de l'indépendance individuelle qui explique pourquoi un intellectuel cultivé comme Max Aue est capable d'accomplir des choses affreuses, parfois contraires à lui-même. Lorsqu'il doit s'occuper des questions de productivité en ce qui concerne les détenus

wie wir sehen werden. Die bisherigen Resultate der Untersuchung legen jedenfalls die Vermutung nahe, dass ein "Ich" in der Funktion eines "Mittlers" "Zwischen der Welt und dem Es" im sinne der Freudschen Überlegungen bei den soldatischen Männern nur sehr fragmentarisch oder sogar kaum vorliegt».

3   Cf. *Ibidem*, teil II, p. 13: «Dass der Terror gegen die Masse aus der Angst vor dem Zusammenfliessen des eigenen "Innern" mit eben der Masse herrühren kann, das wäre Elias Canettis Einsichten in *Masse und Macht* hinzuzufügen: die revolutionäre Masse als Verkörperung (nicht als Symbol) des ausgebrochenen eigenen 'Innen', das sich dem soldatischen Mann ganz und gar vergegenständlicht hat zum Gemisch widerwärtiger körperströme».

4   *Les Bienveillantes*, Paris, Gallimard, coll. Folio, 2007, p. 300.

20. À propos des corps liquides

des camps de concentration, il constate avec lucidité: «Je regardais à peine les Häftlinge, ce n'était pas leur sort individuel qui me préoccupait, mais leur sort collectif, et de toute façon ils se ressemblaient tous, c'était une masse grise, sale puante magré le froid, indifférenciée[5]». Aue s'attache à rendre plus humaine la mission hitlérienne. Ainsi il s'insurge contre les rations insuffisantes à Auschwitz mais il ne remet jamais en cause que les prisonniers doivent mourir.

Il ne met pas en question la politique nazie, l'holocauste, «les regrets c'est bon pour les enfants[6]», mais au cours du roman ses principes sont ébranlés et sa conviction idéologique ne le protège plus tout à fait:

> Jeune, je me sentais transparent de lucidité, j'avais des idées précises sur le monde, sur ce qu'il devait être et ce qu'il était réellement, et sur ma propre place dans ce monde [...] mais j'avais oublié, ou plutôt je ne connaissais pas encore la force du temps, du temps et de la fatigue. Et plus encore que mon indécision, mon trouble idéologique, mon incapacité à prendre une position claire sur les questions que je traitais et à m'y tenir, c'était cela qui me minait, qui me dérobait le sol sous les pieds. Une telle fatigue n'a pas de fin, seule la mort peut y mettre un terme, elle dure encore aujourd'hui et pour moi elle durera toujours.[7]

Le fasciste pour se structurer, doit structurer le monde, généralement en tuant[8]. Il semblerait que seule la sauvagerie soit l'alternative à la dépersonnalisation. Les scènes de torture et de violence véhiculent le désir du fasciste de se vouloir absolu: Max Aue cherche à dynamiser la finitude et la précarité de son être matériel en infligeant la violence à des victimes innocentes. Au moyen du pouvoir qu'il exerce sur son entourage et de la souffrance qu'il inflige, il cherche à se démarquer d'une nature impersonnelle, à désamorcer son sentiment de dépossession. Avec un réalisme hardi et nauséabond, Littell décrit des cadavres en état de putréfaction avancée qui font flotter son roman dans une mare de sang, il évoque le sang des Juifs qui coule lentement le long des dalles et le haut des crânes qui vole en l'air, il parle des tireurs qui reçoivent des éclaboussures de cervelle dans le visage et de l'odeur épouvantable d'excréments. Pourtant, cette extrême

---

5 *Ibidem*, p. 1216.
6 *Ibidem*, p. 970.
7 *Ibidem*, pp. 1089-1090.
8 Cf. Klaus Theweleit, *Männerphantasien, op. cit.*, teil II, pp. 53-54: «Es wird beginnen, ihn zu verfolgen und später tötet er es. Nur so entkommt er der Unwirklichkeit seiner Gefühle, in deren unerfüllter Glut er zu Nichts wird. Das Töten wird so ganz direkt zum Beweis der eigenen Wirklichkeit: nicht ich bin das Gespenst, die anderen sind es».

violence, cette destruction féroce de l'autre ne protège que partiellement le fasciste contre la dissolution. Couché, loin du front, dans son lit à l'hôpital de la Croix-Rouge à Hohenlychen, Aue ne se sent même pas en sécurité dans son propre corps:

> Pourquoi tout était-il si blanc? La steppe n'avait pas été si blanche. Je reposais dans une étendue de blancheur. Peut-être avait-il neigé, peut-être gisais-je comme un soldat abattu, un étendard couché dans la neige. En tout cas, je n'avais pas froid. À vrai dire, difficile d'en juger, je me sentais entièrement détaché de mon corps. De loin, j'essayai d'identifier une sensation concrète: dans ma bouche, un goût de boue. Mais cette bouche flottait là, sans même une machoire pour la soutenir. Quant à ma poitrine, elle semblait écrasée sous plusieurs tonnes de pierre; je les cherchai des yeux, mais les apercevoir, impossible. Décidément, me dis-je, me voilà bien dispersé. Oh, mon pauvre corps. Je voulais me blottir dessus, comme on se blottit sur un enfant chéri, la nuit, dans le froid.[9]

La carapace du fasciste est menacée par l'ennemi qui représente le mou, l'humide et la femme impure. Le fasciste redoute profondément la dissolution de ses limites corporelles et la libération de ses productions désirantes incontrôlables et il se raidit dans sa carapace. Le corps doit rester sain et sec parce que sinon la personne même se décomposerait. Mais ce moi-carapace n'est jamais tout à fait hermétique, il est même fragile. Le corps impose sa présence organique et avant tout son morcellement; dévoré, coupé de son sujet, le corps est signe de la désintégration agressive de l'individu. En période de crise, il se morcelle et le fasciste risque alors d'être débordé par ses productions désirantes incontrôlables, par la dissolution des limites personnelles. L'agression est en effet également intériorisée, elle est aussi retournée contre le moi. Dans sa postface du *Sec et l'humide*, Theweleit dit ceci à propos de cette peur du liquide:

> Ce qui est décisif, c'est que la carapace du corps, dans sa motricité musculaire, se dresse non seulement contre une extériorité menaçante, contre le "grouillement" de la réalité, la féminité vorace ou le prolétariat fangeux qui inverse l'ordre du monde, mais aussi contre la propre intériorité corporelle, contre le mélange de sang et de merde dont le mâle-soldat, menacé par la fragmentation, craint qu'il n'emplisse ses entrailles. La "marée rouge" vient autant de l'intérieur que de l'extérieur; elle est même plus puissante à l'intérieur.[10]

Max Aue ressent les effets du mal qui l'habite. Sa réaction à la brutalité

---
9 *Ibidem*, p. 617.
10 Klaus Theweleit, *Postface*, dans: Jonathan Littell, *Le Sec et l'humide*, Paris, Gallimard, coll. L'Arbalète, 2008, p. 122.

20. À propos des corps liquides

humaine est avant tout viscérale. C'est le corps qui, le dernier, exprime un sens moral. Aue souffre en effet de maux de ventre, de diarrhées chroniques, il est dominé par la crainte du mou, de l'excrément, des viscères, de la boue ou de la fange. Vomir c'est tout ce qui reste. Le corps s'avère essentiellement un sac plein de liquide (sang, pus, urine, excréments) et, lorsqu'il est ouvert, ça coule de partout[11]. Et c'est cet écoulement, cette liquéfaction corporelle qui affole le fasciste: «[...] maintenant, autant que l'artillerie et les snipers soviétiques, le froid, la maladie et la faim, c'était la lente montée de la marée intérieure qui les tuait [les soldats allemands]. En moi aussi elle montait, âcre et puante comme la merde à l'odeur douce qui coulait à flots de mes boyaux[12]». Max Aue visionne sa propre mort, rêve de son annihilation et de mutilations physiques, il est dominé par la répugnance, l'écœurement; il se repousse, s'abjecte. Kristeva dit à propos de cette abjection de soi:

> S'il est vrai que l'abject sollicite et pulvérise tout à la fois le sujet, on comprend qu'il s'éprouve dans sa forme maximale lorsque, las de ses vaines tentatives de se reconnaître hors de soi, le sujet trouve l'impossible en lui-même: lorsqu'il trouve que l'impossible c'est son *être* même, découvrant qu'il n'*est* autre qu'abject. L'abjection de soi serait la forme culminante de cette expérience du sujet auquel est dévoilé que tous ses objets ne reposent que sur la *perte* inaugurale fondant son propre être. Rien de tel que l'abjection de soi pour démontrer que toute abjection est en fait reconnaissance du *manque* fondateur de tout être, sens, langage, désir.[13]

Cet abject synonyme de dégoût, horreur de soi, dégoût de la vie et déni des autres domine la vie sentimentale de Max Aue jusqu'à l'explosion de folie finale.

Les Bienveillantes décrit les catastrophes pulsionnelles d'un homme. Aue a de graves problèmes psychologiques mais ses troubles ne viennent pas seulement des horreurs auxquelles il participe; elles sont aussi le résultat

---

11   Voir Theweleit, *Männerphantasien, op. cit.*, teil I pp. 521-522: «In der Tat ist allen aufgeführten furchtregenden Substanzen gemeinsam, dass sie zur Beschreibung von Vorgängen, die am menschlichen Körper, speziell an seinen Öffnungen geschehen, herangezogen werden können. 'Fluten', 'Sümpfe', 'Schlamm', 'Schleim', 'Breie' jede menge – vorausgesetzt, man hat ein negatives Verhältnis zu den betreffenden Körperaussonderungen. Dieses deutet auf eine Umkehrung der Affekte, die ursprünglich mit der Aussonderung der verscheidenen Substanzen des menschlichen körpers verbunden sind: Lustempfindungen. An die Stelle solcher Lustempfindungen ist eine panische Abwehr ihrer Möglichkeit getreten. Auf diese muss sich die Intensität des Affekts beziehen, nicht etwa auf die geografische Existenz von Sümpfen ; auf die politische Existenz einer Republik teilweise».
12   *Les Bienveillantes, op. cit.*, p. 560.
13   Julia Kristeva, *Pouvoirs de l'horreur,* Paris, Seuil, 1980, p. 12.

de traumatismes antérieurs à la guerre. La guerre n'a que confirmé ses fantaisies. Max Aue est profondément perturbé par son histoire familiale: «Le passé est une chose qui ne vous lâche plus», constate-t-il avec lucidité. Le traumatisme initial c'est la naissance, c'est-à-dire le moment où Max est séparé définitivement de sa sœur jumelle Una. Dans ses rêves et fantaisies Aue revit éternellement cette sortie traumatisante du sein maternel. À plusieurs reprises, il rêve par exemple de métros excentrés, décalés et imprévisibles, de réseaux détraqués, bruyants et interminables et au front à Stalingrad, il s'égare dans les canalisations d'égoût, encombrées de cadavres. Depuis sa naissance, Aue garde contre sa mère une rancune hostile:

> En marchant, la pensée de ma mère me revint avec violence, se bousculant, se cognant dans ma tête comme une femme ivre. Depuis longtemps, je n'avais pas eu de telles pensées. Lorsque j'en avais parlé à Partenau, en Crimée, j'en étais resté au niveau des faits, de ceux qui comptent le moins. Là, c'était un autre ordre de pensées, amères, haineuses, teintées de honte. Quand cela avait-il commencé? Dès ma naissance? Se pouvait-il que je ne lui eusse jamais pardonné le fait de ma naissance, ce droit d'une arrogance insensée qu'elle s'était arrogé de me mettre au monde? Fait étrange, je m'étais révélé mortellement allergique au lait de son sein [...].[14]

Aue est un anti-Œdipe qui n'aime pas sa mère et qui déteste toutes les femmes enceintes, qui abhorre «cet atroce privilège» de la femme de pouvoir enfanter. Il se demande avec horreur ce qui arrive au fœtus d'une femme gazée, s'il meurt tout de suite ou bien lui survit un peu, emprisonné dans sa gangue morte et lorsqu'il essaye de concevoir sa sœur enceinte, sa sœur accouchant des jumeaux, il est convaincu qu'on a dû l'ouvrir, les sortir par le ventre. Dès qu'Hélène commence à jouer le rôle d'une mère, Aue est saisi du désir incontrôlable de la battre, de lui donner des coups de pied dans le ventre, «pour son obscène, son inadmissible bonté[15]». Chaque figure maternelle provoque chez lui des tendances perverses. La scène où Aue, après avoir évoqué sa naissance, dit vouloir se venger de sa mère est d'ailleurs une réécriture de la scène de Montjouvain proustienne dans laquelle l'amie de Mademoiselle de Vinteuil crache sur le portrait de M. de Vinteuil, récemment décédé, afin d'exciter son amie. À la profanation du père, Littell oppose la profanation de la mère: Aue se branle et suce ses amants devant une photo de sa mère et les fait éjaculer dessus. Il finit par commettre le crime d'Oreste et assassine sa mère; il tue la mère-sorcière la

---

14 *Les Bienveillantes, op. cit.*, p. 530.
15 *Ibidem*, p.1167.

20. À propos des corps liquides

délaissant dans une mare de sang[16].

Les Bienveillantes se place sous le signe de la régression. Au fond, Max Aue désire retourner dans la matrice pour y être réuni avec sa sœur jumelle. Il plonge dans la Volga parce que l'eau est accueillante, d'une tiédeur maternelle, lors de son délire final il prend un bain pour y retrouver l'aspect crémeux de la peau de sa sœur et lorsqu'à l'hôpital il sombre tranquillement dans la fièvre il a le sentiment de retourner dans la matrice réconfortante:

> En pensée, je tirais autour de moi non seulement mes draps et mes couvertures mais l'appartement entier, je m'en enveloppai le corps, c'était chaud et rassurant, comme un utérus dont je n'aurais jamais voulu sortir, paradis sombre, muet, élastique, agité seulement par le rythme des battements de cœur et du sang qui coule, une immense symphonie organique, ce n'était pas Frau Zempke qu'il me fallait, mais un placenta, je baignais dans ma sueur comme dans un liquide amniotique, et j'aurais voulu que la naissance n'existât pas.[17]

Or, c'est au fond le désir de vivre à nouveau en symbiose avec sa sœur qui explique pourquoi Aue est dominé par cette nostalgie vers la matrice. Il veut fusionner avec sa sœur. Aue, dans la maison de sa sœur entre dans une psychose ranimant le souvenir de leur union dans la matrice de la mère. Il rêve à un moment donné qu'Una et lui se nourrissent de pisse et de merde. À la puanteur abominable des évacuées décharnées d'Auschitz, Aue oppose la fange belle, solaire et pure qui couvre sa sœur et qui aurait été incapable de la souiller: «Entre ses jambes maculées, je me serais blotti comme un nourrisson affamé de lait et d'amour, désemparé[18]». Dans ce rêve,

---

16 Cf. Klaus Theweleit, *Männerphantasien, op. cit.*, teil I, p. 138:» […] Das Mutterbild scheint als noch tiefer in sich gespalten ze sein. Auch in der Mutter steckt wohl – besser verborgen – eine böse Seite, der agressive Regungen von seiten der Söhne gelten. Sind nur tote Mütter gute Mütter? Worauf zielt die Agression der Söhne? Auf zweierlei: den Müttern die Männer zu nehmen und den Müttern die lebendigkeit zu nehmen, die Wärme des menschlichen Leidens, wenn Unglück sie trifft. Sie werden männerlos und kalt gemacht – der Angriff der Söhne gilt also wohl nicht nur ihrer Seksualität sondern auch der Möglichkeit ihrer warmen menschlichen Nähe, ihrer Mütterlichkeit. Beides scheint den Sohn zu bedrohen».
17 *Ibidem*, p. 1160.
18 *Ibidem*, p. 1254. Cf. également *Ibidem*, pp. 578-579: «Une crampe lourde me saisit le ventre et je baissai mon pantalon et m'accroupis, et déjà tandis que la merde coulait, liquide, j'étais loin, je pensais aux flots, à la mer sous la quille du bateau, deux enfants assis à l'avant face à cette mer, moi-même et ma sœur Una, le regard et les deux mains qui se touchent sans que personne s'en aperçoive, et l'amour encore plus vaste et sans fin que cette mer bleue que l'amertume et la douleur des années meurtries, une splendeur solaire, un abîme volontaire. Mes crampes, ma diarrhée, mes poussées de fièvre blanche, ma peur aussi, tout cela s'était effacé, s'était dissous dans ce retour inouï».

Aue nous livre son fantasme personnel de la conjonction des deux sexes en un seul être. Dans cette aspiration à la conjonction, il faut sans doute lire le désir de retour à l'unité primordiale, à la plénitude édénique d'avant la séparation. Aue blessé s'imagine Una lapant le sang et le sel comme un petit chat avide: «C'était l'âge de la pure innocence, faste, magnifique [...] ni l'un ni l'autre spécifiquement la fille ou le garçon, mais un couple de serpents entrelacés[19]». Au théâtre avec Thomas, il est attiré par la beauté presque abstraite, asexuée, sans distinction aucune entre les danseurs hommes et femmes et il rêve d'une cité immense où les hommes et les femmes ne se distinguent par aucun trait particulier et ressemblent tous à l'image de l'*übermensch* telle qu'elle fut entrevue par les nazis: «[...] tous avaient la peau blanche, les cheveux clairs, les yeux bleus, pâles, perdus, les yeux de Höss [...][20]». Max Aue espère retrouver auprès d'Una la paix de la somnolence prénatale. Il croit avoir trouvé en elle son double miraculeux, le reflet féminin de lui-même qui doit compléter, cimenter, dans l'illusion unitaire, sa fragile identité. Le face à face avec le miroir répond au besoin d'une rassurance de l'être: «Lorsqu'ils dormaient [les parents], nous réoccupions la pièce refroidie et quittions enfin nos vêtements, et nos petits corps devenaient un miroir l'un pour l'autre [...] nous blottissant, peau contre peau, esclaves l'un de l'autre et maîtres de tout[21]».

Mais le mythe sous-jacent nous paraît être également l'histoire d'Hermaphrodite telle qu'elle est racontée par Ovide au livre IV des *Métamorphoses*. Le corps du héros mythique, Hermaphrodite est féminisé par les étreintes de la nymphe Salamacis. Aue est en effet dominé par le désir d'être une femme. Dès la page 40 il annonce qu'il aurait préféré être une femme mais c'est notamment durant les jours de délire pervers dans la maison de sa sœur qu'apparaît ce désir de prendre la place du sexe féminin. Aue tient une robe drapée d'Una sur son corps et esquisse des gestes féminins, il se maquille soigneusement, se rase les jambes, les aisselles et le sexe et il s'imagine qu'il est sodomisé par sa sœur:

> [...] et quand c'était fini nous échangions aussi brutalement nos rôles, elle se munissait d'un phallus en ébène sculpté et me prenait comme un homme, devant son grand miroir qui reflétait impassiblement nos corps entrelacés comme des serpents, elle avait enduit le phallus de cold-cream et l'odeur âcre me mordait au nez tandis qu'elle se servait de moi comme d'une femme, jusqu'à ce que toute distinction s'efface et que je lui dise: "Je suis ta sœur et

---

19 *Ibidem*, p. 580.
20 *Ibidem*, p. 886.
21 *Ibidem*, p. 581.

tu es mon frère", et elle: "Tu es ma sœur et je suis ton frère".[22]

Les Bienveillantes offre une variante moderne du myhte de la Genèse. Cette fois-ci ce n'est pas Adam, être total et bisexué puisque c'est de son corps qu'est tiré le principe féminin, mais c'est le corps féminin qui est à l'orgine de l'espèce humaine et qui représente ce flux océanique salutaire dans lequel Aue voudrait se noyer[23]: «Nos corps sont identiques, je voulais lui expliquer. Les hommes ne sont-ils pas des vestiges de la femme? Car tout fœtus débute femelle avant de se différencier. [...] C'est ce qui rend les femmes si terriblement femelles, et je souffrais démesurément d'en être dépossédé, c'était pour moi une perte sèche, encore moins compensable que celle du vagin que j'avais laissé aux portes de l'existence[24]».

Aue s'imagine Una et lui-même comme deux miroirs face à face qui se renverraient indéfiniment leurs vertigineux reflets. Il est fasciné par Tristan et Orlando parce qu'ils se font passer l'un pour l'autre. Or, cette captation imaginaire, ce stade du miroir n'est pas sans ambiguïté parce que toute projection s'avère fragile et vouée au leurre. Aue réalise que le processus d'identification se négativise parce que le miroir ne permet pas la fusion avec l'autre. C'est notamment au moment où Una a pour la première fois ses règles qu'Aue comprend que la différenciation des sexes est incontournable: «Elle pleurait: "Ça commence, la déchéance commence" [...] je voulais être comme elle; pourquoi ne pouvais-je pas saigner aussi[25]». Enfants, Max et Una ont conclu un pacte: ils n'aimeraient personne d'autre et resteraient vierges. Or, Una trahit son frère en épousant Von Üxküll et depuis il déverse sa haine sur l'autre sexe. Una n'est pas fidèle comme Iseut. Aue voudrait revivre avec Una l'histoire de Tristan et Iseut, unis pour l'éternité grâce au philtre d'amour: «Au début j'avais le mal de mer, mais cela passa vite; elle, celle dont je parle, elle n'avait pas le mal de mer. Nous nous installions ensemble, à l'avant du bateau, et nous regardions moutonner les vagues, puis nous nous regardions l'un l'autre, et à travers

---

22 *Ibidem*, p. 1268.
23 Cf. également *Ibidem*, pp. 40-41: «[...] la réalité, je ne rougis pas de le dire, c'est que j'aurais sans doute préféré être une femme. Pas nécessairement une femme vivante et agissante dans ce monde, une épouse, une mère: non, une femme nue, sur le dos, les jambes écartées, écrasée sous le poids d'un homme, agrippée à lui et percée par lui, noyée en lui en devenant la mer sans limites dans laquelle lui-même se noie, plaisir sans fin, et sans début aussi. Or il n'en a pas été ainsi. À la place, je me suis retrouvé juriste, fonctionnaire de la sécurité, officier SS, puis directeur d'une usine de dentelle. C'est triste mais c'est comme ça».
24 *Ibidem*, p. 1279.
25 *Ibidem*, p. 684.

ce regard, par l'amertume de notre enfance et le grondement souverain de la mer, il se passa quelque chose d'irrémédiable: l'amour, doux-amer, jusqu'à la mort[26]».

Mais le breuvage magique n'a pas l'effet désiré[27]. À un moment donné, Aue s'imagine Una s'approchant dans une barque mais contrairement à Iseut qui se précipite pour sauver son amant Tristan, elle ne réagit pas aux appels: «[...] enfin elle se détourna. La procession s'éloignait lentement vers l'aval tandis que je restais là, effondré[28]». Se révèle l'autre fonction du miroir, sa nature dangereuse et le risque d'engloutissement dont il est porteur, s'ouvre le combat avec un double mauvais. Una est en fin de compte cette fille du roi du vieux mythe qu'elle racontait souvent à son frère. Cette princesse vivait dans une ville engloutie dans la Baltique et choisissait chaque jour un amant qu'elle ramenait au palais et avec qui elle faisait l'amour toute la nuit; au matin, l'homme était mort d'épuisement. Elle faisait jeter son cadavre à la mer: «Seul l'Océan, chantait-elle, serait assez vaste, assez puissant pour combler son désir[29]».

Selon Una l'attachement à des promesses anciennes n'est pas une vertu. «Mon pauvre petit frère, je suis une femme et toi tu restes un petit garçon» dit-elle à son frère lors de leur recontre à Berlin. Aue entre en lutte avec les femmes[30]. Il déverse sa haine sur l'autre sexe et tue par exemple sans scrupules une jeune fille avec une balle dans la tête. Il veut en finir avec ces femmes qui ruinent la domination de l'homme et qui rient de leur vulnérabilité. Depuis la trahison de Una, les femmes le dégoûtent. Il rêve

---

26 *Ibidem*, p. 293.
27 Cf. également Ibidem, p. 695: «Son regard [d'Una] était clair, presque transparent. "Tu sais, dis-je, j'ai enfin lu Proust. Tu te souviens de ce passage?". Je récitai la gorge serrée: "Ce verre sera, comme dans le temple, le symbole de notre union indestructible." Elle agita la main. "Non, non. Max, tu ne comprends rien, tu n'as jamais rien compris." Elle était rouge, elle devait avoir beaucoup bu. "Tu as toujours pris les choses trop au sérieux. C'était des jeux, des jeux d'enfants." Je fis un effort pour maîtriser ma voix. "Tu te trompes Una. C'est toi qui n'as rien compris." Elle but encore. "Il faut grandir, Max."».
28 *Ibidem*, p. 608.
29 *Ibidem*, p. 1253.
30 Pour la description de l'amour incestueux Littell s'appuie encore sur les théories de Theweleit: «Mütter und Schwester scheinen sich als die wirklichen Liebesobjekte dieser Männer zu entpuppen. "Sie konnten zusammen nicht kommen, das Wasser war viel zu tief" hat das Inzesttabu darüber geschrieben. Jetzt versteht man auch, warum die "guten Frauen" männerlos sein müssen und bleich wie der Tod. Gerade ihr Leiden, die Spuren des Verzischts in ihrem Gesicht, ihre Opferhaltung macht ja ihre totenhafte Schönheit aus. Und warum? Weil die Söhne/Brüder es so wollen». Klaus Theweleit, *Männerphantasien, op. cit.*, teil I, p. 145.

20. À propos des corps liquides

d'une jeune femme couchée dans son lit qu'il n'arrive pas à repousser, de jeunes filles ressemblant à des rats et prises de frénésie sexuelle qui lui montrent leurs derrières crasseux, et il traite les infirmières de «Hure» estimant qu' «un trou, c'est un trou[31]». Les femmes, en fin de compte, sont comme ces divinités vengeresses censées pourchasser sans répit les auteurs d'actes inexpiables. Elles persécutent plus spécialement ceux qui ont tué leurs parents et apparaissent notamment à la dernière ligne du roman lorsqu'Aue constate: «Les Bienveillantes avaient retrouvé ma trace[32]». La misogynie de Aue s'explique par ailleurs non seulement par son histoire personnelle, par l'infidélité de sa sœur; elle est inhérente à la structure mentale de toute personnalité fasciste. Littell note à ce propos dans *Le Sec et l'humide*:

> Mais ce Moi-carapace n'est jamais tout à fait hermétique, il est même fragile. En période de crise, il se morcelle, et le fasciste risque alors d'être débordé par ses productions désirantes incontrôlables, la "dissolution des limites personnelles". Tous les dangers prennent alors pour lui deux formes, intimement liées entre elles: celle du féminin et celle du liquide, de "tout ce qui coule". Comme le fasciste ne peut pas entièrement anéantir la femme (il en a besoin pour se reproduire), il la scinde en deux figures: l'Infirmière blanche, vierge bien sûr, qui généralement meurt ou se pétrifie, à moins que le fasciste ne l'épouse, auquel cas elle disparaît purement et simplement du texte; l'Infirmière (ou la Prostituée) rouge, que le fasciste, afin de maintenir son Moi, tue, de préférence en l'écrasant à coups de crosse en la transformant en bouillie sanglante.[33]

Dans *Les Bienveillantes* les soldats allemands ne peuvent s'empêcher effectivement de maltraiter les femmes et notamment celles qui entraînent à leurs yeux une dégermanisation de leur race et de leur sang: les femmes russes et les Juives[34]. Ils violent les femmes avant de les tuer, ils les forcent à se déshabiller et les font courir nues devant une mitrailleuse et ainsi de suite. Ce sont Hélène et Una qui sont des infirmières blanches, la dernière s'étant marié avec un homme estropié et la première soignant avec beaucoup de douceur Max Aue lorsqu'il est malade. Aue envisage même d'épouser

---

31 *Ibidem*, p. 584.
32 *Ibidem*, p. 1390.
33 Jonathan Littell, *Le Sec et l'humide, op. cit.*, p. 26.
34 Voir Klaus Theweleit, *Männerphantasien, op. cit.*, teil I, p. 102: «In allen Romanen und Biographien gibt es nicht eine einzige Frauenfigur, die – wenn sie mit Namen und ohne gleichzeitige sicherung durch einen Bruder, Nennung einer respektabelen Familie oder als Freundin der eigenen Schwester eingeführt wird – sich nicht irgendwie als 'Hure' entpuppt oder aus anderen Gründen als für den Helden untragbare Frau».

Hélène qu'il voit d'ailleurs pour la première fois sortant de l'eau claire de la piscine. Littell insiste sur la fonction sexuelle de l'eau. Mais, le passé est une chose qui ne vous lâche plus et Aue réalise son impuissance à lui offrir quoi que ce soit:

> [...] je n'aime qu'une personne, celle entre toutes que je ne peux avoir, celle dans la pensée ne me lâche jamais et ne quitte ma tête que pour s'immiscer dans mes os, celle qui sera toujours là entre le monde et moi et donc entre toi et moi, celle dont les baisers se moqueront toujours des tiens [...] celle dont la simple existence fait que pour moi tu ne pourras jamais complètement exister, et pour le reste, car le reste existe aussi, je préfère encore me faire vriller le cul par des garçons inconnus, payés s'il le faut, cela me rapproche encore d'elle, à ma façon, et j'aime encore mieux la peur et le vide et la stérilité de ma pensée que de faiblir.[35]

Aue tente effectivement d'oublier les désirs sexuels qu'il ressent pour sa sœur jumelle dans de furtifs rapports homosexuels[36]. Il est homosexuel dans un régime qui punit l'homosexualité de mort. Littell prend ici ses distances par rapport aux théories de Theweleit qui estime que fascisme et homosexualité ne vont pas ensemble. Le Führer nourrit une obsession particulière envers les homosexuels parce qu'il croit qu'un homosexuel héréditaire peut contaminer des dizaines de jeunes hommes avec sa maladie, et que tous ces jeunes gens sont alors perdus pour la race. Aue ne partage pas ce point de vue. Bien au contraire, il exhalte l'amour fraternel qu'il considère comme le vrai ciment d'une *Volksgemeinschaft* guerrière et créatrice et il estime que c'est une fausse conception qui oppose le soldat viril à l'inverti efféminé. L'éros intramasculin, en stimulant les hommes à rivaliser de courage, de vertu et de moralité, contribue à la guerre et à la formation des États qui ne sont qu'une version étendue des sociétés masculines comme l'armée: «Je me suis souvent dit que la prostate et la guerre sont les deux dons de Dieu à l'homme pour le dédommager de me pas être femme[37]». Mais, c'est au fond pour sa sœur qu'Aue se prétend homosexuel; l'homosexualité le rapproche d'Una. Il espère retrouver chez les jeunes garçons le corps immature de sa sœur et revivre les sensations

---

35 *Les Bienveillantes, op. cit.*, p. 1091.
36 Klaus Theweleit note à ce propos: «Diese konstellation (kamaradenschwester) hat einen inzestuösen und einen homoerotischen Aspekt. Der inzestuöse: durch den kamaraden, mit dem mann sich identifiziert, entsteht eine legale sexuelle Verbindung mit der eigenen Schwester; der homoerotische: in der Schwester wird der Bruder geliebt». *Männerphantasien, op. cit.*, teil I, p. 159.
37 *Ibidem*, p. 292. Cf. également *Ibidem*, p. 288: «Historiquement, les meilleurs soldats, les soldats d'élite, ont toujours aimé d'autres hommes».

20. À propos des corps liquides 329

érotiques de son enfance. Ainsi, il est fasciné par l'Apollon exposé au Grand Palais parce qu'il a un corps gracile, pas tout à fait formé, avec un sexe d'enfant et des fesses étroites et lorsqu'il fait l'amour avec André N., ce jeune garçon atléthique du pensionnat, Aue a l'impression de répondre directement à sa sœur, de l'incorporer:

> Une poignante odeur de peau fraîche et de sueur émanait de son corps, parfois mêlée à de légers relents de merde, comme s'il s'était mal torché. Les toilettes, elles, puaient l'urine et le désinfectant, elles étaient toujours sales, et aujourd'hui encore pour moi l'odeur des hommes et du sperme évoque l'odeur du phénol et de l'urine [...]. Au début, il ne faisait que me toucher, ou bien je le prenais dans ma bouche. Puis il voulut autre chose. Cela, je le connaissais, je l'avais déjà fait avec elle, après l'apparition de ses règles; et ça lui avait donné du plaisir, pourquoi ça ne m'en donnerait-il pas à moi aussi? Et puis, raisonnerai-je, cela me rapprocherait encore d'elle; d'une certaine manière, je pourrais ainsi ressentir presque tout ce qu'elle ressentait, lorsqu'elle me touchait, m'embrassait, me léchait, puis m'offrait ses fesses maigres et étroites. Cela me fit mal, elle aussi cela avait dû faire mal, et puis j'attendis, et lorsque je jouis, j'imaginai que c'était elle qui jouissait ainsi, une jouissance fulgurante, déchirante, j'en arrivais presque à oublier à quel point ma jouissance était une chose pauvre et bornée à côté de la sienne, sa jouissance océanique de femme déjà.[38]

Dans l'amour fraternel, l'humide sous forme d'urine, de sperme et de sueur a une fonction sexuelle positive: «[...] je dégrafai son pantalon [d'un inconnu dans le parc], enfouis mon visage dans son odeur âcre faite de sueur, de peau mâle, d'urine et d'eau de Cologne [...][39]». Aue est homosexuel, matricide, incestueux et sujet à des délires pas très sains. La symbolique de l'humide est donc assurément plus multiple que chez Theweleit. L'humide, c'est d'une part les flux délirants lorsqu'Aue sombre dans la folie, c'est la Volga qui charrie des cadavres innombrables, c'est le sang versé et le dérangement sur le plan gastrique et intestinal et c'est l'amour souillé par la trahison d'Una mais l'humide chez Littell a aussi des connotations positives puisqu'il désigne le liquide amniotique, la sexualité intramasculine, la jouissance océanique de la femme et, ne l'oublions pas, l'écriture. Tout au début du roman, le narrateur dit qu'il souffre de constipation. Afin de se libérer, de se «déboucher», Aue se met à noter ses souvenirs. Le liquide ce sont aussi les mots qui coulent de son stylo. Or, sa motivation d'écriture n'est pas le remords ou le regret mais bien plutôt un besoin d'exonération. Mais, en fin de compte il ne parvient pas vraiment à se délivrer de ses idées

---
38 *Ibidem*, pp. 296-297.
39 *Ibidem*, p. 104.

obsédantes; il finit par conclure que la capacité sublimatoire de son art est faible et qu'un destin exceptionnel peut tout simplement être le substitut d'une existence tout ordinaire, et réciproquement: «Les mots non plus ne servent à rien, ils disparaissent comme de l'eau dans le sable, et ce sable emplit ma bouche. Je vis, je fais ce qui est possible, il en est ainsi de tout le monde, je suis un homme comme les autres, je suis un homme comme vous. Allons, puisque je vous dis que je suis comme vous![40]».

Université d'Amsterdam

---

40 *Ibidem*, p. 43.

Bibliographie

Jonathan LITTELL, *Les Bienveillantes*, Gallimard, 2006
- *Études*, Fata Morgana, 2007
- *Le Sec et l'humide*, Gallimard, coll. L'Arbalète, 2008

Autres

Jonathan LITTELL, «Cho Seung-hui, ou l'écriture du cauchemar», *Le Monde*, 22 avril 2007
Theodore ADORNO, *Dialectique négative*, Paris, Payot, 1978
Louis ALTHUSSER, *Reading Capital*, trad. Ben Brewster, London, NLB, 1970, p. 28. Orig. *Lire le Capital*, Paris, François Maspero, 1968
Michèle AQUIEN, *L'Autre versant du langage*, Paris, José Corti, 1997
Hannah ARENDT, *Eichmann à Jérusalem, Rapport sur la banalité du mal* (1994), Paris, Gallimard, 2008
Jean-Christophe ATTIAS et Esther BENBASSA, *Judaïsme. Religion, cultures, identités*, EJL, 2005
ARISTOTE, *Topiques*, trad. par Jacques Brunschwig, Paris, Société d'édition «Les Belles Lettres», 1967
Gaston BACHELARD, *La Psychanalyse du feu*, Paris, Gallimard, coll. Idées, 1949
Aurélie BARJONET, «Bienfaits de la nouvelle "littérature putride"? Le cas des *Particules élémentaires* de Michel Houellebecq et des *Bienveillantes* de Jonathan Littell», dans *Lendemains*, 132, 33. Jahrgang 2008, pp. 94-108
Georges BATAILLE, *L'Expérience intérieure*, Paris, Gallimard, coll. Tel, 1943
BEAUMARCHAIS, *Mariage de Figaro*, III, 5. Œuvres, Paris, Gallimard, Bibliothèque de la Pléiade, 1988
Antony BEEVOR, *Stalingrad* (1998), Paris, Éditions de Fallois, 1999
Seth BENARDETE, *The Argument of the Action. Essays on Greek Poetry and Philosophy*, Chicago, The University of Chicago Press, 2000
Walter BENJAMIN, *Charles Baudelaire: un poète lyrique à l'apogée du capitalisme* (1969), Paris, Payot, 1979, trad. Jean Lacoste
Walter BENJAMIN, *L'Œuvre d'art à l'époque de sa reproductibilité technique*, version 1939, Paris, Gallimard, 2000
Charlotte BERADT, *Rêver sous le troisième Reich*, Petite Bibliothèque Payot, 2002
Henri BERGSON, *Le Rire*, Paris, Presses Universitaires de France, 1961
Maurice BLANCHOT, *L'Espace littéraire*, Paris, Gallimard, 1955
Paul-Henri BLANRUE, *Les Malveillantes, enquête sur le cas Jonathan Littell*, Paris, Scali, 2006
Cristopher R. BROWNING, *Des hommes ordinaires. Le 101ᵉ bataillon de réserve de la police allemande et la Solution finale en Pologne* (1992), Paris, Tallandier, 2007
Allan BULLOCK, *Adolf Hitler*, New York, Harper, 1952
Italo CALVINO, *Leçons américaines*, Paris, Gallimard, coll. Folio, 1992

332 Bibliographie

Daniel Castillo DURANTE, *Du stéréotype à la littérature*, Montréal, xyz Éditeur, coll. «Théorie et littérature», 1994

Daniel Castillo DURANTE, *Les Dépouilles de l'altérité*, Montréal, xyz éditeur, coll. «Documents», 2004

Louis-Ferdinand CÉLINE, *Voyage au bout de la nuit*, Paris, Gallimard, 1932

Jean-Marie CHAUVIER, «Comment les nationalistes ukrainiens réécrivent l'histoire», dans *Le Monde Diplomatique*, août 2007

Janine CHASSEGUET-SMIRGEL, *Éthique et esthétique de la perversion*, Paris, Champ Vallon, 1984

CHATEAUBRIAND, *Mémoires d'Outre-tombe*, 24-25 septembre 1833, éd. Biré, vol. 6, Paris, Garnier

Dorrit COHN, *Le Propre de la fiction*, Paris, Seuil, coll. «Poétique», 2001

Daniel COHN-BENDIT, «Jonathan Littell: *Les Bienveillantes*, l'Allemagne et sa mémoire», *Le Figaro*, 3 mars 2008

Antoine COMPAGNON, «Nazisme, histoire et féerie: retour sur *Les Bienveillantes*», *Critique*, 2007, n° 726, pp. 881-896

Pierre-Emmanuel DAUZAT, *Holocauste ordinaire. Histoires d'usurpation: extermination, littérature, théologie*, Paris, Bayard, 2007

Gilles DELEUZE et Félix GUATTARI, *Capitalisme et schizophrénie. L'Anti-Œdipe*, Paris, Éditions de Minuit, 1972

Bret Easton ELLIS, *American Psycho* (1991), Paris, Laffont, 2000

ESCHYLE, *Les Euménides*, 7 éd., trad. par Paul Claudel, Paris, Éditions de la Nouvelles revue française, 1920

Herbert FINGARETTE, «Orestes: Paradigm Hero and Central Motif of Contemporary Ego Psychology», dans *The Psychoanalytic Review*, n° 50, 1963, pp. 87-111

Gustave FLAUBERT, *L'Éducation sentimentale* (1869), Paris, Flammarion, 1985

Michel FOUCAULT, *L'Ordre du discours*, Paris, Gallimard, 1971

Sigmund FREUD, *Introduction à la psychanalyse*, Paris, Payot, 1961

Sigmund FREUD, *Névrose, Psychose et perversion*, Paris, PUF, 1973

Sigmund FREUD, *Trois essais sur la théorie sexuelle*, Paris, Gallimard, 1989

Sigmund FREUD, *Totem et tabou* (1912), Paris, Payot, 2004

Joel FRIEDMAN et Sylvia GASSEL, «Orestes – a Psychoanalytic Approach», dans *The Psychoanalytic Quarterly*, n° 20, 1951, pp. 423-433

Northrop FRYE, *Anatomy of Criticism: Four Essays*, New York, Atheneum, 1969

Jean GIONO, *Un Roi sans divertissement*, Paris, Gallimard, coll. Folio, 1977

Jean GIONO, *Écrits sur Machiavel* dans *D'Homère à Machiavel*, Paris, Gallimard, 1986

Réné GIRARD, *La Violence et le sacré*, Paris, Grasset, 1972

Alain GOLDSCHLÄGER, «La littérature de témoignage de la Shoah: dire l'indicible – lire l'incompréhensible», *Texte: revue de critique et de théorie littéraire*, vol. 19/20, 1996

Lucien GOLDMANN, *Pour une sociologie du roman*, Paris, Gallimard, 1964

Jean-Daniel GOLLUT, *Conter les rêves*, Paris, José Corti, 1993

Alain GROSRICHARD, *Structure du sérail. La fiction du despotisme asiatique dans l'occident classique*, Paris, Seuil, 1979

Vassili GROSSMAN, *Vie et destin* (1952), Genève, L'Âge d'homme, 1980

Vassili GROSSMAN, *Tout passe* (1954), Paris, Julliard/ L'Âge d'homme, 1984

Vassili GROSSMAN, *Carnets de guerre. De Moscou à Berlin 1941-1945*, Paris, Calman-Levy, 2007

Georges Ivanovitch GURDJIEFF, *Rencontres avec des hommes remarquables*, Paris, Stock,

1980
Jürgen HABERMAS, *De l'éthique de la discussion*, Paris, Cerf, 1992
Georg Wilhelm Friedrich HEGEL, *Phénoménologie de l'esprit*, Paris, Gallimard, 1993
HÉSIODE, *Théogonie*, traduction, présentation et notes de Annie Bonnafé, précédé d'un essai de Jean-Pierre VERNANT, Paris, Rivages poche, Petite bibliothèque, 1993
Raul HILBERG, *La Destruction des Juifs d'Europe* (1961), Paris, Fayard, 1988
Rudolf HÖSS, *Le Commandant d'Auschwitz parle*, Paris, Julliard, 1959
Édouard HUSSON et Michel TERESTCHENKO, *Les Complaisantes*, Paris, Éditions François-Xavier de Guibert, 2007
Annick JAUER, Université de Provence «Ironie et génocide dans *Les Bienveillantes* de Jonathan Littell», dans http://www.fabula.org/colloques/document982.php
Martine JOLY, *L'Image et les signes*, Paris, Nathan, 1994
Vincent JOUVE, *La Lecture*, Paris, Hachette, 1993
August von KAGENECK, *La Guerre à l'Est, Histoire d'un régiment allemand*, Paris, Perrin, 2002
Emmanuel KANT, *Fondements de la métaphysique des mœurs*, Paris, Flammarion, 2006
Emmanuel KANT, *Critique de la raison pratique*, Paris, Flammarion, 2003
Emmanuel KANT, *Critique de la raison pure*, Paris, Flammarion, 2006
Imre KERTESZ, *Être sans destin*, Paris, Actes Sud, 1998
Victor KLEMPERER, *LTI La langue du IIIe Reich*, Paris, Albin Michel, 1998
Julia KRISTEVA, «De l'abjection à la banalité du mal», dans http://www.kristeva.fr/Julia_Kristeva/791450DF-6D50-4A2E-ACB7-Ec98BF7E1D11.html, conférence avec Jonathan Littell, auteur du roman *Les Bienveillantes*, invité par le Centre Roland Barthes (Université Paris VII), à l'ENS, le mardi 24 avril 2007
Julia KRISTEVA, *Étrangers à nous-mêmes*, Paris, Flammarion, 1991
Julia KRISTEVA, *Pouvoirs de l'horreur*, Paris, Seuil, 1980
Julia KRISTEVA, *Soleil noir. Dépression et mélancolie*, Paris, Gallimard, 1987
Milan KUNDERA, *Le Rideau*, Paris, Gallimard, 2005
Claude LANZMANN, «*Les Bienveillantes*, vénéneuse fleur du Mal», *Le Journal du Dimanche*, n° 3114, 17 septembre 2006
Primo LEVI, *Si c'est un homme*, Paris, Pocket, 2008
Marc LEMONIER, *Les Bienveillantes décryptées*, Paris, Le Pré aux clercs, 2007
Gilles LIPOVETSKY, *L'Ère du vide*, Paris, Gallimard, 1983
Georg LUKÁCS, *The Theory of the Novel: a historico-philosophical essay on the forms of great epic littérature* (1920), London, Merlin Press, 1978, trad. Anna Bostock
André MALRAUX, *La Condition humaine*, Paris, Gallimard, 1933
Bernard MacGregor Walker KNOX, «Why is Oedipus Called *Tyrannos?*», dans *The Classical Journal*, 50, 3, Décembre 1954, pp. 97-102
Bernard MacGregor Walker KNOX, *Oedipus at Thebes: Sophocle's Tragic Hero and His Time*, New Haven, Yale University Press, 1957
Herman MELVILLE, *Moby Dick* (1851), Paris, Gallimard, coll. Folio, 1996
Florence MERCIER-LECA, «*Les Bienveillantes* et la tragédie grecque. Une suite macabre à *L'Orestie* d'Eschyle», dans *Le Débat*, n°144, mars-avril 2007, pp. 45-55
Robert MERLE, *La Mort est mon métier*, Paris, Gallimard, coll. Folio, 1972
Alain MONTANDON, *Sociopoétique de la promenade*, Clermont-Ferrand, Presses Universitaires Blaise Pascal, 2000
MONTESQUIEU, *Lettres persanes*, Paris, Flammarion, 1995
Robert MORRIS, *Télégramme, Les années rationnées, de R Morris KC MO années quarante à*

R Morris NY NY *mille neuf cent quatre-vingt-dix-huit*, Genève, Musée d'art moderne et contemporain, 2000
Claude MOSSÉ, *La Tyrannie dans la Grèce antique* (1969), Paris, PUF, coll. Quadrige, 2004
Friedrich NIETZSCHE, *Le Gai savoir*, Paris, Gallimard, 1982
Michel ONFRAY, *Le Songe d'Eichmann*, Paris, Galilée, 2008
Theorod PLEVIER, *Stalingrad*, Éditions Robert Marin, 1958, trad. de Paul Stephano
RABELAIS, *Gargantua*, chapitre XXVII. *Œuvres de Rabelais*, Paris, Éditions Garnier, 1956, t. I
Michael RIFFATERRE, *Fictional Truth*, Baltimore/London, The John Hopkins University Press, 1990
Jacqueline de ROMILLY, *Précis de littérature grecque*, Paris, PUF, 1980
David ROUSSET, *L'Univers concentrationnaire*, Paris, Éditions du Pavois, 1946
Alain ROGER, *L'Art d'aimer ou la fascination de la féminité*, Paris, Éditions Champ Vallon, 1995
Jean-Paul SARTRE, *L'Être et le néant: essai d'ontologie phénoménologique*, 2e édition, Paris, Gallimard, 1943
Jorge SEMPRUN et Elie WIESEL, *Se taire est impossible,* Paris, Mille et une nuit/Arte Éditions, 1995
SOPHOCLES, *Antigone. The Women of Trachis.Philoctetes. Oedipus at Colonus*, edited and translated by Hugh Lloyd-Jones, Cambridge, Massachusetts, London, England, Harvard University Press, reprinted with corrections, 1998
Arthur SCHOPENHAUER, *Fondement de la loi morale*, Paris, Le Livre de poche, 1991
André SCHWARTZ-BART, *Le Dernier des justes*, Paris, Seuil, 1959
Michel TERESTCHENKO, *Un si fragile vernis d'humanité. Banalité du mal, banalité du bien,* Paris, La Découverte, 2007
Klaus THEWELEIT, *Männerphantasien*, teil I und teil II, Frankfurt am Main, Verlag Roter Stern, 1977
Tzvetan TODOROV, *Face à l'extrême*, Paris, Seuil, 1991
Hugh TREVOR-ROPER, *Les Derniers jours d'Hitler*, Paris, Calman Levy, 1947
Jean-Pierre VERNANT (dir.), *L'Homme grec*, Paris, Seuil, 1993
François VILLON, «L'Épitaphe Villon», *Anthologie de la poésie française*, préf. Georges Pompidou, Paris, Hachette, 1961
VOLTAIRE, *Candide, Œuvres complètes*, t. XXXIV, Paris, Éditions de l'Imprimerie de la Société littéraire Typographique, 1784
Harald WELZER, *Les Exécuteurs. Des hommes normaux aux meurtriers de masse*, Paris, Gallimard, coll Essais, 2005
Elie WIESEL, *La Nuit*, Paris, Éditions de Minuit, 1958
Julie WOLKENSTEIN, *Les Récits de rêve dans la fiction*, Paris, Klincksieck, 2006

«Nahum, La ruine de Ninive, Livre de la vision de Nahum, d'Elqosh», *Les Livres Prophétiques, La Sainte Bible*, Paris, Les Éditions du Cerf, 1961
«*Les Bienveillantes,* un canular déplacé», *Le Figaro,* 8 novembre 2006
«Un nazi bien trop subtil», *Libération,* 9 novembre 2006
«La mort était son métier», *L'Humanité,* 7 septembre 2006
«Les prix, sismographes de la vie littéraire», *Libération,* 9 novembre 2006
«Christian Ingrao: les braconniers du grand Reich», *Le Monde,* 24 novembre 2006
«Du côté des bourreaux», *Le Monde,* 4 novembre 2006
«Jonathan Littell, homme de l'année», *Le Figaro Magazine,* Publié le 29 décembre

2006
«Jonathan Littell, Entretien avec Pierre Nora», dans *Le Débat*, Paris, Gallimard, n° 144, mars-avril 2007
«A Record of Pogroms in Poland. Massacres Began in Lemberg», Archives, *The New York Times*
Le Débat, Paris, Gallimard, numéro 144, mars-avril 2007
Un Spécialiste, portrait d'un criminel moderne, Rony Brauman et Eyal Sivan, film 35 mm couleur, 1998, 128 minutes
Les Bienveillantes, un phénomène littéraire, documentaire, Arte / zDF, Allemagne, 2008, 52 minutes

Index

abject 10, 301, 304, 308, 310, 311-15, 321
  abjection 15, 16, 63, 96, 143, 145, 146, 149, 151, 152, 271, 299, 300, 302, 305, 307, 313, 315, 321
actes criminels 267
Adorno, Theodore W. 194
Agamemnon 20, 27, 37, 74, 190, 209, 210, 219
agressivité 187, 307
Almeida, Fabrice de 17
ambiguïté 82, 110, 112, 134, 139, 148, 187, 236, 237, 277, 291, 301, 303, 310, 325
ambition 12, 53, 119
amour 69, 78, 103, 110, 142-44, 147, 149, 150, 152, 159, 162, 163, 187, 190, 227, 242, 248, 257, 270, 281, 295, 323-26, 328-29
angoisse 14, 127, 162, 182, 184, 191, 205, 225, 249, 250, 294, 311, 314
Antelme, Robert 29, 31, 47
Antigone 23, 24, 25, 26, 30
antisémitisme 75, 113, 269, 300, 301, 306; *voir aussi*: barbarie nazie; camps de concentration; doctrine nazie; idéologie nazie; juifs
Aquien, Michèle 50
Arendt, Hannah 73, 97, 141, 195, 198, 207, 317
Aréopage 21-23
Assouline, Pierre 13
Athéna 19, 21, 23, 37, 191, 209, 212, 251, 256
Athènes 20-23, 25, 30, 37, 191
Auschwitz 20, 28, 38, 44, 51, 53, 75, 82, 87, 99, 121-22, 132, 134, 136, 142, 153, 168, 174, 184, 194, 205, 223, 227, 229, 239, 261, 271, 305, 314, 319; *voir aussi*: camps de concentration
autrui 35, 36, 38, 39, 41, 44, 104-07, 123, 131, 149

Babij Yar (Baby yar) 23, 187, 236
Bachelard, Gaston 138, 219, 225
Bach, Johann Sebastian 43, 89, 120, 189, 231, 299
barbarie humaine 48
  barbarie nazie 61, 112, 124, 156
Barthes, Roland 13, 78, 143
Bataille, Georges 63, 65, 233-34, 238-40
Bateman, Patrick 74
Baudelaire, Charles 176, 181, 213
beau-père de Maximilien (Max) Aue 27, 42, 45, 74, 76, 93, 108, 184, 190, 208, 223
Benjamin, Walter 176, 181, 188
Berlin 28, 36, 43, 71, 92, 101, 107, 109–111, 118, 120–23, 146–47, 158, 186, 191, 223, 224–27, 279, 286, 292, 326
Berndt, Karl 38
bien 11, 15, 19-20, 22, 28, 30, 31, 33, 37, 39, 40, 42, 44, 50, 52, 54, 55, 59, 60, 61, 62, 64, 66, 73-74, 76, 77, 78, 81, 84, 85, 87, 88, 90, 94, 96-97, 100-17, 119, 120, 125-26, 128, 133, 137-38, 141, 144-45, 157-58, 161, 167, 169-75, 177, 182, 187, 191-99, 201-07, 212, 213, 216, 220, 225, 229, 231-46, 250-52, 256, Ch. 17, 277-84, 288, 289, 291, 294-97, 298, 304, 307-08, 315, 316, 320, 322, 327, 329
Blaise Cendrars 63
Blanchot, Maurice 59, 64, 66, 70-71, 90, 232, 236
Blanckeman, Bruno 16
Blanrue, Paul-Éric 172
Blarue, Paul-Henri 12
Bond, James 225
Bordat, Josselin 14
Bosch, Hieronymus 29
Bosch, Jérôme 224
Bosnie 65
bouffon 278, 279, 285, 292; *voir aussi*: burlesque

Index

bourreau 14-16, 17, Ch. 3, 53-54, 58, 80-81, 92, 95-96, 130, 133, 142, 151, 156, 164-65, 171-78, 179, 187, 191, 195, 217, 238-39, 243, 245, 251, 253, 267, 269-70, 277, 282-83, 297
Brasillach, Robert 118, 157, 160
broderie 71
burlesque 4, 9, 283, 285-87

cadavres 51, 60, 66-67, 99, 131, 175, 183, 203, 208, 211, 223, 231, 236, 239, 250, 251, 288, 301, 306, 307, 312, 313, 313–16, 319, 322, 329; *voir aussi*: mort
Calvino, Italo 125
camps de concentration 4-5, 7, 24, 30, 34, 35, 38, 41, 42, 44-45, 53, 65, 78-79, 125, 133, 143, 149, 157, 185, 188, 198, 206, 241, 254, 261, 269-70, 313-14, 319
  expérience concentrationnaire 31
  univers concentrationnaire 32, 37, 38, 44, 174
  vie concentrationnaire 47
Camus, Albert 178, 229
cauchemar 15, 21, 29, 85, 116, 137, 152, 162, 305
Cayrol, Jean 31
Ce soir ou jamais 13
chaos 19, 23, 29, 186, 192
Chaplin, Charlie 283, 286, 292, 297
choix érotique 143, 146
Christ 30, 246, 273
Churchill, Winston 290
clichés 33, 56, 290
Clytemnestre 21, 26, 37, 74, 149, 190, 209, 210, 219
Cohn-Bendit, Daniel 145, 146, 150, 299
comique 9, 48, 133, 158, 217, 277-79, 284, 286-88, 290, 291-93, 297
Compagnon, Antoine 125, 242
compassion 16, 40, 58, 81, 105, 150-51, 263
complicité 214, 235, 238, 278
concupiscence 30
conscience 20, 26, 27, 36, 37, 52, 58, 64, 65, 73, 93, 97, 104, 105, 107, 108, 109, 116, 121, 147, 150, 163, 167, 186, 193, 194, Ch. 13, 215, 222, 223-25, 272, 283, 286, 295, 316
constipation 19, 23, 287, 329
convictions 295, 300

cosmogonie 60, 71, 72
crédibilité 55, 56, 67, 105, 113, 125, 191, 317
crime 8-10, 13, 16, 21, 26, 40, 131, 158, 191, 208, 210-13, 241, 244-45, 247-48, 256-57, 26-62, 266, 273, 297, 300, 310, 312, 313, 322
  criminel de guerre 16, 264
culpabilité 37, 45, 53, 82, 92, 93, 96, 131, 172, 187, 190, 211, 243, 301, 303
culte 234, 251, 290, 307, 318
cynisme 81, 119, 158, 251, 260

Dante, Alighieri 214, 225, 228
dégoût 52, 63, 75, 77, 81, 85, 141, 150, 165, 187, 249, 260, 271, 302, 312-15, 321
Degrelle, Léon 83, 84, 85, 111, 203, 219, 300, 305, 317
Delbo, Charlotte 31
Deleuze, Gilles 207, 208, 212, 220
délire 95, 115, 128, 187, 207, 223, 233-35, 237, 241, 242, 292, 323-24, 329
démence 29
dentelle, dentellerie 23, 47, 82, 245, 247, 255, 260, 261, 262, 284, 307, 316, 325
déportation 82, 158
  déportés 13, 32, 34, 35, 38, 39, 40-42, 44, 132; *voir aussi*: camps de concentration
dérision 117, 158, 277, 278, 281, 283, 288, 291
Desbois, Patrick 297
déshumanisation 29, 153
désir 77, 84, 117, 128, 129, 131, 143-44, 159, 161-63, 165-67, 171, 174, 186-87, 190, 217, 220-21, 226, 247, 249, 250, 254, 255, 274, 299, 302, 304, 307, 308, 310, 314, 319, 321, 322-24, 326
destin 14, 22, 29, 49, 87, 93, 97, 101, 130, 163, 169, 170, 188, 190, 218, 234, 242, 252, 258, 260, 262, 264, 266, 304, 330
déterminisme 80, 112, 170
devoir 1, 21, 32, 41, 44, 74, 79, 94, 142, 168, 193-94, 200, 246, 248, 251, 265, 268, 303
diarrhée 23, 84, 85, 134, 153, 175, 323
Dieu 20-22, 34, 47, 55, 59, 106, 165, 246, 268, 302, 303, 308, 309, 328
Dionysos 22, 190

Index   339

Döblin, Alfred 126
documentaire 32, 54, 88, 91, 142, 233
documentation 12, 54, 73, 91, 100, 201
douleur 35, 36, 38, 41, 82, 147, 149, 164, 180, 268, 273, 292, 308, 309, 323
Dreyfus, Alfred 212

écriture 9, 12, 19, 21, 35, 37, 58, 60, 64, 65, 66, 67, 71, 85, 91, 97, 105, 129, 131, 135, 197, 208, 212, 229, 232, 238, 243, 246, 249, 255, 260-62, 308, 316, 329
écœurement 61, 321
effroi 12, 48, 49, 50, 55, 57, 59, 70-72, 103, 131, 200
Eichmann, Adolf 52, 53-55, 76, 82, 89, 91, 93, 95, 96, 97, 121, 192, 194, 195, 198, 207, 231, 232, 246, 270, 289
Einsatzgruppe 91, 109, 117
empathie 16, 81, 105, 264
endogamie 21
enfance 62-63, 64, 94, 123, 127, 134, 163, 164, 165, 169, 173, 186, 218, 220-22, 241, 257, 272, 313, 315, 326, 329
enfer 7, 50, 94, 97, 126, 169, 187, 214, 215, 218, 221, 224, 296
environnement 104, 121, 123
Erinyes 16, 58, 190, 284
Érinyes 19, 20, 21, 24, 37, 49, 211, 234, 256
Eschyle 1, 20, 21, 23, 24, 27, 30, 35, 37, 185, 190, 209-10, 221, 226, 257, 263
espérance 24, 150
esthète 141, 294
étrange 11, 14, 25, 50, 79, 84, 88, 98, 99-100, 119, 136, 156, 158, 171, 177, 190, 204, 235, 238, 240, 251, 294, 301, 304, 305, 309, 312, 322
Euménides 16, 19, 20, 21, 35, 37, 137, 188, 190, 218, 226, 227, 259, 264
excréments 60, 63, 127, 167, 289, 306, 309, 313, 314, 315, 319, 321
extermination 12, 13, 31, 52, 60, 61, 91, 94, 95, 125, 143, 155, 174, 185, 188, 192, 215, 216, 220, 224, 229, 235, 256, 268, 269, 270, 293, 300, 301, 303, 304, 308, 313; *voir aussi*: camps de concentration

fantasme 14, 26, 27, 75, 78, 83-85, 125-26, 145, 160, 164, 201, 203, 204, 214, 219, 222, 227-28, 234, 236, 307, 311, 324
fascination 13, 15, 64, 69, 104, 219, 222, 236, 250, 254-55, 281, 304
Faust 89
fiction 11, 12, 15, 31, 44, 52, 72, 95, 125-26, 135, 136-38, 142, 207, 215, 225, 228, 235, 254, 278
Figaro 13, 14, 16, 53, 67, 85, 146, 237, 238, 243, 281, 299
flânerie, flâneur 171, 175-84
Flaubert, Gustave 158, 177, 178, 186, 239
fosses communes 23, 229, 241, 252, 260, 262, 288
fraternité 23, 187, 300
Frères humains 1, 4, Ch. 1, 47, 156, 187, 213, 263
Freud, Sigmund 129, 135, 138, 186, 190, 202, 209, 303, 317
Friedrich, Caspar 177
Front de l'Est 41
Frye, Northrop 225
Fuhrër 52; *voir aussi*: Hitler, Adolf
fuite 130, 186, 190, 226
Fumaroli, Marc 12

Garcin, Jérôme 12
génocide 14, 31, 33, 53, 131, 145, 179, 188, 229, 236, 239, 240, 264, 269, 271; *voir aussi*: camps de concentration; Shoah
géopolitique 90, 101
Giono, Jean 79, 80
Goethe, Johann Wolfgang von 21, 89, 115
Gogol, Nicolas 30
Goncourt, Edmond de 11, 14
goulag 30
Goya, Francisco José de 87
Grand Prix du roman de l'Académie française 11
grotesque 29, 227, 231, 236, 285, 286, 289
Guattari, Felix 207, 208, 212, 220
Guerre et paix 14
Guerre froide 65
Gurdjieff, Georges Ivanovitch 99

Habermas, Jurgen 194

340   Index

haine 14, 78, 85, 127, 162, 185, 187, 190, 206, 221, 256, 272, 274, 301, 312, 325, 326
hallucinations, hallucinatoire 5, 14, 64, 87, 132, 136, 182-84, 189, 224, 286, 303, 313
Haussmann, Georges-Eugène 176
Hegel, Georg Wilhelm Friedrich 194
héros 2, 4, 19, 22, 25, 62, 80-81, 84, 88, 90, 93, 95, 97, 104, 133, 146, 155, 172, 186, 190, 201, 211, 218, 221-22, 228, 231, 234, 236, 241-43, 247, 248, 265, 291, 294, 324
Hilberg, Raul 15, 53, 174
Hilsenrath, Edgar 33
Himmler, Heinrich 51, 53, 128, 157, 161, 216, 223, 225, 258, 261, 266, 269, 278, 285, 289, 291, 304
Hitler, Adolf 34, 51, 52, 98, 117, 133, 155, 157, 167, 217, 266, 270, 274, 278, 286, 290, 292, 295, 296, 302, 303, 313
hommage 12, 66, 88, 227
homosexualité, homosexuel 2, 3, 6, 8, 13, 19, 24, 26, 32, 76-77, 84, 117, 118, 127, 134-35, Ch. 9, Ch. 10, 242, 258, 289, 299, 307, 308, 328-29
horreurs 48, 64, 71, 149, 168, 200, 223, 229, 239, 242, 321
Höss, Rudolf 53, 58
Houellebecq, Michel 11, 20
humain 4, 9, 23, 24, 26, 35, 36, 58, 60, 65, 80, 81, 84, 104, 109, 149, 152, 186, 190, 200, 203, 214, 216, 220, 224, 229, 239, 246, 256, 267, 273, 275, 290, 305, 318
  humanité 21, 27, 48, 49, 56, 81, 82, 89, 90, 93, 95, 98, 112, 120, 149, 152, 153, 170, 189, 193, 202, 216, 229, 242, 271, 297
Husson, Edouard 12, 14

identification 2, 6, 13, 16, 21, 76, 105, 139, 143, 145, 152, 248, 297, 312, 325
illusion 59, 93, 126, 136, 205, 219, 247, 253, 324
imaginaire 8, 27, 54, 57, 63, 125, 139, Ch. 14, 235, 325
inceste 2, 5, 8, 20, 21, 25, 26, 27, 77, 133, 135, 152, 163, 187, 192, 243, 256, 258, 259, 310
  inceste/parricide 79
inconscient 131, 212, 272
  inconscient collectif 206
Indiana Jones 225
indicible 31, 49, 60, 97, 195, 229
Ingrao, Christian 14, 16
inhumain 21, 33, 80, 200
intelligentsia 11
intentions 78, 131, 138, 237, 277, 296
intime, intimité 31, 44-45, 103, 116-17, 130, 156, 169, 211, 246, 250
introspection 7, 87, 103, 104, 108, 183, 185
ironie 14, 81, 82, 83, 118, 145, 147, 158, 181, 216, 253, 258, Ch. 18
isotopies 214, 215, 219, 225

Jauer, Annick 145
Joly, Martine 55
jouissance 41, 74, 77, 85, 96, 164, 202, 314, 329
jugement 17, 22, 106, 116, 119, 144, 160, 173, 191, 193, 194, 212, 227, 257, 287, 289, 297
Juifs 1-3, 13, 15, 20, 28, 29, 31, 38-41, 51, 52, 53, 55, 60-62, 75, 82, 92, 98, 101, 108, 109, 115-16, 119, 120, 122, 124, 127, 130, 133-34, 143, 149, 155, 167, 174, 178, 180-81, 188, 192, 200, 202, 204, 206, 215, 224, 228-29, 235-37, 240, 241, 252, 256, 258-59, 266-74, 28-83, 289, 292-93, 301-08, 313-16, 318-19
Juifs en Europe 13
Jung, Carl 225
justice 9, 21, 23, 191, 212, 232, 243, 256, 267, 288, 295

Kafka, Franz 90
Kant, Emmanuel 112, 189, 192, 193, 194, 232, 243
Kristeva, Julia 13, 143, 145, 146, 149, 150, 301, 302, 303, 309, 312, 314, 321

La Bruyère, Jean de 281
La Destruction des Juifs d'Europe 15, 53
l'Ancien, Pierre Breughel 30
langage 8, 50, 64, 139, 177, 203, 206, Ch. 15, 259, 283-84, 292, 293, 304, 321
Langlois, Daniel 79, 80

Lang, Rudolf 141
Lantier, Jacques 201
Lanzmann, Claude 15, 32, 53, 171
Le Débat 14, 20, 35, 88, 94, 127, 186, 187, 192, 193, 248, 257, 264, 300
Legendre, Bertrand 16
Lehr, Johanna 145
Lejeune, Philippe 156
Lemonier 12, 216, 217, 256, 278, 294, 295
Lermontov, Mikhaïl 232, 234
Les Damnés 141
Levi, Primo 29, 101, 174, 175, 188
Lévy, Bernard-Henri 12
Libération 13, 14, 15, 16, 296
liberté 25, 35, 44, 99, 163, 188, 191, 193, 257, 285, 296
lieux communs 33
Lipovetsky, Gilles 48
Littell, Robert 65
loi 26, 37, 92, 97, 130, 135, 137, 158, 174, 192, 194, 207, 232, 267, 301
Lukács, György 218

macrocosme 131, 188
Makine, Andreï 11
mal 12, 13, 16, 26, 30, 34-35, 58, 73, 74, 75, 87, 88, 94, 97, 106, 110, 133, 143, 145-46, 149, 167, 171, 174, 186, 190, 193, 195, 198, 200, 213, 214, 216, 238, 257, 263, 266, 267-74, 279-80, 292, 294, 297-98, 312, 317, 320, 325, 329
Mallarmé, Stéphane 186
Männerphantasien 317, 319, 321, 323, 326, 327, 328
massacre 20, 41, 52, 63, 80, 99, 137, 175, 179, 180, 187, 256, 259, 270, 272, 279, 303, 306, 307
matricide 13, 35, 37, 95, 131, 135, 152, 163, 190, 208, 209, 225, 258, 259, 264, 299, 300, 308, 310, 312-13, 329
Melville, Herman 59
mémoire 15, 17, 32, 33, 36, 49, 51, 90, 91, 100, 107, 125, 128, 129, 131, 137, 146, 157, 189, 228, 277, 281, 283, 296, 299
Mercier-Leca, Florence 20, 26, 35, 192
merde 19, 23, 43, 63, 127, 153, 315-16, 320-21, 323, 329
mére de Maximilien (Max) Aue 20, 21, 25, 26, 27, 37, 42, 45, 74, 76, 77, 83, 84, 93, 108, 127, 129, 148, 162, 177, 183-84, 190, 202, 208-09, 210-11, 221, 223, 225, 252, 258, 260, 284, 302-04, 310-13, 316, 322
Merle, Robert 33, 142, 156
meurtre 21, 40, 41, 42, 43, 108, 119, 132, 148-49, 163, 181, 187, 190, 197, 198, 206, 208, 209, 210, 211, 234, 240, 241, 245, 252, 254-58, 266, 269-70, 272, 273, 284, 301, 310
microcosme 11, 130, 188
microtopies 214
milieux intellectuels 11
miroir 50, 69, 83, 104, 130, 145, 148, 149, 159, 162, 165, 182, 188, 204, 250, 251, 274, 301, 308, 310-11, 324-26
Monde, Le 11-14, 16-17, 65-66, 85, 95, 100, 125, 138, 236, 238-39, 280, 300
Montandon, Alain 176-77, 181
Montesquieu, Charles-Louis de Secondat, baron de La Brède et de 212
Montety, Etienne de 13
Monteverdi, Claudio 165
morale 9, 15, 88, 90, 93, 96, 105, 106, 119, 142, 180, 185, 188, 191-92, 194, 232, 243, 258, 259, 267, 271, 296-97, 312
Moreau, Aristide 36, 42, 43
Morris, Robert 87
mort 3, 8, 16, 24, 29, 34, 36, 41, 43, 45, 51, 52, 53, 54, 63, 64, 67, 69, 70, 76, 80, 83, 90, 98, 104, 116-18, 120, 123, 128, 130, 149, 151-52, 158-59, 163-68, 183-84, 189, Ch. 13, 214, 220-21, 225-28, 233-34, 251, 255, 257-58, 259, 262-63, 271-73, 275, 283, 285, 287, 297, 303, 309, 313-15, 319, 321, 326, 328
mythologie 20, 22, 35

narrateur 1-3, 5, 6-9, 13-14, 15, 33-38, 42-45, 49, 58, 60, 62, 73, 83-85, 87, 88-94, 96, 98, Ch. 7, 125-26, 128, 130-36, 137, 141, 144, 148-52, 155-56, 157-58, 159, 160, 161, 163-70, 172, 182, 188, Ch. 13, 231, 232, 234, 235-37, 238, 239, 240, 245, 248, 252, 263, 264, 267, 269, 271, 273-74, 275, 277-80, 283-85, 287-89, 294, 296, 299-305, 308-15, 329

342   *Index*

nazi, nazisme 1, 3, 6-9, 12, 14-15, 29, 32, 45, 54, 58, 63, 65, 84-85, 88, 90, 93, 96, 98-103, 105, 108, 111, 112, 116-18, 120, 141, 152, 155, 157, 185, 172, 187, 191-92, 203, 206, 223, 231, 233, 234, 238, 240, 241, 260, Ch. 17, 282-83, 286, 293, 297, Ch. 19
  doctrine nazie 31
  idéologie nazie 9, 88, 113, 115, 116, 118, 124, 149, 157, 160, 206, 224, 228, 240, 278; *voir aussi*: barbarie nazie
Nietzsche, Friedrich Wilhelm 190, 194
Nivat, Georges 13, 187, 234
nœuds narratoires 51
Nora, Pierre 14, 88, 192, 248, 264, 265
nostalgie 127, 226, 251, 310, 323
Notre-Dame-des-Neiges 67, 69, 151, 165, 249, 251
Nouvel Observateur 11, 12, 15, 172
NSDAP 34, 303

obsessions sexuelles 77
Œdipe 4, 20, 21-30, 74, 131, 208, 209, 212, 220, 243, 266, 310, 322
Onfray, Michel 194
opinion 15, 17, 81, 105, 209, 246
Oreste 2, 4, 7, 20, 24, 30, 37, 58, 74, 78, 80, 119, 126, 149, 160, 185, 186, 190, 209-11, 219, 221-22, 226, 227, 234, 257, 264, 310, 322
Orphée 58, 70, 71, 250-51, 255

pacte de lecture 48, 53, 71, 247, 283
parricide 3, 5, 20-21, 25-28, 35, 37, 77, 79, 210, 214, 218, 243, 257, 310
Pasolini, Pier-Paolo 141
passage à l'acte 7, 198-201, 256
pathologie 6, 57, 128, 142, 150
Pavillon des cancéreux 14
pendaison 104, 151, 164, 165
pervers, perversion 15, 95-96, 112, 132, 135, 141-43, 152, Ch. 12, 198, 200, 202-03, 248, 255, 299, 309, 324
Peschanski, Denis 17
Peter Pan 150
phallus 77, 143, 165, 324
phénix 166
photographie 55, 57, 66-71, 91, 132, 180-81, 217
Picard, René 139

plaisanterie 277, 284, 293
plaisir 8, 29, 35, 52, 79, 82, 90, 110, 113-15, 117, 123, 128, 143, 144, 148, 159, 161, 164, 165-66, 167, 169, 186, 192, 199, 202, 221, 232, 238, 249, 260, 271, 307, 325, 329
pogrom 90
Politis 14, 16
Poméranie 36, 38, 93, 95, 118, 128, 132, 133, 145, 146, 152, 163, 164, 166, 255, 279, 286
Poznan 53, 99
prisonnier 30, 39, 112, 127, 162, 187, 190, 227, 234, 296
psychopathe 74, 152, 294
Pylade 24, 80, 118, 119, 160, 209, 242

quête 7, 55, 126-27, 138, 145-47, 169, 186, 190, 274, 297
  quête intérieure 188

rabbin 167, 303
Rabelais 282, 286, 297
réalité, réel 11, 12, 15, 27, 28, 47-49, 50, 52, 54-57, 60, 62, 64, 65, 69, 70-72, 75, 78, 81, 83, 91, 92, 95, 105, 109, 119, 125-26, 131, 133-38, 144-45, 157, 171, 180-83, 186, 193-94, 205, Ch. 14, 234-36, 237, 238, 256, 296, 302, 318, 320, 325
réception 11, 59, 71, 298
reconstruction mentale 54, 56
référence intertextuelle 34
réflexion dostoïevskienne 14
regard 6, 7, 9, 40, 49, 50, 51, 64, 67, 69, 70, 95, 103-04, 107, 118-19, 123, 156, 160, 166, 179, 184, 197, 199, 200-09, 212, 217, 223, 248-51, 252, 254, 259, 260, 261, 264, 268, 272, 288, 298, 307, 325, 326
régime hitlérien 34, 88, 239, 268; *voir aussi*: doctrine nazie; Hitler, Adolf; idéologie nazie; Nazi
relation étymologique 22
remémoration 90, 91
réminiscences 232-34, 243
renommée 22
Resnais, Alain 57
responsable 20, 22, 60, 105, 187, 190,

223, 233, 253, 270
rêve 6, 7, 21, 26-27, 76, 84, Ch. 8, 148, 163, 168, 184, 186, 205, 206, 214-19, 221, 223-28, 230, 249, 254, 258, 274, 302, 305, 308, 321-23, 326
Rinaldi, Angelo 15
Romilly, Jacqueline de 23, 191
Roosevelt, Franklin Delano 290
Rouge, Armée 75, 227
Rousseau, Jean-Jacques 106, 107
Rousset, David 30, 32, 53, 174
Russie 23, 65, 76, 89, 90, 98, 112, 171, 175, 182, 213, 225, 235, 285

sado-masochiste 28
Sainte-Beuve, Charles-Augustin 86
sang 19, 20, 28, 29, 40, 42, 43, 60, 63, 78, 80, 82, 89, 99, 134, 137, 148, 162-63, 168, 183, 197, 201, 208, 209, 211, 217, 241, 251, 256, 258, 264, 302, 309, 310, 319-24, 327, 329
Sartre, Jean-Paul 36, 232-33
scènes théâtrales 214
Schöttler, Peter 14, 137, 172, 173, 280, 294
Seconde Guerre mondiale 29, 49, 65, 173, 175
secrets 22
Semprun, Georges (Jorge) 12, 31, 44
sexe 63, 64, 143, 166, 187, 255, 304, 309, 324, 325, 326, 329
Shoah 15, 21, 31, 32, 53, 58, 88, Ch. 11, 277, 280, 296, 298-316, 317;
   voir aussi: barbarie nazie; camps de concentration; doctrine nazie; idéologie nazie
silences 22, 71, 73, 78, 79
Sinning, Hilka 88
sodomise 76
sœur de Maximilien (Max) Aue 13, 21, 26, 27, 38, 70, 74, 76, 77, 80, 84, 127-29, 132-33, 142-43, 145-46, 148, 150-52, 159, 161-62, 164-67, 184, 187, 190, 202, 209, 210, 219, 222, 226, 257, 267, 295, 299, 301, 304, 308, 311, 322-24, 327, 328
Solchany, Jean 12, 137
Soljenitsyne, Alexandre 14
Sollers, Philippe 13
somatisation 19, 24, 88

Sontag, Susan 180
Sophocle 2, 21, 23-25, 30, 308
souffrance 31, 38, 39, 40, 61, 146, 150, 162, 192, 198, 252, 319
souvenirs 36, 47, 63, 64, 107, 163, 172, 183, 186, 197, 218, 222, 245, 260, 261, 308, 329
Stalingrad 2, 7, 36, 51, 60, 76, 93, 99, 109, 111, 116, 118, 120, 121, 122, 136, 159, 166, 181, 182-83, 205, 217, 218, 219, 220, 221, 222, 224, 227, 234, 236, 242, 264, 278, 279, 285, 296, 311, 322
Stendhal (Marie-Henri Beyle) 113, 180, 285
Swift, Jonathan 283, 297
synthèse 11, 12, 158, 189, 193

Taddeï, Frédéric 13
Tchétchénie 65
Télérama 11-14, 17, 217
témoignage 31, 66, 90, 156, 197, 207, 237, 247
Terestchenko, Michel 12
terminologie 155
Theweleit, Klaus 206, 300, 317, 319, 320, 323, 326, 327, 328
Thomas (Wieder) 3, 16, 24, 27, 37, 42, 43, 44, 80, 111, 113, 117, 118, 119-20, 132, 133, 136, 147, 158, 160, 163, 169, 179, 182-83, 187, 191, 211, 217, 224, 227-28, 241-42, 267, 271, 285, 294, 311, 313, 324
Todorov, Tzvetan 34-35
Tolstoï, Léon 14, 235, 238
tombeau 255
topoï 33
torture 164, 271, 319
tragédie 20, 22-24, 35, 49, 58, 93, 104, 121, 209, 210
   tragédie grecque 4, 20-23, 35, 93, 185, 190-92, 209, 211, 226, 257, 310
transgression 116, 190, 250, 251, 310
Treblinka 53; *voir aussi*: camps de concentration
tyran 21, 25-29, 53, 286, 295

Una 1, 9, 26, 28, 38, 76, 127, 129, 142-47, 149, 150-51, 153, 166, 187, 190, 219, 222, 226-27, 248, 250-52, 253, 254-55, 258-59, 295-96, 302, 304, 308, 310,

322-29

valeur 33, 48, 92, 105, 108-09, 111, 120, 131, 193, 235, 248, 309, 318
Vercel, Roger 284
Vermeer, Johannes 120, 165, 307
Verne, Jules 133, 216, 223
Viart, Dominique 16
victimes 2, 4, 9, 17, 25, 31, 34, 38, 44, 53, 73, 76, 78, 80, 81, 85, 88, 130, 131, 139, 142, 149, 150, 156, 195, 237, 253, 267, 272, 274, 277, 282-83, 286, 288, 296, 297, 315, 319; *voir aussi*: camps de concentration, juifs, *Shoah*
Villon, François 34, 47, 213
Visconti, Luchino 141
vision 29, 50, 62, 83, 96, 99, 113, 126, 138, 141, 148, 187, 190, 204-05, 208, 211-12, 216, 223, 229, 275, 303
Vitkine, Antoine 15
volonté 24, 28, 36, 48, 54, 56, 60, 64, 66, 68, 81, 94, 97, 101, 105, 136, 143, 163, 169, 179, 191, 192, 201, 203, 207, 215, 232, 246-47, 256, 257, 264, 287
vomi 19, 60, 127
vomissements 19, 82, 175, 271, 301, 314
voyeur, voyeurisme 51, 60, 77, 105, 164, 197, 199, 200-02, 208, 212
vraisemblance 54, 95, 125, 126, 139, 175, 190, 234, 239, 265

Wagner, Richard 225
Weser et Clemens 36, 108, 256
Wiesel, Elie 31, 44, 188

Zola, Emile 201

www.ingramcontent.com/pod-product-compliance
Lightning Source LLC
Chambersburg PA
CBHW052050230426
43671CB00011B/1854